Armin Sierszyn
Frommes Zürich

T V Z

Armin Sierszyn

Frommes Zürich

Pietismus in der Zürcher Kirche
vom 17. Jahrhundert bis zur Gegenwart

Mit besonderer Berücksichtigung
der Evangelischen Gesellschaft und
der Evangelisch-kirchlichen Vereinigung

Herausgegeben von der
Evangelisch-kirchlichen Vereinigung

TVZ
Theologischer Verlag Zürich

Der Theologische Verlag Zürich wird vom Bundesamt für Kultur
für die Jahre 2021–2024 unterstützt.

Bibliografische Information der Deutschen Nationalbibliothek
Die Deutsche Nationalbibliothek verzeichnet diese Publikation in der Deutschen
Nationalbibliografie; detaillierte bibliografische Daten sind im Internet über
http://dnb.dnb.de abrufbar.

Umschlaggestaltung
Simone Ackermann, Zürich
Unter Verwendung eines Bildes des Zürcher Fraumünsters, Aquarell von Franz Schmid,
1830, Wikimedia Commons

Druck
gapp print, Wangen im Allgäu

ISBN 978-3-290-18543-5 (Print)
ISBN 978-3-290-18544-2 (E-Book: PDF)

© 2023 Theologischer Verlag Zürich
www.tvz-verlag.ch
Alle Rechte vorbehalten

Inhalt

Geleitwort von Pfarrer Christian Meier 11

Vorwort 13

1. Kirche und Glaube im Zeitalter der Orthodoxie 17
2. Der Pietismus, eine neue Glaubens- und
   Frömmigkeitsbewegung 21
3. Pietismus in Zürich ab 1680 25
   - 3.1 Erste Verhöre 25
   - 3.2 Unterschiedliche Profile 26
   - 3.3 Inquisition an der Limmat 29
   - 3.4 Obmann Heinrich Bodmer und sein Weg ins Exil 33
   - 3.5 Johann Jakob Rathgebs Flucht in die katholische
         Kirche 36
   - 3.6 Zur Sozialstruktur des frühen Zürcher Pietismus ... 37
   - 3.7 Verfolgung 39
   - 3.8 Nicht alles Pietistische wird in Zürich ausgekehrt 41
   - 3.9 Der Fraumünsterpfarrer Johann Kaspar Ulrich und
         seine Zeit (1745–1768) 43
4. Das Zeitalter der Aufklärung: Theologie und Kirche
   säkularisieren sich 47
   - 4.1 Johann Jakob Zimmermann im Übergang 47
   - 4.2 Pfarrer Ulrich läuft die Jugend davon 49
   - 4.3 Das literarische Zürich: Neuer Geschmack in
         säkular-religiöser Gestalt 51
   - 4.4 Import der Bibelkritik: Johann Heinrich Corrodi
         (1752–1793) 53
   - 4.5 Freiheit, Tugend und Unsterblichkeit – anstelle
         der Bibel 55

5. Vorläufer einer neuen Zeit: Johann Caspar Lavater
und Johann Jakob Hess 57
   5.1   Johann Caspar Lavater: Jesus, unser Herr und Gott,
tut Wunder 57
   5.2   Lavater und die Sprödheit des neuen Protestantismus .. 63
   5.3   Lavater als Genius der Freundschaft 64
   5.4   Johann Jakob Hess legt das Fundament
des biblisch-frommen Zürich 66
   5.5   Hess und die Wende zum Offenbarungsglauben 68
   5.6   Hess und der göttliche Plan der Heilsgeschichte 69
   5.7   Hess wird Antistes (1795–1828) 70
   5.8   Hess wird Gründungspräsident der Bibelgesellschaft
(1812) 71

6. Georg Gessner – Vater des Zürcher Pietismus
im 19. Jahrhundert 73
   6.1   Freundschaft mit Lavater und Hess 73
   6.2   Jugendlicher Glaube im Dübendorfer Pfarrhaus 74
   6.3   Frühes Leid, zweite Ehe und Freundschaft
mit Lavater und Hess 77
   6.4   Pfarrer am Fraumünster und Lavaters Erbe 77
   6.5   Sinn für die Innere Mission 79
   6.6   Mitbegründer der Zürcher Bibelgesellschaft 82
   6.7   Leiter der Zürcher Missionsgesellschaft 85
   6.8   9 Jahre Antistes, 15 Jahre Pfarrer am Grossmünster ... 88
   6.9   Familienkreis – Vorbereitung der Evangelischen
Gesellschaft 90

7. Der Aufstieg des Liberalismus 95
   7.1   Liberalismus als Zürcher Bewegung 95
   7.2   Der Ustertag 1830 97
   7.3   Übermut in der Regierung 98
   7.4   Der Züriputsch 1839 100
   7.5   Grenzen der Erweckungsbewegung 108

8. Pietismus in der Zürcher Landschaft im 18. Jahrhundert 111
   8.1   Elitärer Pietismus, Inspirationen und Kindererweckung
in Winterthur 111
   8.2   Die linke Seeseite und das Knonauer Amt 113
   8.3   Stäfa und das rechte Seeufer 115
   8.4   Erste Herrnhuter im Oberland 117

8.5	Härtere Profile im Tössbergland	118
8.6	Geachtete Mystiker im Oberland	121

9. Erweckungen auf der Zürcher Landschaft im 19. Jahrhundert 127

9.1	Im Oberland strömen sie zu Hunderten zusammen	127
9.2	Armut im Oberland: Pietismus als Berg- und Talschaftstherapie	129
9.3	Wädenswil, Horgen und Hirzel als Brennpunkte der Erweckung	130
9.4	Übermacht Liberaler Theologie in Uster und Winterthur	135
9.5	Das Glaubenswerk in Männedorf provoziert liberale Kreise	145
9.6	Freier gestimmter Pietismus auf der Landschaft	147
9.7	Neutäuferische Erweckung	148
9.8	Schwärmerei im Weinland	149
9.9	Machen Evangelium und Erweckung krank?	150

10. Die Evangelische Gesellschaft 153

10.1	Erste Anfänge in den 1830er-Jahren	153
10.2	Neugründung der Evangelischen Gesellschaft 1847	156
10.3	Die Gesellschaft gibt sich Statuten	157
10.4	Aufblühende Arbeitszweige	158
10.5	Der eingebildete Fortschritt wird einen Weltbrand entzünden	170
10.6	Geist der Morgenröte	171
10.7	Das Apostolikum als DNA der Evangelischen Gesellschaft	173

11. Der Kampf um Bibel und Glaube im Aufstieg des Säkularismus 177

11.1	Spekulative Theologie	177
11.2	Der Kampf um Wahrheit und Glaube: das Apostolikum	180
11.3	Die Evangelische Gesellschaft – Antwort auf den Säkularismus	183
11.4	Rettungshäuser – Beginn der Inneren Mission	185
11.5	An die Hecken und Zäune – liberaler Widerstand	187
11.6	Antistes Füssli wird abgewählt – ein Signal	189
11.7	Abwehr allein genügt nicht	189

11.8 Minoritätsgemeinden, Kinder-, Jugend- und Arbeitermission 198

12. Der Schweizerische evangelisch-kirchliche Verein (SEKV) 211
12.1 Die Reform fasst auch Fuss in Basel 211
12.2 Das Komitee zu Olten: Aufruf zum Kampf des Glaubens 211
12.3 Grundsätze des Schweizerisch-evangelisch kirchlichen Vereins (SEKV) 213
12.4 Die Evangelische Gesellschaft als Zürcher Sektion des Evangelisch-kirchlichen Vereins 217
12.5 Die Evangelische Gesellschaft des Kantons Zürich und der Aufbau der Landmission 218
12.6 «Die Tochter Zion in Zürich» – Pioniergeist und Expansion bis 1890 221
12.7 Konsolidierung 224
12.8 Belle Époque: Man gibt sich tolerant und offen 228
12.9 Das Apostolikum wird überflüssig und hinderlich (1913) 230
12.10 Eduard Usteri-Pestalozzi widersteht 233

13. Vier Zürcher Sektionen der Evangelisch-kirchlichen Vereinigung 237
13.1 Gründung der «Positiv-evangelische Vereinigung der Stadt Zürich» (1902) 237
13.2 Bekenntnismüdigkeit setzt zu 238
13.3 Der Wächterdienst gehört zum Auftrag 239
13.4 Die Positiv-evangelische Vereinigung der Stadt Zürich (1902–1974) 240
13.5 Die Positiv-evangelische Vereinigung des Kantons Zürich (1914–1974) 241
13.6 Fusion der Positiv-Evangelischen von Stadt und Kanton zur EKVZ (1974) 242

14. Vom Ersten Weltkrieg bis zum Aufstieg der totalitären Säkularideologien 243
14.1 Lichte Zeit der 1920er-Jahre 243
14.2 Adolf Mousson: Ein Zürcher Prophet in dunkler Zeit . . 248

15. Die Evangelische Gesellschaft in der Zwischenkriegszeit 253
15.1 Das Diakoniewerk Neumünster – Erfolg als Belastung 253
15.2 Finanziell desolate Jahre 1935–1945 253

16. Sammlung und Bekenntnis in schwerer Zeit 255
    16.1 Illusionen implodieren: Neue Wort-Gottes-Theologie .. 255
    16.2 Neue Bekenntnisgemeinschaft und geistige
         Landesverteidigung 256
    16.3 Konzentration der Kräfte 260

17. Die Nachkriegszeit bis zum Sturm der 68er-Kulturrevolution 263
    17.1 Noch wird das Wort verkündet 263
    17.2 Gott oder das Nichts: Kirchliche Grossveranstaltungen
         in Zürich 263
    17.3 Nachkriegs-Protestantismus: Barth, Brunner und
         Bultmann 264
    17.4 Trügerische Einschätzung der Lage 267
    17.5 Entmythologisierung der Bibel – Remythologisierung
         der säkularen Gesellschaft 268
    17.6 Historisch-kritische Theologie als Türöffnerin für
         säkulare Ideologien 270
    17.7 Drei Geschichtsphasen der Evangelischen Gesellschaft
         und der Evangelisch-Kirchlichen 271

18. Geistliche Sterbephase (1945–1990) am Beispiel
    der Evangelischen Gesellschaft und
    der Evangelisch-kirchlichen Vereinigung 273
    18.1 Evangelische Gesellschaft und Evangelisch-kirchliche
         Vereinigung auf dem Rückzug 273
    18.2 «Reformatio» statt «Kirchenfreund» 274
    18.3 Grenzen der Dialektischen Theologie: Wo sind
         reformatorisch-pietistische Profile? 280
    18.4 Der Knick in den Statistiken ab 1970 283
    18.5 Kampf der Kulturen: Sozialarbeit statt Innere Mission
         und Evangelisation 284
    18.6 Vom Siegeslauf der Historisch-kritischen Theologie ... 288
    18.7 Götterdämmerung: technisch-analytisches Denken
         ist nicht biblisches Denken 291
    18.8 Evangelisch-kirchliche Vereinigung von Stadt
         und Kanton Zürich (EKVZ) 292
    18.9 Ohne Massstab leben 294
    18.10 Die EKVS – ein Generalstab ohne Truppen 296
    18.11 Streit um die St. Anna-Kapelle 297
    18.12 Zürcher Jugend-Evangelisation 298

19. Der EKVZ wachsen Flügel im Gegenwind (1982–1990) 299
    19.1   Evangelisch-missionarisches Engagement 299
    19.2   Medienpräsenz und Gemeindewachstum –
            Bedenkenträger bremsen 299
    19.3   Ein konservativer Eckstein an der Zürcher
            Theologischen Fakultät 300
    19.4   Die EKVZ geht in die Offensive 302
    19.5   Das Jahr 1988: Aufbruch in der EKVZ 303
    19.6   Weder «Fundamentalisten» noch «evangelikale
            Freikirchler»: Einsatz für bedrängte Pfarrer und
            Gemeinden 306
    19.7   Dreifaches Bekenntnis: Apostolikum,
            Zweites Helvetisches Bekenntnis und Glaubensbasis
            der Schweizer Evangelischen Allianz SEA 307
    19.8   Zürcher Kirchentag 1989 308
    19.9   Strategie der Achtundsechziger 308
    19.10 Georg Huntemann: Feminismus ist «antijüdisch»
            und «antichristlich» 309
    19.11 Klärung des Verhältnisses zum Synodalverein
            (1989/90) 310
    19.12 Schmerzliche Trennung von der Evangelischen
            Gesellschaft (1990) 311

20. Die Evangelisch-kirchliche Vereinigung (EKVZ) nach 1990 .. 317
    20.1   Evangelisch-missionarisch statt evangelikal 317
    20.2   Die «Evangelisch-kirchliche Fraktion» (EKF) als
            Tochter der EKVZ 321
    20.3   Das Kreuz mit den (kirchlichen) Medien 324
    20.4   Vom Wächteramt der Evangelisch-Kirchlichen 326
    20.5   Die Arbeit unter Theologiestudierenden 329
    20.6   Dreissig Jahre Osthilfe 330
    20.7   Die Heimstätte «Quelle» in Braunwald 331
    20.8   Hundert Jahre EKVZ (2002) – Tiefpunkt einer Krise .. 332
    20.9   Neustart und Vernetzung 333
    20.10 Neuer Name, neue Statuten 335

21. Salz und Licht der Welt (Epilog) 337

Bildnachweise 341

Geleitwort
von Pfarrer Christian Meier

Das Bleiben in der Wahrheit hat auch nach der Reformation oberste Priorität. Mit präziser Analyse und fundierter Quellenrecherche hat Armin Sierszyn dieses Ringen um Wahrheit in der reformierten Zürcher Kantonalkirche rezipiert und verarbeitet. Was die staatskirchliche Seite mit der reformierten Lehre und dem rationalen Denken versuchte zu festigen, wollten die pietistischen Reformer durch Gottesfurcht, persönliche Nachfolge und werktätige Liebe stärken.

Es ist eine packende Lektüre, welche die verschiedenen Geistesströmungen gekonnt beleuchtet. Der Hinweis auf entscheidende Weichenstellungen in der Geschichte ermöglicht eine historische Aufarbeitung und führt zu einer gegenwärtigen Geschichtsdeutung. Was damals bewegte, prägt uns heute und wird in aktuellen Fragestellungen sichtbar. Das Bleiben in der Wahrheit verdeutlicht sich im Umgang mit dem biblischen Wort. Muss zuerst die Essenz des biblischen Wortes erfasst werden, um es dann in unsere Sprachwelt zu übersetzen? Oder offenbart sich Gott unmittelbar und verständlich in seinem Wort, der Bibel, ohne menschliche Übersetzungshilfe? Es ist die Auseinandersetzung zwischen Spätorthodoxie, Pietismus und Vernunftreligion, die diese Klärung hervorruft.

Herausragende Persönlichkeiten aller Strömungen kommen in diesem Buch zu Wort und wecken beim Lesen innere Bilder. Paradigmatisch dafür ist die Rede von Johann Caspar Lavater an der Frühjahrssynode 1779 oder der öffentliche Streit um die Anstellung des Theologen David Strauss 1839. Neben dem blühenden Rationalismus ist auch die Erweckungsbewegung weit verbreitet. Parallel zur Zürcher Aufklärung gelingt der Herrnhuter Brüdergemeinde in beachtlichen Teilen des Zürichbiets die Gründung einer pietistischen Bewegung. 1863 kommt es in Horgen nach der Wahl des liberalen Pfarrers Kambli zur Gründung eines «Evangelischen Vereins». Hier liegt der Ursprung der späteren und heute noch aktiven Evangelisch-kirchlichen Vereinigung Zürich.

Armin Sierszyn gliedert die Geschichte der Evangelischen Gesellschaft in drei Phasen: Zwischen 1830 und 1890 entstanden viele Gründungen von evangelischen Werken, um die Innere Mission zu stärken. Die Phase der Konsolidierung muss dann in die Zeit zwischen der Belle Époque und dem Zweiten Weltkrieg verortet werden. Der dritte Zeitraum dauert etwa von 1945 bis 1990. Der 25. Juni 1991 geht als Gründungstag der «Evangelisch-kirchlichen Fraktion» (EKF) in die Geschichte der EKVZ und der Zürcher Kirchensynode ein und zeigt auf, dass der Pietismus auch heute Teil der Reformierten Kirche ist. Entsprechend ihrem Erbe betont die Fraktion in ihren Grundsätzen, dass sie die Mission und Diakonie, respektive die Evangelisation und tätige Nächstenliebe, stärken will.

Die gegenwärtige kirchenpolitische Entwicklung zeigt auf, wie wichtig dieses Buch und die darin skizzierte Geschichtsaufarbeitung ist. Zu einer Volkskirche gehören unterschiedliche Glaubensverständnisse. Sie zu leugnen, wird der Kirche nicht gerecht. So gab es und wird es immer wieder unterschiedliche politische Präferenzen, verschiedene Bibelverständnisse und Weltvorstellungen in der Volkskirche geben. Die evangelisch-kirchliche Fraktion trägt ihr theologisches Erbe weiter und sieht sich als Teil der pietistisch-erwecklichen Strömung der vergangenen Jahrhunderte.

Wer sich auf die Geschichtserzählung von Armin Sierszyn einlässt, versteht das reformierte und kirchenpolitische Gefüge der Gegenwart im Kanton Zürich. Die Geschichte der Evangelisch-kirchlichen Vereinigung Zürich ist Teil und auch Folge dieser theologischen Auseinandersetzung. Die eigene Geschichtsaufarbeitung ist nicht nur eine Besinnung auf die eigenen Wurzeln, sondern ein wertvoller Beitrag für die lokale Geschichtsschreibung. Als Vereinigung danken wir dem Autor, der mit viel Engagement und Fachwissen dieses Buch zu Papier brachte. Dieses Buch ist weit mehr als ein Geschichtsbuch. Es bildet die Grundlage für kommende, kirchenpolitische Findungsprozesse. Es offenbart die je eigenen Denkkonstrukte der theologischen Strömungen und macht deutlich, dass das Bleiben in der Wahrheit auch heute ein Ringen ist.

Christian Meier, Präsident EKVZ

Vorwort

Während mehr als hundert Jahren ab 1850 waren Stadt und Landschaft Zürich beinah übersät mit christlichen Liebeswerken, «Rettungshäusern» und volksmissionarischen Brennpunkten, die aus pietistischen Kreisen kamen. Diese Glaubenswerke waren fast alle auf irgendeine Weise verbunden mit der «Evangelischen Gesellschaft» und der «Evangelischkirchlichen Vereinigung». Im Schoss dieser geistlich bewegten Milieus entstanden erste Jugendgruppen, Herbergen für Handwerksgesellen, Stadtmissionen, Leihbibliotheken, Lesesäle, Armenvereine, Kinderbewahrungsanstalten, Sonntagsschulen, freie christliche Volksschulen, ein freies Gymnasium und sogar ein Lehrerseminar. Auch das Spital Neumünster, die epileptische Klinik sowie zwei frühe Anstalten für psychisch kranke Menschen gehörten zu den Schöpfungen des zürcherischen Pietismus. Prediger und Mitarbeitende von Kirchgemeinden, Vereinshäusern und Stadtmissionen suchten und fanden den Weg zum beginnenden Industrieproletariat, zu kranken, verarmten, notleidenden und alkoholabhängigen Menschen. Bibel-Kolporteure und Evangelisten brachten der Bevölkerung bis ins letzte Dorf das Wort des Lebens und gute christliche Literatur. Die sogenannte Innere Mission vermittelte der zürcherischen Öffentlichkeit für lange Zeit das Bild einer diakonischen Kirche.

Der Begriff «Pietismus» bezeichnet seit dem 17. Jahrhundert eine internationale evangelische Bewegung, die biblische Herzensfrömmigkeit, tätige Nächstenliebe und christliche Mission verbindet.[1] Eine Besonderheit des Pietismus ist sein unbeirrtes Festhalten am Wort der Heiligen Schrift – auch bei starkem Gegenwind. Die Liebe zur Bibel verbindet den Pietismus mit der Reformation und verleiht ihm eine geistige Frische.

Der Pietismus in seinen unterschiedlichsten Gestalten wurde mit zur Triebfeder der neuzeitlichen Weltmission, der ersten freiheitlichen Verfassung Amerikas sowie des westlichen Wirtschafts-Aufschwungs. Auch die ersten Gewerkschaften im frühindustrialisierten England haben pietistische Wurzeln. Vom biblischen Glauben des Pietismus sind starke bele-

---

1 «Pietas» ist Lateinisch und bedeutet Frömmigkeit. Der Fachausdruck «praxis pietatis» bezeichnet die tätige Nächstenliebe aus dem Glauben, die für die Bewegung des Pietismus bezeichnend ist.

bende Kräfte für die Geschichte der Kirche, der Mission, der Pädagogik und der Gleichberechtigung von Mann und Frau ausgegangen. Insbesondere die intensive Mitarbeit ungezählter Frauen beflügelte lange Zeit die Werke des Glaubens und der Liebe.

Der diakonische und missionarische Impetus der Erweckten im 19. Jahrhundert ist getragen von einer starken Seelsorgebewegung, die bis tief ins 20. Jahrhundert nachwirkt und auch den Kirchen neues Leben einhaucht. Zu erwähnen sind die Basler Mission, das Diakoniewerk Neumünster, das Blaue Kreuz oder das weite Feld zupackender Jugendarbeit.

Die Sterbeglocke für pietistische Diakonie und Innere Mission läutet auch in Zürich im letzten Drittel des 20. Jahrhunderts mit dem Durchbruch der Achtundsechziger Kulturrevolution. Der Zerfall der pietistischen Glaubensbewegung und ihrer Liebeswerke ab den späten 1960er-Jahren ist die Folge einer säkularen Veräusserlichung des Lebens sowie einer Liberalisierung der protestantischen Kirche und Kultur. Der geschwächten pietistischen Bewegung entgleiten ihre Projekte. Die einen gehen unter, andere überleben als gemeinnützige Stiftungen oder Institutionen, wenn es hoch kommt mit einer Prise liberaler Spiritualität. Einzig die Sonntagspredigten im kleinen Kreis der St. Anna-Kapelle in der Zürcher Innenstadt erinnern heute noch an Zeiten, als eine relativ starke pietistische Bewegung an der Limmat Kirchen und Säle füllte und scheinbar ohne Mühe Werke der Liebe und der Mission in Gang setzte.

Glaubensrichtungen sind eine Folge neuzeitlicher Individualisierung. Ihre respektvolle Kenntnis ist die Voraussetzung für Toleranz, gute Zusammenarbeit und gesunden Wettbewerb. In einer offenen Kirche wie der Zürcherischen soll und darf jede Gruppierung denken, ihr Weg sei der beste, jedoch immer mit dem biblischen Vorbehalt, dass alle Erkenntnis begrenzt ist und der Liebe untersteht (1Kor 13,9). Dies macht uns offen und bescheiden.

Demgemäss werden in diesem Buch klare Linien im Sinne reformatorisch-pietistischer Erkenntnis markiert, jedoch im Bewusstsein der eigenen Irrtumsfähigkeit. Der Verfasser weiss, «dass jede Partei die Gläser, durch welche sie die Gegenpartei zu beschauen pflegt, bei ihrem eigenen Optiker schleifen lässt»[2]. Im Sinne der Reformation geht er davon aus, dass die Kirche ihren Auftrag und ihre Grundlagen stets von Neuem am Mass der Bibel zu nehmen hat.

Die Anregung zu diesem Buch kam aus Kreisen der Evangelischkirchlichen Vereinigung Zürich (EKVZ). Eine Vertiefung in die Geschichte

---

2 G. Finsler, Geschichte der theologisch-kirchlichen Entwicklung in der deutsch-reformierten Schweiz seit den dreissiger Jahren (1881), im Vorwort.

der EKVZ – leider fehlen etliche Protokolle[3] – zeigte indes bald, dass diese als Teil eines grösseren Zusammenhangs zu verstehen ist.

Da der Pietismus im Kanton Zürich oft bedrängt und in die Opposition versetzt wurde, hat die Landeskirche auch Projekte wie die evangelische Mission, die Bibel-Verbreitung, die Jugendpflege oder die Sonntagsschule zunächst mit Skepsis betrachtet und dann eher zögerlich übernommen. Das bedeutsame Werk der Inneren Mission am wachsenden Proletariat hat die Zürcher Geistlichkeits-Synode 1854 in einem Anflug von Blindheit verworfen, weil sie nicht mit den Pietisten gemeinsame Sache machen wollte. Demgemäss war und bleibt der Pietismus in der Zürcher Kirche – heute etwa mit seiner Mahnung zur reformatorischen Bibelnähe – ein bleibender Stachel im Fleisch des Protestantismus.

Für wertvolle redaktionelle Korrekturen und Verbesserungen danke ich Herrn lic. theol. Peter Schmid, Bäretswil.

Bäretswil, im Frühjahr 2023   Armin Sierszyn

---

3   Immerhin sind die Jahresberichte der Zürcher Sektion(en) in den jährlichen Berichterstattungen der Evangelisch-kirchlichen Vereinigung der Schweiz (EKVS) von 1877–1990 fast durchgehend erhalten.

1. Kirche und Glaube im Zeitalter der Orthodoxie[4]

Im Jahrhundert nach der Reformation wird für die reformierte Kirche auch in Zürich das «Bleiben in der Wahrheit» zur vordringlichen Aufgabe. Durch den Ausbau der reformatorischen Lehre soll die Kirche innerlich gefestigt werden. Lehrformeln und Bekenntnisse sollen die Kirche im Kampf der Konfessionen tüchtig halten. Voll Stolz und Dank stehen die orthodoxen Pfarrer auf der Kanzel. Sonntag für Sonntag geht es um «die exakte Ausrichtung des gesamten öffentlichen und privaten, des geistigen und künstlerischen, des intellektuellen und sittlichen, des literarischen und meditativen Lebens nach den Normen der reinen Lehre»[5].

Bald nach Bullingers Tod (1575) fällt das Verhältnis von Kirche und Gemeinwesen in einen Zustand staatskirchlicher Erstarrung. Pfarrer Hans Zart in Winterthur zum Beispiel hält über 1. Mose 24 nicht weniger als 450 Predigten. Damit verwandelt sich der ungestüme Glaube der Reformatoren zunehmend in abgesicherte Rechtgläubigkeit. Diese wird zur Staatsangelegenheit. Sie bildet das Band der Gesellschaft und wird zum Instrument der Obrigkeit, die Untertanen von der Wiege bis zur Bahre zu beaufsichtigen. Der geistvollste Zürcher Prediger des 17. Jahrhunderts ist Johann Jakob Breitinger, Antistes[6] von 1613–1645. Seine Predigten sind praktisch und schlicht. Eindringlich redet er der Obrigkeit ins Gewissen. Seine Synodalreden sind eine Fundgrube seelsorgerlicher Weisheit und ein Spiegel der damaligen ebenfalls existierenden Frömmigkeit und Sitte. Von ihm stammt das Kanzelwort: *Qui ascendit cum horrore, descendit cum honore* – Wer mit Scheu die Kanzel besteigt, kommt

---

4   Orthodoxie bezeichnet eine theologische Richtung mit Schwerpunkt im 17. Jahrhundert, die im Anschluss an die Reformation das Erbe der reinen (z.B. Luthers oder Zwinglis) und objektiven Lehre zu wahren versucht. Grundlage dafür ist das strikte Festhalten an der Autorität der Bibel.
5   E. Beyreuther, Kirche in Bewegung (1968), 51.
6   Vorsteher der Zürcher Pfarrer, auch «Oberst-Pfarrer» genannt, heute Kirchenratspräsident. Der letzte Antistes der Zürcher Kirche war von 1866–1895 Pfr. Dr. Diethelm Georg Finsler (1819–1899), ein Enkel von Antistes Georg Gessner. Von 1895 bis zu seinem Lebensende bekleidete Finsler gemäss der neuen Kirchenverfassung das Amt des erstes Kirchenratspräsidenten.

in Ehren herunter.⁷ Breitinger ist Zürichs Vertreter auf der reformierten Synode von Dordrecht 1618/19.

Nicht dass im 17. Jahrhundert der evangelische Glaube zu Stadt und Land völlig unter einer verordneten Glocke von Rechtgläubigkeit ermatten oder erstarren würde! Viele unserer schönsten Kirchenlieder stammen aus dieser Epoche. Wenn auch die Zürcher Bevölkerung durch den Dreissigjährigen Krieg nicht so unmittelbar betroffen ist wie die Deutsche, so wird doch auch sie etwa durch Pest und Seuchen wiederholt heftig heimgesucht. Auch sonst bleibt der Tod allgegenwärtig. Auf einem Dachbalkenspruch von 1685 an der Weisslinger Hintergasse steht das Wort: «*Es ist einem Menschen nicht gegeben/dass er alle Zeit* hie muss leben/es muss alle Zeit gestorben sein/darum gib dich willig drein/denn wer da glaubt an Jesu Christ/ein Kind des Ewiglebens ist.»⁸ Kreuz, Leid und Trost nehmen in der orthodoxen Verkündigung viel Raum ein. «Was ist dein einziger Trost im Leben und im Sterben?», heisst die erste Frage des Heidelberger Katechismus.⁹ Die klassische Antwort lautet:

> Dass ich mit Leib und Seele,
> beides, im Leben und im Sterben,
> nicht mein, sondern meines getreuen
> Heilands Jesu Christi eigen bin,
>
> der mit seinem teuren Blut
> für alle meine Sünden vollkommen bezahlt
> und mich aus aller Gewalt des Teufels
> erlöst hat und so bewahrt,
> dass ohne den Willen meines Vaters im Himmel
> kein Haar von meinem Haupt kann fallen,
>
> ja auch mir alles zu meiner Seligkeit dienen muss.
> Darum sichert er mich auch durch seinen
> Heiligen Geist das ewige Leben zu
> und macht mich von Herzen willig und bereit,
> fortan ihm zu leben. Amen¹⁰

Diese Antwort umschreibt das Gravitationszentrum des reformierten Glaubens im Zeitalter der Orthodoxie und darüber hinaus. Auch die ausserordentliche Hilfsbereitschaft der orthodoxen Kirche gegenüber Tausenden von

---

7 W. Schütz, Geschichte der christlichen Predigt (1972), 130.
8 Ganzer Spruch samt Abbildung vgl. P. Surbeck, Die Inschriften an Bauernhäusern im Bezirk Pfäffikon (2003), 138.
9 Der Heidelberger Katechismus, Hg. Evangelisch-reformierte Kirche u. a. (6. Aufl. 2013)
10 Evangelisch-Reformiertes Gesangbuch (1998), Nr. 265.

1. Kirche und Glaube im Zeitalter der Orthodoxie

Hugenottenflüchtlingen stellt dem reformierten Zürich ein leuchtendes Zeugnis aus. Von 1683–1710 beherbergt die Limmatstadt 42 000 (meist durchziehende) hugenottische Glaubensflüchtlinge bei einer Stadtbevölkerung von 10 000 Einwohnerinnen und Einwohnern. Die Stadtkasse wird dadurch mit der enormen Summe von 425 000 Gulden belastet.[11]

Auf der anderen Seite führt der Trend des konfessionellen Zeitalters zunehmend in Bahnen enger dogmatischer Schulweisheit. Im Kampf der Konfessionen und gegen den Abfall vom Glauben ist man eifrig bestrebt, die wahre Kirche durch Vorschriften rechtgläubiger Theologie zu schützen. Der Gottesdienst wird zum Hörsaal. Eine zunehmende inhaltliche Verhärtung und Stagnation sind die Folge. In den Kirchdörfern der Landschaft werden die Pfarrer zum verlängerten Arm der städtischen Herrschaften. Der letzte Professor an der Zürcher Hochschule aus dem ländlichen Bauernstand – Markus Bäumler aus Volketswil – stirbt 1611 an der Pest.

1675 einigen sich auf der Tagsatzung zu Baden die evangelischen Stände auf die sogenannte Konsensus-Formel. Verfasser dieses spätorthodoxen Bekenntnisses ist der im Bäretswiler Pfarrhaus aufgewachsene Zürcher Professor Johann Heinrich Heidegger (1633–1698), ein moderater Vertreter der heilsgeschichtlichen Bundestheologie des niederländischen Professors Coccejus. Bis 1737 hat jeder Zürcher Pfarrer und Professor dieses Bekenntnis zu unterschreiben. Es umschreibt sogar haarscharf die Wort- und Zeichen-Inspiration des hebräischen Urtextes. Für die Kirchen der Reformation, die kein päpstliches Lehramt kennen, wäre ein etwas offeneres Bekenntnis zur Autorität der Heiligen Schrift, wie zum Beispiel Heinrich Bullingers Zweites Helvetisches Bekenntnis, durchaus eine hilfreiche Wegmarke.[12] Doch der Zeit und Kirche um 1700 fehlen Geist, Geschick und Kraft, ihre Pfarrer von der grundsätzlichen Bedeutung einer solchen geistlichen Grundlage zu überzeugen. Zu starr und veräusserlicht an Haupt und Gliedern ist der alte Protestantismus geworden. 1712 tritt eine Kommission weltlicher und geistlicher Herren unter dem Vorsitz von Bürgermeister Johann Jakob Escher zusammen, um «zur Verbesserung des gänzlich erkalteten und fast verfallenen Christenthums» zu beraten.[13]

---

11 S. Widmer, Zürich. Eine Kulturgeschichte, VI (1978), 89.
12 H. Bullinger: «Wir glauben und bekennen, dass die kanonischen Schriften der heiligen Propheten und Apostel beider Testamente das wahre Wort Gottes sind, und dass sie aus sich selbst heraus Kraft und Grund genug haben, ohne der Bestätigung durch Menschen zu bedürfen». Vgl. diesen ersten Satz des Zweiten Helvetischen Bekenntnisses von 1566 bei: H. Steubing, Bekenntnisse der Kirche (1985), 155. Ähnlich Johannes Calvin, Institutio I,7
13 P. Wernle, Der schweizerische Protestantismus im 18. Jahrhundert, I-III (1925/27), fortan zitiert als Wernle I-III, hier I,133.

200 Jahre Vorsteher der Zürcher Kirche von Ulrich Zwingli bis Ludwig Nüscheler

2. Der Pietismus, eine neue Glaubens- und Frömmigkeitsbewegung

Seit den 1670er-Jahren liegt zeitgleich in Deutschland, Holland und der Schweiz eine neue Frömmigkeitsbewegung in der Luft – der Pietismus (das lateinische Wort *pietas* bedeutet Frömmigkeit). Angeregt durch das unvorstellbare Elend der Konfessionskriege und die Erstarrung der protestantischen Theologie und Kirche, sucht die pietistische Glaubensbewegung nach vertiefter biblischer Herzensfrömmigkeit, nach Bekehrung, Wiedergeburt und Heiligung. Der Pietismus betont eine Christusnachfolge in tätigem Glauben und praktischen Werken. Die Liebe zur Bibel und die Freude an Gottes Lob verbinden den Pietismus mit der Reformation. Erst der Pietismus macht die Bibel zum verbreiteten Volksbuch.[14] Der Pietismus ist die klassische Bibel- und Singbewegung des Protestantismus. Die pietistische Intensivierung und Individualisierung des Glaubens schenken dem Protestantismus eine Menge neuer Lieder ganz unterschiedlicher Qualität, die ans Herz gehen. Anderseits distanzieren sich nicht wenige pietistische Kreise von der «Welt» und ihren schnöden Vergnügungen. Stattdessen erwartet man die endzeitliche Bekehrung Israels und die Wiederkunft Jesu mit der Aufrichtung seines ewigen Reichs. Mit dem Pietismus beginnt eigentlich erst die Mission in den protestantischen Kirchen. Mehr noch, der Pietismus wird weltweit zum bedeutendsten Träger der evangelischen Weltmission vom 18. Jahrhundert bis zur Gegenwart. Die Distanzierung zur «Staatskirche» fällt im Pietismus

---

14 Im 16. und 17. Jahrhundert sind die Bibeln für die breite Bevölkerung noch zu teuer. In der damals relativ grossen Oberländer Kirchgemeinde Bäretswil zählt man 1634 sieben Bibeln. Erst im pietistischen Halle produziert der fromme Freiherr von Canstein in seiner Bibelanstalt ab dem Jahr 1710 Vollbibeln im neuem Stehsatz-Druckverfahren zum Preis von 6 Groschen, nach heutigem Geldwert weniger als 5 Franken. Anlässlich einer schweren Erkrankung hatte der reiche Freiherr Gott gelobt, im Falle einer Genesung sein grosses Vermögen für Gottes Reich einzusetzen. Nach seiner Genesung erfüllte er sein Gelübde. Daher nennt man ihn auch den «kleinen Luther», weil er durch sein neues Druckverfahren die Bibel zum Volksbuch gemacht hat. Das Jahrhundert der Reformation kennt Gesangbücher mit maximal 300–600 Liedern, darunter viele Psalmgesänge. 1749 zählt der Protestantismus 33 712 Kirchenlieder. Kurz vor 1800 verzeichnet ein Chorallexikon 72 732 Liedanfänge. Graf Ludwig von Zinzendorf (1700–1760) dichtete allein (oft ad hoc im Gottesdienst) 2000 Lieder.

unterschiedlich aus. Es gibt einen kirchlichen Pietismus, der die spezielle Sammlung der Gläubigen im kleinen Erbauungskreis als «Kirchlein in der Kirche» begrüsst. Radikale Pietisten und Inspirierte tendieren dagegen zum Separatismus. Sie sehen in der Landeskirche die «gefallene Hure Babylon». Deshalb werden sie auch verfolgt.

Reformation und Pietismus gemeinsam ist schliesslich die Betonung des Priestertums aller Gläubigen. Im Glauben an Jesus Christus sind alle Kinder des lebendigen Gottes und also Brüder und Schwestern. Demgemäss rüttelt der Pietismus als revolutionäre Kraft auch an den hergebrachten Standesformen und fördert die Gleichstellung der Frauen. Vornehme Zürcher Herren legen in pietistischen Erbauungsstunden ihre Perücken ab. Auch Frauen äussern sich zur Bibel und über ihren Glauben. Durch seine Verlebendigung des Glaubens und die seelische Vertiefung der Frömmigkeit entdeckt und fördert der Pietismus ganz allgemein den Sinn für Empfindsamkeit und Individualität.

1675 veröffentlicht der Elsässer Philipp Jacob Spener (1635–1705) als Senior der Frankfurter Pfarrerschaft seine Programmschrift «Pia desideria» (Fromme Wünsche). Darin äussert er die folgenden Empfehlungen zuhanden seiner Kollegen:

1. Das Wort Gottes soll wieder reichlicher unter die Leute gebracht werden.
2. Möglichst alle sollen ermuntert werden, die Bibel selbst in die Hand zu nehmen und darin zu lesen.
3. Die christliche Gemeinde soll für die Irrenden beten und ihnen in herzlicher Liebe begegnen.
4. Das Theologiestudium soll reformiert und praxistauglich gemacht werden.
5. Die Herren Professoren sollen ein Vorbild im Glauben sein.
6. Theologie besteht nicht aus Religionswissenschaft, sondern im Studium des Wortes Gottes.

Durch diese Programmschrift wird Spener zum Gründervater des lutherischen Pietismus und zur bedeutendsten Persönlichkeit des deutschen Protestantismus nach der Reformation. Mit dem Aufruf zum privaten Bibelstudium (auch für Laien) und zum Priestertum aller Gläubigen, also zur Beteiligung der Laien in der Gemeinde, greift Spener zentrale Anliegen der Reformation auf. Jede Gemeinde braucht die Mitarbeit von Laien und ein Christentum der Tat. Auch mit seiner Anregung der Sammlung von Frommen als «Kirchlein in der Kirche» schliesst Spener an Luther an.[15] Mit

---

15 Vgl. M. Luther, Deutsche Messe, WA 19, 75. Auch Zwingli gestattet im Anschluss an Paulus, «dass die Geringsten über die Schrift reden, wenn Gott es ihnen eingibt, falls die vorsitzenden Propheten, will sagen die Lehrer, die Wahrheit nicht getroffen haben.»

2. Der Pietismus, eine neue Bewegung 23

seiner Schrift «Von der Hoffnung zukünftig besserer Zeiten» durchbricht Spener zudem die pessimistische Stimmungslage einer sterbenden Kirche im Anschluss an das nicht enden wollende Elend des Dreissigjährigen Krieges. Dazu beruft er sich auf die heilsgeschichtliche Bundestheologie des reformierten niederländischen Professors Johannes Coccejus (1603–1669). Christus wird wiederkommen! Zudem – das ist das Besondere bei Spener – wird gemäss Offenbarung 20 noch die Epoche einer umfassenden Juden- und Heidenmission eintreten.

Spener richtet seine frommen Wünsche an seine «Väter und Brüder». Er vertritt die biblische und reformatorische Überzeugung, dass eine Besserung der Kirche entscheidend von einer Erneuerung des Pfarrerstandes abhängen wird.[16] Er geisselt aber die Missstände nicht von oben herab. Er bricht vielmehr mit Jeremia (Jer 9,1) ins Klagewort aus: «O dass wir Wasser genug hätten in unseren Häuptern und Augen dass wir Tag und Nacht beweinen möchten den Jammer unseres Volkes».[17] Speners Vision verwirklicht sich im kirchlichen Pietismus von August Hermann Francke in Halle sowie durch dessen originellen Schüler Graf Ludwig von Zinzendorf (1700–1760) zu Herrnhut bei Görlitz.

In Frankfurt muss Spener schmerzlich erleben, wie sein Freund der ersten Stunde, der Jurist Johann Jakob Schütz, sich dem radikalen Pietismus zuwendet und die lutherische Kirche als «Hure Babylons» verwirft. Vor allem in der hessischen Wetterau versammeln sich ab 1715 ungezählte Inspirierte (Camisarden) aus halb Europa.[18] Einer ihrer Prediger ist der Sattler Johann Friedrich Rock. Diese Radikalen verachten jeden äusseren Gottesdienst und alle christliche Kultur zugunsten ihrer persönlichen spirituellen Herzens-Frömmigkeit mit Jesus. Nicht selten hinterlassen diese radikalen Individualisten in ihrem Umfeld eine geistliche Wüstenei. Ihre Kinder erben von ihnen nur noch «die Verachtung des

---

Vgl. Huldrych Zwingli. Schriften, Hg. Brunnschweiler/Lutz, Bd. I (1995), 152 (Von der Klarheit und Gewissheit und Untrüglichkeit des Wortes Gottes).

16 Es war und ist bis heute die biblische und reformatorische Überzeugung aller Pietisten, dass auf eine Erneuerung des Pfarrerstandes auch eine Erneuerung der Kirche folgen würde. Der radikalpietistische Jean de Labadie veröffentlicht im niederländischen Middelbourg schon 1668 ein Buch mit dem Titel «LA REFORMATION DE L'EGLISE PAR LE PASTORAT» (ND 2018). Vgl. 1 Sam 2,12ff; Ez 34,7ff; Mt 9,36 u. a. Auch Zwingli bezeichnet Pfarrer, «die nicht das Wort Gottes, sondern ihre Träume» lehren als «falsche Hirten und Wölfe» (Huldrych Zwingli. Schriften I, Hg. T. Brunnschweiler/S. Lutz (1995), 321.

17 P.J. Spener, Pia desideria, Hg. E. Beyreuther (1964), 21.

18 I. Noth, Ekstatischer Pietismus, in: AGP 46 (2005) 90–100; H. Schneider, Der radikale Pietismus im 18. Jahrhundert, in: Geschichte des Pietismus, Hg. Brecht/Deppermann, II (1995), 107–197, bes. 145ff.

äusseren Gottesdienstes, den inneren Gottesdienst des Herzens»[19] besitzen sie nicht mehr. Dieser überfrommen Art von spiritualistischem Separatismus eignet (ungewollt) eine besondere Sprengkraft zur Förderung der bibelkritischen Aufklärung.

---

19 Vgl. E. Beyreuther, Geschichte des Pietismus (1978), 314. Ein Beispiel für diese Radikalität ist der deutsche Theologe, Arzt und Alchimist Konrad Dippel, dessen radikale Schriften in der Ostschweiz reissenden Absatz finden, und der mit dem Zürcher Seidenfabrikanten Johann Heinrich Schulthess, ein gemässigter Doyen radikaler Pietisten an der Limmat, Kontakte pflegt. Vgl. Wernle I, 234; 248 f.

3. Pietismus in Zürich ab 1680

3.1 Erste Verhöre

Auch in Zürich liegt ab den 1670er-Jahren der Pietismus in der Luft.[20] Da es unter den Zürcher Pietisten zunächst kaum installierte Pfarrer gibt, die das Wort Gottes aufgrund eigener Heilserfahrung verkündigen, bleibt an der Limmat die Führung der frühen pietistischen Bewegung vorwiegend eine Angelegenheit der Laien. Die Bewegung wirft dann auch in Zürich nicht so hohe Wellen wie in Bern.

1689 kommt es zu ersten Verhören einer «Sekte» in Zürich. Junker Johann Heinrich von Schönau, Kaufmann Johann Heinrich Locher, der junge Pfarranwärter (Exspektant) Hans Georg Ziegler, Schuhmacher Jakob Sprüngli und dessen Frau müssen sich vor Antistes Klingler und Professor Johann Heinrich Schweizer verantworten. Man verdächtigt sie des Kontakts mit dem Lüneburger Theologiestudenten und Wanderprediger Christian Theodor Wolther und dem pfälzischen Barbiergesellen Friedrich Speyer. Diese Deutschen verbreiten die Ansicht, wahrhaft wiedergeborene Christen hätten keine Sünde mehr; sie lebten immer fröhlich und ohne Sünde wie Adam vor dem Sündenfall. Die beiden Fremden werden aus der Stadt verwiesen. Der Theologiekandidat Hans Georg Ziegler wird 1692 von der Obrigkeit wegen beharrlicher Irrlehre und «Konventikelsucht» aus dem Zürcher Ministerium ausgeschlossen und aus der Heimat verbannt.[21] Die standhafte Überzeugung des jungen Theologen mag ein Stück weit auch «Empörung über den bequemen orthodoxen Schlendrian» sein, der sich «oft genug hinter der Lehre von der bleibenden Sündhaftigkeit des Christenmenschen verschanzte»[22].

---

20 K. Bütikofer, Der frühe Zürcher Pietismus (1689–1721) (2009), 54f, 504. ders., Michael Zingg (1599–1676), Ein Wegbereiter des Zürcher Pietismus? = PuN 39 (2013).
21 R. Pfister, Kirchengeschichte der Schweiz II (1974), 612.
22 Vgl. P. Wernle I, 131.

3.2 Unterschiedliche Profile

Nach dem unglücklichen Ausgang des Berner Prozesses gegen die Pietisten weht auch an der Limmat ein scharfer Wind.[23] Das Richteramt wird ausgerechnet dem erklärten Pietistenfeind und orthodoxen Theologieprofessor Johann Heinrich Schweizer anvertraut, der schon in Bern gegen die Pietisten Lärm geschlagen hat.[24] Die unglückliche Kombination des streitsüchtigen Antistes Klingler[25] mit seinem protestantischen «Inquisitor» ist weder für den Pietismus noch für die Zürcher Kirche ein Gewinn. Umgehend beginnen in Zürich die Nachforschungen über mystische und endzeitliche Bücher. Selbst heimlichen Korrespondenzen zwischen Zürcher und Berner Pietisten wird nachgespürt. Ins Netz gehen dabei Kaufmann Johann Heinrich Locher, der junge Pfarrer Heinrich Laubi in Schwamendingen und der Theologiestudent Hans Heinrich Reutlinger.[26] Auch der städtische Buchdrucker und spätere Ratsherr Heinrich Bodmer tritt 1698 hervor; er ist in den 1710er-Jahren die Seele des pietistischen Widerstands gegen das Tandem von Kirche und Staat. Der herrische Leiter der Zürcher Kirche, Antistes Klingler, «ein Kirchenfürst, wie Zürich noch keinen besessen, so standesbewusst und hochfahrend und dabei so borniert»[27], stellt sich dem Pietismus entgegen. Schlimmes lässt sich den Beschuldigten

---

23 Grundlegend nach wie vor Julius Studer, Der Pietismus in der Zürcher Kirche (1877); J.J. Hottinger, Die Versuchungsstunde über die evangelische Kirche durch neue, selbstlaufende Propheten (1717); ders., Die Reformversuche zu Zürich im Jahr 1713, in: Archiv für schweiz. Geschichte, 8 (1851); G.R. Zimmermann, Die Zürcher Kirche von der Reformation bis zum dritten Reformationsjubiläum (1519–1819) (1878), 187f und 248ff; Wernle I-III. Als Quellen v. a. StAZ Sig. EI 8.1–4.

24 Schweizer veröffentlicht 1698 eine Schrift gegen die Berner und Zürcher Pietisten: «Ursachen und Gründe, warum die sogenannte philadelphische Societet oder pietistische Brüderschaft, wie sie in England, Teutschland und Holland dissmahlen ist, beydes, den Kirchen Gothes und dem gemeynen Wesen, sonderlich in der reformirten Eydgnossschafft gefährlich und hiemit unleidenlich seye.» Die Fehler der Pietisten sind gemäss Schweizer vor allem folgende: 1. Die Pietisten kennen neben dem geschriebenen Wort Gottes auch das innere Gotteswort. Das Bibelwort stellen sie nicht selten als toten Buchstaben hintan. 2. Sie reden ständig von Offenbarungen, haben Visionen und Träume. 3. Sie ziehen ihre privaten Konventikel dem öffentlichen Gottesdienst vor und spalten so die kirchliche Gemeinschaft. 4. Ihre abendlichen Zusammenkünfte mit ledigen Männern und Frauen bergen Gefahren. Schweizer hörte als Student in Genf Labadie und wohnte in dessen Haus. Vgl. W. Hadorn, Geschichte des Pietismus in den Schweizerischen Reformierten Kirchen (1901), 77f.

25 Eigenmächtig legt er sich den Titel «Exzellenz» zu; später führt er die letzten Hexenprozesse im Kanton (HLS).

26 Reutlinger wird aus dem Alumnat ausgeschlossen und erst 1703 zum Examen zugelassen. Vgl. Zürcher Pfarrerbuch 1519–1952, Hg. Dejung/Wuhrmann (1953), 481.

27 Wernle I, 131 f.

nicht nachweisen ausgenommen die Verbreitung mystischer Bücher. Theologie-Absolvent Reutlinger wird einstweilen das Studium verboten, weil er Kontakte mit gebannten Pietisten aus der Berner Szene hatte.

1698 gerät auch der Fraumünsterpfarrer Johann Heinrich Zeller (1654–1699) wegen verbotener Zusammenkünfte in die Fänge der Gesinnungspolizei. Zeller, ein Bruder des späteren Antistes, ist zugleich Professor für Dogmatik am Carolinum.[28] Eine von ihm erhaltene Synodalpredigt vom 7. Mai 1693 über Psalm 116,7 «Kehre wieder, meine Seele, zu deiner Ruhestatt» ist «ein wahres Kleinod in jener dürren Zeit, ein Novum für Zürich».[29] Darin predigt Zeller seinen Synodalkollegen: «Ohne diese Ruhe in Gott flattert die Seele in den Geschöpfen umher und wird immer unruhiger. Ohne diese Ruhe ist das Gebet nur ein Geplauder, der Gesang ein Geplärr, Almosen unnütze Ausgabe, aller Gottesdienst ein Gräuel. Denn was nicht aus dem Glauben kommt, ist Sünde. Glauben aber gibt den Grund der Ruhe.»[30] Hier spricht ein Prediger aus dem tiefen Quell der Mystik, durchwirkt mit paulinischer Theologie. Zeller gehörte ursprünglich zum Freundeskreis von Pfarrer Michael Zingg (St. Jakob) und besuchte diesen im Gefängnis.[31] Gegen Pfarrer Zeller wird auf Anzeige des eifernden Professors Schweizer (er ist sein Kollege am Carolinum) ein antipietistisch motiviertes Verfahren eingeleitet, weil er in seinem Pfarrhaus mit sechs Männern jeweils am Mittwochabend ein Erbauungskränzchen leitet.

Zum Zeller-Kreis gehören Kaufmann Johann Heinrich Locher und dessen Freund Johann Kaspar Hardmeyer (Pfarrer in Bonstetten), dazu der junge Pfarrer Heinrich Laubi aus Schwamendingen, ferner Tischmacher Schweizer, Trechsler Herrliberger und eine weitere Person.[32] Ausserdem wird Pfarrer Zeller zur Last gelegt, er halte im Fraumünster eine

---

28 Das Carolinum ist die Vorgängerschule der Universität und der Theologischen Fakultät.
29 P. Vogelsanger, Zürich und sein Fraumünster (1994), 363.
30 Ebd.
31 Michael Zingg (1599–1676), zuerst Professor der Mathematik und astronomischer Beobachter, dann bis 1660 Pfarrer am St. Jakob gilt als ein Vorläufer des Zürcher Pietismus. Zingg war zugleich vernetzt mit wichtigen Exponenten der Stadt. Weil er entgegen dem strengen reformierten Prädestinationsdogma (aber mit den Lutheranern) glaubt, Christus sei nicht nur für die Erwählten, sondern für die ganze Welt gestorben, wird er aus dem Ministerium der Zürcher Pfarrer ausgeschlossen. Vgl. Zürcher Pfarrerbuch, a. a. O., 657.
32 Gemäss Hardmeyers Tagebucheintrag vom 13. November 1694, Zentralbibliothek Zürich, Ms E 136. Hardmeyer wird beschuldigt, er habe sich mit Locher über eine Liste von Schriften des aus dem Ministerium ausgeschlossenen Ex-Pfarrers Michael Zingg ausgetauscht; vgl. Studer 115; K. Bütikofer, Michael Zingg (1599–1676): Ein Vorläufer des Zürcher Pietismus?, in: PuN 39 (2013); G. R. Zimmermann, Die Zürcher Kirche (1878), 247f; Zürcher Pfarrerbuch. Hg. Dejung/Wuhrmann (1953), 657.

fromme Extra-Kinderlehre, die aus der ganzen Stadt, selbst von Erwachsenen, besucht werde. Beides wird dem geistlich bewegten Pfarrer auf Befehl des orthodoxen Antistes verboten. Durch seinen frühen Tod (1699) entgeht der hochbegabte Zeller dem Zorn der Theologen.[33] Kaufmann Lochers Bibliothek mit beinah dreihundert Büchern wird zu zwei Dritteln beschlagnahmt.[34] Darüber hinaus kommt an den Tag, dass durch Lochers Vermittlung Schriften der englischen Mystikerin Jane Leade ins Deutsche übersetzt und in Amsterdam gedruckt wurden.[35] Alle Beteiligten werden mit empfindlichen Geldstrafen belegt.

Neue Töne vernehmen die Predigthörer im Gottesdienst bei Pfarrer Johann Jakob Ulrich (1683–1731) in der alten Klosterkirche am Oetenbach.[36] In Holland und Bremen durch Johannes Professor Coccejus und den Pietismus beeinflusst, predigt er in Zürich in gemässigter Form einen persönlichen und lebendigen Glauben. Am 17. April 1717 verteidigt der profilierte Verkündiger nach dem Verlesen des obrigkeitlichen Pietisten-Mandats[37], in dem vor Irrlehren gewarnt wird, in einer mutigen Predigt die Pietisten. Die anwesenden Johann Kaspar Escher[38] und Johann Heinrich Füssli ermutigen den beherzten Pfarrer, seine Predigt zu veröffentlichen.[39] «Zion ist krank, ist denn kein Arzt in Gilead?», fragt Ulrich im Anschluss an Jeremia 8,22. Die Hauptschuld für den jämmerlichen Zustand der Kirche sieht Ulrich bei der Obrigkeit. Die Profanierung von

---

33 Vgl. Zürcher Pfarrerbuch, a. a. O., 647 f.
34 In Lochers Bibliothek waren Bücher von Mystikern, Spiritualisten oder Theosophen wie Johannes Tauler, Heinrich Seuse, Kaspar von Schwenckfeld, Jakob Böhme, Valentin Weigel und Christian Hoburg, aber auch vom lutherischen Erbauungsschriftsteller Johann Arndt, vom Naturwissenschaftler Galileo Galilei, von Täufern usw. Vgl. Ch. Scheidegger, Religiöse Strömungen in Zürich zurzeit Scheuchzers. Von den Nonkonformisten des 17. Jahrhunderts zur pietistischen Bewegung, in: Natura Sacra, Der Frühaufklärer Johann Jakob Scheuchzer (1672–1733), Hg. U. Leu (2012), 11.
35 R. Dellsperger, Pietismus in der Schweiz, in: Geschichte des Pietismus, II, Hg. B. Brecht/K. Deppermann (1995), 593.
36 Das mittelalterliche Dominikanerinnen-Kloster Oetenbach ist bis zum Vorabend der Reformation beinah ein Dorf für sich mit eigenen Gutsbetrieben, Mühlen und Rebbergen. Nach der Reformation dient der weitläufige Klosterkomplex auf dem «Sihlbüel» als Waisenhaus, Spital und Strafanstalt für das ganze Zürichbiet sowie als Polizeikaserne. Erst 1901 werden die Gefangenen in Möbelwagen nach Regensdorf gebracht. 1902/03 wird der alte Klosterkomplex abgetragen. 1904/05 erfolgt der Durchstich der Uraniastrasse durch den Oetenbachhügel zur Rudolf-Brun-Brücke. In der ehemaligen Kirche des Frauenklosters wurden Gottesdienste abgehalten. Seit 1661 bestand dort eine offizielle Pfarrei für Waisenhaus und Strafanstalt.
37 Ratsmandat vom 7. April 1717 (Warnung vor den Irrlehren).
38 Joh. Caspar Escher (1678–1762), Sohn des Bürgermeisters und später selbst Bürgermeister.
39 Vgl. J. J. Ulrich, Balsam und Arztet in Gilead … (1717, 4. Aufl. 1737).

Wort und Kirche öffne den radikalen Separatisten und Inspirierten den Mund. Doch auch der Separatismus, der die Kirche als Babels Hure verwirft, sei genauso wenig eine Lösung wie die offizielle Politik, die den tiefen Schaden der Kirche verkenne. Der Oetenbacher Pfarrer plädiert für eine Erneuerung aus dem Wort und Geist Gottes. Als man ihn «ungesunder» Lehre verdächtigt, veröffentlicht er seine «Glaubenspredigten» und betont in der Vorrede, er wolle dem «seelenverderbenden Wahn» wehren, als wäre der Glaube «ein ödes und dürres Wesen», eine «blosse und simple Fürwahrhaltung der evangelischen Lehr» ohne Sündenschmerz, Heilsverlangen und brennende Liebe zu Gott.[40] Berufungen als Professor nach Heidelberg und Groningen schlägt er aus.

3.3 Inquisition an der Limmat

Härter wird eine Gruppe ehemaliger Marburger Studenten angefasst. Die jungen Theologen Kaspar Ziegler, Christoph Balber, Heinrich Gossweiler, Beat Holzhalb und Johann Jakob Schulthess bilden 1714 einen brüderlichen Kreis zum gemeinsamen Studium der Bibel. Die Heilige Schrift bedeutet ihnen mehr als die dogmatischen Systeme. Kaspar Ziegler vertritt in den Konventikeln die völlige Freiheit des Allgemeinen Priestertums. Aufgrund von Römer 16,5 und Apostelgeschichte 20,20 seien Hausväter berechtigt, Hausversammlungen abzuhalten, und auch Frauen dürften sich an den Gesprächen beteiligen. Mehr noch: Berührt von ihrem umherziehenden radikalen Toggenburger Freund Hans Ulrich Giezendanner[41], rühmen die jungen Theologen im Prozess vom 11. Juli 1716

---

40 J.J. Ulrich, Glaubenspredigten (1718,4. Aufl. 1733).
41 Hans Ulrich Giezendanner, geb. 1686 in Lichtensteig, gest. 1738 in Orangeburg, South-Carolina. Er lernt im Toggenburg den Beruf eines Goldschmids. Durch seinen Ortspfarrer Niklaus Scherr und noch mehr durch August Hermann Francke in Halle wird er pietistisch geprägt. 1714 Theologiestudium in Marburg. Da er während eines Gottesdienstes den Pfarrer unterbricht und selbst auf die Kanzel steigt, wird der fromme Haudegen aus Hessen verbannt (Wernle I,185f). In der Ostschweiz leitet er heimlich Konventikel-Versammlungen und erlebt erste Inspirationen, von denen er sich später distanziert. 1716 kommt er heimlich nach Zürich und steht im engen Kontakt mit dem radikal-pietistischen Pfarrer Johann Jacob Schulthess. Aus Zürich ausgewiesen weilt er bei Junker Hans Kaspar Schneeberger in Engstringen, wo er unter einem Kreis von Freunden Ende Juni mindestens vier prophetische Inspirationen verkündet. 1730 in Stäfa mit Anna, geb. Grob verheiratet, wandert er vier Jahre später nach Amerika aus, wo er sich als Goldschmid betätigt. 1736 gründet er in Orangeburg County für die Toggenburger, Appenzeller und Rheintaler Auswanderer eine erste Kirche. – Zur Biografie von Giezendanner vgl. J. Studer, Der Pietismus in der zürcherischen Kirche (1877), 128–132.

dessen göttliche Inspirationen. In einem prophetischen Weckruf an die Eidgenossenschaft und den Stand Zürich prangert Giezendanner Ende Juni die pharisäische Geistlichkeit und die korrupte politische Führung an, welche die bedenklichen Zustände der Zürcher Kirche verursachen, und ruft die Christenheit zur Busse auf.

> Höre das Wort des Herrn, du verschlafenes Volk [...] Höret ihr Häupter dieser Stadt und Landschaft [...] was habt ihr für einen Gott zu eurer Herrschaft? Ist's nicht bei euch also, wie bei den meisten Lehrern, dass ihr euren Bauch zum Gott machet? Wie viele Josua habt ihr, die mit ihrem Haus dem Herrn dienen wollen? [...] Ach Gott, erbarme dich über uns, über unser Volk, über unser Vaterland. [...] Wo ihr aber meiner Stimm nit folgen werdet, so will ich meinen Zorn und Grimm über euch regnen lassen [...] Ihr blinden Wächter und Führer werden müessen heulen, zittern und leben mit Zähnklaffen, wann ich meinen Grimm wird über euch ausschütten.[42]

Die Pfarrer der Stadt nennt er «stockdicke Erdenklumpen». Zürich sei einst «in der Verbesserung der Lehr» vorangegangen. Jetzt sollte die Stadt auch «in der Veränderung des Herzens und Besserung des Lebens» ein Vorbild sein.[43] Der junge Theologe Johann Kaspar Ziegler reicht Giezendanners Bussruf und Weissagung dem Rat zum Verlesen ein. Der Examinatorenkonvent hat es nicht leicht. Da sind zunächst die Konventikel fünf junger Theologen. Dazu wird der Kommission Ende Juni 1716 durch Pfarrer Hans Ulrich Ringgli aus Weiningen eine Abschrift von Giezendanners prophetischer Inspirationsrede in Engstringen unterbreitet.[44] Die Begeisterung der jungen Intellektuellen für Giezendanners Worte ist durchaus begreiflich, denn diese treffen in vielem den Nagel auf den Kopf und sind ein Stachel im Fleisch der Verantwortlichen in Kirche und Obrigkeit. Auch der Arzt und Naturforscher Dr. med. Johann Jakob Scheuchzer sieht bei der Pfarrerschaft «Phariseismus, stolze Eigenliebe [...] ein halber Papismus oder Hierarchia» und bei den Politikern «Herrschsucht, ehr- und geltgeiz, verderbte Staats raison [...] Zu und nach der Reformation war unsere Stadt gesegnet mit gelehrten frommen leüthen, und blühete damals allerhand Künste und wissenschaften: jetzt aber bemühet man sich mehr umb ehr, reichtum, wollust.»[45] Selbst Julius Studer spricht nicht ohne Sym-

---

42 StAZ E II 56 & 56a; Wernle I, 134; W. Hadorn, Geschichte des Pietismus (1901), 178–184; Th. Hanimann, Zürcher Nonkonformisten im 18. Jahrhundert (1990), 43f.
43 Vgl. Hanimann, 45–49 und 329ff (hier die wörtlich aufgezeichneten prophetischen Inspirationen).
44 Hanimann, 48.
45 Unveröffentlichte Schrift, ZB Zürich Ms V 119, Historisch Politische Beschreibung des A. 1713 unternommen Reformations Geschäffts, S. 27f, zit. bei: K. Bütikofer, Der frühe Zürcher Pietismus (2009), 479f.

pathie von «blühendem prophetisch-apokalyptischem Styl» und «hübscher, bilderreicher Sprache» der bitteren Wehklage.[46] Doch die Zürcher Herren empfinden den Pietismus als Bedrohung für ihr ständisch-autokratisches System. Die pubertäre Gestalt des radikalen Pietismus mit teils trefflichen Inspirationen wie bei Hans Ulrich Giezendanner hätte damals durchaus die Kraft, einen populistischen Sturm mit unabsehbarem Ausgang auszulösen. Giezendanner selbst distanziert sich erst einige Zeit später von seinen Inspirationen, die er zuletzt nicht mehr für göttlich hält.[47]

Die Obrigkeit verbietet den jungen Männern ihre Zusammenkünfte. Kaspar Ziegler, der theologisch auch noch zur Allversöhnung neigt, ringt man im Prozess ab, in Zukunft daran zu glauben, dass die Gottlosen in der Hölle ewig schmoren. Dann wird er ohne Prozess des Landes verwiesen. Gossweiler wird im Rathaus gefangengesetzt und für drei Jahre vom Kirchendienst suspendiert. Holzhalb fällt aus der Liste der Theologiekandidaten, darf aber in Zürich (wohl als Privatlehrer) wohnen, weil er zumindest ab und zu das Abendmahl besucht. Es dauert aber lange, bis er das innere Gleichgewicht findet.[48] Dem Einfluss des jungen Kyburger Landvogts Hans Caspar Escher, einem Freund von Heinrich Bodmer, ist der relativ glimpfliche Ausgang zu verdanken; Kaspar Ziegler wäre beinah enthauptet worden.[49] Paul Wernle fragt zu Recht: «Wie muss ein solches Inquisitionsverfahren auf die ganze theologische Jungmannschaft gewirkt haben!»[50]

Johann Jacob Schulthess, der Sohn des frommen Ratsherrn und einflussreichen Seidenfabrikanten im Haus «Bim g'wundnen Schwert» (am Limmatquai), ist der radikalste unter den erweckten Jungtheologen. Von einer Pfarrstelle im Hessischen zurückgekehrt, mutiert er vollends zum Gegner des kirchlichen Systems, das für ihn längst zur «Hure und Ehebrecherin» geworden ist. Die Gottesdienste würden in Zürich nicht von Christen, sondern von «fleischlichen Atheisten» besucht. Die Austeilung des Abendmahls an Krethi und Plethi sei mehr schädlich als nützlich.[51] Weil er offen zu dieser Überzeugung steht, landet er im Wellenberg, einem alten, feuchten Zuchthausturm mitten in der Limmat.[52] Darauf wird er

---

46 J. Studer, Der Pietismus in der zürcherischen Kirche (1877), 152. Dort auch die ungekürzte Inspiration, 152–160.
47 J. Studer, Der Pietismus in der zürcherischen Kirche (1877), 171.182 f.
48 Vgl. Wernle I, 249–251.
49 D. Wyss, Lebensgeschichte Johann Kaspar Eschers (1790); W. Handorn, Geschichte des Pietismus (1901), 178.
50 Wernle I, 134.
51 StAZ E I 8.1, 1. 7. 1716. Hanimann, 61.
52 Wernle I, 247. Der steinerne und feuchte Zuchthaus-Turm mitten in der Limmat stammt aus der Stadtbefestigung des 13. Jahrhunderts. 1837 abgetragen, wurden seine Steine zum Bau der Münsterbrücke und der Quai-Anlage verwendet.

für sechs Jahre aus der Stadt verbannt. Umsonst bittet der stadtbekannte Vater die Regierung um Milde, «wusste er doch, dass Gewalt von oben zuallerletzt der Weg sei, ein verirrtes Gewissen zurechtzubringen».[53] Der junge Schulthess verzieht sich als Verbannter zu den Inspirierten in die Grafschaft Ysenburg.[54] Seine Ausweisung empfindet er als «eine himmelschreiende Sünde, welche Blutschulden auf das Vaterland häufe».[55]

Der betagte Seidenfabrikant Johann Heinrich Schulthess (1665–1739) ist Direktor der Kaufmannschaft und ein Freund von Zinzendorf. In den 1730er-Jahren sammelt er in Zürich «Kinder Gottes» der pietistischen Bewegung. Schulthess wird 1732 Pate eines Sohnes von Zinzendorf. Dieser steigt 1735 bei ihm ab.[56] In seinem Haus «Bim g'wundnen Schwert» über der Limmat sowie auf seinem Landgut Eggbüel zwischen Höngg und Engstringen sammelt ein Kreis von Gläubigen Gaben für die Missionen von Halle und Herrnhut, deren Berichte aus aller Welt sie eifrig studieren. Ein erster Missionsverein an der Limmat mit weltweitem Horizont! Später ziehen gegen zwanzig Männer aus dem Kanton Zürich mit der Herrnhuter Mission nach Dänisch-Westindien, Surinam und Grönland.[57] Die ersten Zürcher Missionare heissen Johannes Merk (1761–1786 in Dänisch-Westindien), Adolf Stoll von Winterthur (1765–1777 in Surinam) und Johann Rudolf Walder (1797–1812 in Grönland).[58] Der Gebetskreis gedenkt der Missionare und des verfolgten Leibes Christi, er nimmt teil am Schicksal der Waldenser, der Hugenotten, der Salzburger Flüchtlinge und der Pietisten in allen Ländern.[59] Was für ein weiter Horizont tut sich hier in Zürich auf! Diese offene Sichtweise erlaubt Vater Schulthess, mit Frommen und weniger Frommen jedweder Couleur – selbst mit dem verschrienen deutschen Arzt und Freigeist Konrad Dippel – versöhnlich zu verkehren. Umso bitterer stellt er fest:

> Nirgends in der Welt sind solche dem rechten Guten mehr abholde Ministri [Pfarrer], als in unserem Schweizerland, welche, wenn ein rechter guter Funke will aufgehen, gleich Lärmen schlagen und die Obrigkeiten aufhetzen,

---

53 Wernle I, 247.
54 Vgl. I. Noth, Ekstatischer Pietismus, AGP 46 (2005), 90–100.
55 W. Hadorn, Geschichte des Pietismus (1901), 180f.
56 F. Geller, Hans Heinrich Schulthess. Aufnahme und Pflege der Mission der Brüdergemeine in Zürich (1906), 17.
57 G. Schmid, Die evangelisch-reformierte Landeskirche des Kantons Zürich (1954), 154. Dieser Zürcher Anteil ist respektabel, wenn man bedenkt, dass die Herrnhuter Mission, die 1732 beginnt, beim Tod von Zinzendorf (1760) 226 Missionare zählt. Vgl. RE 13 (3. Aufl. 1903), 135.145.
58 G. Schmid, Die evangelisch-reformierte Kirche des Kantons Zürich (1954), 154.
59 Wernle I, 248.

Taten zu verrichten, deren man sich hernach schämen muss. Wollte Jesus sich wieder sichtbarlich offenbaren, um nach seiner Verheissung alles neu zu machen, er würde wie die guten Inspirierten gestäupt werden; der Herr erbarme sich unser![60]

Der verbannte Schulthess Junior lebt inzwischen bei den Inspirierten in der hessischen Wetterau. Als Begleiter ihres Predigers Johann Friedrich Rock führt er ein unstetes Wanderleben. Das Haus seines Vaters wird zur geheimen Absteige, wo sich auch Heinrich Bodmer und andere einfinden. Dem Zürcher Rat übermittelt der junge Schulthess eine Inspiration von Prediger Rock mit der Überschrift «An die gesamte Priesterschaft von Zürich», worin der Stadt – ähnlich wie einst im täuferischen Wehe-Ruf aus Zollikon – ein schweres Gottesgericht verheissen wird.[61] Erst 1757 kehrt der gealterte Schulthess geläutert wieder in seine Heimatstadt zurück mit der Bitte um Wiederaufnahme. Er habe erfahren müssen, «dass die ehmal vermeinte u. gesuchte reine Kirche nirgend zu finden seye, und dass in unserer Reformirten Kirche, welche er für die rechte und wahre Kirche halte, alle Gnadenmittel zur Würkung s. Seligkeit zu finden seyen».[62]

3.4 Obmann Heinrich Bodmer und sein Weg ins Exil

Johann Heinrich Bodmer wird 1669 in eine geachtete Buchdrucker- und Zunftmeisterfamilie geboren. Das Geschäft, das sein Grossvater schon 1626 erwarb, ist die Fortsetzung der traditionsreichen Froschauer-Druckerei. 1629 und 1660 druckt die Bodmer'sche Offizin neue Bibelausgaben. Bereits im Jahr 1698 erscheint der junge Hans Heinrich Bodmer als Freund Lochers und der Pietisten auf dem Radar des Examinatorenkonvents.[63] In der Frühjahrssynode 1709 aber setzt Bodmer als Druckereibesitzer, Verleger, Ratsherr, Zunftmeister und Obervogt von Stäfa, zusammen mit dem jungen Grossrat Johann Kaspar Escher (Mitglied des Examinatoren-Konvents), zum Gegenangriff an.[64] Eine von Bodmer wohl mitverfasste und von Escher verlesene «Proposition» ruft die Geistlichkeit öffentlich zum Umdenken auf.[65] Die Predigt der Pfarrer «greift entweder das Herz gar nicht an oder, wenn sie selbiges etwa berührt, verleitet sie [...]

---

60 Wernle I, 247 mit Belegstellen.
61 StAZ E I 8.3, 8. April 1720.
62 StAZ E II 44, 28. April 1754; Hanimann, a.a.O., 62f.
63 Büttikofer, a. a. O0., 58.
64 J.J. Hottinger, Die Reformversuche zu Zürich, a.a.O., 166.
65 Vgl. Zentralbibliothek Zürich (ZB), Ms. T 106 (Nr. 34).

zur Melancholie und angsthaftem Zweifel [...] Von dem Wachsthum im Christenthum und von der Heiligung wird bei uns [...] wenig gehört».[66] Auf den Visitations-Synoden der Pfarrer dürfe man nicht den bequemen Weg wie bisher gehen, indem man die Geistlichen einfach nur noch lobe. Dazu sei die Kirche in einer viel zu bedenklichen Lage. In Tat und Wahrheit seien Predigt und Seelsorge zu Stadt und Land in einem überaus verdorbenen Zustand. Statt der zentralen Verkündigung von Sünde und Erlösung durch Christus höre man nur platte Moral. Die Rechtfertigungslehre werde in der Kirche falsch verstanden. Man rede «von Werken, als wäre keine Gnade, und von der Gnade, als wären keine Werke».[67] Die Hausbesuche, sofern diese überhaupt noch stattfänden, bewirkten nur Furcht statt Erbauung. Die Folge dieser Zustände sei ein sichtbarer Zerfall des ganzen Christentums.

Dem betagten Antistes Klingler gerät die vorgetragene Kritik in den falschen Hals. Er fühlt sich und seinen Stand zutiefst verletzt und bezichtigt den redegewandten Obmann Bodmer der üblen Nachrede.[68] Die Ratsdebatte vom 8. Dezember 1711 gibt indes Bodmer in allen Punkten recht. Der Toggenburger-Krieg von 1712, angeführt von Kommandant Hans Heinrich Bodmer, steigert das Ansehen des Obmanns weiter. Wegen Korruption in der Staatsführung, an deren Aufdeckung Bodmer energisch mitwirkt, gehen nun die Reformbemühungen über die Kirche hinaus und betreffen das ganze Politsystem. Hans Heinrich Bodmer aber geht es um innerste Zusammenhänge von Glauben, Kirche, Politik und Kultur. Der reformwilligen Zunftversammlung legt er sein Reformprogramm vor. Wo man die Ehre Gottes verachte und nur noch mit dem Schimpfwort «Pietismus» um sich werfe, müsse auch das Staatswesen zerfallen. Die Bevölkerung der Landschaft solle dringend mit Bibeln und Erbauungsliteratur versehen werden.[69]

Am 8. September 1713 versammeln sich gegen 600 Bürger unter der Leitung des dem Pietismus nahestehenden Mathematikprofessors Dr. med. Johann Jakob Scheuchzer auf dem Lindenhof. Der Grosse Rat stimmt einer gemässigten Verfassungsrevision zu. Das Scheitern einer Gesamtreform schwächt indes Bodmers Position.[70] In Kirche und Staat ist die Tendenz zur Orthodoxie wieder vermehrt spürbar. Wegen seiner Kon-

---

66 H. Meyer, Zimmerleuten. Eine kleine Zunftgeschichte (1991), 90.
67 Hanimann, a.a.O., 27.
68 Hanimann, a.a.O., 28 mit Beleg.
69 Vgl. ZB Ms. G 322; Hanimann, 29f.
70 Zum Ganzen vgl. Geschichte des Kantons Zürich II (1996), 375.

Obmann Heinrich Bodmer, Zeichnung/Graphit (20,9 x 16 cm)
von Johann Caspar Ulinger (ca. 1740–1760)

takte zu inspirierten Pietistinnen und Pietisten – vor allem zum Toggenburger Hans Ulrich Giezendanner oder zur Winterthurer Jungfrau Elisabeth Küenzli – gerät der Obmann nun selbst in die Mühlen der Inquisition. Auch in seinen Augen trifft Giezendanners Kritik an der unbussfertigen Stadt und Kirche zu. Als hoher Magistrat druckt er in seinem Haus pietistische Streitschriften und Traktate, die ihn in Prozesse verwickeln. Nach und nach verliert der *spiritus rector* der Zürcher Pietistinnen und Pietisten alle seine Ämter. 1717 erlässt die Regierung ein Mandat gegen den «pietistischen Irrglauben». Private Versammlungen werden verboten. 1719 zwingt die Regierung Bodmer, seine Druckerei Hals über Kopf für 200 Gulden unter dem Marktwert zu verkaufen.[71]

1721 klagt Pfarrer Hans Ulrich Schweizer in Meilen, Bodmers Sohn Johannes besuche die Kirche kein einziges Mal. Dafür predige er unter dem Tor des väterlichen Landgutes gewiss zwei oder drei Stunden lang vierzig bis fünfzig Bettlern und Gemeindebürgern.[72] Bodmer Senior verteidigt sein offenes Anwesen. In Meilen sei auch er nur selten zur Kirche gegangen. Das Abendmahl habe er indes nicht aus Verachtung, sondern aus Respekt gemieden. Auch die Jungfrau Küenzli, Tochter des Winterthurer Spitalschreibers, die sich bei ihm aufhalte, schätze er als wiedergeborenen Menschen.[73] Im Juli 1721 werden Vater und Sohn Bodmer ein letztes Mal verhört und dann aus der Stadt verbannt. Bodmers Familie lässt sich nieder in Colombier in der preussischen Republik Neuenburg, wo sie dank der königlichen Toleranzpolitik ziemlich unbehindert leben kann. Auch Jungfer Küenzli begleitet nach dem Tod ihres Vaters die Familie des Obmanns ins Neuenburger Exil, wo sich bedeutende pietistische Zentren entwickeln.[74]

3.5 Johann Jakob Rathgebs Flucht in die katholische Kirche

Ein ähnliches Geschick blüht auch Jakob Rathgeb, dem Müller der Dietliker Riedmühle. Um 1715 bekehrt Riedmüller sich und sucht zunächst Anschluss bei pietistischen Kreisen in der Umgebung von Winterthur. Der musisch begabte Gewerbler wird indes bald selbst zum Mittelpunkt einer Erweckung auf der Landschaft. Die Leute der Umgebung besuchen seine

---

71 StAZ E I 23.1 (1719).
72 StAZ E I 8.4 (19.6.1721).
73 A.a.O., 10.7.1721.
74 R. Dellsperger, Die Frühzeit des radikalen Pietismus in der Schweiz (bis ca. 1750), in: J. Seidel, Hg., Gegen den Strom (2011), 26–28.

Mühle, sie beten, singen und lesen die Bibel. Rathgeb begleitet den Gesang der Gläubigen auf seiner Hausorgel. Auch unter freiem Himmel veranstaltet der Müller Gottesdienste mit Predigt, Gebet und Gesang.[75] Selbst in die Walliseller Wirtschaft lädt Rathgeb mitunter zu Versammlungen ein. Kirchenfeindlich ist nichts an diesem Kreis. Der Müller ohne theologische Bildung sammelt eine Bibliothek von mindestens 114 Büchern,[76] die er in seinem Heustock versteckt. Dazu gehören Bibeln, Gebetsbücher, ein katholisches Gesangbüchlein, Bullingers Helvetisches Glaubensbekenntnis oder die «Trostgründ für schwangere Weiber».[77] Das fromme Geläuf in Wangen, Dietlikon, Wallisellen und Dübendorf verwirrt die zuständigen Pfarrer. Wegen dieser schweren Vergehen wird der Riedmüller gebüsst. Die Regierung zwingt ihn, seine Hausorgel zu verkaufen. Seine Bibliothek wird konfisziert, er selbst steht unter Hausarrest und darf keinerlei Besuch mehr empfangen. In der Folge verkauft der Staat die Mühle des Verarmten und verbannt ihn aus dem Zürichbiet. Aus dem Erlös seiner Mühle kauft der Gebannte ein Gut im Thurgauer Mühlheim, pflegt Kontakte zu St. Galler Pietisten und besucht den frommen Pfarrer Jakob Zehner in Trogen. Doch die St. Galler stecken ihn ins Gefängnis und drohen ihm mit Kerker, falls er wiederkomme. Weil ihm die Zürcher Regierung auch in Mühlheim keine Ruhe lässt, entsagt er schliesslich im Frauenfelder Kapuzinerkloster dem reformierten Glauben und flieht in den Schoss der katholischen Kirche, die ihm mehr Bewegungsfreiheit lässt als das protestantische Zürich.[78]

3.6 Zur Sozialstruktur des frühen Zürcher Pietismus

Die Sozialstruktur des frühen Zürcher Pietismus ist von Kurt Bütikofer untersucht worden.[79] Der Pietismus der ersten Generation (ca. 1670–1698) bleibt zu beinah 90 % eine Stadtzürcher Angelegenheit. Die zweite Generation von 1698–1721 zeigt 45 % der Pietistinnen und Pietisten in Zürich, 10 % in Winterthur, 7 % in Stein am Rhein, 31 % in Dietlikon und auf der Landschaft und schliesslich 7 % Auswärtige. In Pfarrer Michael Zingg (St. Jakob) sowie in Kaufmann Röm, dem Chef des kaufmännischen

---

75 W. Hadorn, Geschichte des Pietismus (1901), 182.
76 StAZ E II 56, Seiten 495–500 (22. Januar 1716).
77 Vgl. die Liste aller 114 Bücher bei Hanimann, 326–328.
78 Vgl. Wernle I, 194 f.
79 Vgl. Bütikofer 39 ff; ders., Michael Zingg (1599–1676/: Ein Vorläufer des Zürcher Pietismus?, in: PuN 39 (2013), 117–149. Die folgenden Zeilen entnehme ich dem erstgenannten Buch.

Direktoriums, hat der Zürcher Pietismus namhafte Vorläufer, die ihrerseits schon um 1660 mit einflussreichen Familien wie Hirzel, Escher und der Druckerei Bodmer vernetzt sind.[80] Röm ist sogar ein direkter Vermittler zur ersten Generation der Pietisten. Obmann Bodmer gehört zeitweise zu den einflussreichsten Persönlichkeiten der Stadt. Das Zürcher Pietisten-Milieu ist somit durchwegs «in der Mitte der Gesellschaft zu verorten». Junge Theologen, gebildete Freiberufliche sowie Amt-, Kauf- und Handelsleute bilden die stärksten Segmente. Der Zürcher Pietismus ist also «nicht die Religion der Deklassierten und Ausgeschlossenen. Er findet seine Basis in einem gut informierten staatstragenden Bürgertum» und nicht am Rand der Gesellschaft. Auch darum empfindet die Obrigkeit den Pietismus als Bedrohung des ständisch verfassten autokratischen Systems.[81]

Erst die über zwanzig Jahre andauernde Verfolgung und Dezimierung führt die Pietistinnen und Pietisten zum Rückzug in die Welt der frommen Innerlichkeit. Bis 1721 geraten 216 Personen in die Mühlen der Verfolgung.[82] Die ganze Bewegung ist geprägt von stabilen Männerfreundschaften unterschiedlichen Standes. In Bodmers Haus gehen ungezählte Pietisten aus der einfachen Bevölkerung ein und aus; das System der ständischen Gesellschaft wird durchbrochen. Im Pietismus beginnt die freie Wahl der sozialen Beziehungen, ebenso die Emanzipierung der Frau. Auch im Anspruch auf Toleranz und freie Gestaltung des Glaubens sowie in der Verbreitung «ketzerischer» Literatur ist der Pietismus ein Wegbereiter der Aufklärung. Bodmers, Eschers und Scheuchzers Reformversuche der Jahre 1709–1713 scheitern. Geistige Vorläufer des Pietismus wie Johannes Arndt, Jacob Böhme, Christian Hoburg, John Bunyan oder Jane Leade sind in Zürich durchaus bekannt. Einflüsse der deutschen Kirchenpietisten Spener oder Francke lassen sich weniger nachweisen. Auch der gefürchtete Niederländer Radikalpietist Labadie spielt nur am Rand eine Rolle. Der Zürcher Pietismus bleibt für die Stadt insgesamt ein Übergangsphänomen. Die erfolgten Anstösse und Anfragen bilden aber einen Türöffner für den Geist der jungen Aufklärung, die umgehend kräftig an den altevangelischen Fundamenten rütteln wird.

Ab den 1730er-Jahren kommt es zur Durchmischung mit der Bewegung der Herrnhuter, die von der offiziellen Kirche eher geduldet werden. Grundsätzlich ist die pietistische Bewegung von 1680–1720 zwar systemkritisch, aber nicht kirchenfeindlich. Von Schönau und Locher

---

80 K. Bütikofer, a.a.O., in: PuN (2013) 145f.
81 K. Bütikofer, a.a.O., 74.76.499.
82 K. Bütikofer, a.a.O., 39.

besuchen 1686 von Holland herkommend in Frankfurt zwar den Radikalpietisten Johann Jakob Schütz;[83] Hans Heinrich Bodmer, die Leitgestalt der zweiten Generation der Zürcher Pietistinnen und Pietisten, kann mit der Vollkommenheitslehre (wahre Christen sündigen nicht) nichts anfangen. Auch der Separatismus der Radikalen und Inspirierten bleibt ihm fremd. Geistlich nährt er sich eher von dem gemässigteren «Wahren Christentum» des norddeutschen Pfarrers Johannes Arndt, das im ganzen Zürichbiet noch bis ins 19. Jahrhundert fleissig in den Häusern der Frommen gelesen wird. Erst die schlimme Verfolgung treibt auch ihn, den Redegewandten, vollends in die Radikalität. Sein Freund Hans Caspar Escher, der spätere Bürgermeister, und dessen Gattin reisen noch in die Region Neuenburg, um den Gebannten zurückzuholen. Würde er nur wenigstens einmal jährlich das Abendmahl empfangen, so «könnte man ihm alsdann die Erlaubnis zur Rückkehr in seine Vaterstadt verschaffen. Allein Bodmer betheuerte, er würde solches für alle Schätze der Welt nicht thun.»[84]

3.7 Verfolgung

Kurt Bütikofer charakterisiert den frühen Zürcher Pietismus mit den Worten:

> Die Pietisten waren weder Mucker noch sittenstrenge Asketen [...] Sie waren auch keine Verächter von Musik und Kunst. Noch weniger waren sie mild belächelte Frömmler, die sich am Rand der Gesellschaft absonderten. Im Gegenteil: Die ersten Pietisten standen mitten im Geschehen. Sie formulierten zwar ein alternatives Lebenskonzept, aber sie standen nicht abseits. Sie formulierten ein Lebenskonzept, das mit einer neuen Gesellschaftsklasse, die sich zu formieren begann, korrespondierte. Und sie formulierten und legitimierten deren erste politischen Ansprüche.[85]

Doch die konservativen Herren des staatskirchlich-orthodoxen Systems empfinden den Pietismus als Bedrohung ihrer Kirchenlehre und des ständisch verfassten autokratischen Herrschaftssystems. Durch ihre überzogene Gegenwehr stossen sie die junge und sensible Avantgarde des Zür-

---

83 Zu v. Schönau vgl. Christian Scheidegger, Strömungen, a.a.O., 14ff, A. Deppermann, Johann Jakob Schütz und die Anfänge des Pietismus (2002), 319–321.
84 D. v. Wyss, Lebensgeschichte, a.a.O., 115.
85 K. Bütikofer, Der frühe Zürcher Pietismus (1689–1721) (2009), 501.

cher Pietismus in die Radikalität und Verbannung oder in die innere Emigration.[86]

In politischer Hinsicht war es der unerwartete Tod des Junkers Heinrich von Schönau (1689), des pietistischen Pioniers aus altem Zürcher Adelsgeschlecht, der die Zürcher Kirche veranlasste, gegen die Pietisten vorzugehen. Denn bis dahin «hatte es von Schönau, der zu den einflussreichsten Familien in Zürich gehörte, verstanden, seine schützende Hand über die Gesinnungsgenossen zu halten».[87]

Dass im frühen 18. Jahrhundert auch andere Wege als eine gewaltsame Abblockung pietistischer Erweckung möglich waren, zeigt die Geschichte der angelsächsischen Staaten. England zum Beispiel erlebt in den 1730/50er-Jahren die Grosse Erweckung. «Der mächtige ‹revival› des Methodismus geht dem Aufblühen der englischen Industrie voran.»[88] Dadurch erfährt das geistlich und moralisch abgesunkene Land neuen Schwung. Der Glaube und das Arbeitsethos der Erweckten ermöglichen in England unter anderem die Industrialisierung, aber auch die Entstehung christlicher Gewerkschaften sowie bedeutender Kräfte für die Innere und Äussere Mission. Karl Marx schreibt später in London zwar sein Kommunistisches Manifest, England aber bleibt für den Kommunismus und die NS-Ideologie verschlossen, ebenso die USA.

Auch wenn man die Lage im angelsächsischen Raum mit Kontinentaleuropa nicht eins zu eins vergleichen kann,[89] wäre um 1700 oder kurz danach eine ähnliche Bewegung und Prägung vermutlich auch auf dem Festland noch möglich. Eine breite, von der Kirche zugelassene Erwe-

---

86 Es ist im Grundsatz dieselbe Haltung, die der Zürcher Staat und seine Kirche schon gegenüber den Täufern vertraten. Der junge Winterthurer Theologe Kaspar Ziegler entging 1716 nur knapp der Enthauptung. Hans Caspar Eschers Fürbitte rettete ihn vor dem Tod. Vgl. W. Hadorn, Geschichte des Pietismus (1901), 178.
87 K. Bütikofer, a.a.O., 11.
88 M. Weber, Die protestantische Ethik und der Geist des Kapitalismus (1904/1920, ND 2015) 50ff; N. Ferguson, Der Westen und der Rest der Welt (2. Aufl. 2014); A. Sierszyn, Überwältigt durch das eine Wort. Europas Aufstieg und Niedergang im Zeichen der reformatorischen Botschaft, Kl. Schr. 14 (2017), 21 f.
89 Deutschland und Frankreich werden im 17. Jahrhundert besonders hart durch die grausamen Konfessionskriege heimgesucht, deren Elend schon früh verzweifelte Gottlosigkeit und latenten Agnostizismus begünstigt. England wird bereits 1688/89 eine parlamentarische Demokratie. Die Toleranzakte gewährt unter dem Dach des Dissent den verschiedensten religiösen Sondergemeinschaften Duldung. In der Folge sieht England eine relativ milde Aufklärung (John Locke), die dann durch die Grosse Erweckung überwunden bzw. neu geprägt wird. Deutschland und die Schweiz sehen zwar da und dort Brennpunkte des Pietismus, die aber die Eliten nur am Rande berühren. Die entscheidende Umprägung der Gesellschaft und der Eliten erfolgt hier im Zeichen säkularer Bewegung.

ckung im frühen 18. Jahrhundert hätte auch auf dem Kontinent neue Lebenskräfte und Zukunftshoffnung geweckt.[90] Eine dergestalt erneuerte Kirche hätte ihren volksmissionarischen und sozialen Auftrag intensiver wahrgenommen, die Aufklärung aktiver mitgestaltet und später den unheimlichen Heilslehren stärker widerstanden als dies die rationalistisch und freisinnig geprägten Kirchen des Protestantismus getan haben. Georg Rudolf Zimmermann, Pfarrer und Dekan am Fraumünster, urteilt 1878 im Blick auf Zürich:

> So verschwendete die Kirche ihre Macht gegen Solche, die durch freundlichere Behandlung und grössere Freiheit zu ihren besten Vertheidigern hätten gewonnen werden können und gewahrte nicht, dass von einer ganz andern Seite her eine ungleich grössere Gefahr drohe.[91]

Genau hundert Jahre später schreibt Sigmund Widmer ziemlich dasselbe:

> Die Kraft zu einer Erneuerung der christlichen Kirche fehlte. Dies war eine wesentliche Voraussetzung für den Zusammenbruch des alten Zürcher Stadtstaates am Ende des 18. Jahrhunderts.[92]

3.8 Nicht alles Pietistische wird in Zürich ausgekehrt

Dass die Zwinglistadt im 18. Jahrhundert doch nicht ganz alles Pietistische ausfegt, zeigt die weitere Geschichte. Nach der Verbannung Bodmers (1721) wird es um den Pietismus auffallend still. Dennoch versammeln sich in der Stadt zu dieser Zeit etwa zwanzig bis dreissig unterschiedliche Konventikel.[93] Da und dort wird neben der Bibel auch vom Examinatorenkonvent verbotene Erbauungsliteratur gelesen und auch über Dinge wie den Jüngsten Tag, die Bekehrung der Juden und den freien Willen gepredigt. Dazu überschreitet die pietistische Geselligkeitsform als Erste die sozialen Grenzen der Ständegesellschaft. Reich und Arm betrachten sich als Brüder und Schwestern. Auch Frauen besuchen die Konventikel und sind geistlich gleichberechtigt. Natürlich wird hier

---

90 Erweckung zum christlichen Glauben beruht auf der wundersamen Kraft des Heiligen Geistes, der Gottes Wort lebendig macht. In den Erweckungsbewegungen des 18. und 19. Jh. erfasst Gottes Geist und Gnade etwa in Württemberg, am Niederrhein, in Basel oder Genf einzelne Landstriche, sodass Menschen scharenweise zum Glauben finden, ein neues Leben beginnen und ihre Umgebung entsprechend gestalten.
91 G. R. Zimmermann, Die Zürcher Kirche (1878), 293.
92 S. Widmer, Zürich. Eine Kulturgeschichte 6 (1978), 91.
93 K. Bütikofer, a. a. O., 79.

auch für eine bessere Obrigkeit und Kirche diskutiert und gebetet.[94] In alledem erweist sich der Pietismus auch in Zürich als früher Initiator sozialer Umbrüche. Zu einer breiten oder tieferen gesellschaftlichen Prägekraft ist der Pietismus in Zürich durch Verfolgung und Unterdrückung freilich nicht mehr in der Lage.

Ein stiller Kreis von gut informierten Missionsfreunden versammelt sich beim alten Patriarchen und Seidenfabrikanten Johann Heinrich Schulthess im Haus «Bim g'wundnen Schwert» über der Limmat sowie auf dessen Landgut «Eggbüel» unterhalb Höngg. Herrnhuter Brüder wie David Nitschmann, Friedrich von Wattenwyl und Christian David sammeln schon in den frühen 1730er-Jahren (vor Zinzendorfs Ankunft) fromme Seelen der Stadt und öffnen ihnen die Augen für die weltweiten Spuren des Heilandes.[95] Der 1719 ausgemusterte Ex-Theologe Holzhalb hält sich zu diesem Kreis, der einen Missionsverein betreut, zu dem auch Frauen gehören. Johann Jakob Ott (1715–1769), ein angesehener Ratsherr, Kaufmann und Zürcher Patrizier, Inhaber des Landguts Rötel in Wipkingen, tritt ab den 1740er-Jahren in die Fussstapfen von Schulthess.[96] Ott errichtet einen hellen Saal zur Versammlung von Gläubigen. Zinzendorf selbst spricht 1745 anlässlich eines Zürcher Besuchs in diesem Haus. Selbst Bürgermeister Hans Caspar Escher und dessen Frau Susanna (geb. Werdmüller) sind «Freunde des Heilandes»,[97] und halten im eigenen Haus ein pietistisches Kränzchen für vornehme Herren, «um ein gutes Beispiel zu geben».[98] Escher kennt wie einst Zwingli den ganzen Römerbrief in griechischer Sprache quasi als persönliches Bekenntnis in- und auswendig. Er ist der letzte Bürgermeister, der Zürich noch als christliches Staatswesen versteht. Beim Ableben von Zinzendorf (1760) zählt man an der Limmat etwa fünfzig Herrnhuter. Ihr Einfluss ist aber grösser, als diese Zahl vermuten lässt. Auch die Eltern von Johann Caspar Lavater sowie der Vater, die Mutter und die Stiefmutter des späteren Antistes Johann Jakob Hess sind der Brüdergemeinde zugetan.[99] Lavater und Hess sind darum beide von früher Jugend an durch herrnhutischen Pietismus mitgeprägt.

---

94 Vgl. Bütikofer, a.a.O., 80ff.
95 E. Schick, Vorboten und Bahnbrecher (1943), 213.
96 Wernle I, 249.431.454.617.
97 Wernle I, 431. Escher (1678–1762, Bürgermeister ab 1740)
98 J. Gubler, Kirche und Pietismus (1959), 49.
99 H. Weigelt, Lavater und die Stillen im Lande (1988) 13; F. Ackva, Johann Jakob Hess (1741–1828) (1992), 200ff.

3.9 Der Fraumünsterpfarrer Johann Kaspar Ulrich und seine Zeit (1745–1768)

Dass es etwas später in Zürich vereinzelt auch pietistische Pfarrer gibt, die ihren Frieden mit der Kirche machen, zeigen die Beispiele von Pfarrer Kaspar Füssli (1683–1752) am Oetenbach sowie von Johann Kaspar Ulrich (1705–1768), seit 1745 Pfarrer am Fraumünster.[100] Füssli wagt es, in Zürich private Erbauungsstunden zu halten. Selbst eine Gruppe früher Herrnhuter aus «Ort» bei Wädenswil eilt über den See zu seinen erbaulichen Bibelstunden nach Zürich.[101] Unter dem milden Antistes Johann Conrad Wirz braucht Füssli nichts zu befürchten. Der Rat aber verbietet 1744 die Versammlungen.

Als der bedeutendste Vertreter des Pietismus in Zürich gilt der langjährige Fraumünster-Pfarrer Johann Kaspar Ulrich (1705–1768). Peter Vogelsanger nennt ihn «ein Beziehungsgenie»[102]. Mit allen möglichen Kreisen pflegt der junge Ulrich Freundschaft: mit Orthodoxen, Pietisten, Rationalisten, Juden und Katholiken. In jungen Jahren ist er begeisterter Anhänger der neuen Jugend um Bodmer und Breitinger, der beiden Sterne am Himmel des «geistigen Zürich» zur Zeit der frühen Aufklärung. Antistes Ludwig Nüscheler (1672–1737) bringt die kirchliche Lage um 1719 in seiner Rede zum Jubiläum zweihundert Jahre nach der Reformation auf den Punkt: Die Zürcher Kirche sehe sich am Beginn des dritten Jahrhunderts ihres Bestehens Kräften wie Pietisten, Enthusiasten, Arminianern, Sozinianern, Rationalisten und Atheisten gegenüber.[103] Man ist sich in kirchlichen Kreisen schon früh bewusst, dass Persönlichkeiten wie

---

100 Vgl. P. Vogelsanger, Zürich und sein Fraumünster (1994), 363–371.
101 Wernle, I, 251 sowie III, 142.
102 P. Vogelsanger, a.a.O., 369; vgl. auch G.R. Zimmermann, Die Zürcher Kirche (1878), 311ff.
103 Arminianer: humanistisch-evangelische Glaubensgemeinschaft in den Niederlanden (nach dem Theologen Arminius, gest. 1609). Sie wenden sich gegen die Prädestinationslehre der Synode von Dordrecht und legen im 17. Jh. Grundlagen für historische Bibelkritik. Arminianisches Gedankengut verbreiten im späteren 17. und frühen 18. Jh. die Professoren Turrettini in Genf, Osterwald in Neuenburg und Werenfels in Basel. Sie vertreten eine «vernünftige Orthodoxie» oder eine «orthodoxie libérale». Äusserlich spürt man hier nur wenige Abweichungen von der biblisch-reformatorischen Lehre. Aber es herrscht ein anderer Geist, ein anderes Bibel-, Gottes- und Menschenbild. Das erste Wort bei sensiblen Themen hat nun der Verstand. Auch die Zürcher Pietisten sind weithin arminianisch, d.h. neuzeitlich-modern orientiert. Die tiefe der menschlichen Verlorenheit, wie sie bei Paulus und den Reformatoren aufscheint, bleibt ihnen verborgen. Der Mensch kann sich frei für oder gegen Gott entscheiden. Römer 7 beziehen sie nur auf den unbekehrten Menschen. In der Bibelfrage als solcher denken sie reformatorisch-calvinisch. *Sozinianer*: nach den ital. Begründern Lelio und

der geistreiche Frühaufklärer Johann Jakob Bodmer (1698–1783) nicht mehr in ihrem Sinn fromm sind. Solange sie sich aber im Grossen und Ganzen den kirchlichen Traditionen fügen und nicht laut einen Atheismus vertreten, arrangiert man sich.[104] Im Morgengrauen des «geistigen Zürichs» und innerhalb der erwachenden Aufklärung bewegt sich zunächst auch der junge Pfarrer Ulrich.

Schon im Jahr der Verbannung des Pietisten Bodmer und der Seinen erscheint in Zürich die literarkritische Zeitschrift «Die Discourse der Mahlern» (1721), die der temperamentvolle Johann Jakob Bodmer mit seinem Jugendfreund Breitinger herausgibt.[105] Diese Zeitschrift markiert den Beginn der Aufklärung in der Limmatstadt. Zürich ist nun nicht mehr wie im 16. Jahrhundert eine theologische Hochburg. Die Stadt an der Limmat wird zum Ort des geistig-literarischen und säkular-religiösen Fortschritts. Man nennt sie auch das «schweizerische Athen».[106]

Bezugnehmend auf die überbordende Kontaktfreude des jungen Ulrich mahnt ihn der orthodoxe Professor Hottinger: «Sodbrunnen, nicht Quellbrunnen seien die Pfarrer und sollten deshalb sammeln, nicht bloss ausgeben.»[107] Auf jeden Fall sammelt und verinnerlicht der aufgeweckte Student schon in seinen Jugendjahren Geist, Geschmack und Sprache im Anbruch einer neuen Generation und Zeitepoche. Bereits mit zwanzig ordiniert (1725), erwirbt er drei Jahre später seinen theologischen Doktor in Utrecht beim pietistischen Professor Friedrich Adolf Lampe. Die Begegnung und Freundschaft mit diesem Vertreter eines «gesunden» Pietismus bleibt für den jungen Pfarrer und Doktor zeitlebens prägend.

Als Ulrich 40-jährig seine Stelle am Fraumünster antritt, zeigt sich umgehend die Vollmacht seiner biblischen Predigten und die Geistesgegenwart seiner Person. Leute aus allen Kreisen und Ständen füllen die Stadtkirche: selbst im Münsterhof lauschen die Menschen seiner Botschaft. Der Brauch, in die Kirche am Ort zu gehen, beginnt sich zu lockern. Auch die

---

    Fausto Socini. Socinianer (v. a. in Polen, 16. Jh.) sind Antitrinitarier, d. h. sie lehnen das ökumenische Bekenntnis von 381 (betr. den dreieinigen Gott) ab.
    Vgl. G. R. Zimmermann, Die Zürcher Kirche (1878), 281; C. Ulrich, Das 18. Jahrhundert, in: Geschichte des Kantons Zürich, II (1996) 468
104 C. Ulrich, Die geistige Kultur, in: Geschichte des Kantons Zürich, II (1996), 469; J. J. Bodmer, Freimüthige Nachrichten von neuen Büchern (1748), 5 (Vorrede).
105 Johann Jakob Bodmer ist ein entfernter Verwandter des verbannten Pietisten Hans Heinrich Bodmer. Die Wesensart der beiden ist ähnlich, die Richtung ihres Strebens aber völlig entgegengesetzt. Der Professor für vaterländische Geschichte hat in seinem langen Leben (1698–1783) zwei Generationen junger Leute kulturell stark beeinflusst.
106 M. Wehrli, Hg., Das geistige Zürich im 18. Jahrhundert (2. Aufl. 1989) 10ff; G. Meyer von Knonau, Der Canton Zürich II (1846, ND 1978), 176.
107 Wernle I, 252

BIBLIA,

Das ist:

Die ganze

Heilige Schrift

Alten und Neuen

Testaments,

Aus den Grundsprachen treulich wol verteutschet; aufs neue
und mit Fleiß übersehen: Mit dienstlichen Vorreden, begreiflichen
Abtheilungen der Capitel, vielen Auslegungen und Nuzanwendungen,
auch genauer Anmerkung der Parallelstellen, und nothwendigen
Concordanzen,

Gott zu Ehren,

und allen heilsbegierigen Seelen zum Unterricht und Trost,
versehen und herausgegeben

durch

Johann Caspar Ulrich,

Pfr. zum Frau-Münster.

Erster Theil.

ZÜRICH,

Bey Conrad Orell und Comp. 1755.

Titelblatt «Ulrich-Bibel» (1755)

studentische Jugend, die genug hat von der Orthodoxie, erkürt ihn zunächst zu ihrem Vorbild und Musterpfarrer.[108] Ulrichs Predigten sind praktisch, pädagogisch und gehen im guten Sinne ans Herz und sind erwecklich. Mit Paulus kann er sagen, er predige «Christus, und zwar den Gekreuzigten» (1Kor 2,2). Nach dem Vorbild seines holländischen Doktorvaters spricht er die Hörer in drei Gruppen an: als Unbekehrte, als Anfänger oder als Fortgeschrittene im Glauben. Jeder Gottesdienstbesucher wird selbst merken, welcher Gruppe er sich zuordnen kann.

Als Zinzendorf 1745 in Zürich erscheint, ist Pfarrer Ulrich fasziniert von dessen Persönlichkeit und Aura. Fortan wird er in der Stadt und schweizweit zum Fürsprecher der Herrnhuter Kreise, ohne selbst Mitglied der Gemeinschaft zu werden. Der Kontakt mit Zinzendorf und der Brüdergemeinde vermittelt Pfarrer Ulrich ein vertieftes Verständnis für die paulinische und lutherische Kreuzestheologie, und zwar in der sprachlichen Gestalt einer Blut- und Wundentheologie wie sie für Bernhard von Clairvaux und für Zinzendorf bezeichnend ist. Christi Kreuz und Opfertod werden nun erst recht zum Zentrum seiner ganzen Theologie (Röm 3,25; Joh 1,29; 1Joh 1,7). Wie einst dem Kirchenvater Athanasius ist auch Pfarrer Ulrich klar: Kein Mensch kann sich je selbst erlösen. Die menschliche Sünde und Verlorenheit ist so abgrundtief, dass der lebendige Gott in Jesus an Weihnachten auf der Erde erscheint und am Karfreitag auf Golgota als Gotteslamm die Sünde der Welt sühnt. Diese grosse Freude und Tiefe des Evangeliums geht Ulrich in der Kreuzestheologie auf: Gott selbst wird in Betlehem Mensch. Darum ist Jesus beides, der wahre Mensch und zugleich der lebendige Gott selbst. Jesus ist Gott! Damit kommt es bald zum Zusammenstoss mit der neuen Jugend der Stadt, mit deren frühaufgeklärtem Gedankengut Pfarrer Ulrich zwar vertraut ist, es aber nicht mehr teilt.

---

108 G.R. Zimmermann, Die Zürcher Kirche (1878), 302–304.

4. Das Zeitalter der Aufklärung: Theologie und Kirche säkularisieren sich

4.1 Johann Jakob Zimmermann im Übergang

Seit dem Tod von Antistes Nüscheler 1737 werden die Zürcher Geistlichen nicht mehr auf die schweizerische Consensus-Formel[109] von 1675 verpflichtet. Damit wird der altreformierte Glaube preisgegeben. Die Synodalreden von Antistes Johann Conrad Wirz (1688–1769) markieren die Wende zur Aufklärung. Seine 32-jährige Amtszeit und die Freundschaft mit Johann Jakob Zimmermann, dem tonangebenden Theologieprofessor von 1740–1756, führen in Zürich den Übergang vom altevangelischen zum modernen, neuprotestantischen Glauben herbei.

Zimmermann fällt schon als Student bei Professor Hottinger durch damals unerlaubte Lektüre auf. Insbesondere vertieft er sich in die verbotenen Bücher des holländischen Arminianers Limborch.[110] Nun wird er (neben Breitinger) für beinah zwanzig Jahre zum Mann der Stunde in Theologie und Kirche, vor allem zum ersten theologischen Lehrer für die akademische Jugend. Sachte und doch streitbar führt er seine Studenten von der orthodoxen Kirchenlehre an die Schwelle zur aufgeklärten Neologie[111]. Obwohl er keine bedeutenden Werke hinterlässt, ist seine Wirkung als Weichensteller für die Zürcher Kirche immens, denn er trifft den

---

109 Der Consensus Helveticus oder die Formula Consensus ist ein unter der Federführung des Zürcher Theologen Heinrich Heidegger (1633–1698) verfasstes Bekenntnis im Geiste der Dordrechter Synode von 1618/19. Es fasst wichtige calvinistische Überzeugungen zusammen. Es erklärt, dass der Tod Christi nur die Auserwählten betreffe und lehnt eine Universalität der Gnade und des Heils ab. Insbesondere bestätigt es auch die Wortinspiration des hebräischen Bibeltextes. Im Juli 1675 stimmt die Tagsatzung der evangelischen Stände dem Text zu. Künftig sollten weder Pfarrer noch Professoren zum Dienst zugelassen werden, ohne dem Bekenntnis zugestimmt zu haben.
110 G.R. Zimmermann, Die Zürcher Kirche (1878), 293f.
111 Als Neologie bezeichnet man das Zeitalter der aufgeklärten «Neuerer» oder «Neologen». Die Neologen lassen die altevangelische Theologie durch aufgeklärte Bibelkritik hinter sich und begründen stattdessen den (modernen) Neuprotestantismus. Durch grundsätzliche Bibelkritik wollen sie die Botschaft der Bibel an die Ideologie der Aufklärung anpassen. Der berühmteste Neologe der Theologie ist Johann Salomo Semler (1725–1791), Professor an der Universität Halle. Er entwickelt sich vom Pietismus zum Vater der Historisch-kritischen Theologie und der Liberalen Theologie.

neuen Geist der Zeit und wird gegen den Widerstand von orthodoxen Pfarrern von Antistes Wirz beschirmt. Als Professor am Carolinum ist Zimmermann der Mann des Übergangs, selbst aber noch kein Vertreter des reinen Vernunftglaubens (Deismus). Durch die gute Vernunft kann sich, gemäss dem Deismus, jeder ehrliche Mensch der Allmacht, Güte und Gerechtigkeit Gottes vergewissern. Diese natürliche Religion ist für Zimmermann das Primäre und die Grundlage auch der christlichen Theologie.[112] Damit ist der Schritt zur Bibelkritik im Grundsatz vollzogen, auch wenn die Studenten davon konkret noch wenig merken. Allerdings: Wer sich wie bisher immer nur auf Stellen in der Bibel beruft, kann im Gespräch das Licht der Vernunft trüben, denn der (moderne) Geist ist nun das Erste, nicht mehr das Wort. Dies ist die feine Weichenstellung vom altevangelisch-biblischen Wort-Gottes-Glauben der Reformatoren zur modernen, selbstbestimmten Spiritualität der Aufklärung. Professor Zimmermann gehört um 1750 zu einer Generation zwischen zwei völlig ungleichen Perioden: Man nährt sich noch am Alten, orientiert sich aber mehr und mehr an Modernem. Entscheidend ist der neue Geist, in dem Zimmermann seine Studenten an die Bibel heranführt. Damit entzieht er der Orthodoxie mehr und mehr den Boden.

Die studierende Jugend spürt die atmosphärische Veränderung und die Kompatibilität mit dem neuen Geist von Zürich irgendwann dann doch. Darum muss sie auch die Freude und den Zugang zu den Fraumünster-Predigten von Pfarrer Ulrich verlieren. Denn der reformatorische und altevangelische Geist stellt sich *unter* die Bibel und spricht: «Herr, rede, dein Knecht hört!» (1 Sam 3,9) Der Geist der neuen Kultur aber tritt in einer selbstbewussten Überordnung an die Heilige Schrift heran im Bewusstsein, «dass er gewisse Dinge besser weiss»[113]. Zimmermann wird später gerühmt als der Erste, «welcher in Zürich das Denken in der Theologie aufgebracht hat»[114]. Als hätte zuvor in der Theologie das Denken keine Rolle gespielt! Diese und ähnliche Aussagen zeigen einen Absolutheitsanspruch, aber auch eine Geschichtslosigkeit der Aufklärung, die im Namen ihres «historischen» Denkens an die Bibel und die kirchliche Überlieferung herantritt. Das technisch geprägte Denken mit seinem Wirklichkeitszugang, der für die Naturwissenschaften und die Industria-

---

112 Aus der Ferne hört man hier schon die Glocken von Friedrich Schleiermacher (1767–1834), dem Vater der Liberalen Theologie und des Neuprotestantismus, läuten.
113 Vgl. G. Ebeling, Die Bedeutung der historisch-kritischen Methode für die protestantische Theologie und Kirche = ZThK (1950), in: Cochlovius/Zimmerling, Hg., Arbeitsbuch Hermeneutik (1983), 177.
114 Zscharnack, Art. Zimmermann, in: RGG V (2. Aufl. 1931), 2115.

lisierung von so eminenter Bedeutung ist, beginnt hier sachte, aber siegesgewiss auch die evangelische Theologie unter seine Fittiche zu nehmen. Ab 1746 ist Zimmermann Mitglied der Berliner Akademie der Wissenschaften. Dieser Wechsel des Denkens – auch in der Theologie – vollzieht sich ab den 1750er-Jahren in einer beinah atemberaubenden Schnelligkeit und Selbstverständlichkeit.

4.2 Pfarrer Ulrich läuft die Jugend davon

1745 ist der pietistische Pfarrer Ulrich am Fraumünster noch der starke Magnet und das Markenzeichen der akademischen Jugend auf dem Platz Zürich. Er muss aber bitter erleben, dass die von den Professoren Zimmermann und Breitinger geprägte Studentenschaft mehr und mehr auf seine Predigten pfeift. Die neuen Sterne am theologischen Bücherhimmel heissen bald nicht mehr Francke oder Rambach. Klingende Berliner Namen wie Sack und Spalding sind nun die Autoren, deren Bücher begeistert gekauft und verschlungen werden.[115] Beide sind zwar noch keine Rationalisten, aber doch entschiedene «Neuerer» (Neologen), die mit einem stärkeren Zacken moderner Spiritualität und Moral der Bibel zu Leibe rücken. Dieser neue Geschmack – das spürt die studentische Jugend – ist mit dem Geist von Ulrichs Predigten im Fraumünster nicht mehr kompatibel.

Die Zeit der 1740/50-er Jahre wird zur Epoche, da sich Zürich durch seine berühmten Bürger Bodmer und Breitinger im deutschen Geistesleben einen Ehrenplatz erobert und «die Poesie die Theologie zu verdrängen beginnt»[116]. Was sich in diesen beiden Jahrzehnten und danach in Zürich vollzieht, ist eine multidimensionale Kulturrevolution, die nicht nur die intellektuelle Jugend erfasst. Dass sich Ulrichs Fraumünster auch in den 1750/60er-Jahren noch weiter füllt, obwohl sich die akademische Jugend von ihm abwendet, zeigt die Kraft seiner pietistischen Verkündigung, aber auch die Tatsache, dass die kulturelle Revolution schon damals zuerst die gymnasiale und studentische Jugend erfasst. Durch die Schule der Professoren Zimmermann und Breitinger gehen alle Zürcher Pfarrer, die der zürcherischen Kirche bis 1800 ihr Gepräge geben.

Man kann sich fragen, weshalb die pietistischen Herausforderer der Staatskirche so hart verfolgt werden, obwohl sie das kirchliche Dogma weit weniger antasten als die säkularen Neuerer der Folgezeit. Vielleicht

---

115 G.R. Zimmermann, Die Zürcher Kirche (1878), 311.
116 Wernle I,537

liegt es daran, dass die Pietisten an einem System rütteln, das noch kompakter ist. Mit den Forderungen nach Toleranz und individueller Glaubens- und Lebensweise überschneiden sich ihre Anliegen bereits mit denen der Aufklärung. Die Zürcher Pietistinnen und Pietisten der ersten Stunde sind keine Mucker, sie gehören zur Mitte der Gesellschaft. Doch ist ihre Zahl geringer. Dazu kommt: Wer sich dem Pietismus anschliesst, bezahlt einen Preis. Er verleugnet sich selbst und richtet sein Leben in der Nachfolge Christi gehorsam an der Bibel aus. Der neue «Geist von Zürich» bricht unvergleichlich breiter hervor. Er präsentiert sich der Zeit sozusagen als spirituelle oder säkularwissenschaftliche Neuerung gegenüber der altevangelischen Kirchen-, Glaubens- und Gesellschaftskultur. Wer diesem Geist folgt, braucht sein Leben nicht zu ändern, er kann sich emanzipieren, lebt frei und autonom. Das ist auf den ersten Blick bequemer und attraktiver. Sich durch neue Ideen verzaubern zu lassen, gilt als fortschrittlich. Alle können nun diskutieren um des Diskurses willen; niemand braucht sein sündiges Leben zu ändern. Diskussion wird gleichsam zu einem Sport, und man darf sich durchaus etwas darauf einbilden, wenn man dazugehört. Selbst unter Kaufleuten und Handwerkern erwacht ein Geist des Diskurses.

Durch die erstarrte Orthodoxie und die Bekämpfung des Pietismus hat sich die Kirche selbst geschwächt. Nun bleibt ihr scheinbar nur noch die Möglichkeit, mit dem Angriff der neuen Kultur zu kooperieren. Beide Bodmer, der Pietist wie der Aufklärer, sind entfernte Verwandte mit ähnlichem Wesen, aber unterschiedlichem Charakter. Der fromme Obmann vertritt seinen Glauben selbst im Angesicht des Verlusts seiner Güter und Ämter. Ob man diese Lebenshaltung teilt oder nicht – sie ist auf jeden Fall konsequent und eine Herausforderung. Dem aufgeklärten Literaten dagegen, der sich dogmatisch noch weiter von der Kirche entfernt, macht es nichts aus, mit der damals noch starken Kirche im faulen Kompromiss zu leben. Auf der anderen Seite wird 1745 auch der fromme Pfarrer Ulrich am Fraumünster durch den neuen Antistes Wirz geduldet. Auch der Pietismus profitiert nun von der Toleranz der neuen Zeit. Mit der Abschaffung des Bekenntniszwangs (1737) beginnt sich die Zürcher Kirche vorsichtig zu pluralisieren. Zürichs Pfarrerschaft bewegt sich fortan im Dreieck von Spätorthodoxie, Pietismus und Vernunftreligion. Doch dieser Pietismus ist nun ein Stück weit eingemitteter, verkirchlichter und domestizierter. Auch beim pietistischen Pfarrer Ulrich zeigen sich Spuren der neuen Zeit. Dazu gehören seine ausserordentlichen Kenntnisse der hebräischen Sprache, seine freundschaftliche Offenheit gegenüber der jüdischen Gemeinschaft sowie die Förderung des Kirchengesangs. Ulrich führt in Zürich die Konfirmation ein. Als kirchlicher Pietist steht er ein für das Wort Gottes in der Gemeinde. Jeder Mann und jede Frau soll die Bibel lesen und verstehen können. Darum publiziert er 1755 privat in zwei Folianten, die von ihm neu übersetzte und kommentierte «Ulrich-Bibel», die auch Fraumünster-Bibel genannt wird und heute digital zugänglich ist.[117]

Pfarrer Ulrich wird am 27. Februar 1768 mitten in seiner Wirksamkeit im Alter von 62 Jahren abgerufen. Sein Grabmal im Fraumünster ziert das Jesuswort: «Ich wird (sic) Ihn am letzten Tag auferwecken» (Johannes 6,40).

4.3 Das literarische Zürich: Neuer Geschmack in säkular-religiöser Gestalt

Im Lauf des 18. Jahrhunderts erwacht das «literarische Zürich» mit der zentralen Figur Johann Jakob Bodmer, der 1750 Klopstock und 1752 den jungen Wieland zu sich nach Zürich einlädt. Schon 1740 gibt Bodmer zusammen mit Johann Jakob Breitinger eine «Critische Abhandlung von dem Wunderbaren in der Poesie» und eine «Critische Dichtkunst» heraus. Zentral dabei war Bodmers Übersetzung von Milton. Von dessen Sprachgewalt beeindruckt, wagen die Zürcher gegenüber der vernünftigen Sprachkunst von Johann Christoph Gottsched und der Leipziger Schule den Schritt zum Irrationalen. Beim Streit zwischen Zürich und Leipzig geht es um die Frage, ob die Fantasie beziehungsweise das Wunderbare in der Dichtung etwas zu suchen habe – oder nicht. Zürich gewinnt und dichterische Fantasie und deren Wirkung auf das Gemüt finden weit über Zürich hinaus hohe Beachtung. Auch Moral und Bildung sind selbstverständliche Komponenten dieser Poesie. «Der Poet ist zugleich ein Mensch, ein Bürger und Christ.»[118] Der christliche Glaube kehrt hier in säkular-religiöser Gestalt wieder. Der spätere Genie-Kult zeigt sich im Keim schon hier. Das neue geistige Erwachen in Zürich rund um Bodmer und Breitinger ist mehr als die frühaufgeklärte Literatur bei Gottsched in Leipzig. Den Zürcher Kreis umweht ein spiritueller Zauber! Der neue Geist von Zürich ist zugleich eine frühe Gestalt säkularer «Erweckung» und moderner Religion, die die sterbende altevangelische Kirche ersetzt. Damit wird der biblische Glauben nachhaltiger verändert als durch offene Feindschaft gegen das Wort der Bibel. Dieser neue ästhe-

---

117 Reformierte Kirche Fraumünster, Ulrich Bibel 1755, www.e-rara.ch/zuz/content/zoom/17790289
118 Bodmer/Breitinger, Schriften zur Literatur, Hg. V. Meid (1980), 372.

tische Geschmack und diese Art der Bibelkritik greifen unvergleichlich tiefer als jeder Rationalismus.[119] Die von Bodmer, Breitinger und ihren Schülern beeinflusste Jugend hat keinen Zugang mehr zum biblisch-reformatorischen Glauben. Es fehlt ihr dazu der Geschmack und das Gefühl.[120] Den Gebildeten wird so der Schritt zum biblischen Glauben in emotionalen Tiefen ungemein erschwert; angelsächsische Bibelzugänge stossen sie geradezu ab.

Es sind Bodmers Schüler wie der Dichter Salomon Gessner (1730–1788), der Pfarrer Johann Caspar Lavater (1741–1801), der Maler Johann Heinrich Füssli (1741–1825) und der Pädagoge Johann Heinrich Pestalozzi (1746–1827), die Zürichs Ansehen bis tief hinein nach Europa tragen. Doch nicht nur Gelehrte, sondern auch Gewerbetreibende und Exponenten der kaufmännischen Oberschicht interessieren sich für intellektuelle Diskussionen und spirituelle Fragen im Kontext der neuen Zeit. Breitinger, ab 1731 Professor für die griechische und hebräische Sprache, wird zum verehrten Pädagogen und Bildner der neuen Theologengeneration.

Eine beträchtliche Wirkung auch in Zürich entfaltet schliesslich Jean-Jacques Rousseau mit seinen Werken «Du contrat social» und «Emile» (beide 1762). Bodmer, der französischen wie der deutschen Sprache mächtig, versprüht seine flammende Begeisterung für den Genfer Meister in die Herzen seiner Schüler. Insbesondere der Ästhetiker Johann Georg Sulzer von Winterthur sowie der junge Theologe und Gründer der Töchterschule Leonhard Usteri schwärmen für den neuen Stern, der für sie im Westen aufgegangen ist. Nicht wenige – unter ihnen auch der junge Johann Caspar Lavater – wallfahren ins Neuenburger Asyl des Hochverehrten. Den «Ruf nach Bescheidenheit und Puritanismus, die Ablehnung des Luxus, der ‹die einfachen Sitten verderbe›, die Neigung zur Zivilisationskritik, die Distanz zum Glauben und das Pädagogische» – dies alles finden sie bei Rousseau bestätigt.[121]

---

119 In Deutschland führt Herder mit seiner nachempfindend-spirituellen Bibeldeutung die romantische Geschichtsanschauung herauf. Auch er hat nicht gewusst, dass er damit «der Autorität der Bibel einen Stoss versetzt, tödlicher als alle rationalistische Wegerklärung von Wundern». Vgl. E. Hirsch, Geschichte der neuern evangelischen Theologie, IV (4. Aufl. 1968), 227.
120 Hier setzt 1799 Friedrich Schleiermacher überaus feinfühlig und auf seine Art kompetent ein mit seinem berühmten Buch «Über die Religion». Nur wirkt Schleiermachers Ansatz, der die Offenbarung auf das Gefühl und den menschlichen Glauben konzentriert, für biblisch-reformatorische Theologie und Gemeinde, die allein auf das Wort hört, zersetzend und unbrauchbar.
121 C. Ulrich, in: Geschichte des Kantons Zürich II (1996), 447.

Im Anblick der neuen, aufblühenden Kultur wollen auch Theologie und Kirche nicht zurückstehen, obwohl oder weil sie viel von ihrem Einfluss an die neuen Eliten verloren haben. Durch den Geist der Zeit ins Abseits gerückt, öffnen sie sich besonders den starken zeitgeistigen Strömungen aus Deutschland.

Breitinger und sein Schüler Steinbrüchel haben die studentische Jugend auf diesen Geisteswandel vorbereitet. Nie mehr seit der Reformation war der Kontakt zwischen Zürich und den führenden deutschen Universitäten so intensiv wie in der zweiten Hälfte des 18. Jahrhunderts. Schon der Pietismus und nun erst recht die Aufklärung haben die konfessionellen Gegensätze zwischen Reformierten und Lutheranern weitgehend eingeebnet. Die 1760er-Jahre sind ein Sturm der Jugend gegen die alte Orthodoxie. Mit Rousseau dann erreicht der Geist der Aufklärung vollends Kopf und Herz von Zürichs Jugend.

4.4 Import der Bibelkritik: Johann Heinrich Corrodi (1752–1793)

An der Universität in Halle erreicht der berühmte Professor Johann Salomo Semler (1725–1791) in den 1750/70er-Jahren eine grosse Hörerschaft. Ursprünglich Pietist im Spätreich von August Hermann Francke, verwirft er die reformatorische Bibelhaltung mehr und mehr und wird zum Vater und Begründer der deutschen Bibelkritik sowie der «liberalen» Theologie.[122] Bei Semler vollzieht sich in gelehrter Weise die Wende vom reformatorischen zum modernen neuprotestantischen Bibelverständnis. Kein Stein bleibt auf dem andern. Semler unterscheidet klar zwischen der Bibel und dem Wort Gottes. Für Jesus, Paulus und die Reformatoren gilt: Die Heilige Schrift *ist* das Wort Gottes. Semler aber betont: «Heilige Schrift und Wort Gottes ist gar sehr zu unterscheiden.»[123] Gottes Wort ist in der Bibel nur «hie und da», aber nicht «durch und durch» enthalten.[124] Für Semler ist die Bibel religiöse Literatur, die mit profanen, historischen, analytischen und technischen Methoden untersucht werden soll wie jedes andere Buch. Bei Luther, Zwingli und Calvin war das Wort der Heiligen Schrift selbst das Licht, das die Menschen erleuchtet. Jetzt aber tritt der

---

122 Vgl. J.S. Semler, Versuch einer freiern (sic!) theologischen Lehrart (1777); ders., Abhandlung von freier Untersuchung des Canon (1771–1775), Hg. H. Scheible, (2. Aufl. 1980); A. Sierszyn, Christologische Hermeneutik, SBTh 3 (2010); ders., 2000 Jahre Kirchengeschichte (6. Aufl. 2022), 694–698.
123 Vgl. Semler, Abhandlung I, 75.48.
124 Ebd.

aufgeklärte Mensch in seinem «geistigen Eroberungstrieb» (K. Barth) vor die Bibel hin und bestimmt kraft eigener Vernunft, was wahr und göttlich ist. Bei Semler atmet das Alte Testament den Geist eines tieferen Entwicklungsstands; grosse Teile davon sind für die moderne Kirche entbehrlich.[125] Semler will auch der seit dem Pietismus aufgekommenen Individualisierung des Glaubens gerecht werden. Deshalb unterscheidet er zwischen Theologie, als kirchliche Lehrform, und Religion, als persönliche Glaubensüberzeugung der einzelnen Christen.

Mit Semler beginnt der Theologe des 18. Jahrhunderts, «sich der ganzen Vergangenheit gegenüber eine grundsätzliche Überlegenheit zuzuschreiben»[126]. Die vom aufgeklärten Menschen neu definierte Geschichte, die profane Historie, fühlt sich berechtigt und verpflichtet, sich die biblische Heilsgeschichte zu unterwerfen.[127] Der neuprotestantische Mensch glaubt nicht mehr an Gottes Heilsgeschichte; er schreibt kritisch seine eigene Universalgeschichte. Damit wird der westlich-moderne Neuprotestantismus eine religiöse Gemeinschaft eigener Art.[128]

Während Bern und Basel sich noch gegen die deutschen Neuerungen sträuben, ist Zürich durch die humanistische Übergangstheologie von Zimmermann, Breitinger und Johann Jakob Steinbrüchel für den Schritt zur vollen Aufklärungstheologie vorbereitet. Allerdings kommt es jetzt zum Bruch. «Auf der einen Seite begrüssten der alte Bodmer, der alte Breitinger und ihr echter Schülerkreis mit lautem Jubel jede neue freisinnige Schrift, die von Deutschland herüberkam.»[129] Auf der anderen Seite erwächst noch Widerstand von den Dekanen Ulrich Brennwald in Kloten, Johann Schmutz in Wollishofen, David Trachsler in Trüllikon, Johann Escher in Buch, Ludwig Mauz in Elgg und Kammerer Kaspar Fäsi in Velt-

---

125 Diese Abwertung des Alten Testaments zieht sich wie ein roter Faden von Semler über Schleiermacher und Harnack bis zu den Deutschen Christen und teilweise zur feministischen Theologie.
126 Beide Zitate vgl. K. Barth, Die protestantische Theologie des 19. Jahrhunderts (6. Aufl. 1994), 39 f.
127 Vgl. E. Troeltsch, Über historische und dogmatische Methode (1898), in: ders., Lesebuch, Hg. Voigt (2003).
128 Was Semler um 1770 in Halle anstösst, wird 1820/30 vom Berliner Friedrich Schleiermacher weitergeführt, von Ferdinand Christian Baur (Tübingen) methodisiert und von Ernst Troeltsch (um 1900) systematisiert. Diese Weltanschauung bleibt die moderne Grundlage der Bibelkritik bis in unsere Zeit. – Carl Mirbt schildert eindrücklich Semlers trostloses Alter und Ende. Der Gefeierte endete zwischen Mystik, Alchemie und Orthodoxie und «verlor alles moralische und literarische Gleichgewicht» (RE 3. Aufl. 18) 209.
129 Wernle II, 413 f.

heim.[130] Doch den orthodoxen Rückzugsgefechten dieser älteren Herren fehlt die Zukunftsmacht. Die Theologie des neuen Zeitgeists wächst über die «vernünftige Orthodoxie» hinaus. Die biblischen Wunder müssen hinter dem «gesunden» Menschenverstand der Zeit zurücktreten.

Der eigentliche Transformator von Semlers Geist nach Zürich ist Johann Heinrich Corrodi (1752–1793), der Sohn des pietistischen Pfarrers Hans Jakob Corrodi in Zürich. Die grosse und berühmte Universität Halle mit ihrem guten Ruf aus der pietistischen Zeit wird schweizweit ausschliesslich von Zürchern und Ostschweizer Studenten besucht. Als der Student Johann Heinrich Corrodi an der modern (neologisch) gewordenen Universität studieren will, der fromme Vater sich jedoch dagegen sträubt, schwindelt «der Idyllen-Dichter Sal. Gessner dem alten Corrodi vor, Halle sei ja die fromme Stadt von August Hermann Franckes Zeit her; der Vater könne ohne Sorgen den Sohn den dortigen Lehrern anvertrauen»[131]. Darauf lässt Vater Corrodi seinen Sohn ziehen. Jesus sagt: «Die Kinder dieser Welt sind unter ihresgleichen klüger als die Kinder des Lichts» (Lk 16,8). List und Lüge haben auch in der Kirchengeschichte immer wieder einen beachtlichen Stellenwert. Corrodi besucht in der Folge nicht nur Semlers Vorlesungen, er kann sogar beim berühmten Professor wohnen. Damit wird Johann Heinrich Corrodi als Lehrer am Collegium humanitatis zum zürcherischen Semler und Sammelpunkt der bibelkritischen Aufklärungstheologie an der Limmat.

4.5 Freiheit, Tugend und Unsterblichkeit – anstelle der Bibel

Schon Semler befürchtet, aufgeklärte Christen mit «ganz anderem Geschmack in der Erkenntnis und Moral» könnten sich am Alten Testament «verkälten»[132] Demgemäss empfiehlt auch Corrodi, dem Kirchenvolk das Lesen der ganzen Bibel abzugewöhnen. Man sollte dem gemeinen Volk besser nur noch einen wissenschaftlich gereinigten Auszug der Bibel vorlegen.[133] Am Zürcher Carolinum[134] selbst wird zu dieser Zeit mit den Theologiestudenten Voltaire und Semler gelesen.[135] Das Evangelium der Vernünftigen fasst sich schliesslich in die Worte:

---

130 Wernle III, 23.
131 Wernle II, 411.
132 J.S. Semler, Abhandlung von freier Untersuchung des Canon, Hg. G. Scheible, Texte z. Kirchen- und Theologiegeschichte, H. 5 (1967), 57f.
133 G. Finsler, Zürich in der zweiten Hälfte des achtzehnten Jahrhunderts (1884), 144.
134 Vorläuferin der Universität und der theologischen Fakultät, angebaut am Grossmünster.
135 T. Hannemann, Religiöser Wandel in der Spätaufklärung ... (2017), 50.

> Wir glauben all an einen Gott
> Der wohnt im Himmel droben.
> Such jeder ihn nach seiner Weis'
> Die Tat nur kann ihn loben.
>
> Wir glauben all an unseren Muth
> Im Tode wie im Leben.
> Sei's Feindes Zahl, sei's heim'sche Tück
> Treff' uns des Himmels schwer Geschick,
> Nie wird das Herz uns beben.[136]

Bis zum Ende des Jahrhunderts und darüber hinaus bleiben eine grosse Mehrheit der Zürcher Pfarrer diesem vernünftigen Moralismus als Geist der Zeit verpflichtet: Freiheit, Tugend, Unsterblichkeit sowie Toleranz, Humanität und Wissenschaft heissen die neuen Leitsterne. Die scheinprotestantische Lehre von Lessings Tendenz-Drama «Nathan der Weise» – Juden, Muslime und Christen sind im Grunde alle gleich – setzt sich auch in Zürich fest, bis der Sturm der Revolution die Seelen vieler erschüttert. Anders als in der angelsächsischen Welt gewinnen in Kontinentaleuropa Skeptizismus, Agnostizismus, Atheismus und Säkularismus – ursprünglich mächtig gefördert durch die Grauen des Dreissigjährigen Krieges – die Oberhand. Die Eliten des 19. und 20. Jahrhunderts werden auf dieser Grundlage ihre neuprotestantischen Kirchen gestalten.

---

136 Glaubensbekenntnis, in: Lieder für Schweizer Jünglinge, Hg. Zofinger Verein schweizerischer Studierender (1822), Nr. 23.

5. Vorläufer einer neuen Zeit: Johann Caspar Lavater und Johann Jakob Hess

5.1 Johann Caspar Lavater: Jesus, unser Herr und Gott, tut Wunder

Johann Caspar Lavater (1741–1801), zwölftes Kind des Arztes Heinrich Lavater und der Regula Escher an der Spiegelgasse, durchläuft die frühaufgeklärte Zürcher Theologenbildung seiner Zeit. 1762 erregt der 21-Jährige grosses Aufsehen durch seine mutige und streitbare Schrift gegen den ungerechten Landvogt Grebel in Grüningen, die dem Angeklagten an den Kragen geht. 1769 wird Lavater Helfer an der Waisenhauskirche, 1778 Helfer und 1786 erster Pfarrer am St. Peter. Lavater gehört zu den interessantesten Zürcher Persönlichkeiten des 18. Jahrhunderts. Zunächst Bodmers und Breitingers Schüler, geht er bald über das Rationalistische seiner Zeit hinaus – ohne freilich alle Eierschalen der Aufklärung völlig abzustreifen. Die Lehren der biblischen Orthodoxie – etwa die stellvertretende Genugtuung Jesu am Kreuz – entsprechen nicht seiner Theologie. Schon eher könnte man ihn einen Pietisten nennen. Doch auch in dieses Schema lässt sich der nach allen Seiten Bewegte und Bewegende nicht völlig einordnen. Lavater wendet sich sowohl gegen pietistische Engherzigkeit wie auch gegen eine pseudotolerante Aufklärung. Goethe soll einmal geäussert haben, «dass er keinen so ununterbrochen thätigen Menschen gekannt habe wie Lavater»[137]. Dies lag an seinem «angeborenen Temperamente, es war aber auch die Folge einer überschäumenden Lebendigkeit, einer gärenden und flutenden Fülle und Kraft der Seele, wie sie einzelnen Männern der Genie-Epoche zukam. Lavater war ihr ethischer und religiöser – ihr christlicher Genius.»[138] Lavater hat auch Berührungspunkte mit der Mystik und mit intensivem Wunderglauben. Auch parapsychologische Phänomene ziehen den Vorkämpfer für das Irrationale in ihren Bann. Johann Heinrich Füssli, der spätere Maler, führt ihn ein in die Schönheiten von Poesie und Kunst. Lavater liest die Schriften von Jacob Böhme und von Emanuel Swedenborg. Berühmt sind seine «Aussichten in die Ewigkeit», geäussert in 25 Briefen an den

---

[137] G. v. Schulthess-Rechberg, in: RE 3. Aufl. Bd. 11 (1902), 322. Vgl. auch Goethe, Dichtung und Wahrheit, 3. T. 14. Buch.
[138] G. v. Schulthess-Rechberg, a. a. O.

Johann Caspar Lavater – Original, Jünger Jesu und Vorläufer

Johann Caspar Lavater (1741–1801) ist im Ausland der bekannteste Zürcher des 18. Jahrhunderts. Schon in den 1760er-Jahren durchbricht sein scharfer Geist die Spröde der aufgeklärten Religion. Er durchschaut die Tendenz der Selbstsäkularisierung der Kirche. In einer sprühenden Rede in der Frühjahrssynode 1779 appelliert der Pfarrer vom St. Peter an seine Kollegen: «Ich kann es nicht dulden, dass man Christus vom Throne zu stürzen versuche [...] Wir wollen alle mit einem Munde von Christus zeugen!» Lavater lässt sich nicht in ein Schema einordnen. Er werdet sich gegen pietistische Engherzigkeit wie auch gegen eine pseudotolerante Aufklärung. Nichts liegt ihm ferner, als eine theologische Schule zu gründen. Lavater hat Berührungspunkte zur Mystik und zu einem intensivem Wunderglauben. Auch parapsychologische und physiognomische Fragen ziehen den Vorkämpfer für das Irrationale an. Lavater ist ein Genie der Freundschaft und der Kommunikation. Seine freundschaftlichen Beziehungen mit Klopstock, Wieland, Herder, Goethe und Matthias Claudius zeigen ihn als Mann der Sturm-und-Drang-Periode. Bedeutend sind seine «Montagsversammlungen», die vom Zeitgeist angefochtenen Intellektuellen einen Weg zum gesunden Christus-Glauben vermitteln. Auch Johann Jakob Hess und Georg Gessner gehören zu Lavaters Freundeskreis. Er stirbt am 2. Januar 1801 an den Folgen einer Schussverletzung, die er sich bei einem Angriff auf Zürich zugezogen hat. Lavater wurde geliebt und gehasst. Seine Sonntagsgottesdienste im St. Peter waren stets bis auf den letzten Platz besetzt. Dennoch geht mit seinem Tod sein Einfluss rasch zurück. Von seinen Montagsversammlungen lässt sich eine Linie ziehen zum Zürcher Pietismus des 19. Jahrhunderts. Sein Schwiegersohn Gessner verfasst 1801 eine dreibändige Lavater-Biografie.

befreundeten Arzt Hans Georg Zimmermann in den Jahren 1768–1773. Im siebten Brief thematisiert er den Zustand der Seelen nach dem Tod des Leibes bis zur Auferstehung. Und im elften Brief schreibt er über die Verdammten: «Gott ist nicht gnädig in der Zeit und grausam in der Ewigkeit.»[139] Spekulative Ansichten über den Zwischenzustand, das Geisterreich und die Letzten Dinge mit sanfter Tendenz zur Allversöhnung teilen auch Samuel Collenbusch und sein Kreis, Johann Friedrich Oberlin und andere fromme Zeitgenossen. Berühmt ist Lavaters vierbändiges Werk «Physiognomische Fragmente zur Beförderung der Menschenkenntnis und der Menschenliebe». Aus den Gesichtszügen und der Gestalt eines Menschen glaubt er pionierhaft dessen Wesen und Charakterzüge erahnen und erkennen zu können.

Lavater bleibt zeitlebens eine ausgesprochen empfindsame Persönlichkeit, ein Genie der innigen Freundschaft und der Kommunikation. Seine Bekanntschaften und persönlichen Beziehungen mit Klopstock, Wieland, Herder, Goethe, Matthias Claudius, Hölderlin und vielen anderen zeigen ihn als Mann der Sturm-und-Drang-Epoche. Als begnadeter Prediger und hilfsbereiter Mensch weit über die Schweizer Grenzen hinaus geschätzt, wird er in Zürich geliebt und gehasst. Hier ist Lavater «keineswegs nur der Pfarrer von St. Peter, er ist der geistliche Berater einer nach Tausenden zählenden Gemeinde, die über fast ganz Europa zerstreut»[140] ist. Während die Gottesdienste der aufgeklärten und bibelkritischen Pfarrer wegen «leerer Bänke» eingeschränkt werden, bedarf es im Zürcher St. Peter am Sonntagmorgen zunehmender Platzreservationen, damit die Gläubigen der eigenen Gemeinde ihren Pfarrer überhaupt noch zu Gesicht bekommen.[141] Lavaters Botschaft heisst kurz und klar: Jesus Christus, unser Herr und Gott, tut Wunder. An der Bibel hat Lavater nie gezweifelt. Auch der biblische Christusglaube gerät ihm nicht ins Wanken.[142] Im Gegenteil, schon 1767/68 – gleichzeitig mit seinem Freund Johann Jakob Hess, dem späteren Antistes – gewinnen sein Glaube und seine Theologie ihre tiefe Verankerung «durch unausgesetztes Schriftstudium»[143]. Die Bibel als Gottes ewiges Wort im altevangelischen Sinn und Jesus Christus als der lebendige Gott und Erlöser sind die beiden Grund-

---

139 E. Stähelin, Die Verkündigung des Reiches Gottes VI (1963), 172.
140 W. Hadorn, Geschichte des Pietismus in den Schweizerischen Reformierten Kirchen (1901), 386.
141 J. Gubler, Kirche und Pietismus (1959), 120; W. Hadorn, Geschichte des Pietismus in den Schweizerischen Reformierten Kirchen (1901), 387; G. Finsler, Zürich in der zweiten Hälfte des 18. Jahrhunderts (1884) 160.
142 Wernle III, 226.
143 G. Gessner, Johann Caspar Lavaters Lebensbeschreibung I (1802), 338 f.

pfeiler seines Glaubens und seiner Theologie. Zwar ist ihm Jesus Christus nicht Gott im Sinne der orthodoxen, reformatorischen und altkirchlichen Lehre von der Dreieinigkeit. Zu dieser zentralen biblischen und ökumenischen Einsicht findet der im Kontrast zur Orthodoxie Gebildete keinen Zugang. Aus demselben Grund entgeht ihm auch die weltweite Bedeutung des nizänischen Glaubensbekenntnisses von 381 (Dreieinigkeit Gottes). Weg und Sinn zum Geheimnis der Trinität von Vater, Sohn und Geist bleiben ihm verschlossen. Dazu gibt Lavater zu bedenken:

> Ich mag es leiden, dass man mir alle theologische Rechtgläubigkeit abspreche, wenn man mir nur die biblische lässt [...] Ich werde es nie vor Gott zu verantworten haben, dass ich nicht dachte wie Calvin und Athanasius, weil ich keine Gründe sehe diese Männer für göttliche Autoritäten zu halten.[144]

Christus ist ihm Gott beinah im Sinne des altkirchlichen Modalismus, das heisst, er vermag Gott den Vater und Gott den Sohn kaum noch voneinander zu unterscheiden. Georg Finsler sagt, Jesus trete bei Lavater an die «Stelle Jehovas»[145]. Er ist der Mittler, das Angesicht und der «Ursohn» Gottes, zu dem Gläubige unmittelbar beten dürfen.

Als im Zug der 1770er-Jahre ein deutsches Aufklärungsbuch nach dem andern erscheint, und Professor Semler in Halle mit seiner Kanon-Kritik den evangelischen Bibelglauben verändert, wendet sich Lavater hilfesuchend an seinen väterlichen Berliner Freund Johann Joachim Spalding mit der inständigen Bitte, er möge sich doch zusammen mit anderen Koryphäen gegen Semlers bibelfeindliche Lehren stellen. Denn Lavater ist überzeugt: «Hat Semler Recht, so ist es um das Eigentliche des Christentums geschehen, so ist das Christentum aller Göttlichkeit entblösst; Christus ist daraus verbannt, entthront; die Autorität Christi und seines Geistes in den Aposteln ist dahin.»[146] Zur selben Zeit gibt aber Spalding, Propst an St. Nicolai zu Berlin, selbst sein modisches Buch «Von der Nutzbarkeit

---

144 Lavater, Unveränderte Fragmente aus dem Tagebuche eines Beobachters seiner selbst, II (1773), 342.
145 G. Finsler, Georg Gessner, weiland Pfarrer am Grossmünster und Antistes in Zürich (1862), 82. «Christus ist so Alles in Allem, dass uns Gott ohne ihn ganz nichts ist, dass uns der Vater auch ganz in ihm gegeben ist. Diese energische, fast gewaltsame Erfassung des in Christo uns offenbar gewordenen Wesens Gottes in einer Zeit, die Christum bloss als Menschen [...] des 18. Jahrhunderts auffasste, als einen Moralprediger und Tugendhelden – diese energische Erfassung des göttlichen Wesens Christi bleibt ein Verdienst Lavaters» (G. Finsler ebd.). Gott an sich bleibt für Lavater absolut jenseitig und unfassbar, insofern trifft für ihn der Modalismus (Jesus ist der Vater) doch nicht ganz zu. Jesus ist ihm Gott, aber auch «Urphänomen, Urmensch und Ursohn», vgl. E. Staehelin, Johann Caspar Lavaters ausgew. Werke III (1943), 193.
146 Brief an Spalding vom 31.12.1771, in: Wernle III, 243.

5. Die Vorläufer Johann Caspar Lavater und Johann Jakob Hess

des Predigtamtes» heraus. Der Berliner Schriftsteller plädiert dafür, die Botschaft der Kirche der modernen Welt im Kleid der nüchternen Säkularsprache zu verkünden. Statt von Erlösung und Wiedergeburt will er über Rechtschaffenheit, Tugend und Pflichterfüllung reden. Die Prediger der Kirche nennt er nicht mehr «Botschafter an Christi statt», sondern «Depositäre der öffentlichen Moral». Hier beginnt im Protestantismus eine Selbstsäkularisierung der Kirche in der Meinung, man müsse sie dem Zeitgeist anpassen. Dazu schreibt Lavater seinem Berliner Freund: «Der Christus unserer Zeit ist nicht der der Vorzeit. Er ist ein Antichrist. Wir stossen ihn zur Bibel heraus. Die Apostel thaten alles mit Christus. Die Theologen des Jahrhunderts alles ohne ihn.»[147] In seiner Not wendet er sich auch an Herder,[148] dessen noch viel grössere Gefahr für die biblische Theologie er noch nicht durchschaut, mit den Worten:

> Spalding [...] mein lieber frommer Spalding [...] ist [...] nicht begeistert von Christus [...] Christus, sag ich, und meine nicht Vorschriften von ihm. Ach Gott, wohin kömmts [...] Ihn, Ihn will niemand sehen [...] Semler und Teller und Sack und Eberhard [...] und die ganze Schar der Denker nicht mehr [...] o Herder [...] ich beschwöre dich [...] hilf mir, ihn, ihn darstellen.[149]

In Zürich selbst hält Lavater mit seiner Kritik bis 1779 noch zurück. Nur in einem privaten Brief klagt er sich und seine Freunde (nicht seine theologischen Gegner) an:

> Wir sind keine biblischen Gottesmänner, nicht Jünger Christi, wie's die Apostel und ihre ersten Schüler waren. Wir folgen nicht dem Gott der Bibel, nicht dem Geist des Evangeliums [...] Christus ist höchstens unser Gesellschafter, nicht unser Herr, nicht unser Haupt. Wir nehmen von ihm an, was wir wollen, nicht was er will [...] So kann kein Minister für seinen König, kein Patriot für sein Vaterland arbeiten, kämpfen, handeln, leiden – wie sie für den Gott Israels – sie für den Messias arbeiteten, kämpften, handelten, litten. Sie standen in Gott – Christus stand vor ihnen. Der unsichtbare war ihnen

---

147 Lavater an Spalding, 2.8.1776, ZB Lav. MS 581.85.
148 Vgl. E. Hirsch, Geschichte der neuern evangelischen Theologie IV (4. Aufl. 1968), 227: Auch Herder öffnet die Betrachtung der Bibel dem historischen Relativismus. Seine Einheit mit der Bibel erfolgt «durch nacherlebende Begeisterung und Rührung in einer [...] seelischen Schicht [...] Er hat nicht gewusst, dass er damit der Autorität der Bibel einen Stoss versetzte, tödlicher als alle rationalistische Wegerklärung von Wundern.»
149 Brief vom 10. November 1772, in: Herders Nachlass, Hg. H. Düntzer II (1856), 23. Vgl. auch: D. Kohler, Lavaters Rezeption von Spaldings «Über die Nutzbarkeit des Predigtamtes», in: Zwingliana 40 (2013), 165–187; P. Opitz, Der (unge)treue Schüler ..., in: Christentum im Übergang = Arb. Z. Kirchen- und Theologiegeschichte 19, (2006).

gegenwärtig, die Zukunft ihnen nahe. Sie lebten in der unsichtbaren Welt, in Gottes Reich; ihr Wandel war im Himmel.[150]

Während in Zürich das Gros der Eliten jede deutsche Neuerscheinung des aufgeklärten Geistes bejubelt – etwa Lessings geheuchelte «Fragmente eines Ungenannten», welche die Auferstehung Christi offen leugnen – wird Lavater mehr und mehr zum Sonderling der Zeit, von dem sich Freunde wie Leonhard Usteri, Felix Nüscheler und andere zusehends abwenden. Auch Goethe wird sich wegen Lavaters Christusglauben von ihm distanzieren. Zeitgeist oder Evangelium! Auf der Frühjahrssynode 1779 geht Lavater in einer sprühenden Rede an seine Pfarrkollegen zum Angriff über:

> Wem von euch, Väter und Brüder! Kann es unbekannt seyn, dass unsere theure, heilige Christus-Religion in unseren Tagen von so verschiedenen Seiten auf so mannichfaltige Weise angefallen und bestürmt wird; dass auch in unserer lieben Vaterstadt Unglauben, Religionshass, Spötterey über das Evangelium Christi […] Entnervung und Ausleerung des altapostolischen Christenthums so augenscheinlich sich verbreiten, so fürchterlich um sich greifen? […] Wer leugnet, dass Jesus der göttliche Messias sey, dass Er der Herr sey, dem alle Knie sich beugen sollen im Himmel und auf der Erde und im Abgrund […] und dass durch seinen Namen, durch Ihn selbst, Verzeihung der Sünden empfangen soll ein Jeder, der an Ihn glaubt – Wer das entweder bestreitet oder verschweigt oder zur Nebensache macht […] [der ist] ein Verfälscher und Verdreher des Christenthums, ein Ungläubiger an's Evangelium, ein feiner Deist […] Ich kann es nicht dulden, dass man Christus vom Throne zu stürzen versuche […] Wir wollen alle mit einem Munde von Christus zeugen! Mit einem Herzen an ihn glauben! Mit einer Kraft für Ihn kämpfen. Mit einem Sinne an Ihm hängen! […] Jesus Christus hat nicht nur den Grund gelegt – Er ist selbst der Grund. Weichet nicht von dem Grunde, edle, wahrheitsliebende Jünglinge![151]

Schliesslich appelliert Lavater an den Vorsitzenden, den aufgeklärten Antistes Ulrich, mit den Worten: «Sie werden gewiss immerdar darüber wachen, dass […] das Evangelium nie durch etwas, das nicht Evangelium ist, […] verdrängt werde.»[152] Lavater erwartet keineswegs, dass zur späten Stunde noch über sein Votum diskutiert werde. Doch Ulrich bestimmt, «die Sache gehöre nicht hierher». Damit klemmt der Vorsitzende das Thema für die Synode ab. Wo denn, wenn nicht in der Synode, sollte das

---

150 Zit. bei Wernle III, 244
151 Die Rede ist erhalten bei: G. Gessner, Johann Caspar Lavaters Lebensbeschreibung, Bd. 2 (1802, ND 2018), 236–248.
152 Ebd.

für die Kirche so zentrale Thema diskutiert werden? Nicht wenige und nicht unbedeutende Mitglieder drücken Lavater im Anschluss an sein energisches Votum ihren wärmsten Dank aus, da er ganz aus ihren Herzen gesprochen habe.

An der darauffolgenden Synode ergreift Lavater nochmals kurz das Wort. Keine lange Rede, sagt er, nur ein kurzes Gleichnis müsse er noch loswerden: In einer Versammlung von Hirten habe man beraten, was zum Besten der Herde diene. Da sei ein junger Hirt aufgestanden und habe vermeldet, es hätten sich da und dort Wölfe blicken lassen, die der Herde gefährlich werden könnten. Doch die Versammlung der Hirten habe erklärt, «die Sache gehöre nicht hierher».

5.2 Lavater und die Sprödheit des neuen Protestantismus

Als Erster durchschaut Lavaters klarer Geist die volle Tiefe und Tragweite des neuen Protestantismus von Semler, Corrodi oder Lessing. Was in der frühen Phase der Übergangstheologie bei Breitinger oder Zimmermann noch offenblieb, reift in den 1760/70er-Jahren mit grosser Schnelligkeit zur systematischen Kritik der Bibel und zum Deismus[153] heran. Es stellt sich die Frage, inwieweit eine Kirche, welche die Offenbarung der Bibel und das tiefe Christusgeheimnis der «gesunden Vernunft» oder gar dem säkularen Agnostizismus unterwirft, sich von der wahren Kirche Christi trennt und sich ihrer Kraft beraubt. In der Folge äussert Lavater wiederholt die Befürchtung, die Zeit werde kommen, da man in Zürich unter dem Druck politischer Korrektheit in der Öffentlichkeit nicht mehr von Christus werde sprechen dürfen.[154] Diese bibelorientierte Tiefenschau von Lavater und seinem Freundeskreis ist der kirchengeschichtliche Ausgangspunkt und die Basis dafür, dass später in der Zürcher Landeskirche selbst bei einem starken Neuprotestantismus immer auch pietistisch orientierte Christinnen und Christen Heimatrecht haben.

---

153 Deismus bezeichnet die Gottesauffassung der Aufklärung: Gott hat die Welt zwar geschaffen, übt aber keinen weiteren Einfluss mehr auf sie aus. Der Deismus versucht, eine natürliche Religion zu konstruieren, die allen durch die Vernunft zugänglich ist.
154 G. Finsler, Georg Gessner, weiland Pfarrer am Grossmünster und Antistes in Zürich (1862), 61.

5.3 Lavater als Genius der Freundschaft

Nach Lavaters biblischen Verankerung seiner Theologie in den Jahren 1767/68 bleibt der sechs Jahre jüngere Johann Konrad Pfenninger (zuletzt Diakon am St. Peter) bis zu seinem frühen Tod 1792 Lavaters engster Freund. Tief und früh mit dem Zürcher Genius in Freundschaft verbunden bleibt auch Heinrich Wyss, Vikar in Neftenbach, später Pfarrer in Dielsdorf und Kirchenrat. Durch Lavater findet Wyss den Weg vom Deismus zum biblischen Christusglauben. Zum Freundeskreis von Lavater der 1770er-Jahre gehören auch Johann Jakob Stolz und Johann Kaspar Häfeli, der spätere Pfarrer an der Ansgar-Kirche in Bremen.[155] Von der Orthodoxie abgestossen, landet dieser zunächst hilflos in den Fängen der modernen Spiritualität. Durch Pfenningers apologetische Vorlesungen findet er aber in intellektueller Redlichkeit den Weg zum biblischen Christus. Zur Lavater'schen «Montagsversammlung»[156] gehören insbesondere der spätere Antistes Johann Jakob Hess sowie Johann Heinrich Wirz (Pfarrer in Kilchberg). Auch der durch seine fromme deutsche Mutter geprägte Diethelm Schweizer, später Pfarrer auf dem Hirzel, ist in Lavaters Kreis zu Hause. Er ist der Vater von Meta Heusser und der Grossvater von Johanna Spyri. Quasi als Benjamin stösst in den frühen 1790ern der junge Georg Gessner (1765–1843), der Pfarrersohn aus Dübendorf und spätere Antistes, zu Lavaters Freunden hinzu. Nicht zu vergessen ist auch Lavaters Herzensfreundschaft mit Barbara Schulthess-Wolf, der Ehefrau und späteren Witwe von Seidenfabrikant David Schulthess zum Schönenhof (heute Rämistrasse 14), die auch von Goethe mehrfach besucht und gerühmt wird.[157]

Es liegt ganz in Lavaters Art und Charakter, dass er keine theologische Schule gründet. Er betrachtet jeden Menschen als «ein unantastbares Heiligthum». Bei ihm hat «jeder Mensch freyen, ungehinderten Zutritt». Er will «keinen auch nur mit einer Miene persönlich drücken, weil er

---

155 Jakob Stolz vertritt an der Bremer Martinikirche von 1772–1793 eine lavaterähnliche Theologie, schliesst sich dann aber immer mehr dem Rationalismus an. 1813 wird er durch den Erweckungsprediger Gottfried Menken ersetzt und kehrt als Privatgelehrter zurück nach Zürich. – Joh. Kaspar Häfeli wird auf Lavaters Empfehlung Hofkaplan in Wörlitz, 1793 Pfarrer an der Ansgar-Kirche in Bremen, später Oberkonsistorialrat in Bernburg.
156 So G. Finsler, Georg Gessner, weiland Pfarrer am Grossmünster (1862), 62. Wernle III, 301 weiss auch von einer (wohl ursprünglichen) Mittwochsversammlung. Dabei liest Lavater in seinem Haus ein oder zwei Kapitel aus der Bibel mit anschliessender Interpretation. Auch das Abendmahl feiern die Freude untereinander.
157 G. v. Schulhess-Rechberg, Frau Barbara Schulhess zum Schönenhof, die Freundin Lavaters und Goethes, in: 66. Neujahrsblatt d. Waisenhauses (1903).

Barbara Schulthess-Wolf (1745–1818). Die Witwe eines Seidenfabrikanten ist Mitglied der Brüdergemeinde sowie des Freundeskreises um Lavater und erste Schwiegermutter von Pfarrer Georg Gessner. Die gebildete Dame ist im späten 18. Jahrhundert Mittelpunkt des schöngeistigen Zürichs. In ihrem Haus «zum Schönenhof» (heute Rämistr. 14) wird zu den schönsten Konzerten der Stadt aufgespielt. Auch Goethe pflegt bis 1797 bei ihr abzusteigen.

nicht gleich mit mir denkt». Vom Mystiker und Pietisten, vom «Socinianer und Deisten bis zum decidirtesten Atheisten hat alles freien Zutritt zu mir». Unerträglich ist ihm nur, «dass deklarierte Unchristen deklarierte Christen heissen». Wer «die Auferstehung unseres Herrn dahingestellt seyn lässt, kann zwar ein guter, ehrlicher, allenfalls denkender und verständiger Mann seyn – aber ein Christ, nach dem apostolischen Sinn, ist er nicht»[158]. Die freie und alles Individuelle respektierende Art Lavaters sucht weder nacheifernde Schüler noch blinde Kopien. Das ist ein Grund dafür, weshalb Lavater keine Schule bildet und seine breite Wirkung in der Öffentlichkeit nach seinem Tod im Jahr 1801 rasch dahinschmilzt. Lavater war «ein Genie des Herzens in der Unmittelbarkeit seiner Christusbezogenheit inmitten eines entsetzlich nüchtern gewordenen Kirchenbetriebs»[159]. Seine Wirkung beruht vor allem auf der Aura seiner Persönlichkeit. Hinzu kommt, dass die Gegner nach Lavaters Tod umgehend vor dessen Ansichten warnen.[160] Trotzdem hat Lavater für die Zürcher Kirche eine wichtige theologische und geistliche Grundlage gelegt. Nicht direkt, aber indirekt über seinen Schwiegersohn und ersten Biografen Georg Gessner (Pfarrer am Fraumünster, später Antistes) wirkt Lavater in die Zürcher Kirche des 19. Jahrhunderts hinein.

5.4 Johann Jakob Hess legt das Fundament des biblisch-frommen Zürich

Nur starke Persönlichkeiten mit kräftigen Wurzeln vermögen auf Dauer dem Fluss des Mainstreams zu widerstehen. Im Strom des Vernunftglaubens entwickelt sich Lavaters Freund Johann Jakob Hess (1741–1828) zur fundamentlegenden Gestalt des biblisch-frommen Zürich. Hess entstammt einem alten Zürcher Ratsgeschlecht. Sein Vater ist Stadtuhrmacher, geistig rege, still und fromm. Seine Mutter, Anna Maria, geborene Gossweiler, gehört zu den ersten Mitgliedern der Zürcher Brüder-Sozietät.[161] Sie stirbt,

---

158 G. Gessner, Johann Caspar Lavaters Lebensbeschreibung II (1802), 355.
159 E. Beyreuther, Die Erweckungsbewegung = KiG (1963), 24.
160 J. Hirzel, Rückblicke auf die religiösen, kirchlichen und theologischen Zustände und Erfahrungen im Kt. Zürich in der ersten Hälfte dieses Jahrhunderts, in: Zürcher Taschenbuch auf das Jahr 1886, 3.
161 Die *Brüder Sozietät* oder *Herrnhuter Brüdergemeinde* ist eine originelle Form des Pietismus, die auf Graf Ludwig von Zinzendorf (1700–1760) in Herrnhut bei Görlitz ins Jahr 1727 zurückreicht. Zinzendorf stellt die bunte Schar seiner Bekehrten in den Dienst der Weltmission. Der Graf selbst reist durch viele europäische Staaten bis nach Russland. Er sammelt Gläubige, die an ihren Kirchen zweifeln und knüpft überall Beziehungen im

als Hess fünfjährig ist. Auch seine zweite Mutter gleichen Namens besucht die Versammlungen der Herrnhuter. Die Frömmigkeit der Brüderunität ist somit auch Johann Jakob Hess schon von Kindsbeinen an vertraut. Kaum 19-jährig wird er 1760 nach bestandenen Prüfungen ins Zürcher Ministerium aufgenommen. Seine Begegnungen mit Bodmer, Breitinger und Wieland erfüllen den Jüngling indes mehr und mehr mit dem Zauber der Dichtkunst und lassen zum Kummer der Eltern seine Freude am Glauben und an der Theologie verblassen. In späteren Jahren äussert Hess selbst, «dass er damals in Gefahr gestanden habe, [...] den Sinn für das Christentum zu verlieren»[162].

Als Vikar seines Onkels Kaspar Hess in Neftenbach, einem Freund von Bodmer, Wieland und Klopstock, bleibt er in geistig reger Umgebung. Philosophische, politische und theologische Interessen wechseln sich ab. Rousseaus Werke beeindrucken ihn tief. Auch Hess gehört seit dieser frühen Zeit mit Johann Heinrich Füssli (dem Bruder des Malers), Felix Hess, Konrad Pfenninger, Jakob Stolz, Johann Kaspar Häfeli und anderen zum Kreis rundum Lavater. Sie alle atmen den neuen Geist um Bodmer, Breitinger und Zimmermann und brechen mit der alten Orthodoxie. Stattdessen begeistern sie sich für Rousseau und verehren Klopstock und Wieland. Je mehr aber die Aufklärung erstarkt,[163] desto verächtlicher stehen die Wunder der Bibel im Raum. Als zeitgemäss gelten allein noch die Wahrheiten der natürlichen Vernunftreligion.[164] Für viele Zeitgenossen des 18. Jahrhunderts bleibt Rousseaus Theismus des Verstands und des Herzens ein Zufluchtsort. Bodmer gelingt es, seine Zürcher Schüler vor

---

Sinne einer weltweiten Sozietät. Herrnhuter Missionare ziehen nach Afrika und bis nach Grönland. Auch im Kanton Zürich sammeln Prediger der Brüdergemeinde zur Zeit des kühlen Rationalismus gläubige Männer und Frauen als Kirchlein in der Kirche. Anfangs ausgelacht und beleidigt, erkennen im Lauf des späteren 18. Jahrhunderts immer mehr landeskirchliche Pfarrer, dass die Herrnhuter zu ihren treuesten Kirchenbesuchern gehören und nicht wenige von der Kirchenseparation abhalten. In der Mitte ihres Glaubens steht der Gekreuzigte, dessen Blut und Wunden sie preisen. Die Brüderkirche ist heute eine weltweite Gemeinde im Schoss der Ökumene.

162 H. Escher, Johann Jakob Hess, Doktor der Theologie und Antistes der Zürcherischen Kirche (1837), 4.
163 Rousseaus savojardischer Vikar, Lettres de la Montagne.
164 Das «Glaubensbekenntnis eines savoyardischen Vikars», enthalten im «Emile», beruht ganz auf dem Gefühl. Das Gefühl sagt Rousseau, dass ein Gott ist. Mehr braucht er nicht und ist auch nicht möglich. «Je weniger ich ihn begreife, umso mehr bete ich ihn an. Ich demütige mich vor ihm und sage: ‹Du Wesen der Wesen! Ich bin, weil du bist. Ich hebe mich empor zu deinem Urquell, wenn ich ohne Unterlass dein gedenke. Der würdigste Gebrauch meiner Vernunft ist, sie vor dir zu vernichten.›» Vgl. Rousssseau, Emile, Ausg. R. Sackmann (1964), 195.

dem Spötter Voltaire zu schützen. Etliche aber – dazu gehört auch Hess – sind enttäuscht von der zunehmenden Verdünnung des heiligen und lebendigen Worts der Bibel zugunsten einer Vernunftreligion. Alles Lebendige, Konkrete und Persönliche des biblischen Glaubens löst sich auf in den Dunst einer abstrakten Ideologie des Gefühls. Davon wenden sich Lavater und sein Freundeskreis ab. Während sich Lavaters Glaube einer enthusiastischen Liebe zu Jesus und einem irrationalen Wunderglauben öffnet, vollzieht sich bei Hess die Distanzierung gegenüber dem Rationalismus durch ein vertieftes Studium der Bibel.

5.5 Hess und die Wende zum Offenbarungsglauben

Von 1767 bis 1777 wendet sich Hess – es herrscht Pfarrerüberfluss – als Pfarranwärter ohne berufliche Anstellung biblischen Studien zu. Das Vermögen seines verstorbenen Vaters hilft ihm über die Runden. 1767 tritt er mit der frommen und begabten Anna Maria Schinz von Zürich (1731–1811) in einen glücklichen Ehestand, der kinderlos bleibt. Die schlichten, biblisch-erzählenden Wochenpredigten seines Onkels haben seine Seele berührt. Im vertieften Studium der Bibel geht ihm 1769 – fast zeitgleich mit Lavater – «gleich einer göttlichen Offenbarung das Licht auf»[165]. Er erkennt, «dass der ganzen Entwicklung des Reiches Gottes ein wunderbarer göttlicher Plan zugrunde liege und alle einzelnen Begebenheiten nur als Teilstücke der ganzen Offenbarungsgeschichte zu betrachten seien»[166]. Diese Erfahrung markiert bei Hess die Wende zum biblischen Offenbarungsglauben. 1770 schreibt er seiner Frau Anna Maria:

> Es fängt an, mir eine Herzensangelegenheit zu werden, was so lange nur spekulieren war. Ich spüre die Allmacht Gottes zu meiner Bekehrung und dass, wenn ich dem Empfangenen treu bin, Mehreres folgen wird [...] Täglich werde ich gewürdigt, tiefer in mich selbst und tiefer in das Evangelium hineinzuschauen.[167]

Noch als Greis schreibt er in einer abgeklärten Vorrede, die Bibel sei ein besonderes Buch, das «nach ganz andern Grundsätzen» behandelt werden will, als man es bei «mehreren biblischen Geschichtsauslegern sieht».[168]

---

165 E. Staehelin, Die Verkündigung des Reiches Gottes in der Kirche Jesu Christi, VI (1963) 160; RE 7 (3. Aufl. 1899), 795.
166 Ebd.
167 P.D. Hess, in: RE Bd. 7 (3. Aufl. 1899), 793 o. Beleg.
168 J.J. Hess, Kern der Lehre vom Reiche Gottes, I (1819), Vorrede S. VII.

In diesem Glauben offenbart sich ihm der lebendige Gott im Bibelwort und lenkt sein Leben in eine neue Bahn. Dass seine Bekehrung im Grunde ähnlich und doch ganz anders verläuft als bei seinem quirligen Freund Lavater, zeigt die unerschöpfliche Originalität Gottes. Hess findet ohne jede menschliche Hilfe den offenbarungsgeschichtlichen Standpunkt. Dass die beiden grossen Zürcher trotz der voranschreitenden Aufklärung diesen Weg finden und gehen, mag auch eine Frucht ihrer Mütter sein, die beide mit der Brüdergemeinde verbunden waren. Hessens Freude über die Entdeckung der ihm zuvor doch ziemlich fremd gewordenen Bibel äussert sich in begeisterten Briefen an seinen Lehrer Breitinger, an den neuen Antistes Usteri, an Leonhard Usteri und andere.[169] Diese Entdeckung und seine reichhaltige Bücherproduktion machen Johann Jakob Hess zum zürcherischen Reformer des Bibelstudiums mitten im Fluss der Aufklärung. Auch der Lebensweg von Hess bestätigt die Wahrheit, dass nicht allein Menschen, die sich im Strom der Zeit bewegen, von Bedeutung sind, sondern auch Persönlichkeiten, die es wagen, sich gegen den Strom zu stellen und so zum Salz der Erde werden. Von 1768–1773 erscheint von Hess eine sechsteilige «Geschichte der drei letzten Lebensjahre Jesu». Das 19. Jahrhundert sieht später eine ganze Fülle von spekulativer Leben-Jesu-Literatur, die jedoch eine andere Ausrichtung hat. Hess verfasst sein Werk allein aufgrund der Evangelien. Als einer der Ersten versucht er, Jesus als menschliche und biblisch-geschichtliche Gestalt zu zeichnen. Aufklärerisch ist sein Drang zur Harmonisierung der biblischen Aussagen. Eigentliche Bibelkritik bleibt ihm dennoch fremd. Auch die Gottheit Christi wird bei Hess durch die Darstellung der irdischen Geschichte Jesu nicht berührt.

5.6 Hess und der göttliche Plan der Heilsgeschichte

1774 folgt das zweiteilige Werk «Von dem Reiche Gottes. Ein Versuch über den Plan der göttlichen Anstalten und Offenbarungen.» Johann Jakob Hess wird damit zum ersten Reich-Gottes-Theologen der Neuzeit.[170] Ähnlich wie schon Calvin – und in völligem Gegensatz zum zeitgenössischen Trend – findet er im Alten Testament den Schlüssel und

---

169 Vgl. Wernle III, 318 mit Belegen. An Lavater geht die Mitteilung wohl mündlich.
170 Im 16. Jahrhundert wurde vor allem Calvin nicht müde, mit dem AT zu betonen, dass Gott im Regiment sitzt. Hess nimmt theologisch in Zürich die heilsgeschichtliche Linie von Coccejus auf. Sie wird im 20. Jahrhundert fortgesetzt durch Gottlob Schrenk (konservativ) sowie durch Leonhard Ragaz (progressiv).

Interpretationsraum des Neuen Testaments. Die altevangelische Lehre vom Sühnetod Jesu (Röm 3,25) sowie von der Inspiration der biblischen Schriften (2Tim 3,16) will jedoch auch Hess nicht mehr vertreten. Wie weit bleibt Hess vom Zentrum evangelischer Kreuzestheologie der Reformation entfernt![171] In der Mitte seines theologischen Denkens steht nicht Christus, auch nicht das erschrockene Gewissen und die Rechtfertigung des Sünders durch Gottes Gnadenwahl, sondern der (vielleicht auch etwas spekulative) göttliche Plan der Heilsgeschichte. Trotzdem gibt es am Ende des 18. Jahrhunderts in der Schweiz «kaum einen Christen, der im Vertrauen auf seine Bibel und den Christus seiner Bibel so getrost und so aufrecht stand und allen Stürmen der Zeit zu trotzen wusste»[172] wie der Zürcher Pfarrer und Antistes Johann Jakob Hess. Sein Abstand zur Reformation ermöglicht ihm wie Lavater einen freundschaftlichen Umgang mit Katholiken wie Bischof Sailer. Mehr noch, Hessens Schriften werden teils auch für katholische Leser in Salzburg gedruckt.

5.7 Hess wird Antistes (1795–1828)

1777 wählt der Kleine Rat Johann Jakob Hess zum Diakon am Fraumünster. 1795 wird der bedachtere Hess seinem enthusiastischen Freund und Gegenkandidaten Lavater mit 85:49 Stimmen vorgezogen und zum Pfarrer am Grossmünster und Antistes der Zürcher Kirche erhoben.[173] In den stürmischen Zeiten der Revolution und des staatlichen Umbruchs bringt er (zusammen mit Lavater) das Evangelium und die Belange der Kirche mit Mut und Umsicht zur Geltung. 1809 nimmt Hess Kontakt zur Herrnhuter Predigerkonferenz auf.[174] Damit knüpft er wieder an die Traditionen seiner Eltern an, von denen er sich zwischenzeitlich gelöst hat. Dieser pietistisch geprägten Gemeinschaft bleibt er bis ins hohe Alter treu. Als frommer Antistes gibt er den von der Erweckung geprägten Gläubigen in der Zürcher Kirche Heimatrecht.[175] Die deutschen Reformationsfeiern von 1817, die der evangelischen Kirche auch die Bedeutung der Bibel nochmals vor Augen führen, bringen dem Bibeltheologen und Antistes Hess unerwartet Doktordiplome von Tübingen, Jena und Kopen-

---

171 Zur Schriftlehre vgl. Calvin, Institutio I,7. Auch seine Ablehnung von Erbsünde und Prädestination sowie sein Eintreten für die Willensfreiheit zeigt den Abstand zur Reformation. Vgl. H. Escher, Johann Jakob Hess, a.a.O., 71 f.
172 Wernle III, 328.
173 G.R. Zimmermann, Die Zürcher Kirche (1878), 359.
174 F. Ackva, Johann Jakob Hess (1741–1828) und seine biblische Geschichte (1992), 200.
175 F. Ackva, a.a.O., 201 f.

hagen ein. Die Zürcher Jahrhundertfeier vom 1. Januar 1819 zeigt den 78-Jährigen im Grossmünster nochmals in voller Geistesfrische.

5.8 Hess wird Gründungspräsident der Bibelgesellschaft (1812)

Nachdem Hess sein ganzes Leben der Beförderung der Bibel gewidmet hat, erkennt er in der Bibelverbreitung einen neuen Aufgabenzweig der Kirche.[176] 1812 wird Hess erster Präsident der Zürcher Bibelgesellschaft. 1817 publiziert er die Schrift «Das Vorsehungsvolle der immer weiteren Bibelverbreitung in unseren Tagen». Warteten in jungen Jahren Dichter und Gelehrte bei ihm auf, so besuchen ihn jetzt berühmte Männer der Erweckung, der Bibelverbreitung und der Mission. Zu seinen Gästen gehören etwa der Tübinger Bibeltheologe Professor Storr oder Dr. Friedrich Steinkopf, der rührige Sekretär der Britischen und Ausländischen Bibelgesellschaft in London, der 1812 auch die Gründung der Privilegierten Württembergischen Bibelanstalt in Stuttgart anstösst. 1813 gelingt es Hess, den neologisch geprägten Pfarrer K.D. Hardmeyer zum biblischen Glauben zu führen, «in seiner Art das allerwichtigste Ereignis in einer oft so dunklen und schwierigen Amtsführung»[177]. Im frühen 19. Jahrhundert sind in Zürich die Rationalisten zwar immer noch bedeutend, die Schrecken der Kriegsjahre haben ihre Kraft aber gedämpft.

Mit der Verbreitung der Bibel in ganz Europa erwacht auch in der Zürcher Kirche neuer Glaube und der Sinn für die weltweite Mission. 1815 veröffentlicht Hess die bis heute aktuelle Schrift «Die Bibel, ein Gesang». Seine Quintessenz: Ein reformierter Pfarrer mit diesem Zugang zur Bibel kann im Amt nicht müde werden! Als 1819 die Zürcher Missionsgesellschaft aus der Taufe gehoben wird, ist Antistes Hess noch mit im Komitee, das Präsidium liegt nun aber in den Händen seines späteren Nachfolgers Georg Gessner, Pfarrer am Fraumünster. Anders als bei Lavater, der schon am 2. Januar 1801 den Folgen einer Schussverletzung erliegt, reicht der direkte Einfluss von Hess noch deutlich ins 19. Jahrhundert hinein.

---

176 H. Escher, Johann Jakob Hess, a.a.O., 135.
177 Vgl. RE Bd. 7 (3. Aufl. 1899), 800.

Johann Jakob Hess – ein Hirt der Kirche in schwerer Zeit

Johann Jakob Hess (1741–1828) entstammt einem alten Zürcher Ratsgeschlecht. Seine Mutter gehört zu den ersten Mitgliedern der städtischen Brüdergemeinde. Gründliches Privatstudium der Heiligen Schrift führt beim Freund von Lavater zur «Bekehrung» von der Aufklärungsreligion zum biblischen Glauben. Er erkennt in der Bibel einen göttlichen Plan der Heilsgeschichte und wird zum ersten Reichs-Gottes-Theologen der Neuzeit. Seit 1777 Pfarrer am Fraumünster, wird er am Vorabend der Revolution Antistes am Grossmünster. Ab 1809 pflegt er Kontakte zur Herrnhuter Predigerkonferenz. Mit seinem jüngeren Freund Georg Gessner vom Fraumünster gründet er in der aufgeklärten Limmatstadt nicht ohne Widerstand die Bibelgesellschaft und legt auch damit das Fundament des biblisch-frommen Zürich. Im Reformationsjahr 1819 verleihen ihm die Universitäten von Tübingen, Kopenhagen und Jena die Doktorwürde für sein am Wort Gottes orientiertes Schaffen.

6. Georg Gessner – Vater des Zürcher Pietismus im 19. Jahrhundert

6.1 Freundschaft mit Lavater und Hess

Die wichtigste Gestalt, die dem pietistischen und diakonischen Zürich des neuen Jahrhunderts das Gepräge verleiht, ist ein Mann aus der Generation, die auf Hess und Lavater folgt. Sein Name ist Georg Gessner (1765–1843), 1795–1828 Pfarrer am Fraumünster, von 1828–1837 Antistes der Zürcher Kirche und Pfarrer am Grossmünster bis 1843. Gessners Lebensgeschichte, sein Wachsen und Werden in der brüderlichen Gemeinschaft mit Lavater und Hess, sein stilles Wirken, seine Beziehungen und seine immense Lebensleistung muss man kennen, um seinen prägenden Einfluss für das fromme Zürich des 19. Jahrhunderts würdigen zu können. Er ist der Mann, der das Erbe von Lavater und Hess zusammenfasst und neu in die Zürcher Kirche des 19. Jahrhunderts hineinpflanzt.

Von 1795 bis 1800 predigen in den drei Hauptkirchen der Stadt (St. Peter, Grossmünster, Fraumünster) die drei Freunde Johann Caspar Lavater, Antistes Johann Jakob Hess und Georg Gessner. Als Gessner seine Arbeit am Fraumünster aufnimmt, entwickelt sich «bis zum Tode Lavaters (1801) ein lebhafter, nahezu täglicher Dreiecksverkehr und eine Gesinnungsgemeinschaft zwischen St. Peter, Grossmünster und Fraumünster, wie es sie vorher und nachher kaum je gegeben hat»[178]. Beachtenswert ist diese Konstellation auch deshalb, weil ausser diesem Dreigestirn «nur sehr wenige Geistliche waren, welche dem Christenthum noch eine andere als die moralische Seite abzugewinnen wussten [...] Gessners Kollege am Waisenhaus, der Pfarrer Klauser, predigte am Osterfeste über die Thorheit des Glaubens an Geistererscheinungen.»[179] Dass im Zentrum der Limmatstadt gerade in den Tagen der Revolution das zentrale Christuswort der Gnade verkündet wird, ist die Frucht gemeinsamer Bibelarbeit. Die biblische Christus-Botschaft der freien Gnade, vom moralistischen Geist der Zeit angefochten, geht in Zürich nicht unter. Von Lavater führt der Weg über Hess und Gessner ins 19. Jahr-

---
178 P. Vogelsanger, Zürich und sein Fraumünster (1994), 384.
179 G. Finsler, Georg Gessner, weiland Pfarrer am Grossmünster und Antistes in Zürich (1862), 59.

hundert. Als Lavater am 2. Januar 1801 an den Folgen einer Kriegsverletzung stirbt, tragen Antistes Hess und der junge Gessner die Fackel des biblischen Evangeliums weiter bis in die 1830er-Jahre. Zwar fehlt Gessner die sprudelnde Genialität, die Aura und der Charme eines Lavater oder die profunde Gelehrsamkeit eines Hess. Doch die Bedachtsamkeit und Milde seines ganzen Wesens, seine biblisch durchdachte Verkündigung, seine selbstlose Hingabe und seine sozialen Hilfsmassnahmen machen auch ihn zu einem starken Christuszeugen der Stadt. In mehr als vier Jahrzehnten, zunächst in ungetrübter Gemeinschaft mit Antistes Hess, legt Georg Gessner die theologischen und seelsorgerlichen Grundlagen für das biblisch-pietistische und das diakonische Zürich des 19. Jahrhunderts. Gessners Theologie und deren Ausstrahlung werden zur Anregung für christliche Mission und Diakonie. Aus der Frucht seiner Arbeit und seines (familiären) Netzwerks erwachsen in Zürich Glaubensmut und Werke der Caritas.

6.2 Jugendlicher Glaube im Dübendorfer Pfarrhaus

Über Georg Gessners Leben ist vieles bekannt durch die Biografie seines Enkels, des späteren Antistes Georg Finsler.[180] Der Familienname Gessner stammt ursprünglich aus dem Solothurnischen und gehört seit 1504 zur Bürgerschaft der Limmatstadt. Vater Johann Kaspar Gessner, Landpfarrer in Dübendorf, gehörte schon in jungen Jahren zum Kreis des «geistigen Zürich». Als Klopstock 1750 Bodmer besuchte, war auch er zu einer gemeinsamen «Spazierfahrt» eingeladen.[181] 1777 wird im Dübendorfer Pfarrhaus der eben ordinierte Diethelm Schweizer als Pfarrgehilfe von Vater Gessner eingeführt. Schweizers Mutter stammte aus einer von Hamburg in die Schweiz vertriebenen Pietisten-Familie. Ihrem Sohn hat sie schon früh Bücher von Gottfried Arnold und Gerhard Tersteegen vermittelt.[182] Der junge Vikar, der auch zum Freundeskreis um Lavater gehört, findet mit seiner pietistischen Glaubensauffassung vor allem bei den Dübendorfer Pfarrerstöchtern, aber auch bei deren Eltern herzliche Aufnahme. Die sonntäglichen Bibelstunden samt Abendmahl, die Schwei-

---

180 G. Finsler, Georg Gessner, weiland Pfarrer am Grossmünster und Antistes in Zürich (1862). Finsler verfügt nicht nur über familieninterne Informationen, er kennt auch Gessners Tagebuch und ist als Person der Zürcher Kirche ein glaubwürdiger Zeuge.
181 Meta Heusser-Schweizer, Hauschronik, Hg. K. Fehr (1980), 30.
182 Meta Heusser-Schweizer, Hauschronik, Hg. K. Fehr (1980), 27f; M. Heusser, Erzählungen einer Grossmutter für ihre Enkel, in: Ev. Kirchen- u. Volksblatt für das Grossherzogtum Baden (1875), 12ff;

zer im Pfarrhaus hält, erwecken die ganze Pfarrfamilie, auch den jungen Georg. Sie legen einen tiefen Glaubensgrund in Georgs «jugendliche Seele», und machen sie «gegen das Heer der Zweifel unzugänglich».[183] Gessner bezeichnet Vikar Schweizer in seinem Tagebuch als «den Wecker und Pfleger seines geistlichen Lebens».[184] Die Tiefe der jugendlichen Glaubenserfahrung und das ganze familiär-erbauliche Biotop machen Georg Gessner unempfänglich sowohl für die Orthodoxie wie auch für die Bibelkritik der Neologen.[185] Dementsprechend betreibt er, von den Vorlesungen unbefriedigt, sein offizielles Studium bei Steinbrüchel und Hottinger lediglich halbherzig. An der Zürcher Hochschule, davon ist Gessner überzeugt, wird nicht der biblische Christus, sondern eine «Schief-Erkenntnis Christi»[186] gelehrt. Unterdessen werden die jungen Leute im Dübendorfer Pfarrhaus in immer tiefere Erkenntnisse hineingeführt. «Im Bewusstsein des gemeinsamen Adels der Gotteskindschaft»[187] wächst in ihnen die Überzeugung, Gott habe mit ihnen in diesen letzten bösen Zeiten gewiss etwas Besonderes vor. Als sich der Gruppe noch zwei Bauern der Umgebung anschliessen, gewinnen sie die Zuversicht, ein kleiner, lieblicher Hügel unweit des Pfarrhauses im Wil bei Dübendorf, genannt Buen[188], sei der Ort, wo die fromme Kolonie bei einfachster landwirtschaftlicher Arbeit ein frommes Leben im Anblick des gewiss bald hereinbrechenden tausendjährigen Friedensreichs führen könne. 1785 hält der 20-jährige Student seine erste Predigt zur Trauung seiner Schwester Anna mit Diethelm Schweizer. Nach gemeinsamem Abendmahl verziehen sich die Neuvermählten ins ferne Pfarramt des Dörfchens Diepoldsau, eines armen Orts, der damals noch oft vom Rhein überflutet wird. Der Stand Zürich hat das Recht, für die damaligen Landvogteien des Rheintals die Pfarrer zu wählen. Für viele Zürcher Pfarrer – es herrscht Theologen-Überfluss – ist eine Stelle im Rheintal die Vorbereitung für ihre Wirksamkeit im Kanton Zürich. Elf Jahre später wird Diethelm Schweizer dann auch Pfarrer auf dem Hirzel.[189]

---

183 G. Finsler, Georg Gessner, weiland Pfarrer am Grossmünster und Antistes in Zürich (1862), 15.
184 G. Finsler, Georg Gessner, a.a.O., 13.
185 Neologen nennt man die bibelkritischen Theologen ab den 1770er-Jahren.
186 Zitat bei G. Finsler, Georg Gessner, a.a.O., 16.
187 Meta Heusser-Schweizer, Hauschronik, Hg. K. Fehr (1980), 31.
188 Auf der Wildkarte von 1850 östlich Wil eingetragene Anhöhe. Der Flurname begegnet auch bei Hittnau und bedeutet «in der Buechen». Vgl. A. Sierszyn, 9000 Orts- und Flurnamen im Zürcher Oberland (2021), 106.
189 Bekannt ist seine Tochter, die Liederdichterin Meta Heusser-Schweizer. Von ihr stammt u.a. das Lied «O Jesu Christ, mein Leben, mein Trost in aller Not» (KGB 692).

6. Georg Gessner – Vater des Zürcher Pietismus

Nach seiner Ordination 1787 übernimmt Gessner definitiv das Vikariat bei seinem alternden Vater in Dübendorf. Ab und zu spürt er später ein Defizit, nie im Ausland studiert zu haben. Rückblickend hält er allerdings fest:

> Wenn ich [...] den damaligen Standpunkt der Theologie auf fast allen Universitäten Deutschlands ins Auge fasse, so wär' ich ohne Zweifel weit von der christlich einfachen Bahn weggeschleudert oder in einen Kampf verwickelt worden, in dem ich nicht hätte bestehen können. [...] An der Seite meines Vaters habe ich für meine Bestimmung und mein Amtsleben mehr gewonnen als durch alle Studienjahre.[190]

Die romantische Idee einer frommen Kolonie auf dem Hügel «Buen» hält er bald für schwärmerisch; auch seine Verwandten in Diepoldsau gelangen in den Strapazen des Pfarramts zur Gewissheit, dass man sich auch in den Anfechtungen des gewöhnlichen Lebens als Christ und Christin bewähren könne. Für Gessner bleiben die erwecklichen Jugendjahre indes zeitlebens prägend. 1789 schreibt er an Lavater, er habe den heiligen Gott persönlich erfahren, «der nach der Schrift einziger Geber des Lebens und aller Unsterblichkeit ist für seine Menschheit. Sein Name heisst: Jesus Christus, die Auferstehung und das Leben.»[191] Die tiefen und prägenden Jugenderfahrungen machen ihn immun für die rationalistische Betrachtung der Bibel seiner Epoche.

Seit den Kindertagen ist Georg Gessner bekannt mit Barbara Schulthess-Wolf, der Witwe eines Seidenfabrikanten auf dem Schönenhof in der Zürcher Vorstadt[192], und ihrer gleichnamigen Tochter.[193] Die gläubige, für das gesellige Leben der Stadt zentrale Frau gehört seit 1772 zu Lavaters Freundeskreis. Lavater lernte sie kennen durch seinen Freund Pfenninger, der bei ihr zur Miete wohnte. Selbst Goethe verehrt die fromme «Bäbe» und steigt mehrfach in ihrem Haus ab. Auch in den 1780ern bleibt der Schönenhof von Barbara Schulthess-Wolf der Mittelpunkt grosser Konzerte und geistig vornehmer Gesellschaften. Während Jahren meidet indes der bekehrte Gessner ängstlich den Kontakt zu diesem Haus in der Sorge, sein Glaube könnte sonst allzu weltlich werden. Auch zu Lavater geht der junge Gessner zunächst auf Distanz. Doch «Das Herz des Menschen plant seinen Weg, aber der HERR lenkt seinen Schritt» (Sprüche 16,9).

---

190 G. Finsler, Georg Gessner, a.a.O., 30.32.
191 G. Finsler, Georg Gessner, a.a.O., 34.
192 Haus abgebrochen 1935, heute Rämistrasse 14.
193 Georgs älterer Bruder Jakob findet 1803 seine Frau in Anna Schulthess vom Schönenhof.

6.3 Frühes Leid, zweite Ehe und Freundschaft mit Lavater und Hess

Am 11. Dezember 1790 entschläft Vater Gessner im Dübendorfer Pfarrhaus «sanft und still beim Klang der Mittagsglocke»[194]. Ein Jahr später wird Georg Diakon an der Waisenhauskirche im Oetenbach. Im Mai traut Lavaters Freund Johann Konrad Pfenninger den jungen Gessner mit der diesem seit Kindertagen vertrauten Anna Barbara Schulthess, genannt die «jüngere Bäbe» aus dem Schönenhof. Alle Wünsche scheinen erfüllt, als er im Jahr darauf Töchterchen Barbara Elisabeth in den Armen hält. Doch kurze Zeit danach stirbt die junge Mutter.[195]

In seinem frühen Leid bleibt Georg Gessner mit seiner Schwiegermutter im Schönenhof verbunden. Mehr und mehr öffnet er sich auch Lavater und Johann Jakob Hess, die nun seine Vorbilder für das Pfarramt werden. In Lavaters Kreis begegnet er Fichte, dessen hochtrabendem Wesen er allerdings misstraut. Er liest auch Schriften von Kant, die er als zu leicht befindet. Es gehe Kant eigentlich immer nur darum, die Entbehrlichkeit der Offenbarung zu beweisen.[196] Durch Lavaters Freundschaft in die wichtigsten Gesellschaften der Stadt eingeführt, verliert Gessner die jugendliche Ängstlichkeit und Enge und findet nun seinen Weg. Lavaters älteste Tochter Anna wird seine zweite Ehefrau. Damit wird er Lavaters Schwiegersohn und dessen engster Vertrauter.

6.4 Pfarrer am Fraumünster und Lavaters Erbe

Als 1795 der aufgeklärte Antistes Ulrich stirbt und Johann Jakob Hess zu seinem Nachfolger ans Grossmünster erkoren wird, öffnet sich für Gessner der Weg, zweiter Pfarrer am Fraumünster zu werden. Wie für Lavater, so ist auch für Gessner Jesus Christus der alleinige Gott, zu dem er betet. Nur ist Gessner im Geist beständiger und deutlich nüchterner als Lavater. Seine Glaubenswärme «erhitzt sich selten oder nie bis zur Glut»[197]. Den-

---

194 G. Finsler, Georg Gessner, weiland Pfarrer am Grossmünster und Antistes in Zürich (1862), 45.
195 Das Tagebuch der jungen Frau Barbara Gessner-Schulthess ging über an ihre gleichnamige Tochter in die Familie Usteri, wo es bis heute, transkribiert durch Prof. Dr. med. Gustav von Schulthess-Ulrich, aufbewahrt wird. Vgl. Martin Usteri, Das Auf und Ab einer alten Zürcher Familie. Die Usteri von Zürich 1401–2001, in: Zürcher Taschenbuch auf das Jahr 2003, 356.
196 G. Finsler, Georg Gessner, weiland Pfarrer am Grossmünster und Antistes in Zürich (1862), 57
197 G. Finsler, a.a.O., 85.

Das Zürcher Fraumünster – ein Ort biblischer Verkündigung

Der Zürcher Pietismus ist während Generationen am Fraumünster zu Hause. Schon Pfr. Johann Heinrich Zeller (1693–1699) und teilweise dessen Bruder Peter Zeller (1699–1713) stehen dem Pietismus nahe. Johann Kaspar Ulrich (1745–1768) ist der bedeutendste Zürcher Vertreter des kirchlichen Pietismus im 18. Jahrhundert. Peter Vogelsanger bezeichnete Pietismus und Aufklärung als «ungleiche Brüder gleichen Stammes». Die Kirchengeschichte gibt ihm teilweise Recht. Es ist z.B. die spätpietistische Spiritualität von Halle, aus der durch Prof. Semler die Historisch-kritische und die Liberale Theologie hervorgehen. Dennoch greift Vogelsangers Behauptung zu kurz. Gerade beim kirchlichen Pietismus des 19. Jahrhunderts stehen in Zürich weder Individualismus noch Erfahrung, sondern Gottes Wort und Auftrag im Zentrum. Dies verbindet den Pietismus der Zürcher Kirche mit der Reformation und lehrmässig mit der Orthodoxie. Darum halten seine Vertreter fest am Bekenntnis und wenden sich geradezu progressiv der Not des Frühproletariats zu. Auch wenn nicht alle Pfarrer des Fraumünsters «Bekehrungspietisten» sind, so verbindet sie doch die *praxis pietatis* (tätiges Christsein) und die Treue zur Bibel mit dem Programm des Pietismus:
Johann Jakob Hess (1777–1795), der spätere Antistes und Gründer der Bibelgesellschaft, Georg Gessner (1795–1828), der spätere Antistes, Georg Rudolf Zimmermann (Dekan) (1852–1898), Präsident der Evangelischen Gesellschaft, Adolf Ritter (1898–1907), Paul Bachofner (1907–1925), später Präsident Freie Schule & Freies Gymnasium, Dr. Hermann Grossmann (1926–1956) Präsident EKVS.
Auch in späteren Zeiten wird am Fraumünster die biblische Botschaft in reformatorischer und zeitnaher Weise verkündigt.

noch sammelt er in seinen Fraumünster-Predigten neben Lavater und Hess so ziemlich alle Hörer, die sich «in Zürich vom Rationalismus nicht angesprochen» fühlen.[198] Nach Lavaters Hinschied am 2. Januar 1801 verfasst Georg Gessner eine dreibändige Biografie seines Schwiegervaters und übernimmt auch die Leitung des Erbauungskränzchens.[199] Zweiundzwanzig Jahre lang sammelt er in mehreren Räumen seines Pfarrhauses die Teilnehmer der Lavater'schen Montags-Gesellschaft inklusive Ältere, Kranke und viele Frauen, zur gemeinsamen Abendmahlsfeier. In diesen privaten Feierstunden, die ihn an seine Jugend erinnern, ist Gessner geistlich ganz zu Hause. Ab und zu reicht er nach Lavaters Vorbild auch Kranken das Abendmahl.[200] Desgleichen pflegt auch Gessners Schwager, Dekan Schweizer auf dem Hirzel, ähnliche Versammlungen, die zum Ärger benachbarter Kollegen von Gläubigen der ganzen Umgebung besucht werden. Grossen Anklang finden Gessners gedruckte Predigten sowie «Der Christ in der Bauernhütte» (1808) und die «Unterhaltungen für Leidende und Kranke» (1825).[201]

6.5 Sinn für die Innere Mission

Auch in der Pflege eines grossen Freundeskreises tritt Gessner in Lavaters Fussstapfen. Zu nennen sind etwa Johann Heinrich Jung-Stilling oder die fromme Herzogin Henriette von Württemberg. Gessner empfängt die Fürstin in Zürich und besucht sie dann auch in Württemberg. Die intensive Freundschaft seiner zweiten Frau Anna Lavater mit Anna Schlatter aus St. Gallen schafft eine Beziehung zum dortigen Pietismus.[202] Auch mit dem katholischen Bischof Johann Michael Sailer von Regensburg verbindet ihn eine offene und herzliche Freundschaft. Als Sailer einmal von Luzern herkommend mit seinem Wagen und Gefolge in Zürich eintrifft, erwartet ihn Gessner oben auf der Pfarrhaustreppe. Dann fallen die «Freunde einander in die Arme» und halten sich «lange, Freudenthränen in den Augen, umschlungen»[203]. Auch im Indienmissionar George Gottlieb Bärenbruck, dem er in seinem Pfarrhaus einen längeren Erholungsurlaub gewährt, findet er einen glaubensverwandten Freund. Dreimal ab 1813 beherbergt er im Pfarrhaus des Fraumünsters den amerikanischen

---
198 G. Finsler, a.a.O., 91.
199 G. Gessner, Johann Caspar Lavaters Lebensbeschreibung, I-III (1802/03).
200 G. Finsler, a.a.O., 94.
201 G. Meyer von Knonau, Der Canton Zürich II (1846), 61.
202 R. Schindler, Die Memorabilien der Meta Heusser-Schweizer (2007), 19.
203 G. Finsler, a.a.O., 187.

Anna Schlatter-Bernet (St. Gallen)

Eine intensive Freundschaft von Anna Gessner-Lavater mit Anna Schlatter-Bernet (1773–1826) aus St. Gallen bereichert auch Georg Gessner und damit den Zürcher Pietismus. Auch die Pfarrfamilie Schweizer-Gessner auf dem Hirzel ist mit Anna Schlatter und ihrem Kreis verbunden. Schon mit neun Jahren (1806) lernt deren Tochter Meta im Pfarrhaus des Fraumünsters ihres Onkels Anna Schlatter und deren Tochter Babette kennen. Die beiden Familien besuchen sich oft gegenseitig auf dem Hirzel und in St. Gallen und eine tiefe Glaubens- und Brieffreundschaften entsteht v. a. zwischen Meta (Heusser-)Schweizer und den Schlatter-Kindern Kleophea und Anna.

6. Georg Gessner – Vater des Zürcher Pietismus

Quäker Stephen Grellet, einen Pionier für evangelische Spitäler, Zuchthäuser und «Irren»-Anstalten. Die Begegnungen mit Grellet zählt er «zu den schönsten Lichtpunkten seines Lebens»[204]. Im Spätsommer 1825 besucht der 60-jährige Fraumünster-Pfarrer den Baron Ernst von Kottwitz, eine zentrale Gestalt der Berliner Erweckung und Pionier einer «freiwilligen Arbeitsanstalt» für Arbeitslose.[205] Mit Kottwitz wie mit dem Hamburger Johann Hinrich Wichern, dem Begründer der Inneren Mission, ist Gessner brieflich im Kontakt. Auch mit Friedrich Spittler (Basel), dem unermüdlichen Organisator und Gründer ungezählter Sozial- und Missionswerke, verbindet ihn eine jahrzehntelange Bruderschaft. Diese Kontakte mit führenden Pionieren der Erweckung und der Inneren Mission belegen Gessners Gespür und Engagement für evangelistische und soziale Fragen der Zeit. Denn für alle diese Männer stehen Bibel, Bekehrung sowie Innere und Äussere Mission in engstem Zusammenhang. Evangelisation und Innere Mission werden später auch von der Evangelischen Gesellschaft intensiv gepflegt und praktiziert.[206] Durch diese und viele andere Freundschaften und Beziehungen bleibt Gessner als Lavaters Erbe am Puls der Zeit.

Als um 1820 im Zug einer Erweckung im Zürcher Unterland allerlei Exzesse bis zur Kreuzigung einer wahnsinnig gewordenen Frau bekannt werden, gerät Gessner selbst unter Druck. Der Kirchenrat, dem auch Gessner angehört, fasst 1822 eine Reihe von Beschlüssen. Ausserkirchliche Versammlungen dürfen nicht mehr am späten Abend und auch nicht während der Gottesdienstzeit abgehalten werden. Gessner selbst gibt in der Folge seine Pfarrhausversammlungen auf. Anderseits nimmt er wie Antistes Hess die (gemässigteren) Herrnhuter in Schutz. Gessner und Hess sind beide korrespondierende Mitglieder der Herrnhuter Predigerkonferenz.[207] Auch zur Zürcher Brüderkonferenz bestehen enge Beziehungen.[208]

---

204 G. Finsler, Georg Gessner, a.a.O., 179.
205 Baron H.E. von Kottwitz und die Erweckungsbewegung in Schlesien, Berlin und Pommern = Quellenheft zur ostdeutschen und osteuropäischen Kirchgengeschichte, H. 11/12, Hg. F.W. Kantzenbach (1963), 45. Kottwitz ist 1812 auch der Anreger der Berliner Hauptbibelgesellschaft.
206 Vgl. die Briefe von Gessner an Briefe an Kottwitz vom 19.7.1825 und 9.7.1833 sowie an Wichern in den frühen 1830er-Jahren, in: Staatsbibliothek Berlin Hss Sig. Darmstaedter 2d 1800.
207 Die Predigerkonferenzen in Herrnhut waren eine Möglichkeit für landeskirchliche Pfarrer, sich zu beraten und theologisch vom Rationalismus und der Bibelkritik abzugrenzen.
208 Vgl. Ansprachen, gehalten bei der Einweihung des neuen Saales der Brüder-Sozietät in Zürich (1894); F. Ackva, Friedrich Johann Jakob Hess (1741–1828) und seine biblische Geschichte. Leben, Werk und Wirkung des Zürcher Antistes (1992), 200ff.

Schon 1799 hat Gessner mit dem freigesinnten Professor Johannes Schulthess nach Pestalozzis Methode eine private Höhere Töchterschule gegründet. Als Mitglied des Erziehungsrates (1803–1830) und im Vorstand der höheren städtischen Mädchenschulen (1809–1840) engagiert er sich auch im Bildungswesen. Seit 1798 hält er Vorlesungen über Pastoraltheologie. Ein Jahr später wird er Professor für dieses von ihm begründete Fachgebiet an der Zürcher Hochschule. Aus seinem karitativen Wirken sticht sein beherztes Engagement bei der Hilfsaktion[209] für das katholische Nidwalden 1798 hervor.

6.6 Mitbegründer der Zürcher Bibelgesellschaft

Dr. Friedrich Steinkopf, der geniale Organisator der Londoner Bibelgesellschaft, reist 1812 via Stuttgart auch zu Antistes Hess nach Zürich. Er kann diesen rasch für seine Pläne gewinnen.[210] Nicht zuletzt dank eines von Steinkopf mitgebrachten Betrages von 2 250 Gulden zur Gründung eines Bibelfonds beschliessen Antistes Hess, Georg Gessner, Ratsherr und Arzt Heinrich Lavater (1768–1819)[211] sowie Johann Heinrich Breitinger (Diakon am St. Peter) die Gründung einer Zürcher Bibelgesellschaft – im gleichen Jahr wie dies in Stuttgart auch passiert! Antistes Hess übernimmt das Präsidium, Diakon Breitinger das Aktuariat, Georg Gessner (Fraumünster) wird Geschäftsführer und mehr und mehr zum *spiritus rector* der Gesellschaft. Er entwirft die Statuten, übernimmt die Korrekturen der Bibelausgaben und besorgt den Verkauf der Bibeln, die in seinem Pfarrhaus lagern.[212] Zunächst werden, wie mit Steinkopf vereinbart, 4 000 Neue Testamente und 3 000 Vollbibeln gedruckt. Gegenüber der eher skeptischen Kirche und Obrigkeit rechtfertigt Hess die Bibelverbreitung damit, dass schon Zwingli mit seiner Prophezei eine Bibelanstalt ins Leben gerufen habe. Daraufhin überweist die Regierung 1 000 Gulden für die Bibelverbreitung. Dennoch bleibt die Bibelgesellschaft in Zürich vorerst noch eine Arbeit im Stillen. Offenbar fürchtet sich der kleine Kreis

---

209 In Nidwalden werden im Französischen Krieg 100 Soldaten getötet und über 300 Zivilisten massakriert.
210 Vgl. den «Bericht über die Verhandlungen der Zürcherischen Bibelgesellschaft vom September 1812 bis dahin 1819» von Diakon Breitinger (Sekretär der Gesellschaft), in: J.J. Hess, Nachricht von der ersten Generalversammlung der Zürcher Bibelgesellschaft den 15. November 1819 (o.J.) 33; K.F. A. Steinkopf, Reisebriefe (1812, neu hg. U. Frick 1987) siebter Reisebrief; F. Ackva, a.a.O., 202.
211 Der Sohn von Joh. Kaspar Lavater selig.
212 G. Finsler, Georg Gessner, a.a.O., 114.

Friedrich Steinkopf

Pfarrer Dr. Friedrich Steinkopf (1773–1859) aus Ludwigsburg, Leiter der Britischen und Ausländischen Bibelgesellschaft in London. Durch seine Vermittlung und Unterstützung entstehen 1812 die Württembergische und die Zürcher Bibelgesellschaft.

vor der Übermacht der freigesinnten Eliten, offen für die Bibelverbreitung zu werben.[213]

Erst 1819, als anlässlich der Reformationsfeier wieder öffentlich an die Kraft des Wortes Gottes erinnert wird, wagt es die Gesellschaft und veranstaltet «eine öffentliche Versammlung»[214]. Hess sieht in der Bibelverbreitung und der einsetzenden Missionsbewegung nach den Grauen der napoleonischen Kriege Gottes vorsehungsvolle gnädige Hand. Damit steht die Jahrhundertfeier der Reformation nicht im Zeichen der Polemik, sondern des Friedens und der Gnade. Eine beachtliche Zahl von Regierungsmitgliedern, alle Vorsteher von Schule und Kirche der Stadt, viele Landpfarrer und ein ansehnliches Publikum finden sich ein. Antistes Hess, der altershalber seit zehn Monaten nicht mehr gepredigt hat, stellt sich noch einmal mit dem ganzen Gewicht seiner Persönlichkeit vor die Menge und hält die Eröffnungsrede. Gessner und Breitinger erläutern das junge Bibelwerk. Bis dahin beläuft sich der Anteil der Zürcher Spenden für das Bibelwerk auf 10 634 Gulden, die englische Beihilfe auf 9 650 Gulden. Der geringe Verkaufserlös von 5 000 Gulden zeigt, dass viele Bibeln an Minderbemittelte unter dem Selbstkostenpreis oder gratis abgegeben wurden. Pfarrer Gessner kann vermelden, dass durch die Bibelgesellschaften in Chur, Schaffhausen, St. Gallen, Lausanne, Genf, Bern, Glarus, Neuchâtel und La Tour sowie unter den Waldensern in diesen Jahren 65 000 Vollbibeln und 30 000 Neue Testamente unter die Bevölkerung gebracht wurden.[215]

Schliesslich verteilt der Bürgermeister Bibeln an die besten Schülerinnen und Schüler der Stadt. Durch diese öffentliche Aktion wird für die ganze Jugend der Stadt erkennbar, dass die Bibel ein überaus bemerkenswertes Buch ist, das den Besten der Stadt zur Lektüre ans Herz gelegt wird. Dieses starke Zeichen macht den beginnenden Kulturwandel einer jungen Generation in Zürich manifest. Der Rationalismus weicht einer neuen Zeit. Antistes Hess bekennt, im Anblick dieser «verheissungsvollen» Bibelverbreitung, für die er seine geschwächten Kräfte eingesetzt habe, werde er nun ruhig sterben können.[216] An einer Versammlung der Bibelgesellschaft im Juli 1820 tritt er ein letztes Mal öffentlich auf. Dies

---

213 Gessner legt realistischerweise Wert darauf, die Bibelgesellschaft angemessen breit aufzustellen. Mitglied der Gesellschaft ist später zum Beispiel auch der als sehr liberal geltende Philologe Johann Kaspar von Orelli, Professor für Redekunst und Hermeneutik (Finsler 175).
214 Finsler, Georg Gessner, a.a.O., 114f.
215 Vgl. den Bericht von Diakon Breitinger a.a.O., 35–39 und 23.
216 In der Vorrede seines Gedichts «Meine Bibel», das er den Freunden der Bibelgesellschaft widmete, vgl. F. Ackva, a.a.O., 203.

zeigt erneut sein Herz für die Verbreitung der Bibel. Nach seinem Tod (1828) übernimmt Georg Gessner definitiv die Führung des Bibelwerks. 1820 lässt die Gesellschaft 7 500 Bibel in grösserem Format zum Preis von 17 000 Gulden drucken, daran zahlt die britische Bibelgesellschaft erneut 2 200 Gulden. Drei Jahre später lässt die Gesellschaft weitere 7 500 Handbibeln produzieren. Jährlich verteilt das Bibelwerk 400–500 Bibeln an die Pfarrer als Geschenk für die Konfirmandinnen und Konfirmanden. 1825 und 1830 werden Zürcher Handbibeln bei Tauchnitz in Leipzig im preisgünstigen Stereotypen-Verfahren hergestellt.[217]

6.7 Leiter der Zürcher Missionsgesellschaft

Auch in Zürich wecken der Sinn für die Bibelverbreitung und das veränderte geistige Klima das Interesse an der Mission. Erneut steht Gessner im Zentrum des Engagements. Aus Basel, wo der umtriebige Friedrich Spittler im Auftrag der Christentumsgesellschaft schon 1815 die Basler Mission gegründet hat, kommen laufend neue Anregungen. Mit Spittler steht Gessner seit dem Beginn des Jahrhunderts in losem Kontakt. Ab 1816 übernimmt er auf dessen Anfrage für zehn Jahre die Redaktion des Basler Sonntagsblattes. Aus Rücksicht auf die rationalistisch gesinnten Eliten seiner Stadt versieht er diesen Dienst inkognito.[218]

Wenige Wochen vor der ersten öffentlichen Bibelfeier in Zürich reisen Georg Gessner vom Fraumünster, dessen Schwiegersohn Stadtrat Martin Usteri-Gessner,[219] Diakon Breitinger vom St. Peter und Stadtsäckelmeister Hirzel im September 1819 ans Basler Bibelfest. Während der Festlichkeiten werden die Zürcher auch zur Versammlung des Basler Missionskomitees eingeladen, wo Inspektor Christian Gottlieb Blumhardt (1779–1838) über die Entwicklung der jungen Basler Mission und der Missionsschule

---

217 F. Vogel, MEMORABILIA TIGURINA (1841), 1179.
218 Der alte Rationalismus verhält sich in Zürich gegenüber den Christusgläubigen noch lange intolerant, spöttisch und aggressiv. Christi Person und Heilsgeschichte hält man für entbehrlich. Erst mit der Reformationsfeier (1819) beginnt sich das Blatt zu wenden. Vgl. G. Finsler, Georg Gessner, a.a.O. 59 f.
219 Johann Martin Usteri-Gessner vom Neuenhof ist der Mann von Georg Gessners erster Tochter Barbara Elisabeth. Barbaras Mutter starb nach der Geburt, ihre Grossmutter war die Goethe-Freundin Barbara Schulthess vom Schönenhof. Das Usteri-Stammhaus «Neuenhof» wurde 1684 von Kaufmann Paulus Usteri in den Talacher (am späteren Paradeplatz) gebaut und von seinen Nachkommen bis 1928/29 bewohnt; 1953 Neubau der UBS am Paradeplatz. Vgl. HBLS 7,177; M. Usteri, Das Auf und Ab einer alten Zürcher Familie. Die Usteri von Zürich 1401–2001, in: Zürcher Taschenbuch 123 (2003), 337 ff.

Georg Gessner – Vater des kirchlichen Pietismus im 19. Jahrhundert

Georg Gessner (1765–1843) findet im elterlichen Pfarrhaus in Dübendorf zum Glauben. Vom Theologiestudium enttäuscht, geht er seinen eigenen Weg in der Freundschaft mit Lavater und Hess. Als langjähriger Pfarrer am Fraumünster pflegt er Freundschaften mit Basler und Württemberger Pietisten. Sein Verständnis für die Innere Mission wächst im Kontakt mit Johann Hinrich Wichern (Hamburg) sowie mit Baron Ernst von Kottwitz, den er in Berlin besucht. Auch dem katholischen Bischof Sailer öffnet er die Tür seines Pfarrhauses. Behutsam predigt er das biblische Evangelium und fördert an der Seite von Antistes Hess die Liebe zur Bibel und den Sinn für die Mission. Gessner ist kein stürmischer Geist. «Wenn der Frühling zögert – er kommt doch! Wenn des Herrn Reich zögert, es bleibt doch nicht aus! Alles zur – Stunde des Herrn.» Dieses persönliche Motto schreibt Gessner in deutscher Schrift auch unter sein Porträt. Gessner besitzt die feine Gabe, die Dinge reifen zu lassen. Als Lavaters Schwiegersohn verfasst er dessen Biografie und trägt auch dessen Erbe ins 19. Jahrhundert. Gessner fehlt das Charisma eines Lavater oder die Denkschärfe eines Hess. Aber er wird in Zürich von vielen geliebt und auch von seinen theologischen Gegnern geachtet. Neun Jahre – von 1828 bis 1837 – bekleidet er das Amt des Antistes. In diesen reifen Jahren am Grossmünster prägt er im Kreis seiner grossen Familie einen erwecklichen Pietismus mit besonderem Sinn für die sozialen Aufgaben der Inneren Mission. Auf diese Weise wird er zum stillen Inspirator der Evangelischen Gesellschaft und darüber hinaus zum Vater des kirchlichen Pietismus in Zürich.

6. Georg Gessner – Vater des Zürcher Pietismus

informiert und die auswärtigen Gäste ermuntert, in ihrer Heimat eine Missionsgesellschaft ins Leben zu rufen. Auf ihrer Rückreise zu Pferd beschliessen die vier Zürcher bei einer Pause auf dem Bözberg, regelmässige Treffen zu veranstalten, um gemeinsam über Fragen der Bibel und der Mission zu beraten.[220] Bald wird die kleine Missions-Gesellschaft durch Ratsherr Joh. Konrad Nüscheler[221] und dessen Sohn David, «den Obersten», erweitert. Als Dr. Steinkopf im Juli 1820 durch Zürich reist, trifft man sich mit ihm in diesem Kreis. Die Männer können die Ermutigungen Steinkopfs gut gebrauchen, denn im aufgeklärten Zürich sind – anders als in Basel – erhebliches Misstrauen und Abneigung gegen das Anliegen der Mission vorhanden. Dennoch bleibt das Wirken der kleinen Gesellschaft nicht ohne Frucht. Man unterstützt zunächst die Basler wie auch die Herrnhuter Mission. Jeden ersten Montag im Monat treffen sich Zürichs Missionsfreunde zu Missionsstunden, in denen die neuesten Missionsnachrichten verlesen und für die Mission gebetet wird.

Unabhängig davon bilden sich ab 1820 und 1824 zwei weibliche Missions-Vereine. Meta Heusser, Gessners Nichte auf dem Hirzel, berichtet in ihren Memorabilien vom Besuch solcher Abende, die von den Pfarrern Gessner, von Birch oder Grob geleitet werden.[222] Ab 1821 sendet die zürcherische Gesellschaft den Basler Missionsprediger Heinrich Dietrich von Schwerzenbach mit Bibeln, Gesangbüchern und weiterer Literatur in die Kolonie Zürital auf der Krim, wohin 1803/04 eine beachtliche Zahl von Zürcher Familien ausgewandert ist. Ansonsten wagen es die Zürcher Frommen vorerst noch nicht, öffentlich aufzutreten. In den späten 1810er-Jahren nämlich, als auch in Zürich eine Traktatgesellschaft geplant ist, veröffentlicht der stadtbekannte Theologie-Professor und Chorherr Johannes Schulthess eine Schmähschrift gegen alles pietistische Traktatwesen, aber auch gegen die Unsitte der Anbetung Christi.[223] Gessner und die Freunde der Zürcher Missionsgesellschaft sind erzürnt, aber auch entmutigt. Dass etliche in Zürich nicht erbaut sind über das angelsächsische «Geschmäcklein» gewisser Traktate, kann Gessner ja noch verstehen, den Angriff auf die Anbetung Christi dagegen empfindet er als unfairen dogmatischen Schlag. Noch bis in die 1820er-Jahre bleibt in Zürich «alles Mystische, Pietistische, Herrnhutische, Sektiererische und Schwärmeri-

---

220 G.R. Zimmermann, Die Zürcher Kirche (1878), 395.
221 Joh. Konrad Nüscheler (1759–1856), ehem. Freund Lavaters, Kirchenpräsident am St. Peter, alt Oberrichter. Dessen Sohn David Nüscheler (1792–1871) ist 1829 Stadtrat u. Kantonsrat, HBLS 5, 314.
222 G. v. Knonau, Der Canton Zürich, II (1846), 117.
223 Finsler, Georg Gessner, a.a.O., 117; G. v. Schulthess-Rechberg, Die zürcherische Theologenschule im 19. Jahrhundert (1914), 11.

sche verpönt»[224]. Erst als eine neue Generation junger Geistlicher dazustösst, wagen die Missionsfreunde am 14. Oktober 1829 das erste zürcherische Missionsfest im damals noch abgeschlossenen Chor des Grossmünsters. Der Andrang zum herbstlichen Missionsfest steigert sich indes von allen Seiten Jahr für Jahr, sodass man 1833 zur St. Peterskirche wechselt. Die herbstlichen Missionsfeste werden mehr und mehr zu einer Heerschau des Zürcher Pietismus, zu der sich ab den 30er-Jahren jeweils auch Persönlichkeiten wie David Spleiss (Buch SH), Christian Zeller (Beuggen) und Meta Heusser (Hirzel) für einige Tage einstellen.[225] Ab 1871 müssen die Missionsfeste ins Grossmünster verlegt werden, das sich bis in die 1890er-Jahre zu den Ansprachen von Dekan Georg Rudolf Zimmermann mit viel Landvolk jeweils zum Bersten füllt.[226] Auch in Rorbas (1830) sowie in Andelfingen, Bauma, Dättlikon, Fällanden, Glattfelden, Männedorf, Maur, Neftenbach, Oberrieden, Stäfa, Stammheim und Wangen steigen die ersten Missionsfeste.[227] In der Stadt und im Säuliamt werden Missionsfreunde auf der Strasse gelegentlich noch beschimpft oder mit Steinen beworfen.[228]

6.8 9 Jahre Antistes, 15 Jahre Pfarrer am Grossmünster

Nach dem Hinschied des betagten Johann Jakob Hess (1828) wählt der Grosse Rat den 63-jährigen Georg Gessner zum neuen Antistes, das heisst zum ersten Pfarrer am Grossmünster und zum Vorsteher der Zürcher Geistlichkeit und Kirche. Schon seit Jahren hat Gessner als Vize-Antistes die Geschäfte der Synode geleitet. Abgesehen von einem leichten Zittern der Hände ist der Gewählte körperlich und geistig noch fit. 1835 schreibt der 70-Jährige seiner Frau aus Wangen: «Ich aber gehe früh von hier/Und komme hübsch zu Fuss zu dir/Gleich wie vor dreissig Jahren.»[229] Die Strecke zu Fuss von Wangen nach Zürich beträgt damals zwei Stunden. Was Gessner hingegen bedenklich stimmt, ist die Tatsache, dass «die Mehrheit des Kirchenrates seine Ansichten und Gesinnung»[230] nicht teilt.

---

224 J. Hirzel, Rückblicke auf die religiösen Zustände und Erfahrungen im Kanton Zürich in der ersten Hälfte dieses Jahrhunderts = Zürcher Taschenbuch (1886), 11.
225 Die Memorabilien der Meta Heusser-Schweizer, Hg. R. Schindler (2007), am 3.10.1832.
226 G.R. Zimmermann, Hg. T. & A. Zimmermann (1903), 123.
227 G. Meyer von Knonau, Der Canton Zürich II (1846), 117.
228 G. Schmid, Die evangelisch-reformierte Kirche des Kantons Zürich (1954), 155.
229 Finsler, Georg Gessner, a.a.O., 155.
230 Finsler, Georg Gessner, a.a.O., 125.

1834 verleiht ihm die junge Universität den Doktortitel «in Anerkennung um seine Verdienste an der Kirche in Schrift und Wort»[231]. Eine zunehmende Schwerhörigkeit veranlasst Gessner, 1837 sein Amt als Antistes zur Verfügung zu stellen. Noch bis Ende der 30er-Jahre predigt er regelmässig im Grossmünster.[232] 1839 spricht er auf der Kanzel des Grossmünsters offen aus, es sei ein «Unrecht, Dr. Strauss zum Lehrer der künftigen Diener der Kirche zu berufen»[233]. Dessen «vom Evangelium abweichenden Sinn» kann er «niemals für Fortschritt des Zeitalters halten»[234]. Den Fortschritt des Säkularismus bezeichnet er «als entschiedenen Rückschritt»[235].

Am 21. Oktober 1841 feiert die ganze Stadt im Grossmünster das Jubiläum seines fünfzigjährigen bescheidenen und doch so immensen und gesegneten Wirkens.[236] Noch einmal wiederholt Georg Gessner in Anspielung auf Hess, seinen Vorgänger als Antistes, einen Wunsch, «der im tiefen Grunde meines Herzens wurzelt: Kirche, Schule, Staat, das theure Drei schwebt mir vor der Seele»[237]. An der bewegenden Feier wird zugleich des 100. Geburtstags der beiden Gessner-Freunde Johann Jakob Hess und Johann Caspar Lavater gedacht. Auch wenn längst eine neue Zeit angebrochen ist, so ist man sich hüben und drüben der Bedeutung dieses Dreigestirns für die Zürcher Kirche und Gesellschaft bewusst. Zwei Jahre später, kurz vor seinem Tod, schreibt der betagte Grossmünster-Pfarrer in sein Tagebuch: «Gottes Finger ist nicht nur im Religiösen, sondern auch im blos politisch Scheinenden, selbst erz Radikalen und Gott Widerstrebenden, sichtbar.»[238] Hier offenbart sich eine tiefe und gereifte, an Jesaja, Paulus und den Reformatoren geschulte Erkenntnis der Zusammenhänge, die über einen pubertären Pietismus weit hinausgreift. Seine letzte Passionspredigt im Grossmünster hält Gessner am Palmsonntag,

---

231 Finsler, Georg Gessner, a.a.O., 143. Finsler liefert auf S. 205–209 ein Verzeichnis aller Schriften von Gessner. Hervorzuheben sind seine Lebensbeschreibung Lavaters in 3 Bänden (1802/03) oder seine Bettagspredigten von 1802–1841.
232 Vereinzelte Predigten noch bis vor Advent 1842, vgl. G. Finsler, Georg Gessner, a.a.O., 199.
233 G. Finsler, Georg Gessner, a.a.O., 191.
234 G. Gessner, Tagebuch vom 21. Oktober 1842, in: G. Finsler, Georg Gessner, a.a.O., 199.
235 Ebd.
236 Vgl. Denkschrift zur Erinnerung an die Jubelfeier der fünfzigjährigen Amtsführung Sr. Hochw. Hrn. Alt-Antistes Dr. Georg Gessner, Pfarrer am Grossmünster in Zürich (1841). Der 21. Oktober 1841 ist genau der 100. Geburtstag von Altantistes Hess.
237 G. Ginsler, Georg Gessner, weiland Pfarrer am Grossmünster und Antistes in Zürich (1862), 197.
238 G. Finsler, Georg Gessner, a.a.O., 200f.

den 9. April 1843.[239] Noch im selben Jahr wird der Schleiermacher-Schüler Professor Alexander Schweizer Gessners Nachfolger am Grossmünster, jedoch nicht Antistes.[240] Schweizer würdigt Gessner nach seinem Tod: «Ehrwürdig und treu war er durch und durch, sodass er vielleicht als der Einzige von der Zügellosigkeit einer jungen Presse niemals angetastet worden ist, Freunden und Feinden Achtung abnötigend durch seine schlichte Treue und seinen einfachen Glauben.»[241]

6.9 Familienkreis – Vorbereitung der Evangelischen Gesellschaft

Besondere Aufmerksamkeit verdient Gessners Wirkung und der Segen, den er über seinen engeren Familienkreis brachte. Sein einziger Sohn Johann Kaspar Georg Gessner (1801–1856) wird 1830 für zwanzig Jahre Pfarrer in Oberrieden, resigniert aber früh aus gesundheitlichen Gründen. Besonders innig sind die Beziehungen des Ehepaars Gessner[242] zu ihren Töchtern und deren Ehemännern in der Stadt, allen voran zu Stadtrat Johann Martin und Barbara Usteri-Gessner. Usteri-Gessner (1782–1851) führt in vierter Generation ein blühendes Geschäft mit Seidenstoffen im Neuenhof (heute Paradeplatz), dem alten Stammhaus der Familie.[243] Aus

---

239 Die Memorabilien der Meta Heusser-Schweizer, Hg. R. Schindler (2007), am 9.4.1843.
240 Alexander Schweizer (1808–1888). Durch den frei gesinnten Professor und Chorherrn Johannes Schulthess früh gefördert, gilt er als Vermittlungstheologe, dem alles «Extreme» wie z.B. die Evangelische Gesellschaft zuwider ist. Er wittert hier eine Sonderkirche neben der ordentlichen Landeskirche. Die Gläubigen der Evangelische Gesellschaft ihrerseits meiden seine Gottesdienste, wodurch sich seine Predigtgemeinde spürbar verringert. Auf die Arztfrau und Dichterin Meta Heusser, die am Pfingstmontag 1839 für eine halbe Stunde mit Prof. Schweizer und Antistes Füssli zusammentrifft, wirkt Schweizer «rätselhaft» und «zweizüngig». Anders als Professor August Tholuck (1799–1877) könnte sie Alexander Schweizer nie als einen «Kirchenvater der Gläubigen» bezeichnen. Karl Barth nennt Schweizer einen frommen, klugen und gelehrten Mann, für den «der wohl verstandene status quo das Mass aller Dinge ist». Alexander Schweizer und der spekulative Emanuel Biedermann prägen ab 1850 für Jahrzehnte die Zürcher Theologie und Kirche. Vgl. E. Campi u.a. (Hg.), Alexander Schweizer (1808–1888) und seine Zeit (2008) 318–320; M. Heusser, Memorabilien, Hg. R. Schindler (2007) am 20.5.1839; K. Barth, Die protestantische Theologie des 19. Jahrhunderts (1946, 3. Aufl. 1960), 521.
241 Zit. bei P. Vogelsanger, Zürich und sein Fraumünster (1994), 390.
242 Gessners Ehefrau Anna, geb. Lavater, war «fast immer mehr oder weniger kränklich, oft ans Bett gebunden, einmal sogar Jahre lang nacheinander». Erst im Alter, als die Last der Familie geringer wird, löst sich ihr Leiden. Vgl. G. Finsler, Georg Gessner, a.a.O. 145.
243 M. Usteri, Die Usteri von Zürich 1401–2001, in: Zürcher Taschenbuch auf das Jahr 2003, 340.349f. Der Neuenhof weicht 1953 dem neuen grossen Bankgebäude am Paradeplatz.

Vereinfachter Familienbaum von Antistes Georg Gessner

Gessner Johann Kaspar, 1720-1790, Pfr. in Dübendorf
Vh. Keller Elisabeth, 1724-1797

Dorothea 1749-1830 Georgs Pflegerin	Regula 1751-1792 Näherin	Jakob 1759-1823 vh. Schulthess Anna -> David Gessner	**Gessner Georg, 1765-1843, Antistes** vh.1: Schulthess Barbara, 1765-1792 vh. 2: Lavater Anna, 1771-1852 Befreundet mit Anna Schlatter-Bernet

Kaspar 1748-1828 vh. Hess Barbara Tuchpresser

Anna, 1757-1836 vh. Schweizer Diethelm, 1751-1824 Pfr.+Dekan in Hirzel
> Tochter: Meta Heusser, 1797-1876

Barbara, 1792-1843
vh. **Usteri Joh. Martin, 1782-1851**
Kaufmann im Neuenhof/Paradeplatz

Maria 1802-1868 vh. Konrad Fäsi Spitalverwalter

Dorothea, 1806-1872 vh. Kaspar Grob, 1800-1865 Pfr. in Rorbas + Stäfa Gründer Rettungshaus Freienstein

Anna 1796-1879 vh.Georg Finsler Dekan, Wangen

Luise 1798-1858 vh. J.J. Finsler Arzt

Georg 1801-1856 vh. M.L. Ernst Pfarrer, Oberrieden

Usteri-Dür, Joh. Martin, 1812-1865
Kaufmann im Neuenhof, Erziehungsrat

Usteri-Zwingli, Kaspar Georg, 1813-1892
«Bibel-Usteri», Pfr. in Rüschlikon

Finsler Georg 1819-1899 vh.M. E. Zeller, 1828-1894 Antistes, 1. KRP

Usteri Joh. Martin, 1848-1890
Pfr. in Hinwil, Prof. in Erlangen

Usteri Eduard, 1851-1928
Bankier + Politiker im Neuenhof
Präsident Ev.Gesellschaft+Neumünster+Epilept. Klinik

der Familie im Neuenhof stammen auch Gessners Enkel, der Kaufmann Johann Martin Usteri-Dür (1812–1865) sowie der Rüschliker Pfarrer und Bibelübersetzer Hans Kaspar Georg Usteri-Zwingli (1813–1892). Gessners Tochter Anna vermählt sich 1818 mit dem früh vollendeten Georg Finsler (1793–1838), Pfarrer in Wipkingen und Wangen.[244]

Dorothea, die jüngste Tochter, heiratet Pfarrer Hans Kaspar Grob (1800–1865) in Rorbas,[245] später in Stäfa. Die «tief melancholische»[246] Luise verbindet sich mit dem Zürcher Arzt Hans Jakob Finsler, Marie mit dem Spitalverwalter Konrad Fäsi. Dorothea pflegt ihre Mutter bis zu deren Tod und lebt zuletzt bei ihrer Cousine Meta Heusser im Doktorhaus auf dem Hirzel.[247]

Wöchentlich treffen sich die in Zürich wohnenden Gessner-Töchter und deren Familien im «Antistitium», der Wohnung des Antistes am Grossmünster.[248] Abwechselnd weilt Gessner für mehrere Tage ferienhalber in den Pfarrhäusern zu Wangen, Oberrieden oder Rorbas.[249] Je mehr die Arbeitslast wächst, desto grösser wird Gessners Bedürfnis, sich im Kreis der grossen Familie «über Politisches und Unpolitisches» auszutauschen.[250] Am Sonntag nach dem Gottesdienst treffen sich seine Kinder und Enkel im «Antistitium». Dazu gehört auch Enkel Hans Kaspar Usteri-Zwingli (1813–1892), der spätere Pfarrer in Rüschlikon, ein Missionsfreund und Bibelübersetzer («Bibel-Usteri» genannt). Auch Gessners Neffe, der Katechet David Gessner (1805–1854), zählt zum Kreis der Familie. Mehrere dieser Namen erscheinen später im Umfeld der Evangelischen Gesellschaft, sodass man Gessners Familienkreis als eine Vorbereitung dieser Vereinigung betrachten kann.

Der Antistes schätzt diese Familienkränzchen ungemein. Er sieht es nicht gern, wenn einmal eines ausfallen muss.[251] Dieser Kreis bildet sein familiäres Umfeld und die erste geistliche Stütze für seinen verantwortungsvollen Dienst an der Zürcher Kirche. In den 1820/30er-Jahren bleibt Gessner der theologische und geistliche Prägevater seines weitgespannten

---

244 Anna Finsler-Gessner, die Pfarrfrau in Wangen, wird schon 1838 Witwe. Sie ist die Mutter des späteren Antistes Georg Finsler (1819–1899).
245 Dekan und Mitbegründer der Anstalt Freienstein.
246 Die Memorabilien der Meta Heusser-Schweizer, Hg. R. Schindler (2007), am 9. April 1843.
247 Pfarrer Grob-Gessner ist schon in den 1830ern Mitglied der Entstehung der Evangelischen Gesellschaft. 1837 ist er Mitbegründer der Anstalt Freienstein, 1842 Kirchenrat, 1852–1858 Dekan.
248 G. Finsler, Georg Gessner, a.a.O., 150.
249 G. Finsler, Georg Gessner, a.a.O., 154.
250 G. Finsler, Georg Gessner, a.a.O., 150.
251 G. Finsler, Georg Gessner, a.a.O., 150.

Martin und Barbara Usteri-Gessner

Martin Usteri (1782–1851) und Barbara, geborene Gessner (1972–1843) sind Geschäftsleute (Seidenhandel) im Neuenhof (Paradeplatz) und ihren Eltern am Fraumünster und Grossmünster in besonderer Weise verbunden. Usteri reist 1819 mit Georg Gessner (zu Pferd) ans Basler Bibelfest. Er ist Mitglied der ersten Stunde bei der Zürcher Bibel-Gesellschaft sowie der Missions-Gesellschaft. 1833 und 1847 gehört er zu den Gründungsmitgliedern der Evangelischen Gesellschaft in Zürich.

Familienkreises. Zum Familienverband gehört schliesslich auch die Schwägerin Luise Lavater. Während Jahren verbringt Gessner jeden Samstagabend eine Stunde bei ihr zu einer Tasse Tee und trägt ihr als erster Zuhörerin die Predigt des folgenden Sonntags vor.

7. Der Aufstieg des Liberalismus

7.1 Liberalismus als Zürcher Bewegung

In den 1820er-Jahren treten vor allem jüngere Kaufleute für liberale Handelsfreiheit und umfassende Rechtsgleichheit ein. Dazu verlangen sie eine grundlegende Erneuerung des trägen Staatswesens. Persönlichkeiten wie der Politiker Paul Usteri (1768–1831)[252], Hans Konrad Escher von der Linth (1767–1823)[253] und der Wirtschaftspionier Hans Caspar Escher vom Glas (1775–1859)[254] tragen wesentlich dazu bei, in Zürich dem Gedankengut des Liberalismus zum Durchbruch zu verhelfen. Damit leben die Ideen der Aufklärung wieder auf. Der politische Liberalismus orientiert sich nun aber stärker an angelsächsischen Vorbildern. Im wirtschaftlichen Bereich wie im Bildungswesen bringt der Liberalismus enorme Fortschritte. Ihren offensichtlichen Schwung verdankt die Bewegung auch einer optimistischen Grundhaltung, die seit der Aufklärung in Europa viele Menschen erfüllt. Mit dem Liberalismus verbinden sich aber auch romantische und nationalistische Strömungen. Studentenverbindungen, Sänger- und Schützenvereine fördern allenthalben den liberalen Geist.

1819 wird in Stäfa (wieder) eine Lesegesellschaft gegründet, die später etwa fünfzig Mitglieder zählt.[255] Bereits 1810 ruft der Wetziker Pfarrerssohn Hans Georg Nägeli den ersten Männerchor der Welt ins Leben, in dessen Schoss sich demokratisches und liberales Gedankengut entfalten. 1828 treffen sich am Sängerfest in Horgen 250 Mitglieder des «Sängervereins vom Zürichsee» – eine kleine Heerschau des ländlichen Bildungs- und Wirtschaftsbürgertums zur Pflege des Männergesangs und zur Demonstration patriotisch-liberaler Gesinnung. 1835 veranstaltet Nägeli mit den Sängervereinen des Bezirks in Pfäffikon «unter grossem Jubel der Bevölkerung»[256] ein Gesangsfest mit 600 Sängern. 1815 vertont er Georg Gessners Lied «Lobt froh den Herrn, ihr jugendlichen Chöre»!

---

252 Paul Usteri ist Arzt, liberaler Publizist und Politiker.
253 Bauingenieur, Seidenfabrikant, Maler und Politiker. Sein Hauptwerk ist die Regulierung des Flusses Linth zwischen Walensee und Obersee von 1807–1816.
254 Begründer der weltberühmten Maschinenfabrik Escher-Wyss.
255 F. Vogel, MEMORABILIA TIGURINA (1841) 609.
256 F. Vogel, MEMORABILIA TIGURINA (1841) 207.

Hans Georg Nägeli

Hans Georg Nägeli (1773–1836), der Pfarrerssohn und Sängervater aus Wetzikon, dirigiert ab 1810 eine stark wachsende Zahl von Männerchören. Chorkonzerte mit Hunderten von Sängern und Zuhörern, die alle Volksschichten umfassen, werden ab den 1820er-Jahren zur festlichen Tradition. Die Bewegung des Liberalismus profitiert vom freiheitlichen Sinn der frühen Chorbewegung.

7.2 Der Ustertag 1830

Aus den genannten Vereinen erwächst die von etwa 10 000 Männern besuchte Volksversammlung am Montag, den 22. November 1830 in Uster. Heinrich Gujer, der kluge Müller aus Bauma, steigt als Erster auf das Podest. Die unteren Sprossen der Leiter brechen unter dem Gewicht des kräftigen Mannes. Beim Abschied zu Hause mahnte ihn der Vater: «Heiri, wänns fählt, chönts der de Chopf choschte!»[257] Und die Zürcher Metzger raunen einander zu: «Mit dem Tösstaler Grind wämer hüt z'Abig na chegle.»[258] Doch mit Gujers frischer und freier Rede ist der Bann gebrochen. Mit Erfolg fordert die disziplinierte Versammlung der Landleute Handelsfreiheit und Gleichberechtigung der Landbevölkerung mit der Stadt. Freiheit und Wettbewerb als Triebfedern wirtschaftlichen Fortschritts! Nur zwei Wochen später lässt der Grosse Rat Neuwahlen nach neuem Modell (zwei Drittel Landabgeordnete) abhalten. Am 2. März 1831 stimmt das Zürcher Volk der ersten demokratischen Verfassung des Kantons Zürich mit überwältigender Mehrheit zu. Eine radikal-liberale Strömung im Grossen Rat stösst nun zügig eine bürgerliche Erneuerung an: *Volkssouveränität*, Glaubensfreiheit, Pressefreiheit, Handels- und Gewerbefreiheit, *Gewaltentrennung, Säkularisierung* des Bildungswesens und andere liberale Postulate werden nun zügig eingeführt. In der Erkenntnis, dass zum freien Handel auch gute Strassen gehören, bekommt der Kanton Zürich für den damals hohen Betrag von 2,11 Millionen Franken ein ganzes Netz verkehrstauglicher Strassen. Dazu entstehen in den 1830er-Jahren landauf, landab 93 «herrliche Bildungstempel»[259] (Schulhäuser) nach Musterplänen der Erziehungsdirektion. Zur Durchsetzung einer modernen Schule begründet der Regierungsrat ein Lehrerseminar (heutige Kantonsschule Küsnacht) unter der Ägide des radikalen deutschen Pädagogen Ignaz Thomas Scherr (1801–1870). Nicht mehr die reformierten Pfarrer, sondern säkular und fachlich ausgebildete Lehrkräfte sollen in Zukunft den Unterricht erteilen. Eine zentrale Stelle im neuen Schulstoff erhält der Geschichtsunterricht «zum grossen Zweck [...] der grossen Begeisterung für Volk und Vaterland»[260]. Auch die Zürcher Universität, die am 29. April 1833 im Grossmünster mit grossem Gepränge eingeweiht wird, ist eine Schöpfung dieser sogenannten Rege-

---

257 E. Egli, in: Tuggener/Egli, Zürcher Oberland (1956), 57.
258 Ebd.
259 Allein schon die Sprache zeigt, dass der Regenerations-Liberalismus eine starke säkular-religiöse Komponente aufweist.
260 Geschichte des Kantons Zürich III (1996), 134.

neration. Nationalismus und eine Spur Romantik sollen das entstandene religiöse Vakuum mit säkularer Begeisterung füllen.

7.3 Übermut in der Regierung

In ihrem Eifer unterschätzen die Radikalen die Wucht ihrer mit grossem Tempo durchgeführten Reformen. Durch eine modern gebildete Lehrerschaft soll das Gedankengut des radikalen Liberalismus bereits in der Schule der Jugend beigebracht werden. Damit soll der Einfluss der als rückständig empfundenen Kirche und Pfarrschaft verringert werden. Über heftige Reaktionen, vor allem der Landbevölkerung, sieht die radikale Regierung grosszügig hinweg. Denn sie betrachtet das Volk als Objekt ihrer Erziehung.[261] Die Schwächen der sonst in Vielem erfolgreichen Regierung zeigen sich in der Vernachlässigung seelischer und religiöser Werte. 1834 erlässt die Regierung ein Gesetz, das sogar 14-jährigen Knaben gestattet, wie Erwachsene Wirtshäuser zu besuchen.[262] Der Liberalismus ist zwar nicht offen religionsfeindlich, jedoch begegnet er «Fragen des Glaubens mit jener ironischen Herablassung, die verletzender sein kann als offene Feindschaft»[263]. Am zweiten Gedenktag des Ustertags 1832 rotten sich Oberländer Bauern und Heimarbeiter zusammen und setzen die in Oberuster zum Betrieb bereitstehende Weberei von Pfister & Corrodi in Brand. Der aufgebrachte Anführer, der Tüchler Felix Egli aus dem Rellsten-Bäretswil, sagt Regierungsrat Bürgi offen ins Gesicht, dass das Oberländer Volk unter der alten Regierung besser gelebt habe als unter den liberalen Herren.[264] 1834 kommt es in Stadel, Weiach und Bachs zu einem Aufstand gegen die Schulreform, vor allem gegen die neumodischen und «gottlosen» Lehrmittel. In Stadel, Windlach und Raat dringt das Volk am 14. und 15. Mai in die Schulhäuser, behändigt sich der ungeliebten Schulbücher und wirft sie aus den Fenstern. Daraufhin lässt die Regierung «eine starke Abteilung Landjäger nach Stadel marschieren» und sechzehn der wildesten Bauern nach

---

261 Karl Dändliker spricht von einem «vornehm gleichgültigen Ignorieren des Volkswillens ohne auch nur das geringste Verständnis für wahre Demokratie». Vgl. K. Dändliker, Geschichte der Stadt und des Kantons Zürich, III (1912), 303.314. Vgl. auch H. Grossmann, Straussenhandel und Züriputsch (1939).
262 G. Meyer v. Knonau, Der Canton Zürich (1846) II, 232.
263 S. Widmer, Zürich. Eine Kulturgeschichte, Aufschwung mit dem Liberalismus 9 (1982), 19.
264 L. F. Keller, Die gewaltsame Brandstiftung von Uster am 22. November 1832 (1832), 64.

Heinrich Gujer

Heinrich Gujer (1801–1868), Müller in Bauma und Statthalter in Pfäffikon, Onkel von Adolf Guyer-Zeller. Der einflussreiche Politiker der Landschaft ist der erste Redner am Ustertag, von 1830–1868 Grossrat (1838 und 1843 dessen Präsident), 1831–1868 Statthalter in Pfäffikon, 1842 und 1844 Tagsatzungs-Abgeordneter. Gujer ist liberal-konservativer Pietist und bester Kenner der Zürcher Landschaft. Er hat die beiden Jesus-Bücher von Strauss gelesen und als zu leicht befunden. Er war gegen die Berufung von Strauss, aber auch gegen eine konservative Revolution. Gujer hätte als Regierungsrat die Radikalen erden können, doch diese wollten ihn wegen seines Glaubens nicht in der Regierung.

Zürich abführen.[265] Doch die radikalen Geister in der Regierung kümmern sich weder um den Glauben noch um die tief verwurzelten Traditionen der Zürcher Bevölkerung. Es fehlt ihnen das Wissen, dass Tradition auch bewahren kann vor überstürzten Scheinfortschritten. Es ist vor allem die Landbevölkerung, die mit der neuen Regierung hadert. Hervorragende, ebenfalls liberal denkende Persönlichkeiten wie Hans Georg Nägeli (Wetzikon) oder Statthalter Heinrich Gujer (Bauma) kritisieren die religionsfeindliche Haltung der Radikalen. Ein Mann wie der besonnene Grossrat aus Bauma hätte als Kenner der Landbevölkerung die radikale Regierung erden können.[266] Denn im Oberland wiegt das Korn noch mehr als die Zeit (Emil Egli). An den langen Winterabenden lassen sich die Grossmütter das Recht nicht nehmen, ihren Enkeln auf der warmen Ofenbank die eingängigen Geschichten der Bibel zu erzählen.[267] Längst bevor die Kinder in der Schule die ersten Geschichten lesen, ist ihr Herz und Gemüt geprägt von Jesus Christus, von Betlehem und Nazaret, von Abraham, Moses, Josef und Mirjam, David und Goliat. Diese Orte und Gestalten sind ihnen so vertraut wie der Götti und die Gotte. Doch die Radikalen schreiten über diese pädagogischen Vorgaben hinweg. Gerade wegen seines biblischen Glaubens verhindern die Radikalen Gujers Kandidatur für den Regierungsrat, der «kluge Müller» von Bauma und Statthalter von Pfäffikon muss sich mit dem Posten des Tagsatzungs-Abgeordneten begnügen (Joh. Hirzel).

7.4 Der Züriputsch 1839

In der Regierung gibt es Kräfte, die unter Verkennung der geistigen Gesamtlage eine zweite Reformation der Zürcher Kirche anstreben. Nach der Regeneration des Staates und der Erneuerung des Bildungswesens soll nun auch die Kirche als Hort des Bestehenden im Geist des radikalen Liberalismus umgestaltet werden. Diese autoritäre Tendenz im Liberalismus ist eine Folge des universellen Geltungsanspruchs. «Gewaltsam sollte der ‹neue Geist› in das Volk eindringen, und dazu musste in erster Linie die Reform des Lehrerseminars und die Berufung des Lehrkörpers an die

---

265 T. Scherr, Meine Beobachtungen, Bestrebungen und Schicksale während meines Aufenthaltes im Kanton Zürich vom Jahr 1825 bis 1839, 2. Heft (1840), 42.
266 Vgl. ZÜRIPUTSCH, Hg. Antiquarische Ges. Pfäffikon u. Paul-Kläui-Bibliothek Uster (1989) 27–30.
267 G. Meyer von Knonau, Der Canton Zürich II (1846, ND 1978) 179

Hochschule dienen.»[268] Zu diesem Zweck wird der Tübinger Doktor der Theologie David Friedrich Strauss durch Stichentscheid des radikalen Regierungspräsidenten Melchior Hirzel als Professor an die Zürcher Universität berufen. In ihm erblicken die Radikalen ihren neuen Zwingli, der den Zürchern eine neue Reformation und eine zeitgemässe Kirche vermitteln soll. Strauss ist seit seinem zweibändigen Buch «Das Leben Jesu, kritisch bearbeitet» (1835/1836) im ganzen deutschen Sprachraum bekannt und berüchtigt, weil er darin die Gottessohnschaft Jesu und alle Wunder der Bibel bestreitet. Strauss wird in Tübingen umgehend aus dem Stifts-, dann aus dem Kirchendienst entlassen. Die Wahl des umstrittenen Professors bringt das Fass zum Überlaufen. Ein unvorstellbarer Zorn über die anmassende Regierung erfasst den grössten Teil der Zürcher Bevölkerung. Im ganzen Kanton erhebt sich grosser Protest gegen diese Berufung. Am See konstituiert sich ein Glaubenskomitee mit Sektionen im ganzen Kantonsgebiet unter dem Präsidium des liberal-konservativen Grossrats und Fabrikanten Johann Jakob Hürlimann-Landis aus Richterswil. Zum Komitee gehören vor allem Geistliche, konservative Städter, aber auch Vertreter aus den Landgemeinden. Alle drei Redner des Ustertags stellen sich gegen Strauss. So haben sich die Pioniere der Demokratie die neue Freiheit nicht vorgestellt. In Petitionen aus 158 Kirchgemeinden ersuchen fast 80 % der Stimmbürger die Regierung, die Wahl von Strauss zurückzunehmen. Angesichts des wallenden Volkszorns gibt die Regierung nach. Sie schickt Strauss in Pension bei einem jährlichen Ruhegehalt von 1 000 Franken, bevor er in Zürich überhaupt eine Vorlesung gehalten hat. Doch das Einlenken, der sogenannte Straussenhandel, kommt zu spät. Anfang September 1839 versammeln sich in Kloten bei strömendem Regen ca. 15 000 Männer. Sie fordern die Regierung auf, dafür zu sorgen, dass Zürich ein christliches Land bleibe und dass das Küsnachter Lehrerseminar «eine Pflanzschule religiöser und gläubiger Jugendlehrer» sowie «ein Bollwerk gegen das Emporwuchern des Unglaubens» werde.[269] Seit dem Spätsommer 1839 zirkulieren ausserdem Gerüchte, die Zürcher Regierung erwarte aus Bern Unterstützung gegen die Konservativen im Lande. Es knistert in der aufgeladenen Luft. Es fehlt nur noch der Funke im Pulverfass. Als am 4. September die Nachricht das Oberland erreicht, die Regierung hole auswärtige Truppen ins Land, schreibt der Pfäffiker Pfarrer Dr. Bernhard Hirzel seinen Kollegen in Hittnau und Bauma: «Auf zum heiligen Kampfe für Gott und Vaterland. Horcht auf die Sturmglo-

---

268 W. Hadorn, Geschichte des Pietismus in den schweizerischen reformierten Kirchen (1901), 476.
269 F. Vogel, MEMORABILIA TIGURINA (1841) 461.

Züriputsch

Spottbild auf den Züriputsch: Der radikale Zürcher Bürgermeister Conrad Melchior Hirzel (1793–1843) huldigt mit Geld dem deutschen Dr. theol. David Friedrich Strauss (1808–1874). Der Vogel Strauss, vom Teufel geritten, tritt mit den Füssen die Bibel, und das Tier aus dem Abgrund schreit dazu AMEN.

Johann Jakob Hürlimann-Landis

Johann Jakob Hürlimann-Landis (1796–1853) von Richterswil. Präsident des Glaubenskomitees gegen die Berufung von Dr. Strauss. Nach dem Sturz der radikalen Regierung beruhigt er in Zürich in einer Rede die Gemüter. Dann wird er Mitglied der provisorischen Regierung.

cke von Pfäffikon: so sie ertönt, alle miteinander, Jung und Alt, nach Zürich, wo unsere Brüder schon bereit sind. Wer Waffen hat, nehme sie mit.»[270] Am Abend des 5. September ertönen in Pfäffikon die Sturmglocken. Nachts um zehn zieht Bauma nach. Schauerlich hallt es durch das stille Tal. Mitten in der Nacht versammeln sich 400 Männer mit Flinten, Sensen und Stöcken in der mit Fackeln beleuchteten Kirche. In Volketswil treffen die Männer aus Bauma, Hittnau und Pfäffikon zusammen mit «Brüdern aus Sternenberg, Fischenthal, Wetzikon und anderen Gemeinden»[271]. Singend zieht die Schar stadtwärts: «Dies ist der Tag, den Gott gemacht!»[272] Um sechs Uhr macht der Zug bei der «Linde» in Oberstrass Halt. In musterhafter Ordnung in Viererreihe marschiert die Menge, unterdessen etwa 2000 Männer, durch den Rindermarkt. Zwischen acht und neun lässt auch Antistes Füssli die Glocken des Neumünsters, seiner neuen Kirche, Sturm läuten. Ein Signal für die Seegemeinden! Auf dem Münsterplatz kommt es zum Zusammenstoss mit den städtischen Truppen. Nach zehnminütigem Gefecht bleiben 14 Putschisten tot liegen. Der Sprecher der Regierung, Johannes Hegetschweiler, der eigentlich den Befehl zur Waffenruhe überbringen wollte, wird durch einen Schrotschuss niedergestreckt. Das Landvolk zerstiebt in alle Richtungen. Doch dann erklingt auf Befehl von Bürgermeister Eduard Ziegler auch das Sturmgeläut der Altstadtkirchen Grossmünster, Fraumünster und St. Peter. Weiteres bewaffnetes Volk aus den Seegemeinden, vor allem aus Küsnacht, Erlenbach und Herrliberg, angeführt vom jungen Rechtsanwalt Dr. Hans Heinrich Spöndlin, trifft mit Schiffen in der Stadt ein. Damit hat der Züriputsch sein Ziel gegen die Zwangsmodernisierung von oben erreicht. Die Regierung löst sich als Folge des Gefechts auf, namhafte Amtspersonen flüchten aus dem Kanton. Umgehend wird eine neue provisorische Regierung unter Bürgermeister Hess zusammengestellt. Unaufhörlich rücken neue Scharen des Landsturms, bewaffnet mit Flinten, Morgensternen, Sensen, Speeren, Hellebarden, Keulen und Stöcken aller Art, in die Stadt. Ein ganzer Volkshaufen umstellt das Rathaus, «so dass Hr. Hürlimann-Landis hervorgeholt werden» muss, der die Polizei durch Bürgerwehren ersetzt und zum Volk spricht:

> Mitbürger, theure Freunde! Das Volk hat gesiegt und sein heiliges Recht errungen. Die Kunde gefährlicher Pläne war in den Bezirk Pfäffikon gedrun-

---

270 KiGdeA Bauma, II B 9.12.
271 Bernhard Hirzel, in: ZÜRIPUTSCH, Hg. Antiquarische Gesellschaft Pfäffikon u. Paul-Kläui-Bibliothek Uster (1989), 35.
272 ZÜRIPUTSCH, Hg. Antiquarische Gesellschaft Pfäffikon u. Paul-Kläui-Bibliothek (1989).

gen: die Gegner des Volkes hatten dem guten Recht desselben Gewalt und List entgegenzustellen gestrebt. Das Volk rückte friedlich, aber entschlossen ein, Schutz für seine heiligen Rechte zu verlangen. Da wurde es plötzlich überfallen und angegriffen. Die wenigen Bewaffneten wehrten sich tapfer, aber sie mussten weichen, die vielen Unbewaffneten flohen. Aber Brüder vom See, namentlich von Küsnacht, Herrliberg und Erlibach, rückten nach und nahmen die Stadt, die Bürger und das Zeughaus in Besitz, und die Regierung musste ihre Stellen niederlegen. Gott hat der gerechten Sache den Sieg verschafft. Aber er ist theuer erkauft. Manche eurer Brüder haben ihn mit dem Leben, viele mit schweren Wunden errungen. Sie haben für das Vaterland, für ihren Heiland geblutet. [...] Brüder! Wir beschwören euch bei der heiligen Religion, für die ihr in den Kampf getreten seid, verübt keine Vergeltung für erlittene Unbill; zeigt euch als wahre Jesusbekenner, [...] die Rache sei Gottes [...] die Strafe der Ungerechten und Ungläubigen ist durch den errungenen Sieg schon hart genug.[273]

Hürlimanns Rede und ein Flugblatt führen umgehend zur Beruhigung der Lage. Hürlimann-Landis selbst ist Mitglied der neuen provisorischen Regierung. Drei Tage später werden Bürgermeister Hess und Statthalter Gujer (Bauma) zum provisorischen Präsidenten und Vizepräsidenten des Grossen Rats gewählt. Zürich handelt nun rasch: Am 9. September wird in einer tumultartigen Sitzung der Grosse Rat aufgelöst und Neuwahlen werden angesetzt.[274] Dies ist zwar nicht in der Verfassung verankert, es kommt aber auch kein Widerspruch dagegen auf. Zehn Tage später kommt der neue konservative Grosse Rat zusammen und wählt sämtliche Behörden (Regierung, Staatsanwaltschaft, Obergericht, Erziehungsrat etc.)

---

273 Vgl. F. Vogel, MEMORABILIA TIGURINA (1841), 472 f.
274 Das sogenannte *Septemberregiment* (1839–1845) unter Regierungspräsident Prof. Dr. jur. Johann Kaspar Bluntschli (1808–1881) sowie die neue konservative Führungsschicht regieren sehr gemässigt. Sie üben keine Rache und respektieren die neue Verfassung. Schon am 21. September begnadigt der Grosse Rat die letzten gefangenen Straftäter des Usterbrands, die in den Oberländer Gemeinden wie Märtyrer empfangen werden. Die Regierung bringt die Idee eines Volksreferendums zur Stärkung der Volkssouveränität und zur Schwächung der liberalen Eliten auf den Weg, die aber am Widerstand im Grossen Rat scheitert. Thomas Scherr muss seinen Direktionsposten am Seminar Küsnacht räumen; der Volksschule werden einige christliche Farbtupfer verpasst. Bei künftigen Wahlen von Theologieprofessoren ist neu auch der Kirchenrat zu begrüssen. Durch ihre Sympathien zu den Katholisch-Konservativen verscherzt sich die neue Regierung aber viel Zustimmung in der Bevölkerung. Umgekehrt präsentieren sich die Liberalen nun als die wahren Protestanten. In den 1840er-Jahren zeigen die Wirtschaftsindikatoren wieder nach oben. Bei den Wahlen des Jahres 1845 wird die konservative Regierung weggefegt. Damit hat der Kanton Zürich wieder eine radikal-liberale Regierung.

neu. Dies ist eigentlich nur den Gerichten erlaubt, aber auch gegen diese Verletzung der Verfassung wird kaum protestiert.[275]

Die fromme Arztfrau und Dichterin Meta Heusser-Schweizer auf dem Hirzel kommentiert 1873 in ihrer «Hauschronik», wie sie den Sturm erlebte. Ihr Mann, der sonst in Glaubensfragen eher skeptische Arzt Johann Jakob Heusser, ist Gemeinderat und Präsident des Hirzeler Komitees. Meta Heusser schreibt:

> Da kam das Jahr 1839 und seine Volksbewegung gegen die Berufung von Strauss. Es ist oft genug gesagt worden, das Ganze sei ein politisches Machwerk gewesen; dagegen muss ich aus innerster Überzeugung, nach meiner Erfahrung hier ein Wort für meine Kinder und Enkel einschalten.
> Noch hatte ich keine Ahnung von irgendeiner Einsprache gegen Straussens Berufung. Da kam mein Mann in grosser Bewegung von Wädenswil heim, erklärte mir, das Volk könne diesen Übergriff der Regierung in seine heiligsten Güter nicht dulden. Hürlimann in Richterswil ordne schon den Widerstand des gesamten Volkes in den einzelnen Gemeinden, und hier in Hirzel werde er mit den übrigen Vorstehern ebenfalls energisch eingreifen. Ich erschrak heftig; die seit meiner Kindheit in mir einwohnende Angst vor Volksbewegungen ergriff mich, und ich bat und flehte den erregten Mann an, sich nicht in die Sache zu mischen.[276] Umsonst; er nahm von Anfang bis zum Ende von ganzem Herzen Teil daran, und zwar mit klarem Bewusstsein, was er wollte und nicht wollte. Mir erschien es wie ein Mensch, der jahrelang ein Kleinod von unschätzbarem Werte in seiner Wohnung verborgen hält, ohne es je zu benutzen oder zu verwerten, nun aber, da er räuberische Hände im Begriff sieht, es fortzutragen, sich aus allen Kräften, mit Leib und Leben zur Wehr setzt. Und so war es gewiss bei vielen, ja bei den meisten der Tausende und Tausende, die ihr Nein gegen Straussens Berufung einlegten. Dass dann im Fortgang der Sache sich auch politische Elemente einmischten – wie könnte das wundern? War es jemals anders bei einem zuerst aus religiösen Gründen ausgebrochenen Bürgerkriege? Die Hugenottenkämpfe und der Dreissigjährige Krieg haben es grossartig ausgeführt, was bei uns sehr im Kleinen geschah.[277]

---

275 Staatsarchiv des Kantons Zürich (Hg.), Kleine Zürcher Verfassungsgeschichte 1218–2000, 51–53.
276 Meta Heusser erlebte als Kind den nahen Bockenkrieg, aber auch den Sturm der Revolutionäre gegen ihren Vater, der Pfarrer auf dem Hirzel war.
277 M. Heusser, Hauschronik, Hg. F. Kuhn (1980), 119 f.

Meta Heusser-Schweizer

Meta Heusser-Schweizer (1797–1876) ist die Tochter des Landpfarrers Diethelm Schweizer (in Hirzel) und der Dübendorfer Pfarrerstochter Anna, geb. Gessner, und damit eine Nichte von Antistes Gessner. Schon 1806 entsteht bei einem Treffen in Gessners Pfarrhaus mit Anna Schlatter und ihrer Tochter Babette aus St. Gallen ein «ewiger Freundschaftsbund». Als junge Frau erlebt Meta eine Erweckung, deren Mittelpunkt das Pfarrhaus auf dem Hirzel ist. 1821 heiratet sie den Arzt Johann Jakob Heusser, der auf dem Hirzel praktiziert. Mit ihm hat sie sechs Kinder. Ihre Gedichte und Lieder erscheinen zuerst anonym, ab 1863 unter ihrem eigenen Namen. Ihr Lied «O Jesu Christ, mein Leben» ist unter der Nr. 692 im Reformierten Gesangbuch aufgenommen. Szenen aus ihrer «Hauschronik» veranschaulichen, wie die wache fromme Frau des 19. Jahrhunderts die geistlichen Bewegungen ihrer Zeit wahrnimmt. Regine Schindler hat aufgrund von Meta Heussers Tagebuch mit seinen ca. 2 000 Notizen ein weites und bewegendes Beziehungsnetz dieser konservativen Pietistin des 19. Jahrhunderts aufgeschlüsselt. Verbunden mit Kreisen aus dem Stadtzürcher und dem St. Galler Pietismus sowie mit erweckten Katholiken aus der Innerschweiz pflegt sie eine frühe Art der Ökumene. Alles Richten und Verurteilen liegt ihr fern. Ihre schriftstellerische Begabung ist auf ihre Tochter Johanna Spyri übergegangen.

7.5 Grenzen der Erweckungsbewegung

Überblickt man die gesamteuropäische Lage, so stellt man fest, dass sich die geistige Entwicklung der Neuzeit auf dem Kontinent anders entfaltet als im angelsächsischen Raum. In England löst die Grosse Erweckung seit den 1740er-Jahren die vergleichsweise milde Aufklärung ab. Als starke Glaubensbewegung und kulturelle Kraft vermag hier die Erweckung positive Elemente der Aufklärung aufzunehmen und das Gesamtbewusstsein neu zu prägen. Die neuere englische Geschichte samt der Industrialisierung und der frühen (christlichen) Gewerkschaftsbewegung ist ohne die Grosse Erweckung undenkbar. Auf dem Kontinent dagegen verläuft die Entwicklung umgekehrt. In Frankreich werden der Jansenismus und die calvinistische Kirche verfolgt. In Deutschland, Holland und der Schweiz wird der Pietismus, der nicht alle Gebiete zu erfassen vermag, im 18. Jahrhundert rasch durch eine spirituell tief wirksame Aufklärung abgelöst. Zürich, das nur eine kurze und abgewürgte Phase des Pietismus erlebt, mutiert fast umgehend zum «schweizerischen Athen», das heisst zu einem geistig-philosophischen Zentrum im deutschsprachigen Europa. Erst durch die schweren Erschütterungen und Enttäuschungen der napoleonischen Zeit wird der Boden für den Samen des Evangeliums wieder gelockert.

Die Aufbruchszeit der Erweckung auf dem Kontinent währt von den späten 1810er-Jahren bis etwa 1830 und entwickelt sich anschliessend als Langzeitphänomen teils bis ins 20. Jahrhundert. In Deutschland entsteht brennpunktartig ein buntes Netz von Erweckungsgebieten, ganz besonders im Minden-Ravensberger-Land, in Württemberg, aber auch in Berlin, am Niederrhein oder im katholischen Allgäu. Auch Basel und Teile des Zürichbiets erleben erweckliche Aufbrüche. Die Erweckung des Glaubens führt zur Neubelebung des Pietismus und zu einer neuen Achtung der Bibel. In Basel wird die schon 1780 gegründete «Christentumsgesellschaft» zum Ausgangspunkt für ungezählte Werke der Inneren und Äusseren Mission (z. B. Basler Mission 1815). Die genannten Aufbrüche sind zwar eindrücklich und örtlich oft intensiv. Insgesamt aber sind sie zu schwach, um die ganze Bevölkerung zu erfassen und die Kultur von Grund auf neu zu prägen.[278] Zudem ist die geistige Oberschicht nachhaltig von der vorangehenden Aufklärung geprägt. Anders als in England und den USA reicht deshalb die Kraft der kontinentalen Erweckungsbewegungen bei Weitem nicht aus, um den Agnostizismus und Skeptizismus der Aufklärung zu überwinden.

---

278 Vgl. A. Sierszyn, 2000 Jahre Kirchengeschichte (6. Aufl. 2022), 747 ff.

7. Der Aufstieg des Liberalismus 109

In Zürich bleiben die aufgeklärten und rationalistischen Pfarrer ab den 1770ern bis über die Jahrhundertwende hinaus noch lange in der Überzahl. Noch um 1820 muss Gessner als Präsident der Missionsgesellschaft – anders als Spittler in Basel – vorsichtig lavieren. Erst in seinem Rücktrittschreiben an die Synode (1837) gibt er offen seiner Freude Ausdruck über «das neue, rege Leben, das er in der Synode habe aufgehen sehen»[279]. Auch für Zürich gilt: «Die Generation, die um 1800 geboren wurde, brachte einen Zug zur Bibel und zum Gebet mit sich, der durch äussere Einflüsse nicht zu erklären ist.»[280]

---

279 G. Finsler, Georg Gessner, a.a.O., 190.
280 E. Beyreuther, Die Erweckungsbewegung = KiG (1963), 27.

8. Pietismus in der Zürcher Landschaft im 18. Jahrhundert

8.1 Elitärer Pietismus, Inspirationen und Kindererweckung in Winterthur

Unabhängig von den Pfarrern kommt es im 18. Jahrhundert auch in den ländlichen Gebieten vielerorts zu spontanen Erweckungen, während an der Limmat das «geistige Zürich» die Menschen bewegt. Bedenkt man die Verfolgung des Zürcher Pietismus bis 1720, so erstaunt das verbreitete Aufblühen vor allem der Herrnhuter Bewegung auf der Landschaft in der zweiten Jahrhunderthälfte, ist es doch die gleiche Zeit, da in der Stadt der theologische Rationalismus erstarkt. Parallel zur Zürcher Aufklärung gelingt der Herrnhuter Brüdergemeinde in beachtlichen Teilen des Zürichbiets die Begründung einer pietistischen Diaspora.

Winterthur erlebt zeitgleich mit Zürich um 1715/16 den Höhepunkt einer pietistischen Bewegung. Auffallend beteiligt ist hier die gebildete Elite, bestehend aus Geistlichen, Ärzten und weiteren Gebildeten. Insbesondere das Musikkollegium gerät unter Verdacht, ein Nest der Erbauung und des falschen Glaubens zu sein. Stadtpfarrer Wirz bezichtigt den Pfarranwärter Jakob Sulzer (1686–1739) und Rektor Hans Kaspar Sulzer der pietistischen Agitation. Weitere Exponenten der Winterthurer Bewegung sind Pfr. Hans Georg Küenzli (zweiter Pfarrer der Stadt), die Brüder Salomon und Dr. med. Hans Ulrich Hegner (Söhne des Schultheissen) sowie weitere Mitglieder des Musikkollegiums und des Bibliothekkonvents.[281] Jakob Sulzer wird für drei Jahre suspendiert, andere mit Verdacht und Vermahnungen aus der Untersuchung entlassen.[282]

Im November 1716 besuchen drei deutsche Inspirierte – Johann Adam Gruber, Heinrich Sigismund Gleim und Blasius Daniel Machinet – Dr. med. Hans Ulrich Hegner und die Winterthurer Pietisten mit einer Botschaft «für das Schauthal», d.h. für die Eidgenossenschaft.[283] Bald aber reisen sie wieder weiter, überall Pietisten aufsuchend, um sie zum

---

281 Vgl. K. Bütikofer, Der frühe Zürcher Pietismus, a.a.O., 67; Hanimann, a.a.O., 66–72.
282 Vgl. H. Walser, Geschichte der Stadtkirche Winterthur (1951), 70.
283 Abgedruckt: J. Studer, Der Pietismus in der zürcherischen Kirche (1877) 152–160; Hanimann 73 f. Johann Adam Gruber (1693–1763) zieht später nach Pennsylvanien,

Bruch mit der Kirche und zum Anschluss an die Inspirationsbewegung zu motivieren. Zuletzt besuchen die Inspirierten auch Zürich. Hier deponieren sie beim Bürgermeister eine schriftliche «Aussprache» über den Zustand der Schweiz samt der Ankündigung eines schweren Gerichts durch den «Würger mit dem grossen Schwert»[284]. Die Inspirierten werden umgehend «ans Halseisen gestellt, öffentlich mit Ruten ausgepeitscht und auf ewig verbannt»[285].

Dennoch verbreitet sich die Auffassung, Inspirationen, Konvulsionen, Augenverdrehen und dergleichen seien Kennzeichen des wahren Glaubens. Vom Geist der Inspiration berührt wird auch die visionäre Jungfrau Elisabeth Küenzli, die Tochter des Winterthurer Spitalschreibers. Nach dem Tod ihres Vaters zieht sie zur Familie von Obmann Bodmer ins Neuenburger Exil, wo sich bereits eine ganze Exulanten-Kolonie, darunter auch Pfarrer Johann Jakob Schulthess und der Arzt Lavater, aufhalten.

In den 1730ern versammelt sich in der Eulachstadt eine Gruppe von Frauen jeweils freitags und sonntags in den Häusern von Frau Witwe Dr. Hegner und Bäcker Elias Sulzer zu freiem Gebet, Gesang und Bibellese. Auch die Frauen der beiden Stadtrichter besuchen diese Versammlungen.

Unter der Leitung des Theologen Caspar Sulzer treffen sich zehn bis zwanzig Männer jeweils am Sonntagnachmittag zur Besprechung der Predigt. Schliesslich scharen sich unter der Woche im Haus des Bäckers Elias Sulzer bis zu neunzig erweckte Kinder in einer Art Inspirations-Versammlung. Selbst Fünfjährige beten frei aus dem Herzen, zerfliessen in Tränen und rühmen ihre Wiedergeburt und das Blut Jesu. Dann aber schreiten die Behörden und die Pfarrer ein. Da es sich jedoch um Versammlungen namhafter Bürger ohne Separations-Tendenzen handelt, erlauben die Behörden weiterhin geschlechtergetrennte Zusammenkünfte.[286] Die Kinderversammlungen dagegen werden verboten.[287]

Ein kleiner Rest begibt sich später im Verein mit Pfarrer Johann Sulzer (1709–1788) in die Obhut der Herrnhuter.[288] Die kleine Sozietät gelangt indes nie auf einen grünen Zweig. Auf den Rat des Württemberger Pfarrers Philipp Matthäus Hahn gründet ein Bauer namens Bosshard 1779 im Haus von Kaufmann Geilinger eine Konkurrenzveranstaltung, die aber ein Strohfeuer bleibt; Geilingers Frau wendet sich später den

---

hält von dort aus den Kontakt mit den Inspirierten in Deutschland aufrecht und spielt beim «Great Awakening» unter den Pennsylvania-Deutschen eine gewisse Rolle.
284 Vgl. W. Hadorn, Kirchengeschichte der Schweiz (1907), 220.
285 Ebd.
286 StAZ, Akten ref. K'Gde Winterthur-Altstadt, Zuschrift der Regierung 1742.
287 StAZ E II 69, 3. November 1741.
288 Wernle I,252 f.390.

Herrnhutern zu. Auch in Eglisau bleibt von der Brüdergemeinde nicht viel mehr als ein Schatten ihrer selbst. Pfarrer Hans Conrad Hess, der mit seiner Familie den Brüdern zwar nahesteht, ist durch seinen wenig erbaulichen Lebenswandel keine Reklame für die Sache der Herrnhuter.

8.2 Die linke Seeseite und das Knonauer Amt

In den frühen 1720er-Jahren begegnet der junge Schuhmachergeselle Johannes Bäumler von Feuerthalen in Yverdon dem pietistischen Berner Pfarrer Samuel Lutz. In dessen Seelsorge gelangt er zur Heilsgewissheit und zum Frieden mit Gott. In Zürich findet er rasch Kontakte zum suspendierten Theologen Holzhalb, zu Heinrich Gossweiler und Gläubigen aus verschiedenen Konventikeln. 1725 lässt er sich bei Heinrich Hauser in Rüschlikon nieder. Offenbar kommunikativ begabt, verteilt er pietistische Schriften und hält Erbauungsstunden. Noch im selben Jahr meldet der Horgener Pfarrer Erhard Dürsteler, Bäumler umschleiche in seiner Gemeinde junge Frauen und habe Kontakte mit Heinrich Schäppi und Schulmeister Schwarzenbach.[289] Bereits im Herbst wird der ungebetene Missionar in seine Heimatgemeinde abgeschoben.

Um dieselbe Zeit startet Heinrich Schäppi, genannt «Gyger-Heiri», in Horgen eine fromme Versammlung und im nahen Oberrieden eine Singschule mit gegen zwanzig Schülern. Statt in Horgen besucht er den Gottesdienst in Thalwil. Zum Horgener Kreis gehören auch die beiden Töchter Anna und Sarah von Schulmeister Schwarzenbach. 1732/33 eskaliert ein Streit wegen der Horgener Nachtschule. Schäppi, offenbar pädagogisch begabt, sammelt bis zu fünfzig Singschüler, denen er mit Erfolg auch das Lesen und Schreiben beibringt. Die Eltern der dörflichen Oberschicht stehen zu Schäppi. Doch der Zürcher Examinatorenkonvent untersagt dem Nonkonformisten das Schulmeisteramt, weil ihm die nötige Ausbildung fehle.[290] Im Lauf der Zeit entwickelt der Horgener Pietistenkreis eine spürbare Distanz zum dörflichen Kirchenbetrieb. Heinrich Lehmann und seiner Frau im Brunnwisli sind eher Täufer als Pietisten.[291]

Von Horgen springt der Funke hinüber ins Knonauer Amt. Zur Gemeinschaft in Hausen gehören auch die Tochter des verstorbenen Landvogts und zwei bis drei weitere Dorfgrössen. 1730 beklagt sich der Untervogt Näf («Gemeindepräsident») von Hausen, der Ortspfarrer

---

289 StAZ E II 61, 30. August 1725 (Nr. 44).
290 Hanimann, a.a.O., 111.
291 Hanimann, a.a.O., 112.

hetze zu sehr gegen Fromme.[292] Zur pietistischen Gemeinschaft gehören auch Näfs Brüder aus dem Graben.[293] Auch hier (wie in Horgen und Bauma) berührt sich noch alter täuferischer Glaube mit neuzeitlichem Pietismus.[294] In Kappel existiert bereits 1730 ein Erbauungskreis bei Familie Lier, dem auch Schulmeister Müller angehört.[295] Der Schulmeister ist von Amtes wegen Mitglied des Stillstands.[296] Auch wenn das Wort Mission damals noch unbekannt ist, heisst es doch über die Pietisten von Hausen, «sie trachtind auf alle Weis, neue Jünger zu machen».[297]

Diese frühen, eher kirchenkritischen Konventikel der 1720/30er-Jahre am linken Seeufer und im Knonauer Amt gehen den Versammlungen der Herrnhuter zeitlich um zwanzig Jahre voraus. Später integrieren sie sich in die Diaspora der Brüdergemeinde.

Eine frühe Sozietät der Herrnhuter Brüdergemeinde versammelt sich ab 1740 im Weiler Ort unweit der Halbinsel Au in der Gemeinde Wädenswil. Unter der Führung von Hans Streuli reist die Gruppe jeweils extra nach Zürich zu den Erbauungsstunden des pietistischen Pfarrers Kaspar Füssli am Oetenbach.[298] Zusätzlich zur Versammlung im Weiler Ort entstehen in der Folge auch Brüder-Sozietäten in Oberrieden und Küsnacht. In Oberrieden handelt es sich um eine Gruppe von etwa zwanzig Erweckten; zu Beginn der 1780er-Jahre erlebt die Gemeinschaft zusätzlich eine Kindererweckung. Auch im Kirchdorf Wädenswil bildet sich 1769 eine Brüderversammlung.

Als der Prediger Anton Stähli von Zürich 1771 die Sozietät in Oberrieden besucht, trifft er auf fünf unbekannte Männer. Sie erzählen ihm, sie seien in einem dreistündigen Fussmarsch aus dem Freiamt über den Albis nach Oberrieden gekommen. In ihrer Heimat habe eine Erweckung begonnen, doch es fehle eine seelsorgerliche Betreuung. Bald darauf lässt sich Prediger Stähli in die Knonauer Landschaft führen, wo in Hausen am ersten Abend etwa 25 Seelen versammelt sind, darunter auch Jungfer

---

292 Hanimann, a.a.O., 108.
293 Der Name Näf ist noch heute an diesem Ort bezeugt.
294 Zwei Brüder der Familie Näf wandern 1732/34 aus Glaubensgründen nach Amerika aus. Vgl. A. Blocher, Die Eigenart der Zürcher Auswanderer (1976), 102.
295 Hanimann, a.a.O., 110.
296 Der *Stillstand* unter dem Vorsitz des Pfarrers ist bis 1798 die dörfliche Instanz vor Ort, die sich um kirchliche, schulische und sittliche und in engem Rahmen um politische Belange der Gemeinde kümmert. Zum Stillstand gehören Pfarrer, Untervogt, Ehegaumer und Schulmeister. Die Behörde hat ihren Namen von der Gewohnheit, dass Pfarrer und Stillständer nach dem Sonntagsgottesdienst um den Taufstein stehend aktuelle Fragen der Gemeinde beraten oder beschliessen.
297 StAZ EII 42, 29.4.1731 (Seite 854).
298 Wernle III, 142.

Rahn, die Schwester des Landvogts von Knonau. «Es waltete ein rechter Friede Gottes dabei und waren alle von der Wahrheit überzeugt und auch die meisten von der Gnade kräftig angefasst.»[299] Es dauert nicht lange, so besuchen die Erweckten des Freiamts auch die Herrnhuter Sozietät in Zürich und erzählen dort von der Barmherzigkeit, die Gott an ihnen getan hat. Rasch entstehen Sozietäten in den Weilern Loh (Affoltern) und Uttenberg (Knonau) sowie in Ottenbach. In Pfarrer Hans Heinrich Rohrdorf von Affoltern haben sie ab 1773 einen warmen Freund, der den Kindern eigens Bildmaterial der Herrnhuter verteilt und eine spätere Kindererweckung unterstützt. In Ottenbach wird auch eine Reihe junger Männer berührt. Streitereien wegen Geld und Alkohol schwächen indes die Blütenpracht des geistlichen Frühlings. In Wettswil dagegen stürmen Pfarrer Kaspar Tobler und sein Schulmeister lautstark eine Versammlung und verstören die Gläubigen beim Gesang des Liedes «Schliess uns in deine Wunden ein, dass wir vorm Feind könn' sicher sein».

Auf dem Hirzel zieht 1796 der pietistische Pfarrer und spätere Dekan Diethelm Schweizer ins Pfarrhaus ein. Er ist der Jugendfreund und Schwager des Fraumünster-Pfarrers und späteren Antistes Georg Gessner sowie der Vater der Dichterin Meta Heusser und der Grossvater von Johanna Spyri.[300] Das Pfarrhaus auf dem Hirzel und dann das Doktorhaus (das spätere «Meta Heusser-Heim») werden im frühen 19. Jahrhundert zu einem Brennpunkt der Erweckung für die ganze Region. Dekan Schweizer ist um 1800 einer der wenigen, dessen Wochengottesdienste noch gut besucht werden. Er gibt den Menschen geistliches Brot. Deshalb kommen sie von allen Seiten herzu. Pietistische Pfarrer auf der Landschaft sind damals eher selten.[301]

8.3 Stäfa und das rechte Seeufer

1769 bildet sich dank einer Erweckung, die von Wädenswil über den See greift, auch in Stäfa eine beachtliche Herrnhuter Sozietät. Nach dem Sonntagsgottesdienst in der Kirche kann Prediger Anton Stähli zunächst etwa zwanzig Frauen und einige Männer begrüssen. Zur Abendpredigt

---

299 Wernle III, 144.
300 Vgl. K. Schulthess, Johanna Spyri in genealogischer Sicht, in: Zs. Der Schweizer Familienforscher, 27 (1960), H. 3–5, 41–49; siehe auch den Stammbaum in diesem Buch, Kapitel VI,9. Vgl. auch R. Schindler, Die Memorabilia der Meta Heusser-Schweizer (2007) mit beigelegtem Stammbaum.
301 Wernle I, 252.

erscheinen vierzig Personen. Einige weitere Frauen müssen allerdings wegen ihrer sperrigen Männer zu Hause bleiben. Ein Jahr später folgt in Stäfa eine zweite Erweckung, die viel Gutes, aber auch Streit und Spannung in die Familien bringt. Zu den Säulen der ersten Stunde gehören hier Rudolf Pfenninger (gest. 1780), Heinrich Itschner sowie der Textilfabrikant und Leutnant Jakob Bodmer.[302] Jakob Günter, ein weiteres Mitglied, suchte sein Heil zuerst im Lesen frommer Bücher. Als er Pfarrer Wunderli die Angst klagt, seine Seele könnte verloren gehen, rät ihm dieser, nur nicht so viel zu lesen, vor allem nicht im Neuen Testament. In der Versammlung der Brüdergemeinde findet er schliesslich Frieden mit Gott und die Gewissheit des Heils.

Im Verlauf der 1790er-Jahre wird die Sozietät in den Strudel des sogenannten Stäfnerhandels hineingezogen, eine Auseinandersetzung über die wirtschaftliche und politische Benachteiligung der Landschaft gegenüber der Stadt. Textil-Fabrikant Jakob Bodmer, Säckelmeister, Patriot und führendes Mitglied der Brüdergemeinde, kassiert 1794 die Todesstrafe, die aber in eine lebenslängliche Zuchthausstrafe umgewandelt wird. Das Gericht wird an Bodmer symbolisch durch Heben und Senken des Richtschwerts über seinem Nacken vollzogen, bevor man ihn ins Zürcher Zuchthaus spediert. Ein Herrnhuter als Revolutionär! Mit ihm stehen vermutlich alle Mitglieder der Brüdergemeinde des Orts auf der Seite der Stäfner Demokraten, jedenfalls «munkelte man in Zürich, die Herrnhuter seien die ärgsten»[303]. Die Sozietät in Stäfa wird polizeilich verboten. Pfarrer Lavater besucht Fabrikant Bodmer im Gefängnis und erinnert ihn an das Wort aus dem Ersten Johannesbrief: «Aus unserer Mitte sind sie hervorgegangen, aber sie gehörten nicht zu uns» (1 Joh 2,19). Graf Zinzendorf, der Gründer der Herrnhuter Bewegung, belehrt Lavater den Gefangenen, habe jede Empörung verboten und im Zweifelsfall habe man sich still Gott zu überlassen. Bodmer aber antwortet Lavater, «der Heiland habe es ihm geboten»[304]. Kurz zuvor vermeldet Lavater in seinem Monatsblatt vom Januar 1794, er kenne Herrnhuter, die sich darüber freuten, dass man neulich in Paris auf dem Schafott den französischen König Ludwig XVI. mit der Guillotine hingerichtet habe. Diese Frommen hätten allen gut gemeinten freundschaftlichen Warnungen – Lavater sprach händeringend auch in Stäfa – spöttisch widersprochen und sich zu fanatischen Demokraten entwickelt. Wer den illegalen Königsmord verurteile,

---

302 Wernle III, 143 f.
303 Wernle III, 544.
304 Wernle III, 544; ders., Der schweiz. Protestantismus in der Zeit der Helvetik I (1938) 37.

werde von ihnen als «blinder Aristokrat» verschrien. Einst seien die Brüder vor dem Bild des Gekreuzigten niedergesunken, heute huldigten sie Revolutionsideen.[305]

Dieses Beispiel zeigt, wie tief sich die Wahrnehmung demokratischer Ideen am Vorabend der Revolution bei Gläubigen auf der (noch) unterdrückten Landschaft und bei alteingesessenen Familien der Stadt unterscheidet. Diese Wahrnehmungsdifferenz bleibt für viele Gläubige auf der Landschaft gegenüber den städtischen Kirchgemeinden und Werken noch lange ein Problem – nicht nur am See, sondern auch im Oberland. Dekan Hans Jakob Nägeli in Wetzikon meldet 1795 als Vertreter der alten Ordnung nach Zürich, die schlimmsten, d. h. revolutionärsten Gemeinden seines Pfarrkapitels seien Wald und Bäretswil. Nicht viel besser seien Rüti, Bubikon, Dürnten und Egg einzustufen, eine Spur weniger schlecht stehe es in Grüningen und Gossau, am besten noch in Hinwil, Fischenthal, Wetzikon und Seegräben.[306]

Von Stäfa greift die Erweckung in den 1790er-Jahren hinüber nach Männedorf. Prediger Schumann bedient von Stäfa aus auch die Gläubigen in Männedorf, Uetikon und Hombrechtikon. Zur Herrnhuter-Gemeinschaft dürfte später zeitweise auch Jungfrau Dorothea Trudel aus Hombrechtikon gehören.

8.4 Erste Herrnhuter im Oberland

Die Ufer des Zürichsees und das Säuliamt bilden zunächst das einzige nennenswerte Arbeitsgebiet der Herrnhuter im Zürichbiet. Im Oberland breiten sich ab 1750 in grösserer Zahl mystische Gruppierungen in schroffem Widerstand zur Kirche aus. Ihre Türen verschliessen sie auch gegenüber der Herrnhuter Bewegung. Von ihnen wird noch die Rede sein. Doch in den 1770er-Jahren gelingt es den (kirchenfreundlichen) Herrnhutern, auch im Oberland punktuell Fuss zu fassen: Jakob Graf auf der Burgweid bei Adetswil öffnet seine neu erbaute geräumige Stube für die Versammlungen der Brüder. Von hier aus wächst im frühen 19. Jahrhundert ein ganzes Netz von Sozietäten in Hittnau, Dürstelen, Bauma und Wila.

Pfarrer Hans Rudolf Waser (1745–1817) von Bäretswil, ein Mann der gemässigten Reform und Kirchenrat, äussert sich nur positiv über den guten Einfluss der Adetswiler Herrnhuter. Dekan Nägeli von Wetzikon

---
305 J.K. Lavater, Monatsblatt für Freunde, Januar 1794, 43–44.
306 P. Wernle III, 546 (gemäss Zürcher Visitationsakten 1795).

gibt sogar dem Prediger von Stäfa sein Pferd, damit er nicht zu Fuss den mühsamen Weg zur Burgweid hinaufsteigen muss. Nach anfänglichen Reibereien mit örtlichen Pfarrherren werden die Herrnhuter mehr und mehr geduldet, da sie zu den eifrigsten Kirchgängern gehören, ihre Versammlungen erst am Sonntagnachmittag abhalten und insgesamt einen guten sittlichen Einfluss auf die Gemeinden ausüben. Heftige Gegnerschaft schlägt den Sozietäten aus den Pfarrhäusern in Wädenswil, Stäfa, Knonau, Wettswil und Neftenbach entgegen. Pfarrer Konrad Däniker (1726–1784), der in Oberrieden während 22 Jahren zum Schmerz der Herrnhuter nur platte Moral verkündete, bekennt sterbend seinem Herrnhuter Schulmeister und Sigristen Staub, dass er im Glauben an das Erbarmen des Heilandes aus Gnaden sterbe, und befielt im Schmerz der späten Reue, alle seine Predigten zu verbrennen.[307]

8.5 Härtere Profile im Tössbergland

In Balm über dem Pfäffikersee sammelt in den 1750er-Jahren der mystische Weber Hans Jakob Hürlimann suchende Seelen um die Bibel und Erbauungsschriften von Jakob Böhme, Johannes Tauler und Gerhard Tersteegen. Sonntag für Sonntag stimmt der Kreis in Tersteegens Pilgerlied ein: «Kommt, Kinder, lasst uns gehen»[308]. Auch Färber Näf betreut im Dorf Pfäffikon einen ähnlichen Kreis. Den allgemeinen Sonntagsgottesdienst halten diese Frommen für entbehrlich. Dem Ortspfarrer Johann Fehr gelingt es nicht, sie in die Kirche zurückzuführen. Der Widerstand in der Gemeinde ist zu gross.

Ein radikaler Typ mystischer Gemeinschaft entsteht 1773 an der oberen Töss. Jakob Rüegg von Widen (Bauma) und sein gleichnamiger Freund ab der Schwendi (Bauma), zwei heimgekehrte Soldaten aus fremden Diensten in den Niederlanden, bringen Schriften und Traktate von Jakob Böhme ins Tal. Der Erstgenannte verzieht sich bald wieder nach Holland. Jakob (Joggeli) Rüegg (1741–1809) vom Hof Schwendi,[309] der geistig regere, wird umgehend zum Anführer einer sich rasch ausbreitenden mystischen Bewegung.

---

307 Wernle III, 147.
308 Wernle I, 253.
309 Hans Jakob oder Joggeli Rüegg wohnt im Alter mit seiner Frau Elisabeth, geb. Rüegg von Bauma, auf einem Gut in Felmis ob Bauma. Daher heisst er später Joggeli von Felmis, gest. 1809. – Vgl. zum ganzen Thema: A. Sierszyn, Bauma im Tösstal. Aus der Geschichte von Kirche, Separatismus und Politik (1989), 61–67.

8. Pietismus in der Zürcher Landschaft 119

Rüeggs Grossmutter, Anna Rüegg-Weber, stammte noch aus einer der letzten Täuferfamilien des Oberlandes im Bäretswiler Mühlekram.[310] Dies ist eher kein Zufall. Selbstverständlich hat diese fromme Grossmutter – wie damals üblich – auch ihren Kindern an langen Winterabenden im Schwendi-Hof Geschichten aus Bibel und Heimatkunde erzählt. Dabei hat sie ihren Kindern und der ganzen Familie zweifellos auch berichtet, wie ihre Verwandtschaft früher vom zürcherischen Staat und seiner Kirche verfolgt wurde, wie sie um des Glaubens willen leiden mussten und wie die Zürcher Herren ihrem Grossvater seinen Hof für lange Zeit wegnahmen und auch ihren eigenen Vater plagten.[311] Joggeli Rüegg hat als Bub zwar nur noch seinen Grossvater Konrad gekannt, seine Grossmutter Anna aus täuferischem Haus aber knapp nicht mehr gesehen. Die eindrückliche Familiengeschichte ist ihm aber zweifellos bekannt.

Umgehend greift nun unter seiner Führung im Raum Bauma-Bäretswil-Pfäffikon eine mystische Bewegung um sich, deren Mitglieder das Volk als «Neugläubige» bezeichnet. Die Vertreter der Bewegung meiden den reformierten Gottesdienst und verweigern auch die militärischen Musterungen. Das ganze Pfarrkapitel Wetzikon diskutiert das Problem, weil die Bewegung rasch mehrere Gemeinden betrifft. 1776 wird der Schwendihof der Gebrüder Rüegg in der Grösse von zwanzig Hektaren zwangsverkauft. Nach Abzug der Schulden drückt man Joggeli und seinem Bruder Kaspar je 180 Gulden in die Hand und treibt sie mit Stockschlägen aus dem Land. Es wiederholt sich also das Schicksal ihrer täuferischen Vorfahren. Auch andere Mitglieder dieser sogenannt Neugläubigen ereilt dasselbe Geschick wegen «frecher» Hartnäckigkeit und der Weigerung, an den militärischen Musterungen teilzunehmen. Sie alle kehren aber, vom Heimweh getrieben, wieder zurück in ihr Tal. Die Knechte des Kyburger Landvogts spedieren die Widerständler erneut über den Rhein, eine widerspenstige Frau schieben sie sogar auf einer «Bäne» in die Fremde.

---

310 Die Täuferfamilie Weber sitzt seit ca. 1630 auf dem Mühlekram bei Neuthal-Bäretswil. Jörg Weber schmachtet bis 1641 im Kerker und muss obendrein dem Staat für seine «Kerkerferien» noch 159 Pfund, 19 Schilling und 6 Heller berappen. Sein Hof wird durch den Staat konfisziert, später dem Sohn für einen Lehenzins von 50 Pfund verpachtet, was diesen schwer in die Schulden treibt. In diese Familie wird Anna Weber (1680–1739) geboren. 1704 heiratet sie Konrad Rüegg von Widen-Bauma (StAZ E III 12.2 EDB 176). Die beiden erwerben den Hof «Schwendi» und bauen 1722 ein neues Schwendi-Haus. Es ist das Haus, in dem ihr Enkel, der spätere Mystiker Jakob (Joggeli) Rüegg, aufwächst. Auch dieses Haus der Brüder Jakob und Kaspar Rüegg wird zwangsversteigert. – Vgl. A. Sierszyn, Bauma im Tösstal. Aus der Geschichte von Kirche, Separatismus und Politik (1989), 61 ff.
311 StAZ F III 36b (Täuferakten).

Als sie entgegen ihrem Gelöbnis erneut im Land erscheinen, reisst dem Landvogt der Geduldsfaden. Joggeli versteckt sich mit seiner Lise noch im Hagheeren-Loch, einer Höhle gegen den Sternenberg hinauf, doch sie landen mit anderen Glaubensgenossen im Zürcher Gefängnis Oetenbach. Die Verhörprotokolle von fünf Männern und zwei Frauen sind noch vorhanden. In der Befragung durch Ratsherrn Caspar Escher und Zunftmeister Daniel Hauser beteuern die Inhaftierten ihre Unschuld. Wegen ihres Pazifismus berufen sie sich auf das Wort Gottes und die Freiheit des Gewissens. Pfarrer Lavater besucht die Geplagten und ist ratlos. Er empfiehlt dem Rat, die Gefangenen im Winter zu entlassen oder sie wenigstens in geheizte Räume zu verlegen. Sein Freund Pfarrer Konrad Pfenninger rät, die Widerspenstigen ins Homburgische abzuschieben, dort könnten Separatisten ein freies Leben führen. Bei Wasser und Brot gewährt man ihnen ordentliche Betten. Die Gefangenen sind indes nicht bereit, im Oetenbach zu arbeiten, um ihr karges Mahl zu verbessern und das Los der Ihrigen zu erleichtern. Sie wollen einfach nach Hause. Mehr noch, die Männer und Frauen verweigern jede Nahrungsaufnahme und Arznei.

Da die Aufklärung voranschreitet und ein Abstrafen der Abtrünnigen nach alter Methode obsolet geworden ist, ersucht die ratlose Regierung in einem verzweifelten Schreiben nach London die Abschiebung der trotzigen Tösstaler ans Kap der guten Hoffnung. Von dort, glaubt man in Zürich, würden die Widerspenstigen bestimmt nicht mehr zurückkehren. Doch England winkt ab. Man habe, so die Begründung, dort unten ohnehin schon genug eigene Probleme.[312] Der halbwegs aufgeklärten Regierung ist die verzwickte Lage peinlich. Zwei ähnliche Versammlungen von Mystikern und Separatisten in Pfäffikon und Balm toleriert sie seit mehr als zwanzig Jahren. Sie würde auch gegenüber den widerspenstigen Neugläubigen an der Töss ein Auge zudrücken. Allein eine offene Militärdienstverweigerung kann sie nicht dulden. Zwei 30-jährige Männer, einer von ihnen ein Familienvater, sterben nach dreijähriger Gefangenschaft im Sommer 1779 den Hungertod. Die Übrigen harren aus, bis man sie 1784 nach achtjähriger Haft in die Freiheit entlässt. An der Töss werden sie mit einer Mischung von Mitleid und Bewunderung empfangen. Zahlreich angebotene Hilfe verweigern sie. Einzig Gaben von Mystikern nehmen sie dankend entgegen. Diese wunderlichen Männer und Frauen sind stärker als die erfolglosen Repressionen der Zürcher Obrigkeit. Noch im Jahr 1832 zählt der Baumer Pfarrer allein in seiner Gemeinde 80–100 Neugläubige, wobei die obere Zahl wohl näher bei der

---

312 Vgl. A. Sierszyn, Bauma im Tösstal (1989), 47–67; hier sind auch die einzelnen Forschungsdaten für die folgende Darstellung zu finden.

Wahrheit liegt. Heinrich Furrer ab dem Rittweg (Bauma) meldet drei Jahre später in einem Brief an Gichtelianer in Preussen: «Ihr ausgezeichneter frommer Lebenswandel reizte viele Männer, Weiber, Jünglinge, Jungfrauen aus allen Ständen, die sich beworben in der Keuschheit dem Lamm nachzufolgen, so dass ihre Zahl sich in kurzer Zeit über 300 erstreckt, ohngeachtet im Anfang nur ihrer 6 Personen in einer gesegneten Conjunction beisammen waren».[313]

1777 schreibt ein aufgeklärtes Mitglied der oekonomischen Kommission (Schinz) nach einer Reise durch das obere Tösstal: «bei ihrem Hang zu Geistesgeburten und Grübelei, ohne Leitung [...] ist es nicht sehr zu verwundern, dass diese Leute gar oft auf schwärmerisches Zeug [...] und in klägliche Exzesse verfallen.»[314] Er vergisst zu erwähnen, dass gerade der langjährige Baumer Pfarrer Johann Felix Ammann (1703–1784) als der trinkfesteste Mann der Gemeinde weit herum bekannt ist. Hoher Schnapskonsum ist damals im Oberland verbreitet. Auch in Bauma wird vor dem Gottesdienst um die Ecke fässchenweise «Chriesiwasser» verkauft, sodass etliche «in der Kirche so jämmerlich zum Mund ausstinkind, das man es nebet ihnen nicht erleiden möge»[315]. Unter solchen Verhältnissen wollen die Neugläubigen des «inneren Lichts» auf keinen Fall das Abendmahl feiern.

8.6 Geachtete Mystiker im Oberland

Der fromme Berliner Ex-General Joseph de Campagne führt ab 1814 die hartnäckigen Tösstaler und Oberländer Mystiker nach dem Tod ihres Gründers Joggeli Rüegg (gest. 1809 in Felmis ob Bauma) in mildere Gefilde. Der Hittnauer Heimatdichter Jakob Stutz beschreibt ihre eigenartige Zurückgezogenheit, rühmt aber ihre gradlinige Lebenshaltung und Arbeitsdisziplin, die sich deutlich von den Herrnhutern abhebe. Schon als Bub führt ihn sein Weg um 1810 von Isikon (Hittnau) nach Felmis (Bauma) zum Haus von Joggelis Witwe, in dem nebenan auch sein Götti «Hanslis Hans Joggeli» sowie dessen Tochter, das «Schnitter-Maitli Anneli», wohnen.

---

313 Zit. Bei J. Seidel, Zwischen Theosophie und Pietismus. Einblicke in die Korrespondenz der Schweizer «Gichtelianer», in: ZWINGLIANA XXXIV (2007), 106. Fundort: Privatarchiv Jürgen Seidel: AR. JJS VFB2-ZH2, 19. Die Zahl 300 bezieht sich wohl nicht nur auf die Gemeinde Bauma, sondern auf die nähere Umgebung.
314 A. Sierszyn, Bauma im Tösstal (1989), 66.
315 A. Sierszyn, in: Geschichte der Gemeinde Bauma II, Hg. W. Sprenger u. a. (1994), 97.

Joseph de Campagne

Der fromme Berliner Ex-Offizier und Hugenotte Joseph de Campagne (1751–1833) verbringt ab 1814 seinen Lebensabend an den Gestaden des Pfäffikersees. Er führt die Oberländer Mystiker um Jesu Christi willen in philanthropische Gefilde. Anlässlich der grossen Hungersnot von 1817 verschenkt er zugunsten der Hungernden 20 Louis d'or. Bis ins 20. Jahrhundert stiften Angehörige aus Mystiker-Kreisen zugunsten der Oberländer Öffentlichkeit beachtliche Legate.

8. Pietismus in der Zürcher Landschaft

Eine niedrige Hütte mit flachem Schindeldach. Lange stand ich vor derselben staunend still. Es deuchte mich ringsumher alles so heimelig, so fromm und schön, während ich bei den anderen Häusern gerade das Gegenteil wahrnehmen musste. Die klaren Fenster, die nette Scheiterbeige längs den Fenstern der Wohnstube. Zwei Fenster in der Kammer standen offen, da sah ich mit Staunen die ersten Vorhänge und Betten. Diese waren von buntem Zeug mit grossen Blumen. Und als ich so sinnend dastand und meine Sendung fast vergass, trat leise aus der Tür eine alte Frau mit äusserst einfachem, aber sehr reinlichem Anzug. Ihre Züge waren so fromm, so lieb und gut, ihr ganzes Angesicht schien mir verklärt. Und ich dachte: Gewiss ist das die Lise, die Märtyrerin, welche so viele Jahre um ihres Glaubens willen im Kerker geschmachtet hat. Mit leiser Stimme sagte sie guten Tag, nahm ein Körblein, das mit Salat gefüllt war, von einer Bank und ging still in die Hütte zurück.[316]

Und Anneli erzählt dann dem Jakob weiter: «Wenn du in ihre Stube hineinkämest, da würdest du meinen, du kämest in den Himmel hinein, so prächtig und glitzerig ist alles drin.»[317]

Aus dieser feinen Schilderung erfahren wir auch, wie das Oberland seine Mystiker wahrgenommen hat. Eine weitere Analogie zu den Täufern tut sich auf. Im Gegensatz zur Stadt werden die Täufer wie auch die neugläubigen Mystiker im Oberland grundsätzlich positiv beurteilt. Nicht nur Stutzens Vater rühmt die Ehrlichkeit und auch die ausgesprochen hohe Qualität des gesponnenen Garns der Mystiker.[318] Täufer und Mystiker, so «eigelig» sie auch sein mögen, gehören zur Identität des Oberlandes.[319] In den Augen der Einheimischen verfolgen die alten und neuen Herren von Zürich diese Frommen zu Unrecht. Stutz, der als junger Mann in den 1820ern in Hittnau, und Adetswil die Versammlungen der Herrnhuter besucht, übersieht nicht, dass «die Separatisten hier durchweg in grösster Achtung und ökonomisch besser dastehen als die Herrnhuter»[320]. Dasselbe bestätigt auch der Dichter Jakob Senn aus dem Fischenthal. In

---

316 J. Stutz, Siebenmal sieben Jahre aus meinem Leben (1983), 181 f. Bezeichnend ist der Hinweis auf die schönen Betten. Stutz und seine Familie in Isikon, die nicht zu den Ärmsten gehören, schlafen noch auf Laubsäcken. Interessant ist auch die Aussage des Vaters von Stutz. Der Tüchler, der aus der Region das gesponnene Garn auf den Schnellern entgegennimmt, bemerkt, das zu wägende Garn der Neugläubigen sei – im Unterschied zu den Herrnhutern – von bester Qualität; ganz zu schweigen vom Garn der Ungläubigen, die sich nicht scheuen, vor der Abgabe das Garn noch anzufeuchten, um von den gewogenen Schnellern mehr zu lösen.
317 Ebd.
318 J. Stutz, Siebenmal sieben Jahre aus meinem Leben (1853. ND 1983), 151.
319 A. Sierszyn, Zur Täuferverfolgung im Grüninger Amt, in: ZWINGLIANA XXXIV (2007), 37–60, insbes. 50 ff.
320 J. Stutz, Sieben mal sieben Jahre in meinem Leben (1853, Nd 1983), 390.

seinem Buch «Ein Kind des Volkes» berichtet er, wie er im Sternenberg in ein Gewitter gerät und bei einer separatistischen Matrone Obdach findet. Ihr ganzes Wesen und ihr pietistisches Zeugnis von Jesus beeindrucken ihn mehr als das Gerede der Pfarrer und konservativen Vikare, die er nicht als aufrichtig wahrnehmen kann. Auch er attestiert seiner Veronika saubere Ordnung und geistigen Weitblick.[321] In der grossen Hungersnot von 1817 spenden die Mystiker auffallend Gold und Silber zur Stillung der Plage, die das übervölkerte Oberland besonders hart betrifft. Monsieur de Campagne allein stiftet 20 Louis d'or für die Hungernden. Bis ins 20. Jahrhundert gedenken diese soliden und relativ vermögenden Kreise der Oberländer Gemeinden mit grosszügigen Spenden und Legaten.[322] 1844 zählt man in 42 Gemeinden des Zürichbiets 436 Neugläubige. Die meisten leben in Bauma, Bäretswil, Hittnau, Wila, Fehraltorf, Sternenberg und Zell. Aber auch in Elgg, Illnau, Uster, Maur, Bubikon und Glattfelden sind sie anzutreffen.[323]

Auch die Eltern von Statthalter Heinrich Gujer und die Grosseltern von Adolf Guyer-Zeller auf der Baumer Mühle gehörten zum Kreis der Tösstaler Mystiker. Die zwei berühmten Söhne teilen den Glauben ihrer Väter. Sie halten zwar weltoffen zur Landeskirche, wenden sich aber gleichzeitig vehement gegen jede Art von Bibelkritik.[324] Der junge Adolf Guyer-Zeller besucht in Genf die Vorlesungen von Professor Merle d'Aubigné an der bibeltreuen Alternativ-Fakultät der Erweckung und gehört später zu den Gründervätern der Freien Schule in Zürich. Die Herrnhuter ihrerseits versuchen (meist ohne Erfolg), die Mystiker des Inneren Lichtes näher an die Kirche heranzuführen, was man ihnen in Zürich hoch anrechnet.

---

321 J. Senn, Ein Kind des Volkes (1880, 2. Aufl. 1971), 211 ff.
322 Vgl. A. Sierszyn, Bauma im Tösstal. Aus der Geschichte von Kirche, Separatismus und Politik (1989), 63 ff;
323 G. Meyer von Knonau, Der Canton Zürich II (1846, ND 1978), 378.
324 Adolf Guyer-Zeller zum Beispiel bezeichnet die Bibelkritik der Reformtheologen als «Charakterlosigkeit». Vgl. A. Sierszyn, Tagebuch von Adolf Zeller (1993), 143.

Adolf Guyer-Zeller

Der liberal-konservative Fabrikant und «Eisenbahnkönig» Adolf Guyer-Zeller (1839–1899) stammt aus der Mystiker-Familie Gujer auf der Baumer Mühle. Wie sein berühmter Onkel Heinrich Gujer hält er sich indes zur Landeskirche, verachtet aber jede Bibelkritik. Als junger Student besucht er auch Vorlesungen an der Freien Fakultät des Genfer Réveil. Der Financier und Erbauer der Jungfrau-Bahn gehört zu den Gründungsvätern des Freien Gymnasiums in Zürich.

9. Erweckungen auf der Zürcher Landschaft im 19. Jahrhundert

9.1 Im Oberland strömen sie zu Hunderten zusammen

Im Anschluss an die politische Restauration und die grosse Hungersnot von 1817 erlebt die Zürcher Landschaft einen bunten Strauss lokaler Aufbrüche und Erweckungen. In den 1830ern zählt die Herrnhuter Brüdergemeine etwa 400 Mitglieder, die meisten in Zürich und in den Bezirken Hinwil und Pfäffikon. 1840 gibt es Herrnhuter-Versammlungen in den Kirchgemeinden Neumünster, Witikon, Oberrieden, Affoltern a. A., Stäfa, Männedorf, Üetikon, Oetwil a. See, Uster, Pfäffikon, Fehraltorf, Russikon, Wildberg, Hittnau, Wetzikon, Bäretswil, Bauma, Sternenberg, Wila, Turbenthal, Elgg, Winterthur, Bülach und Rorbas. In der Stadt versammeln sich diese Frommen wöchentlich dreimal, auf der Landschaft zweimal, jedoch immer ausserhalb der öffentlichen Gottesdienstzeit. Gerold Meyer von Knonau bezeichnet sie 1846 anerkennend «als ein Salz der Kirche».[325] Der Oberländer Heimatdichter Jakob Stutz, der um 1820 selbst Herrnhuter Versammlungen in Hittnau, Dürstelen und Adetswil besucht, berichtet: «Wenn der Reiseprediger Bruder Adam nach Hittnau kam, strömten die Brüder und Schwestern zu Hunderten zusammen, so dass die geräumige Stube sie kaum zu fassen vermochte.»[326] Als im ersten Drittel des 19. Jahrhunderts die Wirtshäuser wie Pilze aus dem Boden schiessen, ertrinkt das halbe obere Tösstal vollends im Jammer des Alkohols. Dieser Not nehmen sich die Herrnhuter an. Um 1840 predigt der Herrnhuter Schneidergeselle Georg Bader aus dem süddeutschen Nagoldtal am Sonntagnachmittag auf der Manzenhueb (Wila) und im Steinenbach (Wila). Bis zu 150 Zuhörerinnen und Zuhörer strömen zusammen, «nicht nur von der untersten Classe»[327]. 1820 leben allein in Hittnau «50 Brüdergemeindler». Frühere «Trunkenbolde bekehren sich und leben solide.»[328] Der Prediger scheint nicht von den Kollekten zu leben, denn unter der Woche arbeitet er bei Schneider Rüegg im Wald ob Saland.

---

325 G. Meyer von Knonau, Der Canton Zürich II (1846, ND 1978), 373 f.
326 J. Stutz, Siebenmal sieben Jahre aus meinem Leben (1853. ND 1983), 392.
327 Zum ganzen Thema vgl. A. Sierszyn, Geschichte der Gemeinde Bauma II (1994), 101 f.
328 Bericht von Vikar Altherr (Bauma) an den Kirchenrat (1844 StAZ T 59b1).

Jakob Stutz

Der Heimatdichter Jakob Stutz aus Isikon (1801–1877) hat das Zürcher Oberland und seine Menschen in der ersten Hälfte des 19. Jahrhunderts treffend dargestellt und charakterisiert. Seine Werke sind eine einmalige sozio-kulturelle Quelle für die Befindlichkeit der Menschen in den 1820/40er-Jahren. Um 1820 besucht Stutz die Versammlungen der Herrnhuter in Adetswil, Dürstelen und Bauma. In seinem Werk «Sieben mal sieben Jahre aus meinem Leben» kommt er immer wieder auf die Oberländer Herrnhuter und Mystiker zu sprechen.

Die Herrnhuter Prediger haben grossen Zulauf, weil die Zuhörer in den meisten Kirchen nicht finden, was sie suchen. Auch durchs Oberland weht im frühen 19. Jahrhundert ein spürbarer Hauch von Erweckung und romantischem Gefühl. Die Werke des Hittnauer Heimatdichters Jakob Stutz (1801–1877) spiegeln diese Stimmungen aufs Beste. Niemand zählt die Frauen, die in den frommen Versammlungen neue Kraft schöpfen, auch wenn sie dafür am Abend von ihren alkoholisierten Männern geschlagen werden.

9.2 Armut im Oberland: Pietismus als Berg- und Talschaftstherapie

In den stark übervölkerten Gemeinden des Oberlandes – Sternenberg zählt damals 1500 Seelen, heute 350 – herrschen fast durchs ganze 19. Jahrhundert hindurch Mangel und Armut. In der grossen Hungersnot von 1817 sterben in Bauma noch 155 Menschen den Hungertod, vor allem Greise und Kinder. Die Bäretswiler Bevölkerung, die mit Fischenthal von der Regierung als Haupt-Notstandsgebiet 1. Klasse eingestuft wird, überlebt nur dank 52 655 Portionen Sparsuppe, die an allen Enden der Gemeinde verteilt werden.[329] «Nur wer hat, dem wird gegeben», kommentiert noch zehn Jahre später der Baumer Pfarrer Johannes Häfeli.[330] Insgesamt arbeiten damals in seiner 3000-Seelen-Gemeinde 445 Männer, 808 Frauen und 261 minderjährige Kinder oft landlos im mehr und mehr darniederliegenden Heim-Textilgewerbe. «Wenn diese Leute vom frühen Morgen bis in die Nacht hinein – oft ganze Nächte hindurch – gearbeitet haben: so ist Cichorien-Kaffee – oft ohne oder nur mit sehr wenig Milch und mit dünner Mählbrüe und wo's herrlich zugeht ein Bissen Brot das ordinäre Tagestraktament.»[331] Für dieses proto-industrielle Frühproletariat werden die Herrnhuter zu Zufluchtsorten, bei denen Trost, aber auch Unterhaltung zu finden ist.[332] Die Erweckungsversammlungen erfüllen ein Stück Talschafts-Therapie. Ohne den Erweckungsgeist, der vielen zum Nährboden der Seele wird, hätte sich dieses Frühproletariat später an sozialistischen Heilslehren gelabt. Der Baumer Pfarrer Johannes Hirzel mahnt schon 1848, «ein kommunistischer

---

329 A. Sierszyn/J. Albrecht, Bäretswil. Ein Heimatbuch (2015), 177.
330 KGdeA Bauma II B 11.5.
331 KGdeA Bauma II B 11.5.
332 Jakob Stutz, a.a.O., 389 ff.

Funke» könnte auch «in hiesiger Gemeinde zünden».[333] Es sind in den 1880er-Jahre erweckte Handwerker aus Bauma und Adetswil, denen es als Pioniere des Blauen Kreuzes (Temperenz-Bewegung) gelingt, innerhalb eines Jahres sieben notorische Säufer und deren heruntergekommene Familien durch die Kraft des Evangeliums zu retten. Ab ca. 1867 tritt hier die Chrischona als landeskirchliche Gemeinschaft das Erbe der Herrnhuter Kreise an. Das Blaukreuzfest im Jahr 1900 füllt in Bauma die grosse Kirche mit 1 000 Personen, weil auch Pfarrer Leo von Wyss die geachtete Blaukreuz-Arbeit in jeder Hinsicht fördert. Selbst der «Freisinnige», Vorläufer des «Zürcher Oberländer», berichtet mit Anerkennung über den Segen des Blauen Kreuzes an der Töss.

Als der junge Oberländer Heimatdichter Jakob Stutz 1821 von Hittnau nach Zürich reist, wählt er den Weg über den Zürichsee. Die Stäfner Sozietät hat sich nach der Krise von 1794 wieder aufgefangen. Stutz schreibt: «In Stäfa kannte ich den Goldschmied Peter und den alten Heinrich Itschner, ein Greis von 84 Jahren, in dessen Haus die dortigen Herrnhuter ihre Versammlungen hielten. [...] Die genannten Brüder nahmen mich sehr freundlich auf.» Dem Greis gelingt es umgehend, den jungen Oberländer dem Hutmacher Koch in der Stadt als Knecht zu vermitteln, der Jahreslohn liege bei 30–40 Gulden. Beim Abschied mahnt der betagte Stäfner seinen Freund, Hutmacher Koch in der Stadt auf keinen Fall «per du» anzusprechen. Solches sei zwar üblich bei den Herrnhutern auf dem Lande, Koch aber sei ein «wackerer Herr».[334]

9.3 Wädenswil, Horgen und Hirzel als Brennpunkte der Erweckung

1817 und 1818 trifft die junge Meta Heusser ab dem Hirzel im Dorf Wädenswil Caspar und Johannes Rellstab sowie die «Brüder» Heinrich Weber und Stucki, vielleicht Nachfahren der Erweckung des 18. Jahrhunderts. Die «Schallwellen» der russischen Baronin und Erweckungsfrau Juliane von Krüdener, die von Luzern via Knonau mit einem Gefolge von sechzig Personen nach Zürich reist und Scharen von Schaulustigen und erweckter Seelen anzieht, berühren auch Suchende auf dem Hirzel und am Zürichsee. Die Hirzeler Pfarrerstochter Meta Schweizer warnt ihre Schwestern und die Wädenswiler Freunde vor «Schwärmerei» und «Separatismus»; trotzdem wird «Freund Johannes Rellstab wirklich

---

333 Vgl. J. Hirzel, Vorstellungen betreffend das Armenwesen (1848), einsehbar im Lesesaal der ZB Zürich.
334 J. Stutz, Siebenmal sieben Jahre aus meinem Leben (1853, ND 1983), 365 f.

Julius Hauser

Der reiche Rebbauer Julius Hauser (1834–1897) ist die zentrale Gestalt der Wädenswiler Erweckung. Seine grosse Scheune unweit der Kirche richtet er als Vereinshaus ein. Er gründet einen grossen Männerverein, Frauenmissionsvereine und viele Sonntagsschulen. Seine Freie Schule in Wädenswil hat fast vierzig Jahre Bestand. Hauser ist auch der Begründer des Kinderheims Bühl sowie Vorstandsmitglied der Evangelischen Gesellschaft. Bis heute steht am Kirchweg 2 das Julius-Hauser-Haus, ein prächtiges Rebbauern-Haus aus dem 18. Jahrhundert.

Separatist».[335] Die exaltierte Prophetin und Erweckungsfrau ist für ihre frommen Zeitgenossen nicht leicht einzustufen, denn sie tut auch sichtbar Gutes: Für die notleidende Bevölkerung verschenkt sie im Hungerjahr 1817 aus ihrem Vermögen hohe Summen.[336]

Ab 1840 werden die Wurzeln des Wädenswiler Pietismus wieder fassbar.[337] Ein kleiner Kreis versammelt sich am Sonntagnachmittag zur Erbauung. Genannt werden zunächst die Herren Dick, Renz, Kieser und Moser. Die Gruppe versammelt sich im Haus des württembergischen Pietisten Peter Herion, dem Aufseher in der Tuchfabrik Rensch & Hauser. Frischen Wind bringt 1862 der junge Samuel Zeller vom Evangelisationswerk Männedorf in den Meierhof. 1865 errichtet der versierte Kaufmann und Rebbauer Julius Hauser (1834—1897) in seiner Scheune unweit der Kirche ein Vereinshaus für 450 Personen (heute Turnhalle Eidmatt). Unter Hausers initiativer Federführung entstehen zur gleichen Zeit ein Frauenmissionsverein und eine Halbbatzen-Kollekte mit 400 Mitgliedern. Gesammelt wird für die Evangelischen in Österreich, die Basler Mission, die Judenmission und für das Evangelische Lehrerseminar Unterstrass. In Wädenswil begründet der zur Oberschicht gehörende Hauser mehrere Sonntagsschulen dazu je eine weitere in Richterswil, Schönenberg, Horgen, Hütten sowie auf dem Richterswilerberg und dem Horgenberg. 1870 rettet er ein überschuldetes Bauernhaus vor dem Konkurs und stiftet ein Heim für behinderte Kinder. Das sanierte Haus schenkt er den Hauseltern Melchert.[338] Hinzu kommen ein Armenverein, 1872 ein grosser Männerverein mit über siebzig Mitgliedern und – Hausers Lieblingsprojekt – eine Freie Schule, die vierzig Jahre Bestand hat.

Auch der Wädenswiler Pietismus entfaltet sich im Dienst der Inneren und Äusseren Mission mit örtlichem Engagement und internationalem Horizont. In den 1880er-Jahren kommt es zu Spannungen mit Methodisten und Irvingianern. Denn, schreibt die Gemeinschaft, «bei aller Selbständigkeit haben wir uns doch gerne zu unserer Landeskirche gehalten»[339]. 1910 zählt der Verein noch 207 Mitglieder. Nachfolgerin ist heute die FEG Fuhr.[340]

---

335 R. Schindler, Die Memorabilien der Meta Heusser-Schweizer (2007), 200 f.
336 D. Sommer, Juliane von Krüdener (2013), 281–289.
337 Vgl. 50 Jahre Gemeinschaftsleben in Wädenswil, hg. von den Vorständen (1912).
338 Heute heilpädagogische Stiftung Büel.
339 50 Jahre Gemeinschaftsleben in Wädenswil (1912), 38. Die Angaben über Wädenswil stammen aus dieser Broschüre.
340 Die zunehmend säkular orientierte Politik des Vorstands der Evangelische Gesellschaft ab dem späten 20. Jahrhundert führt zur Abtrennung der landeskirchlich-pietistischen Gemeinschaften.

Kinderheim Bühl-Wädenswil

Das Kinderheim Bühl-Wädenswil samt Werkstatt (1970) hat pietistische Wurzeln im 19. Jahrhundert. Heute ist es die Heilpädagogische Stiftung.

Auch in Horgen kommt es nach der Wahl des liberalen Pfarrers Konrad Wilhelm Kambli mit 2/3 der Stimmen (1863) zur Gründung eines «Evangelischen Vereins». Treibende Kraft ist der Färbereibesitzer und spätere Gemeindepräsident Karl Zwald (1837–1926) in Verbindung mit Samuel Zeller von Männedorf. Zwald erwirbt das «Haus zur Heimat» und lässt darin einen Gottesdienstsaal einrichten. Die Gottesdienste werden zeitlich parallel zu Kamblis Predigten durchgeführt. Am Vormittag halten Prediger der Zeller'schen Anstalten aus Männedorf den Gottesdienst, am Abend betreuen Prediger der Evangelische Gesellschaft in Zürich die Versammlungen. Seit 1907 steht dem Prediger ein mit der Kapelle an der Bergstrasse verbundenes Haus zur Verfügung.[341] An gewöhnlichen Sonntagsgottesdiensten zählt die Gemeinde damals gut zweihundert Gläubige, in den 1930er-Jahren noch die Hälfte.

Auch in Horgen entsteht 1876 eine «Freie Evangelische Volksschule». In einer öffentlichen Einladung, bei der Gründung der Schule mitzuhelfen, schreiben die Initianten: «Es ist nach vielen Erfahrungen nicht mehr dem Zweifel unterworfen, dass unsere öffentlichen Staatsschulen einer antichristlichen Richtung anheimfallen, bei der es christlichen Eltern schwerfallen muss, derselben ihre Kinder übergeben zu müssen. Einem solchen Einfluss auszuweichen, haben die Unterzeichneten beschlossen, eine freie christliche Schule zu beginnen.»[342] Initianten sind der Färbereibesitzer Zwald, ein eifriges Mitglied des CVJM und der Evangelische Gesellschaft, sowie Baumeister Brändli. Im Gründungsjahr zählt man 25 Schulkinder, 1883 besuchen 65 Schüler die freie Schule «zur Heimat». Lehrer Edwin Schneider, ein frommer und zugleich gradliniger Dorfpolitiker, gibt in den ersten 46 Jahren der Schule ihr Gepräge. Sein Lohn beträgt höchstens 75 % dessen, was seine Kollegen an der Dorfschule verdienen. Die Schule «zur Heimat» ist keine Konfessions-, sondern eine offene Bekenntnisschule, die mit der Kapelle an der Bergstrasse verbunden ist. § 1 der Statuten hält fest, die Schule «strebt eine auf Gottes Wort gegründete Erziehung an»[343]. Das Schulhaus «zur Heimat» an der alten Landstrasse, eine ehemalige Weberei, wechselt 1959 ins Eigentum der Gemeinde.

Über die Erweckung auf dem Hirzel berichtet Meta Heusser, was sie als junge Frau im elterlichen Pfarrhaus erlebte. «Es war in den Jahren 1818–1821, als der Strom der Erweckung eines neuen religiösen Erle-

---

341 R. Pfister, Kirchengeschichte der Schweiz, III (1985), 196; P. Kläui, Geschichte der Gemeinde Horgen (1952), 628 f.
342 Horgener Jahrheft (1981), 29.
343 A.a.O., 29.

bens die ganze Zeit durchflutete [...] Wer nie inmitten einer solchen Erweckung gestanden, kann sich kaum vorstellen, wie das ist, wenn erst einzelne, dann viele, dann ganze Scharen sich aufmachen und fragen: ‹Was soll ich tun, dass ich selig werde?›.»[344] Nach der überstandenen Hungersnot der Jahre 1817/18 wird das Pfarrhaus von Pfarrer Diethelm Schweizer-Gessner auf dem Hirzel zum Mittelpunkt einer regionalen Erweckung. Scharen aus Hirzel und der ganzen Umgebung füllen an Sonntagabenden das Pfarrhaus, getrieben von einem Hunger nach Gottes Wort und dem Verlangen nach Rettung und Vergebung. Es kommen so viele, dass Pfr. Schweizer die Seelsorge über längere Zeit förmlich organisieren und etappieren muss. Mit Freude kann er nun ernten, was er zwanzig Jahre gesät hat. Unter den Erweckten befindet sich auch Jakob Schneebeli aus Affoltern a.A., ein ehemaliger Anführer des Bockenkriegs und erklärter Feind des Hirzeler Pfarrhauses; nun findet er Frieden mit Gott und Freundschaft mit der Pfarrfamilie Schweizer. Allein benachbarte Pfarrer, gemäss Meta Heusser «steife, in der Landeskirche festgesessene Rationalisten»[345], sind entrüstet wegen des geistlichen Frühlings und der Erweckungsversammlungen, die bis 1822 weitergeführt werden. Diese Erweckungen im frühen 19. Jahrhundert und ihre langzeitigen Ausläufer bis zur Mitte des 20. Jahrhunderts hauchen auch der säkularisierten Kirche und Gesellschaft immer wieder neues christliches Leben ein. Hier liegt die Langzeitbedeutung der Erweckungen, auch wenn sie lediglich temporär aufbrechen.

9.4 Übermacht Liberaler Theologie in Uster und Winterthur

9.4.1 Die Freie Kirche Uster

Uster, ein Kirchdorf am Wasser, erlebt im 19. Jahrhundert in industrieller und politischer Hinsicht eine bemerkenswerte Entwicklung. Die 1850/60er-Jahre sehen einen anhaltenden Konjunkturaufschwung. Neben Zürich und Winterthur avanciert Uster zu einem regionalen Wirtschaftszentrum mit Bahnanschluss ab 1856. Gleich zwei Kantonsverfassungen, die liberale (1830) und die demokratische (1868), werden von hier aus angestossen. 1864 gründet der umstrittene Scherr-Schüler und Sekundarlehrer Johann Kaspar Sieber in Uster eine Zeitung, den sogenannten «Unabhängigen». Auch der junge Ustermer Pfarrer Vögelin liefert dafür

---
344 M. Heusser-Schweizer, Hauschronik, Hg. K. Fehr (1980), 52.
345 M. Heusser-Schweizer, a.a.O., 53.

seine redaktionellen Beiträge. Dieses Organ des radikalen Fortschritts bildet eine Basis für die demokratische Bewegung. Der spätere Regierungsrat Sieber wird von seinen Anhängern in Uster wie ein Messias gefeiert. Seine Gebeine versucht man noch Jahre nach seinem Tod von Zürich nach Uster zu transferieren.[346] Dies zeigt, wie sehr die demokratische Ideologie gerade in Uster verankert ist. Sieber ist aus der reformierten Kirche ausgetreten.

Die kirchliche Lage in Uster bleibt zunächst geprägt durch Dekan Otto Werdmüller, Pfarrer in Uster von 1829–1863. Dessen Töchter Magdalena, Marie und Auguste erleben im Genfer Réveil eine Bekehrung. 1847 eröffnen die jungen Frauen mit ihrer Mutter im Ustermer Pfarrhaus ein Töchter-Institut, das von schulentlassenen Frauen der Umgebung, aber auch aus dem Welschland, ja sogar aus Amerika, Ungarn und Russland, besucht wird. Die Behörden erteilen Pfarrer Werdmüller die Bewilligung nur zögernd und unterstellen das Institut der allgemeinen Visitation.[347] 1848 begründen die beiden Schwestern Marie und Auguste im Pfarrhaus zudem das schweizweit erste «Kinderkirchli». Als die Familie nach dem Tod von Pfarrer Werdmüller (1863) das Pfarrhaus verlassen muss, führen Frau Pfarrer Werdmüller und ihre Töchter in einem eigens dazu erbauten Haus an der Friedhofstrasse 5 ihr pietistisch geführtes Töchter-Institut weiter.

In den Jahren 1855–1859 streut auch Friedrich Zündel, der Vikar des alternden Dekans, in feurigen Predigten den Samen des biblischen Wortes aus. Die Gläubigen mehren sich. 1862 wird Salomon Vögelin Werdmüllers letzter Vikar. Bereits als Pfarrverweser spricht er davon, dass der alte Kirchenglaube erneuert und dem Fortschritt der Wissenschaft angepasst werden müsse. Am Auffahrtstag 1863 stellt er auf der Kanzel von Uster die Auferstehung, Himmelfahrt und Wiederkunft Christi öffentlich in Abrede.[348] Diese Predigt bringt ihm eine Petition von hundert Stimmberechtigten ein, die vom Kirchenrat Verwahrung gegen die Wahlanerkennung eines derart extremen Geistlichen fordert. Auch 78 kantonale Pfarrer erlassen eine «Offene Erklärung»; die Evangelische Gesellschaft in Bern sowie Pfarrpersönlichkeiten aus Bern und Basel äus-

---

346 M. Köhler, Johann Kaspar Sieber (2003), 151 f.
347 Vgl. P. Kläui, Geschichte der Stadt Uster (1964), 357 ff.
348 Gemäss Dekan Th. Nägeli ist Vögelins Reformtheologie nicht frei von antisemitischen Tendenzen: «In einer Weihnachtspredigt war zu hören, der Gott des Alten Testaments habe für die Heiden kein Herz gehabt. ‹Im jüdischen Lande habe aber ein Mensch gelebt, der, obwohl unter dem Einfluss dieser jüdischen Vorurteile aufgewachsen und noch darin befangen, doch gelernt habe, dass Gott eine Liebe zu allen Menschen hege, auch zu den Heiden.›» Vgl. Th. Nägeli, in: 100 Jahre Freie Kirche Uster (1963), 6.

Die Töchter Werdmüller

Die vier Pfarrerstöchter Magdalena, Marie, Auguste und Elise Werdmüller vor dem Töchter-Institut an der Friedhofstrasse 5. Elise (stehend) studiert in Zürich und Deutschland Musik und Gesang. Am Institut erteilt sie Gesang und Geografie. Zudem leitet sie in Uster ab 1867 den Gemischten Chor und spielt 1880 als erste Organistin auf der Ustermer Orgel.

sern sich im gleichen Sinn. Doch der Zürcher Kirchenrat, am Vorabend der Abschaffung des Apostolischen Bekenntnisses, lehnt das Gesuch ab. Die kulturpolitischen Gewichte in Uster bewegen die Waagschale klar zugunsten von Vögelin. Die örtliche Kirchenpflege verteidigt ihn ebenfalls mit den üblichen Argumenten. Mit seiner politischen Haltung kann der Kandidat in Uster mit beachtlicher Unterstützung rechnen. 1864 wird Pfarrer Vögelin deutlich gewählt. Er spaltet die Gemeinde und übernimmt sechs Jahre später eine neu geschaffene Professur für Kunst- und Kulturgeschichte an der Zürcher Universität. 1875 verlässt er das Ministerium der Zürcher Pfarrer und lässt sich als Nationalrat der demokratischen Linken wählen.

Schon im Herbst 1863 gelangen einige Frauen von Uster an die Evangelische Gesellschaft mit der Bitte um die Errichtung eines evangelischen Gottesdienstes.[349] Da sich in Uster selbst zunächst kein geeignetes Versammlungslokal finden lässt, versammeln sich im Oktober sechzig Personen in der Webstube der Familie Berchtold in Riedikon. Die Evangelische Gesellschaft entsendet ihren württembergischen Prediger Georg Ebinger, der nebst Uster auch Wald und andere Stationen bedient.[350] 1864 stellen die beiden Töchter von Altpfarrer Werdmüller die geräumige Schulstube ihrer Pension an der Friedhofstrasse in Uster zur Verfügung. 1865 erwerben einige Männer aus Uster, unterstützt durch Notar Franz Meyer-Usteri von der Evangelische Gesellschaft, das alte Sekundarschulhaus am Gotthardweg.

1866 beginnt der württembergische Pfarrer Gustav Fleischhauer als Seelsorger seinen Dienst in der jungen Gemeinde. Es war der Basler Ratsherr Adolf Christ, der den pietistischen Theologen, der am Basler Missionshaus als Hilfslehrer diente, nach Uster schickte.[351] Auch ein württembergischer Freund ermunterte Fleischhauer zu diesem Schritt mit der Bemerkung: «Zürich hat von uns einen David Strauss und Heinrich Lang

---

349 Die folgende Darstellung beruht im Wesentlichen auf: Div. Vf., 100 Jahre Freie Kirche Uster (1963); E. Felix, Aus der Geschichte der Freien Kirche Uster (o. J.); H. Pfister u. a., 1863–2013 – 150 Jahre Freie Kirche Uster (2013); T. Wohler, Gemeinde-Ordnung der freien evangelischen Gemeinde in Uster 1876 (2013).
350 In Wald begründen der Fabrikbesitzer Jakob Oberholzer (1814–1881) und dessen Frau Barbara, geb. Schaufelberger, 1863 die «Freie Gemeinschaft Wald» mit einer Kapelle (1875) auf dem Fabrikgelände am Sagenrain. Ihr Sohn Ferdinand und dessen Söhne führen die Familientradition weiter bis ins 20. Jahrhundert. Zur Walder Gemeinschaft gehören auch ein Krankenverein, eine Sonntagsschule, ein Kindergarten sowie ein Chor. Kleinere Vereine und Predigtstationen bestehen auch in Stäfa, Hombrechtikon, Herrliberg, Küsnacht und Elgg. Einige lösen sich im 20. Jahrhundert auf, andere – wie Wald und Stäfa – wechseln 1952 zur Chrischona-Gemeinschaft.
351 Vgl. die Monatsblätter der Evangelische Gesellschaft vom Okt. 1915 bis Nov. 1916.

9. Erweckungen auf der Zürcher Landschaft   139

bekommen, sie sollen von Württemberg auch einen Zeugen des Evangeliums erhalten.»[352]

Wie schon Prediger Georg Ebinger legt auch Gustav Fleischhauer in seinem Dienst grosse Treue und Hingabe an den Tag. Sonntag für Sonntag predigt er in Uster und Wald. Dazu kommt jeden zweiten Sonntag ein Abendgottesdienst in der Wetziker Pfrundweid. Darüber hinaus leitet er Versammlungen in Stäfa, Ottikon, Grüt b. Gossau, aber auch in Rämismühle und Adetswil. Natürlich macht er auch ausgiebig Haus- und Krankenbesuche. Erholsam sind für ihn die freien Kontakte zur Brüderkonferenz mit Samuel Zeller in Männedorf. Weite Strecken legt Fleischhauer bei Wind und Wetter zu Fuss oder mit einem Pferdegespann zurück. Mehr als einmal muss man ihm – am Zielort angelangt – die durchnässten Kleider wechseln.

Ein Ustermer Unikum ist der Konflikt wegen des Religionsunterrichts, der damals faktisch noch ein Monopol der Landeskirche ist. Da alle Bemühungen zur Befreiung der Kinder vom liberalen Unterricht nichts fruchten, beschliesst eine Anzahl Männer *contre coeur*, aus der reformierten Kirche auszutreten.[353] Der Regierungsrat genehmigt 1870 den kollektiven Austritt. Die junge Kirche nennt sich «Freie evangelische Gemeinde».[354] Drei Jahre später gründet die Gemeinde eine eigene Privatschule, um die Kinder nicht dem «offensichtlichen Unglauben» an der Volksschule aussetzen zu müssen. Diese Schule, die zunächst aufblüht, gerät später in finanzielle Schwierigkeiten und wird 1899 wieder geschlossen.

Unter anderem eine grossherzige Schenkung von Fabrikant Julius Trümpler ermöglicht 1879 «der evangelischen Gesellschaft Uster»[355] den Kauf eines stattlichen Hauses an der Neuwiesenstrasse. Pfarrwohnung, Predigtsaal und freie Schule sind damit unter einem Dach vereint. Dabei werden die Gottesdienste so zahlreich besucht, dass der Saal im Erdgeschoss die Anwesenden nicht mehr zu fassen vermag. Kurzerhand greifen die praktisch begabten Männer zur Säge. Über der Kanzel wird vom oberen Boden ein Loch, ca. 1,5 Meter im Geviert, ausgesägt. Damit kann der hochgewachsene Prediger im unteren Saal ganz, im oberen Stock noch

---

352 E. Felix, a.a.O., Kapitel 3, ohne Seitenzahl.
353 «Nur notgedrungen, unter dem Drang der damaligen Verhältnisse, sind anno 1869 eine Anzahl Männer aus der Landeskirche ausgetreten, um dadurch das Recht zu erhalten, ihren Kindern einen positiven Religionsunterricht geben lassen zu können.» Prot. der Gde.-Versammlung vom 26. Oktober 1884, in: 100 Jahre Freie Kirche Uster (1963), 13.
354 Vgl. Gemeinde-Ordnung von 1876, Hg. T. Wohler (2013).
355 Gemeint ist wohl der Bezirksverein Uster der Evangelische Gesellschaft.

teilweise gesehen, an beiden Orten aber gut gehört werden. Im Sonntagsgottesdienst füllen sich beide Säle. Als «geistliches Zentrum» erweist sich die von den vier Töchtern des Dekan Werdmüller geführte Mädchenpension, von der jeweils alle in corpore aufmarschieren und die vordersten Plätze einnehmen.

1884 richtet die Gemeinde ein Gesuch um Wiederaufnahme an den Kirchenrat. Die Regierung hebt ihren früheren Trennungsbeschluss auf. Seither besteht die «Freie Kirche Uster» als «Minoritätsgemeinde der Evangelisch-reformierten Landeskirche». Ab da besteht auch ein formelles Verhältnis zur Evangelische Gesellschaft, das 1979 aufgehoben wird.[356] 1905 können die 175 Mitglieder der Gemeinde ihre neue Kirche an der Gerbestrasse einweihen, die im Jahr 2000 totalsaniert und mit Saal, Küche und Räumen für die Jugendarbeit erweitert wird. In den 1930er-Jahren beginnt sich das Verhältnis zur reformierten Kirche in Uster aufzuhellen. Ende der 1980er-Jahre erlebt die Gemeinde zunächst einen erwecklichen Aufbruch, dann aber eine innere Krise, indem ein Teil der Mitglieder mit dem bisherigen Prediger die Chrischona-Gemeinde Uster gründet. Das Problem wird später gemeinsam und versöhnlich aufgearbeitet. Thomas Wohler, Pfarrer seit 1999, ist der 16. Seelsorger der «Freien Kirche Uster». 2005 startet die Kirche einen Mittagstisch für Schulkinder. 2010 ist Bauvollendung für die Liegenschaft «Am Bach». Die Gemeinde erhöht das Pensum des Jugendarbeiters auf 100 %. Das Hauptmerkmal der Freien Kirche bleibt «die Verkündigung des Evangeliums zur Ehre Gottes». Gemeinde- und Jugendwochenenden, Gemeindeferien oder Seniorenwochen, aber auch Eheseminare und Glaubenskurse sowie Missionsvorträge geben «neue Impulse und lenken den Blick auf die weltweite Kirche». Nach dem 150-Jahr-Jubiläum 2013 hat der Kirchenrat die bisherige Minoritätskirche «in die Unabhängigkeit entlassen». Die zugrunde liegende Theologie bleibt indes nach wie vor reformiert-reformatorisch mit pietistischem Einschlag. Die getauften Kinder gelten als unmündige Mitglieder, bis sie ihren «Glauben an den gekreuzigten und auferstandenen Herrn und Heiland Jesus Christus durch Wort und Wandel bekennen».[357]

---

356 Meyer/Schneider, Diakonie und Mission (2011), 104.
357 Th. Wohler, Gemeinde-Ordnung der freien evangelischen Gemeinde in Uster 1876 (2013), §§ 2 und 3.

9.4.2 Der Evangelische Verein und die Stadtmission Winterthur

Dekan Johann Rudolf Ziegler (1788–1856) und Stadtdiakon Ernst haben bis zur Jahrhundertmitte den christlichen Glauben in Winterthur auf der Kanzel und in Missionsstunden vorsichtig und milde gehegt.[358] Durch die erweckliche Botschaft der Vikare Johannes Pfister und Friedrich Zündel in den Jahren 1853/54 entsteht zudem neues Leben, gemäss Zündel teils zum Leidwesen «einflussreicher Häupter» der Stadt. Unter Zieglers Nachfolger pilgern Winterthurs Fromme zu Pfarrer Johannes Pfister nach Pfungen oder zu Pfarrer Theophil Hanhart nach Seen. Unter der Woche trifft man sich bei Ratsherr Jakob Goldschmid im «Königshof» am Neumarkt zu monatlichen Erbauungsstunden mit auswärtigen Pfarrern und Christoph Blumhardt d. Ä. Dank Goldschmids geachtetem Einfluss wird 1864 der junge Basler Gustav Heusler als bibelgläubiger Subdiakon nach St. Georgen berufen, doch die demokratische Hochburg der Stadt macht ihm das Leben schwer Obwohl die Bevölkerung rapide steigt, wird 1873 das Pfarramt zu St. Georgen durch Mehrheitsbeschluss der Kirchgemeinde aufgehoben.

Nun erfreuen sich die Gläubigen, die sich im «Königshof» versammeln, an den Botschaften des Württemberger Afrika-Missionars Karl Friedrich Aldinger, der als Missions-Reiseprediger in der Ostschweiz unterwegs ist. 1867 gründen Mitglieder der Bezirkssektion Winterthur-Andelfingen der Evangelischen Gesellschaft einen Verein unter der Leitung von Pfarrer Gustav Heusler, Ratsherr und Strassenbau-Ingenieur Goldschmid, Kaufmann Reinhard zum Schwan, Sekundarlehrer Schumacher und Missionar Aldinger. Noch im selben Jahr organisiert der Verein die erste ostschweizerische Missionskonferenz in Winterthur. An einer öffentlichen Versteigerung erwirbt der junge Verein ein Grundstück beim Königshof zum stolzen Preis von 125 000 Franken. Jakob Goldschmid ist seit 1869 der erste Laie von der Zürcher Landschaft im Zentralkomitee der Evangelische Gesellschaft.[359] Im Oktober 1873 steht dann auf dem Grundstück ein neues Missionshaus für Abendgottesdienste (500 Plätze), Missionsvorträge und Bibelstunden; auch Räumlichkeiten für Kindergarten, Sonntagsschule, Jünglingsverein, Jungfrauen-Verein, Missions- und Krankenverein sind im Gebäude integriert. Da ab 1873 in der Stadtge-

---

358 Die Informationen für die nachfolgende Darstellung über die Stadtmission verdanke ich weitgehend der Schrift von Pfr. H. Zimmermann, Hundert Jahre Stadtmission Winterthur (o. J.); dazu: Jahrbuch Evangelische Gesellschaft (1922/23) 3ff sowie J. Nink, Das evangelische Vereinshaus in Winterthur (1898).
359 Meyer/Schneider, Mission und Diakonie (2011), 105.

Die Stadtmission in Winterthur

Unter der Federführung von Ratsherrn und Strassenbau-Ingenieur Jakob Goldschmid errichtet der Bezirksverein Winterthur-Andelfingen der Evangelischen Gesellschaft 1873 in Winterthur ein neues «Missionshaus» mit 500 Plätzen für Gottesdienst, Missionsvorträge und Bibelstunden. Auch ein Kindergarten, eine Sonntagsschule, ein Jünglingsverein, ein Jung-Frauen-Verein, ein Krankenverein und zeitweise eine Freie Schule finden im neuen Gebäude ihre Heimat. Im selben Jahr etabliert sich der Verein als Minoritätsgemeinde. Besonders unter Pfarrer Friedrich Zündel in den Jahren 1874–1891 zählt die Gemeinde mehrere hundert Mitglieder. 1913 verzichtet die Gemeinde auf ihren Minoritätsstatus und etabliert sich als Stadtmission und Vereinsgemeinde mit Abendgottesdiensten. Ein Kindergarten bleibt bis 1964 in den Räumlichkeiten des Vereinshauses. 1957 kommt die Arbeit der Telefonseelsorge hinzu. Ab den 1960er-Jahren finden verschiedene fremdsprachige Gemeinden im Vereinshaus eine Heimat. Die Stadtmission ist bis heute eine evangelische Dienstgemeinschaft für das Evangelium auf dem Platz Winterthur mit regelmässigen Sonntagsgottesdiensten und seelsorgerlichen Angeboten.

meinde nur noch die «Richtung des freien Christentums» vertreten ist, teilt der Verein dem hohen Kirchenrat seinen «Notstand» mit und etabliert sich als Minoritätskirche innerhalb der Landeskirche. Mit Pfarrer Friedrich Zündel aus Oberglatt findet der Verein für beinah zwanzig Jahre einen Seelsorger mit besonderem Profil. Berühmt ist Zündels Biografie von Johann Christoph Blumhardt.[360] Der viel beschäftigte Pfarrer hält zeitweise 16–20 Stunden Unterricht pro Woche, tauft jährlich bis zu sechzig Kinder oder mehr und predigt ab 1878 jeden dritten Sonntag (ohne Entschädigung) auch in der Stadtkirche. Die Gemeinde dürfte zu seiner Zeit mehrere hundert Mitglieder gezählt haben.[361]

Als Pfarrer Dr. Joh. Konrad Gasser (1870–1951) nach sechsjährigem Dienst im Vereinshaus 1913 an die städtische Kirchgemeinde gewählt wird, entscheidet die Gemeinde mehrheitlich, auf ihren Minoritätscharakter mit eigenem Pfarramt und Gottesdienst am Sonntagmorgen zu verzichten und sich als Stadtmission und Vereins-Gemeinde mit Abendgottesdienst, Abendmahl usw. zu etablieren.

Wie die Evangelische Gesellschaft in Zürich erkennt auch der Winterthurer Kreis von Anbeginn seinen Auftrag gegenüber den Bedürfnissen der säkularen Gesellschaft. 1870 und 1873 rufen Herr und Frau Spengler, Frau Goldschmid und weitere Damen des Kleinkindervereins zwei Kindergärten im Neuwiesenquartier und im Vereinshaus am Neumarkt ins Leben. Als markante Persönlichkeiten wirken als Kindergärtnerinnen Jungfer Fischer, Frl. Fanny Ott und Frl. Hanny Pflüger. Ihnen allen liegt am Herzen, in den Kindern die Liebe zum Heiland zu wecken. 1926 nimmt die Stadt alle privaten Kindergärten unter ihre Fittiche; der Kindergarten am Neumarkt bleibt noch bis 1964 in den Räumen des Vereinshauses.

Wie in Zürich, Wädenswil, Horgen und Uster eröffnet ein christlicher Schulverein 1877 auch in Winterthur eine Freie Schule in den Räumen des Vereinshauses. Alle diese freien Schulen, die unter bedeutenden Opfern aufgebaut und betrieben werden, sind Zeichen der geistlichen und seelischen Not, welche die säkulare Pädagogik unter bekennenden christlichen Familien auslöst. Bei einem Schuldgeld von 24 Franken pro Jahr besuchen zunächst 49, bald aber über 70 Kinder die christliche Schule. Seminardirektor Bachofner entsendet mit Theodor Müller von Tägerwilen und Emil Brunner[362] von Oberrieden zwei seiner tüchtigsten Absolventen. 1889 bezieht die Schule ihr eigenes Haus an der Museumsstrasse.

---

360 F. Zündel, Johann Christoph Blumhardt (1881, ND 2013).
361 Vgl. J. Nink, Das evangelische Vereinshaus in Winterthur (1898), 48 ff.
362 Der Vater des späteren Theologieprofessors Emil Brunner.

Heute befindet sich die Freie Schule im Frohbergpark; von ihren christlichen Wurzeln ist nicht mehr viel zu erkennen.

Schon 1867 eröffnet die Evangelische Gesellschaft ein Schriftendepot und eine Leihbibliothek an der Hintergasse 248 in Winterthur. Das Depot umfasst ein Lager von Bibeln und Testamenten in deutscher und in fremden Sprachen, Gebets-, Predigt- und Erbauungsbücher, Gesangbücher sowie Volks und Jugendschriften. 1888 umfasst die Bibliothek 932 deutsche und 233 französische Bücher. Das Lokal ist während sechs Tagen pro Woche vormittags und nachmittags geöffnet. Bald wird das Depot um eine evangelische Buchhandlung erweitert.

Schon 1844 verweist Johann Hinrich Wichern in Hamburg auf die «Wüsten-Situation» der wandernden Handwerker der Zeit. 1866 ruft die Evangelische Gesellschaft in Zürich eine erste Herberge für Handwerksgesellen ins Leben. 1887 erwerben evangelische Männer in Winterthur, nämlich Tapezierer Jakob Meyer, Bäckermeister Ganz und Kohlehändler Spengler, das Wohnhaus zum unteren Sulzberg samt Umgebung für eine «Herberge zur Heimat». 1898 wird die «Heimat» zum Hospiz mit 65 Betten ausgebaut. Die Blütezeit der Winterthurer Herberge zur Heimat beginnt 1906, als die Evangelische Gesellschaft das Haus übernimmt und den begabten pfälzischen Bauernsohn Andreas Schumann als Hausvater einsetzt. Die Herberge muss am Ende des Zweiten Weltkriegs geschlossen werden, weil die Evangelische Gesellschaft sich aus finanziellen Gründen von der Liegenschaft trennen muss.

Der wechselnde Status der Stadtmission in Winterthur ist eng mit dem geistlichen Auf und Ab der Stadtkirche verbunden. In den 1920/30er-Jahren bedient Prediger Walter auch die mit der Evangelischen Gesellschaft verbundenen Kreise in Elgg, Waltenstein, Thalheim und Flurlingen. In den 1950er-Jahren führt Pfarrer Zimmermann gleichzeitig mit der Zürcher Stadtmission auch in Winterthur die Telefonseelsorge ein, die er zunächst selbst nebenamtlich betreut. Ab den 1960er-Jahren werden Gottesdienste für Gastarbeiter in italienischer, spanischer und griechischer Sprache angeboten.

Seit Jahrzehnten führt das Pfarrehepaar Gottfried und Maria Schill die ehrwürdige Arbeit der Stadtmission weiter als überzeugende öffentliche Dienstgemeinschaft für das Evangelium auf dem Platz Winterthur. Ihre Schwerpunkte sind derzeit: Sonntagsgottesdienst mit Kirchenkaffee, ein Seminar am Mittwochmorgen «Schätze aus der Heiligen Schrift» mit verschiedenen Referentinnen und Referenten, ferner Gebetstreffen und Angebote für Seelsorge. Das Vereinshaus steht auch der Iglesia Hispana mit Pfarrer Alfredo Diez, einer Waldenser-Gruppe und dem «Centre de David» zur Verfügung. Schliesslich dient das Vereinshaus als Treffpunkt für «Christen bei Bahn und ÖV» (ECV). Die Winterthurer Stadtmission blieb sich und ihrer langjährigen Identität 1993 trotz Krise und Kurswechsel der Evangelische Gesellschaft bis heute treu.

9.5 Das Glaubenswerk in Männedorf provoziert liberale Kreise

In den Jahren 1856–1862 gründet Dorothea Trudel (1813–1862) in Männedorf ein besonderes Glaubenswerk. Körperlich und vor allem psychisch Kranke werden durch Gebet und Krankensalbung (Jak 5,14) geheilt oder ihre Krankheit kann gelindert werden. Missionare, Diakone, Diakonissen, Pfarrfrauen, Adlige, Handwerker und Fabrikarbeiterinnen der Umgebung, aber auch aus Deutschland und dem Elsass, suchen Hilfe bei der schlichten Gottesfrau. Jungfer Trudel hat sich diese Begabung nicht antrainiert. Sie hat ihre geistlichen Gaben im Lauf ihres kurzen Lebens allmählich entdeckt. Auf bis zu 160 Menschen pro Tag steigt schliesslich der Strom der Hilfesuchenden.[363] Aus einem Familienerbe gründet Trudel wegen Platznot eine «Gebets-Heilanstalt». Auf Anzeige des Bezirksarztes Dr. Dändliker verurteilt das Bezirksgericht Meilen die Frau wegen Scharlatanerie. Das Obergericht dagegen spricht nach detaillierter Einsicht in die Akten Dorothea Trudel von allen Anklagepunkten frei. Ihr Verteidiger im vielbeachteten Prozess ist der energische Rechtsanwalt Dr. Hans Heinrich Spöndlin (1812–1872). Dieser kam als Student in der Genfer Erweckung zum Glauben. 1839 amtet er als Aktuar des Glaubenskomitees, 1869 ruft er mit Sekundarlehrer Heinrich Bachofner und einigen Exponenten der Evangelischen Gesellschaft das Gründungskomitee für das Evangelische Seminar zusammen.

Der Glaube von Dorothea Trudel ist biblisch-schlicht. In jungen Jahren hält sie sich zu den Herrnhutern der Gegend, eine Zeitlang nähert sie sich den Darbysten. Ihre «zweite Bekehrung» erlebt sie 1850. Gegen geringes Entgelt oder auch gratis öffnet sie Kranken und Elenden die Türen. Einblick in ihre Frömmigkeit geben «Zwölf Hausandachten» von ihr, die erst posthum (1863) erscheinen. 1862 erliegt «Jungfer Trudel» einem in Männedorf grassierenden Nervenfieber. Ihr Nachfolger Samuel Zeller (1834–1912), Neffe des Leiters der Anstalt Beuggen, gründet ab 1861 das «Evangelisationswerk Männedorf», ein Netz mit dreizehn Aussenstationen beidseits des Zürichsees.

---

363 Vgl. A. Zeller, Dorothea Trudel von Männedorf (1971); J. Seidel, Dorothea Trudel (1813–1862) von Männedorf und die Erweckungsbewegung im Zürcher Oberland, in: Zürcher Taschenbuch auf das Jahr 2005 (2004), 175–200.

Dorothea Trudel

Dorothea Trudel (1813–1862) von Hombrechtikon gründet in Männedorf mehrere Häuser, in denen Kranke durch Gebet und Handauflegung Heilung oder Linderung finden. Zu den in Männedorf Genesenen gehören Elias Schrenk und Arnold Bovet. Auch das Sanatorium Kilchberg, 1867 gegründet durch Johannes und Maria Hedinger, empfängt Impulse von Männedorf.

Starke Wirkungen von Dorothea Trudel gehen aus auf Arnold Bovet, den Gründer des Blauen Kreuzes, aber auch auf Betsy Meyer, die Schwester von Conrad Ferdinand Meyer, die fünfzehn Jahre als freiwillige Helferin in der Männedorfer Gemeinschaft mitarbeitet.[364] Ein kantonales Medizinalgesetz um die Jahrhundertwende gestattet die Heilung von psychisch Schwererkrankten nur noch, sofern auch ein Arzt im Hause ist. Daher können ab dem 20. Jahrhundert in Männedorf keine Menschen mehr behandelt werden, die an Schizophrenie oder schweren Depressionen leiden.[365] Bis heute erfreut sich das «Bibelheim Männedorf» in weiten Kreisen der Evangelischen Allianz grosser Beliebtheit.

1867 legen Johann und Maria Hedinger, zuvor Mitarbeitende in Männedorf, den Grundstein für das Sanatorium Kilchberg. Das Glaubenswerk ist eine der ersten psychiatrischen Einrichtungen im Kanton Zürich, das bis 1904 in pietistischem Sinn geführt wird.

9.6 Freier gestimmter Pietismus auf der Landschaft

Nicht nur im Oberland mit seinem jahrhundertealten distanzierten Verhältnis zur Stadt, sondern auf der ganzen Landschaft begünstigt ein innerer Abstand zur Stadt Zürich «freikirchlich gestimmte» Pietismen, die der staatsnahen Landeskirche gegenüber mehr oder weniger skeptisch eingestellt sind. Im Unterschied zum städtischen tendiert daher der ländliche Pietismus (auch der kirchliche) im Zürichbiet des 19. Jahrhunderts zu einer gewissen Distanz zur offiziellen Kirche.[366] «Zürich» ist nicht nur geografisch, sondern auch geistlich weiter weg.

---

364 C. F. M.'s Ehefrau Betsy (Elisabeth), geb. Ulrich (gest. 1856) ist befreundet mit Meta Heusser und Johanna Spyri. Vgl. Meta Heussers Memorabilien, Hg. R. Schindler (2007), am 29. September 1856.
365 Ob die damals spartanischen Räume der Burghölzli-Klinik für Schizophrene und Gemütskranke heilsamer sind als die menschlichen Zuwendungen in Männedorf, bleibe dahingestellt. Die Neuroleptika seit den 1950er-Jahren mit ihren «antipsychotischen» und sedierenden Effekten leeren zwar die Kliniken; die Nebenwirkungen sind aber oft beträchtlich, und die ganze Last der Betreuung verschiebt sich auf die Angehörigen oder in die Heime. Heute ergänzen sich medikamentöse, psychotherapeutische und seelsorgerliche Behandlung. Trudels Erfolge mit rein spiritueller Therapie bleiben aber auch aus heutiger Sicht beachtenswert.
366 D. Hofmeister, Geschichte der evangelischen Gesellschaft des Kantons Zürich (1882), 14 f.

9.7 Neutäuferische Erweckung

Bereits 1834 nutzen Neutäufer um den ehemaligen Aargauer Pfarrer Samuel Heinrich Fröhlich die Gelegenheit, sich in der Neumühle (Gde. Hirzel) zu treffen, «wo man mit dem Pfarrer nicht zufrieden ist».[367] Die Dichterin und Arztfrau Meta Heusser-Schweizer schreibt 1836 ihrer Freundin Cleophea Zahn nach Deutschland:

> Es ist viel Finsternis, aber auch überall viel Lebensregung, daher denn Separation und Wiedertaufe sehr um sich greifen, besonders in den Kantonen St. Gallen, Thurgau, Zürich, wo der Unglaube lange auf der Kanzel geherrscht hat; auch in unserer armen, verwaisten Gemeinde hat sich ein grosser Teil der Gläubigen (nicht alle) von der Kirche losgerissen und bildet nun eine Wiedertäufergemeinde, die leider gar schroff gegen alle anderen Christen dasteht. Noch haben wir den gleichen Pfarrer wie damals – keinen Seelenhirten für so Viele, die ernstlich fragen: Was sollen wir thun, dass wir selig werden?[368]

In der Gemeinde Kloten trifft sich eine Neutäufergemeinde auf dem Rohrhof. 1837 geben 137 Personen aus den Gemeinden Kloten, Glattfelden, Bülach, Eglisau, Embrach und Rümlang ihren Kirchenaustritt.[369]

Schon ein Jahr zuvor entsteht im entlegenen Hof «Obis» am Fuss des Allmann ob Bäretswil eine neutäuferische Versammlung. Die letzten Täufer waren hier in den 1670er-Jahren ausgestorben. Zweifellos bestanden familiäre Verbindungen von den alten Täufern zu den neuen Formen pietistischer Frömmigkeit.[370] Besonders Eifrige lassen sich am 15. Dezember 1836 bei 1 Grad Celsius und auffrischendem Westwind im gestauten Obisbach taufen.[371] Etwa fünfzig Taufgesinnte aus den Gemeinden Hinwil, Dürnten, Wald, Bäretswil und Bauma sammeln sich auf verschlungenen Wegen bei diesem kleinen Berghof. 1845 leben im Kanton Zürich 726 Neutäufer. Sie treffen sich in den Gemeinden Hirzel (Tobelmühle), Wädenswil (Meilibach), Horgen (Waldegg), Oberrieden, Bäretswil (Obis), Fällanden, Neftenbach (Rote Trotte), Eglisau (Tössriederen), Glattfelden,

---

367 A. Sierszyn, Neutäuferische Unruhen im Bachtel- und Allmanngebiet (2. Aufl. 1994) 17f. Der frei gesinnte Pfarrer Salomon Tobler (1794–1875) ist Pfarrer auf dem Hirzel von 1826–1839. Er verkehrt in einem Dichterkreis mit Meta Heusser und Sekundarlehrer Bär. Nach dem Septemberputsch muss er die Gemeinde verlassen.
368 A. Zahn, (Hg.), Frauenbriefe (1862) Brief vom 14. Februar 1836.
369 F. Vogel, Memorabilia Tigurina (1841), 673.
370 Die Grossmutter des Mystiker-Pioniers Jakob Rüegg auf der Baumer Schwendi zum Beispiel stammte aus der bekannten Täuferfamilie Weber im Bäretswiler Neuthal. Vgl. A. Sierszyn, Bauma im Tösstal (1989), 61.
371 Vgl. A. Sierszyn, Neutäuferische Unruhen im Bachtel- und Allmanngebiet (1968, 2. Aufl. 1994).

Kloten (Rohrhof), Rümlang, Wülflingen (Meierriet-Trotte) und in der Stadt Zürich.[372] Ihre Nachfahren gehören heute zum «Bund evangelischer Täufergemeinden».

9.8 Schwärmerei im Weinland

Im Zürcher Weinland führen gravierende Ereignisse im Kontext der Erweckung zu schweren Verwerfungen. Auf der Zürcher Platte, im Umfeld von Schaffhausen und in der Ostschweiz predigt die russische Baronin Frau Juliane von Krüdener Busse und Bekehrung.[373] Pfarrer David Spleiss von Buch (SH), der spätere Kirchenpräsident von Schaffhausen, findet durch ihre Predigt Frieden mit Gott.[374] Im Frühling 1818 beginnt in Buch (SH) eine Erweckung, von der auch Schulkinder erfasst werden. Das Feuer des Geistes greift über nach Beggingen. Den beiden Pfarrern David Spleiss und Johann Jakob Vetter ist es gegeben, die «Geistesbewegung» mit einem «besonderen Mass an geistlicher Nüchternheit und Weisheit» in gute Bahnen zu leiten.[375] Im kleinen Hegauer Dorf Buch gründet Pfarrer Spleiss 1841 mit einem grösseren Kreis von Erweckten die «Anstalt zum Friedeck», eine «Rettungsherberge» für verwahrloste Kinder.

Im Gefolge der exzentrischen Evangelistin predigt auch Vikar Ganz, «der zuvor als gesegneter Bussprediger im aargauischen Kirchendienst gestanden hatte, bis ihn seine Feinde auf hinterlistige Weise über die Grenze zu schaffen vermochten»[376]. Durch diese Erfahrungen der Kirche entfremdet, interessiert er sich vorübergehend für ungesunde Spiritualität. Schon durch die Predigt von Pfarrer Hans Heinrich Hess in Dättlikon werden zwei auswärtige Personen so sehr erregt, dass sie psychisch aus dem Gleichgewicht geraten; eine der beiden endet in religiösem Wahn.

Ein Jahr später folgt in Trüllikon bei einer Anhängerin von Vikar Ganz weiteres Ungemach. Im März 1823 überredet die wahnsinnig gewordene Bauerntochter Margarete Peter in Wildensbuch bei Trüllikon

---

372 G. Meyer von Knonau, Der Canton Zürich II (1846, ND 1978), 379.381.
373 Mit einem Gefolge von 60 Personen aus der Innerschweiz über Knonau am 2.7.1817 in Zürich ankommend, hält die Evangelistin am Nachmittag des 2. Juli auf der Zürcher Platte eine Predigt. Trotz angeblichem Einspruch von Antistes Hess wird die Prophetin umgehend ausgewiesen und über Eglisau und Marthalen nach Lottstetten geführt. Vgl. D. Sommer, Juliane von Krüdener (2013), 281–283.
374 W. Hadorn, Geschichte des Pietismus in den Schweizerischen Reformierten Kirchen (19019, 468; vgl. auch E. Gysel, David Spleiss (2019).
375 E. Gysel, a.a.O., 59.
376 J. Gubler, Kirche und Pietismus (1959), 168.

ihre zögernden Hausgenossen, sie in ihrem Bett zu kreuzigen und bis am Sonntag ihre Auferstehung abzuwarten. Ihr Blut müsse zur Bekämpfung des Teufels und zur Rettung gebundener Seelen fliessen. Bis nach Paris melden die Zeitungen, nun sehe man, wohin es führe, wenn man es mit der Religion übertreibe. Die Beteiligten werden in Zürich mit bis zu sechzehn Jahren Zuchthaus abgestraft, das Wohnhaus der Familie abgetragen, der Ort des Schreckens mit Salz bestreut.[377]

9.9 Machen Evangelium und Erweckung krank?

Seelische Bewegung ist bei jeder Lebenswende beteiligt. Starke emotionale Erregungen haben ein grundsätzliches Potenzial, bei gefährdeten Personen Psychosen auszulösen. Freilich ist nicht jeder religiöse Wahn schon eine ernsthafte Psychose. In Zeiten emotionaler Erweckung bedient sich der Wahn christlicher Inhalte, die er pathologisch überdehnt.[378] Evangelium und christlicher Glaube als solche wirken nicht psychopathologisch. Übertriebene religiöse Emotionalität kann aber bei vorgeprägten Personen religiösen Wahn auslösen. Im Neuen Testament sehen wir nirgends, dass Jesus Menschen, die zu ihm kommen, seelisch bearbeitet oder «beknetet». Seine Gnade führt im Gegenteil die Menschen aus der Enge in die Weite, damit sie wieder atmen können.

Die Tragödie um die Bauerntochter Margarete Peter in Trüllikon ist indes nicht singulär. 1843 sorgt in Pfäffikon ein 16-jähriges Mädchen namens Rägeli für Aufsehen. Von Zeit zu Zeit verfällt die Tochter in einen hypnoseähnlichen Zustand. Dann sagt sie wirre Sprüche und prophezeit den baldigen Untergang Europas, wenn die Menschen nicht umkehrten. Die Nachricht von der jungen Prophetin wandert von Dorf zu Dorf. Ein Korrespondent aus Pfäffikon sorgt im «Östlichen Beobachter» marktschreierisch für Aufsehen. Schliesslich versammeln sich vor den Stubenfenstern der jungen Prophetin gegen 5 000 Personen, um sich an den apokalyptischen Weissagungen zu laben. Selbst die Frau des Landschreibers und ein geachteter Baumer Kantonsrat lassen sich in die Emotionen hineinziehen. In der Folge gerät die Familie des Kantonsrats in religiöse Rase-

---

377 Infolge Wohlverhaltens im Zuchthaus wird den Verurteilten später ein Teil der Strafe erlassen. Vgl. Näheres bei F. Vogel, Memorabilia Tigurina (1841), 641 ff.

378 Vgl. schon E. Bleuler, Lehrbuch der Psychiatrie, neu bearb. von M. Bleuler, (13. Aufl. 1975), 49 und 112. Religiöse Wahnideen sind oft schwer abgrenzbar. Sie können, müssen aber nicht in jedem Fall Zeichen einer schweren psychiatrischen Krankheit sein (49). Vgl. auch das Buch des Basler Psychiaters S. Pfeifer, Die Schwachen tragen. Psychiatrie und biblische Seelsorge (2017).

rei wegen eines ferienhalber anwesenden Kindes, das man der Onanie und schlimmer Gedanken beschuldigt. Immer wilder schlagen sie mit Ruten auf das pubertierende Mädchen ein, um den Teufel auszutreiben. Eine Schuld erkennen sie in der neuen Schule, die so schlimme Sachen wie Tierkunde betreibe. Nur der Besuch des Pfarrvikars, der die Familie kennt und Ungutes ahnt, kann das Allerschlimmste verhindern, denn die Rasenden planen, die junge Frau auch noch mit siedendem Wasser zu übergiessen. Die Verantwortlichen werden durch das Obergericht verurteilt.[379]

Diese misslichen Entgleisungen in einem ohnehin erregten Zeitalter bewirken allenthalben eine gesunde Ernüchterung. Das Bildungsbürgertum wird durch die Erweckung im Zürichbiet kaum erreicht. Dafür sind die geistigen Pfade der Erweckten zu schmal.

---

379 Bericht von Statthalter Heinrich Gujer an den Polizeirat Zürich vom 2. XII. 1843, StAZ T 59b1; vgl. A. Sierszyn, Bauma im Tösstal (1989) 103–105. Ein beinah identischer Fall mit tödlichem Ausgang wird 1966 aus katholischem Umfeld in Ringwil vermeldet, nachdem eine junge Frau unter schlimmsten Rutenhieben einer Fettembolie erlegen ist. Bei diesen «Teufelsaustreibungen», die bezeichnenderweise an jungen Frauen geschehen, wohnt der Teufel nicht in den Opfern, sondern in den religiös überspannten Tätern. Vgl. NZZ vom 28.1.2019.

10. Die Evangelische Gesellschaft

10.1 Erste Anfänge in den 1830er-Jahren

Die Evangelische Gesellschaft wird in Stadt und Landschaft Zürich für lange Zeit zum wichtigsten Gefäss der Evangelisation und der Inneren Mission.[380] Ihr Ursprung in den frühen 1830er-Jahren hängt mit der aggressiven Verweltlichung in Staat, Schule und Öffentlichkeit im Zug der liberalen Regeneration zusammen. Über den Anfang der Evangelischen Gesellschaft des Kantons Zürich schreibt ihr erster Sekretär Diethelm Hofmeister:

> Angeregt durch die Gesellschaften in Bern und Genf und von dem Erwachen einer lebendigeren Frömmigkeit im eigenen Kanton, traten einige christlich gesinnte Männer der Stadt Zürich, welche dem Familienkreis des zürcherischen Antistes Gessner angehörten oder mit ihm befreundet waren und auch mit der Societät der Brüdergemeinde in Zürich Fühlung hatten, zu einem Vereine zusammen, dem sie nach ihren Vorbildern den Namen ‹evangelische Gesellschaft› gaben. Sie setzten sich mit gleichgesinnten Geistlichen auf der Landschaft in Verbindung, und jährlich wurde zur Zeit der Synode der Geistlichkeit in einem grösseren Kreis, immerhin aber in häuslicher Stille, ein Jahresfest gefeiert.[381]

Schon 1834 besucht Meta Heusser ab dem Hirzel Versammlungen der «Evangelischen Gesellschaft» in Zürich und bei Pfarrer von Birch in Wollishofen.[382]

---

380 Vgl. H. Meyer/B. Schneider, Mission und Diakonie. Die Geschichte der Evangelischen Gesellschaft des Kantons Zürich (2011).
381 D. Hofmeister, Geschichte der evangelischen Gesellschaft des Kantons Zürich (1882) 1; Diethelm Hofmeister (1814–1893) ist ab 1847 langjähriger engagierter Sekretär der Gesellschaft.
382 Die Memorabilien der Meta Heusser-Schweizer, Hg. R. Schindler (2007), am 18. Juni 1834 bzw. am 13. August 1834. Ein Bericht des Evang.-kirchlichen Vereins von 1878 nennt das Gründungsjahr 1833, was auf Pfr. Georg Zimmermann zurückgehen dürfte, der dort auch erklärt, er sei seit dem 23. Januar 1849 Mitglied dieser Gesellschaft, vgl. Bericht des SEKV (1878), 18. Der Name der Gesellschaft ist also nicht erst 1839 geläufig, so Meyer/Schneider, Mission und Diakonie (2011), 31.

10. Die Evangelische Gesellschaft

Die Wiege der Evangelischen Gesellschaft ist die Verbindung des oben geschilderten Verwandten- und Beziehungsnetzes von Antistes Gessner mit der städtischen Brüdergemeinde. Mitglieder der unter sich verschwägerten Familien Gessner und Usteri gehören zum innersten Kreis und Ursprung der Evangelischen Gesellschaft.[383] Auch wenn der damals noch aktive Antistes nicht erwähnt wird, ist Gessner über den Gang des Engagements seiner Verwandten zweifellos im Bild. Er ist im Hintergrund gar der geistliche Spiritus Rector. Seine genaue Beobachtung der Szene zeigt zum Beispiel noch ein Brief aus dem Jahr 1840, in dem der Betagte wünscht, dass die Basler Christentumsgesellschaft «nicht vom Schauplatz der Geschichte abtreten möge».[384]

Die geistliche und theologische Vorgeschichte der Evangelischen Gesellschaft beginnt indes schon in den 1770er-Jahren mit der Montags-Gesellschaft um Johann Caspar Lavater (1741–1801), die sein Schwiegersohn Georg Gessner bis 1822 weiterführt.[385] Als Gessner die Montags-Zusammenkünfte im Pfarrhaus Fraumünster wegen schwärmerischer Ereignisse im Weinland aufgibt, verlagert er seine Aktivität mit Antistes Hess auf die Bibel- und die Missionsgesellschaft im Kontakt mit der Basler und der Herrnhuter Mission. Beide, Hess und Gessner, sind «korrespondierende Mitglieder» der Herrnhuter Predigerkonferenz.[386] Auch zur Zürcher Sozietät bestehen enge Beziehungen. Schon Hessens Mutter und Stiefmutter gehörten zur Brüdergemeinde. Lavater liess sich noch auf dem Sterbebett 1799 durch den Grönlandmissionar Beck über den Fortgang der Herrnhuter Mission informieren. Prominente Stadtzürcher Frauen wie Barbara Schulthess-Wolf, Gessners Ehefrau Anna Gessner-Lavater sowie seine Tochter Barbara Usteri-Gessner unterstützen die Herrnhuter Mission. Auch der von der Wangener Pfarrfrau Anna Finsler-Gessner 1824 ins Leben gerufene Frauen-Missionsverein fördert die Basler und die Herrnhuter Mission.[387] Dieser ganze Kreis um die Familie Gessner und die mit dieser verschwägerten Usteri bildet den Kern der jungen Gesellschaft. Die Beziehungen zur Herrnhuter Mission, zur Basler Christentumsgesellschaft, zu Spittler und der Basler Mission, zu den Pionieren der deutschen Inneren Mission (Kottwitz, Wichern) sowie zur Britischen

---

383 Vgl. Meyer/Schneider, Mission und Diakonie (2011), 32 und 194 (Anm. 35).
384 E. Stähelin, Die Christentumsgesellschaft II (1974) 549, Nr. 447 (Brief vom 4. März 1840).
385 Vgl. auch Meyer/Schneider, Mission und Diakonie (2011), 32.
386 H. Meyer/ B. Schneider, Mission und Diakonie (2011), 17.
387 Vgl. Ansprachen, gehalten bei der Einweihung des neuen Saales der Brüdersozietät in Zürich am 14. Mai 1894, (1894); A. Naef, Worte der Erinnerung an die selige Frau Anna Maria Usteri-Pestalozzi (1906); Jahrbuch der Brüdergemeine (1908), 5 f.

10. Die Evangelische Gesellschaft 155

und Ausländischen Missionsgesellschaft (Dr. Steinkopf) umschreiben den weiten Horizont der Gruppe um Antistes Gessner.

Am 18. Oktober 1837[388] wählt die Gesellschaft ein Leitendes Komitee von zwölf Mitgliedern und definiert die wichtigsten fünf Aufgaben:
1. Korrespondenz mit gleichgesinnten Landpfarrern
2. Unterstützung der Schweizerischen evangelischen Kirchenzeitung (gegr. 1834)[389]
3. Verbreitung von religiösen Schriften, Traktaten und Erbauungsbüchern[390]
4. Führung eines Sonntags-Lesezimmers für Handwerksgesellen (schon 1833)
5. Religiöse Leihbibliothek (seit 1835)[391]

Der ganze Kreis in und um die Evangelische Gesellschaft versteht sich als Gegenpol zum Rationalismus sowie zum forschen Liberalismus der Zeit. Zumal die Leihbibliotheken und der Stellenwert religiöser Schriften zeigen, dass die Erweckungsleute in der Evangelischen Gesellschaft die Heilung für eine zerfallende Gesellschaft – anders als die materialistische Denkweise – primär im geistlichen und geistigen Bereich erkennen. Die äussere und soziale Hilfe folgt dem Dienst am inneren Menschen.

Am Vorabend des Züriputsch, im spannungsreichen Jahr 1839, veröffentlicht der junge Stäfner Pfarrer Hans Kaspar Grob, ein Schwiegersohn von alt Antistes Gessner, zwei Schriften: «Die zürcherische Kirche und ihr Verhältnis zu Dr. Strauss» und «Die wahre Religion oder die Notwendigkeit unserer Zurückkehr zum Worte Gottes». Als Herausgeberin der Schriften in hohen Auflagen zeichnet die «Evangelische Gesellschaft in Zürich».

Der Züriputsch vom 6. September 1839 fegt die liberale Regierung weg. Die neue, konservative Regierung beschliesst, der Religionsunterricht an den Schulen habe sich wieder nach dem biblischen Evangelium auszurichten. Bei einer allfälligen Neuwahl von Theologieprofessoren ist fortan in jedem Fall auch der Kirchenrat einzubeziehen. Anstelle von Dr.

---

388 Gemäss Diethelm Hofmeister, Bericht und Aufruf (1846), 2, bekommt die Gesellschaft 1837 eine «festere Gestalt» mit zwölf Mitgliedern. Das Jahrbuch (1883/84), 7 bezeichnet 1833 als Gründungsjahr der Evangelischen Gesellschaft.
389 Wird 1845 durch die (vermittelnde) Neue Kirchenzeitung für die reformierte Schweiz und das Evangelische Monatsblatt abgelöst.
390 Traktate werden ab 1835 teilweise durch die Londoner Traktatmission finanziert.
391 D. Hofmeister, a.a.O., 2. Schriftliche Statuten und Protokolle aus dieser frühen Zeit sind nicht vorhanden. Vgl. auch G. Finsler, Kirchliche Statistik der reformierten Schweiz (1856), 79.

Strauss wird Johann Peter Lange, reformierter Pfarrer in Duisburg, zum Professor für Dogmatik gewählt. In einem wissenschaftlichen Werk «Über den geschichtlichen Charakter der kanonischen Evangelien» (1836) wendet er sich kritisch gegen Strauss. Später folgt aus Langes Feder eine Dogmatik in drei Bänden. Bei den Frommen in Zürich ist Lange beliebt; für die Studenten aber ist der trockene Professor «mehr Dichter und Gelehrter», zwar reich an Geistesblitzen, doch fehlt seinem Engagement für die Studenten jede verständliche Übersicht.[392]

Die konservative Regierung in der Zürcher Politik von 1839–1845 wird für die Freunde der Evangelischen Gesellschaft allerdings zum kurzen und nicht ungefährlichen Intermezzo. Wozu bedarf es nun noch eines besonderen Engagements, wenn doch konservative und christlich gesinnte Männer in Parlament und Regierung den Ton angeben? Die Leihbibliothek und die Verbreitung von Schriften überträgt man dem deutschen Buchhändler Franz Hanke. Die Mitgliederzahlen der jungen Gesellschaft schmelzen so bedrohlich, «dass der Verein entweder sich auflösen oder seine Erbschaft einer neuen Gesellschaft übergeben musste»[393]. Von einer Rückkehr der Zürcher Bevölkerung zum Wort Gottes, wie es Pfarrer Hans Kaspar Grob noch 1839 gefordert hat, ist im Zug der 1840er-Jahre wenig zu spüren. Im Gegenteil, die Grossratswahlen von 1845 enden mit einem Sieg der Radikal-Liberalen.

10.2 Neugründung der Evangelischen Gesellschaft 1847

Am 30. Oktober 1846 erscheint ein öffentlicher «Bericht und Aufruf» zur Neubelebung der Evangelischen Gesellschaft, wahrscheinlich verfasst von Diethelm Hofmeister (1814–1893).[394] Darin heisst es: Wenn «die Gegner des Evangeliums von Jesu Christo ihr Haupt immer stolzer erheben, dürfen denn da die Freunde des Wortes vom Kreuz müssig zuschauen? Nein, [...] es ist Zeit zur Ernte!»[395] Der Aufruf findet Anklang. 1847 konstituiert sich die Evangelische Gesellschaft neu.

---

392 G. v. Schulthess-Rechberg, a.a.O., 77; O. Zöckler, Art. Lange, Johann Peter, in: ADB, Bd. 51 (1906), 558 ff. Lange wohnt zunächst in der Wohnung von Antistes Gessner, und beide verstehen einander sehr gut (G. Finsler, Georg Gessner, 192f).
393 G. Finsler, Johann Jakob Füssli, Pfarrer am Neumünster und alt Antistes (1860), 46.
394 Der Junggeselle Diethelm Hofmeister (1814–1894) studiert Theologie, engagiert sich aber in der städtischen Verwaltung (Bezirksrat, städtischer Schulpräsident). Bis 1884 amtet er als geschickter Aktuar der Evangelische Gesellschaft.
395 StAZ, III Kl. 3/1, Jahrbuch Ev. Ges. (1846), 2; Vgl. auch J. Hirzel, Rückblicke 57 ff.

Das erste Zentralkomitee der Evangelischen Gesellschaft 1847

Präsident: Pfr. Hans Kaspar Usteri-Oeri (1797–1863), Kilchberg, Kirchenrat und Privatdozent an der Theologischen Fakultät[396]
Vizepräsident: Hans Konrad Pestalozzi-Hirzel (1793–1860), bis 1845 Reg'rat
Sekretär: Diethelm Hofmeister (1814–1893), Bezirksrat, Erziehungsrat
Martin Usteri-Gessner (1782–1851), Kaufmann, Seidenstoffhandel im Neuenhof
Jakob Salomon von Birch (1803–1894) Pfarrer in Rümlang
Hans Konrad Bleuler-Zeller (1808–1886) Landwirt und Gde.-Präs. in Riesbach[397]
David Gessner (1805–1854), Pfarrrer in Albisrieden (Neffe des ehem. Antistes)
Hans Kaspar Locher, Pfarrer in Witikon (1801–1876)
J. Hch. Emanuel Mousson (1803–1869), bis 1845 R'Rat, ab 1863 Stadtpräsident
David Rahn, bis 1845 Staatsanwalt[398]

10.3 Die Gesellschaft gibt sich Statuten

> § 1: Die evangelische Gesellschaft in Zürich ist ein Verein von Männern, welche in Kraft des Evangeliums Jesu Christi und aufgrund des apostolischen Glaubensbekenntnisses, zu dem sie sich nach seinem ganzen Umfang und Inhalt in lebendiger Überzeugung bekennen, sich zum Zecke setzen, evangelischen Glauben und evangelisches Leben, zunächst im Kanton Zürich, zu fördern und zu befestigen.
> § 11: Die Sitzungen der Gesellschaft und des Comité werden mit Gebet und Vorlesen eines Abschnittes aus der Heiligen Schrift begonnen und mit Gebet und Einsammeln von Liebesgaben geschlossen.[399]

Das Apostolische Glaubensbekenntnis gehört auch bei den Statutenänderungen von 1874 und 1931 zur DNA der Evangelischen Gesellschaft. Auf der Grundlage dieses klaren theologischen Standorts will die Gesellschaft in den Kampf ziehen und Menschen zum Glauben führen, um durch christliche Diakonie evangelisches Leben zu fördern und zu stärken. «Das Bekenntnis ist ein Stahlhelm, an dem man die treue Truppe erkennt, und betont die Offenbarungstreue gegenüber allem Relativismus», heisst es im

---

396 Evang. Monatsblatt 1846/47, 27ff; G. v. Schulthess-Rechberg, Die Zürcher Theologenschule im 19. Jahrhundert (1914), 20; HBLS VII, 178. Drei Mitglieder dieses Komitees gehörten 1839 dem «Glaubenskomitee» an: Usteri-Oeri, Salomon v. Birch sowie Konrad Bleuler-Zeller, letzterer sogar dem vierköpfigen Ausschuss. Usteri-Oeri stammt aus der Familie von Johann Jakob Usteri und ist ein Bruder von Salomon Usteri.
397 Forst- und Landwirt, Mitglied des Kantonsrates, Präsident der Gemeinde Riesbach. Nach ihm ist die Bleuler-Strasse benannt.
398 Leiter des Gründungskreises für das Friedheim Bubikon 1847.
399 Jahrbuch Ev. Ges (1847/48).

Monatsblatt 1924.[400] Erst die Statutenänderung von 1973 bringt eine Relativierung des Bekenntnisses.[401]

10.4 Aufblühende Arbeitszweige

Zur geistlichen, seelischen und materiellen Not, die es schon immer gab, kommt ab den 1840er-Jahren in Zürich noch ein demografisches Problem hinzu, das die Freunde der Evangelischen Gesellschaft ebenfalls zum Handeln motiviert. Die Einwohnerschaft der Stadt wächst jetzt durch Zuzug enorm. Zählte man 1836 an der Limmat noch 14 243 Seelen, so sind es 1850 bereits 41 585. Dies ist innert vierzehn Jahren eine Zunahme von 340 % bzw. 24 % pro Jahr. Bis 1870 steigt die Einwohnerzahl auf 65 668 Personen. Hinzu kommt das explosive Wachstum von Aussersihl. Innerhalb von zwanzig Jahren, von 1860 bis 1880, vergrössert sich diese ehemalige Bauerngemeinde durch Zuzug von Industriearbeitern von 2400 auf 20 000 Seelen. Es liegt auf der Hand, dass christliche Seelsorge im Anblick dieser neuen Massengesellschaft und ihrer Probleme mit herkömmlichen kirchlichen Gefässen allein nicht mehr zu erfüllen ist.

In dieser Lage stehen den Freunden der Evangelischen Gesellschaften die Vorbilder von Genf und Bern vor Augen, obwohl es kaum offizielle Kontakte gibt. Dabei steht schon für die Pioniere der ersten Stunde nicht die äusserlich-materielle oder strukturelle, sondern die innere, geistig-geistliche Lebenshilfe im Vordergrund. Denn das äussere Wohlergehen eines Volkes ist für sie ganz im Sinne der Bibel weitgehend eine Folge der inneren Lebensordnung und des Glaubens. Demgemäss eröffnet die Gesellschaft eine Leihbibliothek, zwei Sonntagslesesäle für Handwerksgesellen und Lehrknaben, Depots zur Verbreitung christlicher Schriften in 31 Gemeinden, geführt durch Pfarrer, Lehrer oder Private. Sie veranstaltet Bibel- und Missionsvorträge, zunächst im Winter in der St. Anna-Kapelle; ausserdem leitet sie einen Schutzaufsichtsverein. Schon im dritten Jahr erkennt die Evangelische Gesellschaft eine Aufgabe in der Begleitung von Studenten, um sie im bedrohlichen Umfeld zu schützen. 1851 zählt die

---

400 Monatsblatt der Evangelischen Gesellschaft des Kantons Zürich, September 1924, 167.
401 1973 will man nur noch «im Sinne des apostolischen Glaubensbekenntnisses» dem Reich Gottes zu dienen versuchen. 1999 mag man sich überhaupt nicht mehr um das Apostolikum streiten, denn es betone zu stark das Herrschende. Auch arbeite man jetzt «weniger missionarisch als vielmehr diakonisch». Damit verdampft das Apostolische Glaubensbekenntnis, das den Vätern und Müttern der ganzen westlichen Kirche heilig ist. Vgl. Meyer/Schneider, Mission und Diakonie (2011), 41.

Leihbibliothek 321 Abonnenten. Diese Bibliothek für alle ist gedacht als Hilfsmittel «gegen die wachsende verderbliche Flut verderblicher Schriften». Schon 1849 werden in vier Lesezimmern 2 349 Knaben und Lehrlinge erreicht; ein Kolporteur verkauft für 4 Schillinge 5 000 Kalender, und 415 Abonnenten beziehen das Evangelische Monatsblatt, das offizielle Organ der Gesellschaft.

1853 steht dem Schutzaufsichtsverein für verwahrloste junge Leute ein illustrer Reigen kompetenter Männer vor: Altregierungsrat Heinrich Mousson, Notar Franz Meyer, Kantonsrat Georg von Wyss, Hans Konrad Bleuler-Zeller, Oberforstmeister Finsler, Diethelm Hofmeister und David Rahn. 1854 zählt die Leihbibliothek bereits 1 226 eingeschriebene Leser. Die vier Lesesäle stehen an den folgenden Orten: «Zum Brunnenturm» für Knaben, in der Fraumünster-Aula für nichtkonfirmierte Lehrlinge (hier bestehen Gelegenheiten zum Lesen, Schreiben und Zeichnen), ferner ein Saal auf der Gerwe für konfirmierte Lehrknaben und schliesslich ein Saal auf der Waag für erwachsene Arbeiter. Allein hier werden im Jahr 1854 am Sonntag- und Montagabend 4 133 Arbeiter gezählt. Am Weihnachtstag 1854 feiern fast 600 Arbeiter im grossen Saal des Kasinos Weihnachten. Inzwischen gibt es die bewährten Sonntagslesesäle auch in Fällanden, Greifensee, Rafz und Lindau. In Rorbas organisiert Lehrer Keller schon früher einen Lesesaal. 1856 verkauft die mit der Evangelischen Gesellschaft verbundene Bibelgesellschaft 1 683 Bibeln und verschenkt via Pfarrämter 394 Bibeln an die konfirmierte Jugend.[402]

Selbstverständlich gehört auch für die Pioniere der Inneren Mission im Sinn ganzheitlicher Seelsorge immer auch die Sorge für den äusseren Menschen mit dazu. 1851 schliesst sich der von Kunstmaler David Kölliker gegründete Evangelische Armenverein für Zürich & Umgebung als Zweigverein der Evangelische Gesellschaft an. Bereits 1859 ergibt sich aus dem Armenverein der damals respektable Betrag von 10 000 Franken für wöchentliche und monatliche Unterstützungen, Lebensmittel, Kleider und Kleiderstoffe an Bedürftige.[403]

Am 30. November 1858 kann in der Nähe der Kirche Neumünster (am Hegibachplatz) eine «Kranken- und Diakonissenanstalt» mit einem Spital für zunächst dreissig Kranke eingeweiht werden. Treibende Kräfte sind Altantistes Füssli (Neumünster) und der junge Fraumünster-Pfarrer Georg Rudolf Zimmermann, der schon 1850 und erneut auf seiner Hochzeitsreise von 1856 Pfarrer Fliedners Diakonissenwerk in Kaiserswerth besucht hat. Während das Kantonsspital damals noch mit angelernten

---
402 Jahrbuch Ev. Ges. (1855/56).
403 Jahrbuch Ev. Ges. (1850/51) 7.13; Jahrbuch Ev. Ges. (1859/60).

«Wärtern» arbeitet, pflegen unter den Auspizien der Evangelischen Gesellschaft ausgebildete Diakonissen ihre Kranken im neuen «Asyl». Der erste Anstaltsarzt, Dr. A. Cloetta-Locher, unterrichtet die Schwestern eigens in medizinischen und pflegerischen Belangen. Pfarrer Zimmermann vom Fraumünster führt die jungen Frauen in die Biblische Heilslehre, Bibelkunde und Seelsorge ein. Selbstverständlich sind im jungen Zürcher Glaubenswerk Diakonie und Mission eng miteinander verbunden. Den kranken und oft vom Tod bedrohten Menschen soll körperlich und seelsorgerlich geholfen werden. Die «Kranken- und Diakonissenanstalt Neumünster» hat demnach drei Aufgaben. Sie bildet Diakonissen aus, sie führt ein Spital und sie sendet Schwestern in Spitäler und Kirchgemeinden zur Krankenpflege.

Wie für Ernst von Kottwitz (Berlin), Johann Hinrich Wichern (Hamburg), Christian Friedrich Spittler (Basel) oder Christian Heinrich Zeller (Beuggen) war auch für Antistes Gessner (Zürich) die Innere Mission ein selbstverständliches Kind der Erweckung. Demgemäss gründet auch die Evangelische Gesellschaft – motiviert durch das Komitee-Mitglied Notar Franz-Meyer-Usteri – schon 1862 die Zürcher Stadtmission. Den ersten Zürcher Stadtmissionar findet man im Württemberger Chrischona-Absolventen Georg Ebinger. Der geschickte Prediger «benutzt jede Gelegenheit, jeden Wink, selbst jedes Irregehen in der ihm noch fremden Stadt zu Gesprächen und Unterredungen auch mit völlig Unbekannten über das Eine, was notthut. [...] Über alles Hoffen und Erwarten ist seine Arbeit gesegnet.»[404] Die Mehrzahl der Geistlichen bringt es nicht übers Herz, Prediger Ebinger freundlich zu begrüssen.[405] Zu gross ist die Konkurrenz und das Missfallen aufgrund des evangelistischem Engagements von Ebinger. Doch die meisten, die Ebinger aufsucht, bitten ihn dringend um Wiederholung des Besuchs. Kranke, die jahrelang litten, ohne einen Geistlichen gesehen zu haben, preisen Gott, dass ein Bote des Evangeliums aus eigenen Stücken an ihr Lager tritt.[406] Pioniermission. Prediger Ebinger hat dazu offenbar ein Charisma. In verschiedenen Familien gelingt es, «abends mit sämmtlichen Hausgenossen eine Andacht zu halten und sie wieder der längst verachteten Bibel zu befreunden». Andere, die keinen Gottesdienst mehr besuchten, empfinden «das Bedürfnis, den Tag des Herrn wieder zu heiligen. [...] Der Stadtmission öffneten sich auch bodenlose Abgründe

---

404 Jahrbuch Ev. Ges. (1862/63), 29
405 Jahrbuch Ev. Ges. (1862/63), 30.
406 Ebd.

Georg Ebinger

Der Chrischona-Absolvent Georg Ebinger aus Württemberg, der zuerst einige Jahre in den USA gewirkt hat, wird 1862 erster Zürcher Stadtmissionar. Er ist ein charismatischer Prediger und begabter Seelsorger der Evangelischen Gesellschaft. In grosser Treue versteht er es, auch auf kritische Leute in Aussersihl zuzugehen und sie durch sein offenes Wesen zu gewinnen. Schon im ersten Jahr macht er 1045 Hausbesuche und 318 Krankenbesuche (später auch im Diakoniewerk Neumünster).

eines Unglaubens, einer Kirchenflucht, aller Sünden und Laster, wie wir sie vorher kaum ahnten ...»[407]

Prediger Georg Ebingers Leben steht stellvertretend für viele andere im Dienst der Inneren und Äusseren Mission. Es gleicht einem Ganzeinsatz und Opfer für Christus im Sinne von Lukas 14,27: «Wer nicht sein Kreuz trägt und in meine Nachfolge tritt, kann nicht mein Jünger sein». Das Lebensmotto aller Stadtmissionare der ersten Stunde entspricht dem geflügelten pietistischen Wort aus Schlesien: «Um einen ew'gen Kranz dies arme Leben ganz.»[408]

Damit werden sie zu «Eisbrechern» gemäss dem Schriftwort: «Wo aber die Sünde grösser wurde, da strömte die Gnade umso reichlicher» (Röm 5,20). Und weil sie selbst aus dem Reichtum dieser Gnade schöpfen, stehen sie nie unter dem Eindruck, sie hätten zu wenig Zeit, sie würden ausgebeutet oder sie könnten irgendetwas im Leben verlieren oder verpassen. Dies ist das innere Geheimnis der Erweckung und des Dienstes in der Inneren und Äusseren Mission. Demgemäss mahnt Jesus seine Jünger: «Niemand, der die Hand an den Pflug legt und zurückschaut, taugt für das Reich Gottes» (Lk 9,62).

Aus mehreren Ortschaften auf dem Land gelangt der Wunsch an die Evangelische Gesellschaft, Ebinger möge doch auch bei ihnen eine Versammlung halten. Der begabte Seelsorger macht im ersten Jahr 1'045 Besuche und 318 Krankenbesuche. Besonders im Arbeiterquartier von Aussersihl hält er 142 Versammlungen sowie 21 Abendandachten in Arbeiterwirtshäusern.

Dabei verteilt er hunderte Traktate und findet viele offene Türen. So wird die aufblühende Stadtmission bereits 1863 zusätzlich mit einem zweiten Prediger, dem ehemaligen Indienmissionar Hunziker, gestärkt. Auch Predigtstationen in den Landgemeinden Wald, Gossau, Wetzikon, Uster und Dietikon werden zunächst durch die Stadtmission bedient.[409]

Kolporteur Wettstein durchwandert in den 1860er-Jahren den Thurgau, das Toggenburg, die Stadt Winterthur, die Bezirke Andelfingen und Affoltern sowie das Bündnerland. Die Bibel, meldet er, sei in jedem Haus zu finden, da die Kinder diese meist von den Paten bekommen. Zu seinem Schriften-Sortiment gehören Bibelkommentare aus dem Calwer Verlag, ferner Schriften von Evangelista Gossner, Johann Arndt, Johann Caspar

---

407 Ebd.
408 Anna von Natzmer, Um einen ew'gen Kranz dies arme Leben ganz (1880). Vgl. 1Kor 9,25.
409 Die Freie Kirche Uster hat ab 1866 einen eigenen Prediger, der auch Wald, Ottikon u.a. bedient und den die Kirche selbst entlöhnt.

10. Die Evangelische Gesellschaft 163

Lavater, Bunyans Pilgerreise, Predigten von Ludwig Hofacker, Professor Johann Tobias Beck, Christoph Blumhardt, Charles Haddon Spurgeon und Dekan Georg Rudolf Zimmermann, aber auch die «Nachfolge» des Thomas von Kempen und das «Trostbüchlein für Leidende». Dazu bringt er 31 000 Bilder und Buchzeichen mit Bibelversen in die Häuser und organisiert 1 308 Abonnemente für christliche Zeitschriften.[410] 1868/69 lautet das Fazit im Jahrbuch der Gesellschaft: «Der Unglaube erhebt ungescheut sein Haupt, und die bösen Früchte des Abfalls von Gott und seinem Worte treten bei allen Klassen offener als früher zu Tage [...] Wehe über die blinden Blindenleiter!»[411] Nicht mehr nur der Staat wie in den 1830er-Jahren, sondern nun auch die Kirche selbst stellt sich in der Mehrheit ihrer Exponenten gegen das kirchliche Bekenntnis und das biblische Evangelium.

1868 bereisen die Prediger Wettstein und Bernhard Rüegg das Zürcher Oberland und die linke Seeseite. Auch hier verkaufen und verteilen sie der Bevölkerung Bibeln, Volkskalender, Kirchenbücher und Traktate. In die «Landmission» der Evangelischen Gesellschaft werden auch Dübendorf, Rikon und Bülach einbezogen. Hier treffen sich die Freunde zweimal monatlich, in Horgen und Richterswil jeden Sonntag zu Versammlungen. In Oberstrass gibt es am Donnerstag eine Wochenversammlung, freitags eine Kinderstunde. Auch die Arbeitergemeinde Aussersihl sieht eine Wochenversammlung. In der Kapelle St. Anna findet am Sonntagabend eine Bibelstunde statt. Für diese ganze grosse Arbeit engagiert die Evangelische Gesellschaft zwei Stadt- und drei Landmissionare, die als nachgehende Seelsorger beherzt und fleissig unterwegs sind. Durch die Stadt- und Landmission wird Gottes Segenswort zu einer Zeit, da es von der Gegenrichtung öffentlich angezweifelt wird, von Mensch zu Mensch in weite Bevölkerungskreise getragen.

Im Studentenpensionat der Evangelischen Gesellschaft wohnen sechzehn Gymnasiasten und Theologiestudenten. Doch für den Privatdozenten und Beck-Schüler Dr. Ernst Wörner, der auf Anregung der Evangelische Gesellschaft an der Hochschule von 1865–1875 eine biblische Richtung vertritt, ist die Arbeit nicht leicht, da die Mehrzahl der aus positiv gerichteten Familien stammenden jungen Theologen der Zürcher Fakultät frühzeitig den Rücken kehren und auswärts studieren.[412]

---

410 Jahrbuch Ev. Ges. (1866/67).
411 Jahrbuch Ev. Ges. (1868/69), 37f. Im Oktober 1868 verzichtet die Zürcher Kirchensynode auf die obligatorische Bekenntnisgrundlage des Apostolikums in der Liturgie.
412 Die Zürcher Theologische Fakultät der 1850/60er-Jahre unter A.E. Biedermann und A. Schweizer ist für zahlreiche Studenten wenig attraktiv. Viele ziehen weiter nach

Um das Übel an der Wurzel zu fassen, gründen der Rechtshistoriker Prof. Friedrich von Wyss[413], Rechtsanwalt Dr. Hans Heinrich Spöndlin (1812–1872) und der hochbegabte Sekundarlehrer Heinrich Bachofner (1828–1897) zu Beginn des Jahres 1869 ein Komitee für ein Evangelisches Lehrerseminar.[414] Denn «der Staat strebt eine konfessionslose, ein weltliche, nur auf das Diesseits gerichtete Schule an und erzieht danach die Lehrer der Jugend. Aus unserm Staatsseminar ist der eigentliche Religionsunterricht bereits entfernt. Die religiösen Erscheinungen werden da bloss einer historischen Betrachtung unterstellt, und das Christentum tritt mit den übrigen Religionen auf *eine* Linie [...] Der Staat erzieht Lehrer für die materialistische Weltanschauung.»[415] Durch die Ausbildung christlicher Lehrer soll deshalb eine Alternative gegenüber der Reformpädagogik des Küsnachter Seminars errichtet werden. Im Gründungskomitee sind auch Vikar Ludwig Pestalozzi und der Buchhändler Christian Höhr-Hirzel von der Evangelischen Gesellschaft vertreten. Der energische Spöndlin wurde schon als Student durch die Genfer Erweckung berührt. 1839 waltete er als Sekretär des «Glaubenskomitee» und Anführer beim «Züriputsch». 1861 verteidigte er vor Obergericht die Männedorfer Erweckungsfrau Dorothea Trudel mit weiterum beachtetem Erfolg. Jetzt kämpft er «als die treibende Kraft»[416] für eine alternative christliche Lehrerausbildung. Noch im Jahr 1869 eröffnet Sekundarlehrer Heinrich Bachofner in seiner Wohnung am Kreuzplatz mit sechs Kandidaten und vier Lehrern das neue Lehrerseminar.[417] 1870 erwirbt der Trägerverein für 70 000 Franken – damals eine beachtliche Summe – den früheren Gasthof «Zum Weissen Kreuz» an der Stampfenbachstrasse in Unterstrass. 1874 unterrichten 14 Lehrer (teils teilzeitlich) 52 Seminaristen, darunter auch Heinrich Emil Brunner aus Oberrieden, den Vater des nachmaligen Professors Emil Brunner. Die Kirchgemeinde Oberrieden zum Beispiel schenkt dem Seminar in diesem Jahr einen Geldbetrag von 322 Franken sowie Naturalspenden in Wein, Most und Äpfeln.[418] Der Direktor ist nicht nur Dozent und Leiter

---

Basel, Tübingen (Prof. Johann Tobias Beck), Erlangen, Leipzig oder Göttingen. Vgl. J. Hirzel, Rückblicke auf die religiösen Zustände und Erfahrungen im Kanton Zürich in der ersten Hälfte dieses Jahrhunderts, in: Zürcher Taschenbuch (1886), 52.
413 Prof. Friedrich von Wyss ist ein Cousin des Dichters Conrad Ferdinand Meyer.
414 Im Bernbiet entsteht schon 1855/1863 das Evangelische Lehrerseminar Muristalden in Verbindung mit der Evangelischen Gesellschaft.
415 H. Bachofner, Fünfter Bericht über das Lehrerseminar Unterstrass bei Zürich (1874), 3 f.
416 Konrad Zeller, in: Reformierte Schweiz (1944), 4.
417 Vgl. A. Bachofner, Hg., Heinrich Bachofner, Seminardirektor. Ein Lebensbild (1900).
418 H. Bachofner, Achter Bericht über das Lehrerseminar Unterstrass bei Zürich (1877), 27.

Heinrich Bachofner – Pädagoge und christlicher Pionier

Heinrich Bachofner (1828–1897) ist Sekundarlehrer aus altem Fehraltorfer Geschlecht und Mitglied des konservativen Evangelisch-Christlichen Vereins. 1860 als Sekundarlehrer nach Zürich gewählt, wird er vom Tagblatt während einer Woche wegen Unfähigkeit, Borniertheit und Muckertum verspottet. Er ist es gewohnt, um seines Glaubens willen öffentlich ausgegrenzt zu werden. 1869 veranlasst er mit dem temperamentvollen Rechtsanwalt Dr. Hans Heinrich Spöndlin die Gründung des Evangelischen Lehrerseminars Unterstrass, dessen erster Direktor er für 28 Jahre wird. 1883–1886 ist Bachofner die treibende Kraft bei der Gründung der Schweizerischen Epilepsieklinik, die finanziell stark von Mitgliedern des Christlichen Vereins getragen wird. Auch die Evangelische Gesellschaft steht in enger Beziehung zu beiden Glaubenswerken.

Aus Liebe zur Jugend: Ein Kulturkampf wider den Strom

1869 wird das «Evangelische Lehrerseminar Unterstrass» gegründet. Der Sekundarlehrer Heinrich Bachofner, der Rechtshistoriker Prof. Friedrich von Wyss, der energische Fürsprech Dr. Hs. Heinrich Spöndlin und weitere der Evangelischen Gesellschaft nahestehende Persönlichkeiten kämpfen entschlossen für eine Alternative zum säkular ausgerichteten Lehrerseminar in Küsnacht. Denn «der Staat erzieht die Lehrer für die materialistische Weltanschauung» (Bachofner). Der entschlossene Wille der Gründer zeigt sich darin, dass der erste Jahrgang mit sechs Schülern noch in der Wohnung des Direktors am Kreuzplatz lebt. Ein Jahr später bezieht die Schule den ehemaligen Gasthof «Zum Weissen Kreuz» in Unterstrass. 1904 steht das heutige Gebäude für das Seminar Unterstrass bereit (Bild). Im Parterre ist der Ort für die praktische Übungen; im 1. Stock befinden sich die Schulräume, im 2. und 3. Stock sind Wohn- und Schlafräume. Positiv gerichtete Kirchgemeinden unterstützen «ihr» Seminar noch lange mit Kollekten und Naturalgaben.

Nach den Pfarrern Jakob Gut und Paul Eppler wird 1922 der junge Theologe Konrad Zeller aus der pietistischen Lehrerdynastie in Beuggen bei Rheinfelden neuer Seminardirektor. Unter der neuen Leitung von Dr. theol. Werner Kramer (1962–1984) kommt es im Zug der revolutionären 1960er-Jahre zur Versöhnung des Seminars mit dem Geist der Moderne. Pietistische Studierende spüren den Kulturbruch besonders schmerzlich. Auch hier zeigt sich die Schwäche und der Personalmangel des Pietismus nach dem Zweiten Weltkrieg. 2002 beginnt die Umwandlung des Primarlehrerseminars (und des Kindergärtnerinnenseminars) zu einem selbstständigen «Institut Unterstrass an der pädagogischen Hochschule Zürich». Daneben besteht ein Kurzzeitgymnasium.

des Seminars, sondern auch Berater seiner Schüler für Lebens-, Liebes- und Ehefragen. Natürlich beargwöhnen radikale Kreise das neue Seminar als schmalspuriges Pietisten-Unternehmen. Das Examen absolvieren die Seminaristen bei der Konkurrenz am staatlichen Lehrerseminar in Küsnacht, wo die Prüfer die Examinanden bisweilen auch mit unfairen Fragen in die Enge treiben. Direktor Bachofner urteilt 1889: «Jetzt haben wir bereits 20mal wie arme Sünder in den Räumen des alten Johanniterklosters in Küsnacht gestanden, aber der Geist gewöhnt sich nicht daran. Noch immer, wie im ersten Jahr, sind uns diese Tage schrecklich.»[419]

1904 bezieht die Schule das heutige Gebäude. 1922 wird der 25-jährige Theologe Konrad Zeller Direktor. Er entstammt einer Dynastie von Schuldirektoren der pietistischen Anstalt in Beuggen bei Rheinfelden.

Aus dem Umkreis der Evangelische Gesellschaft und der St. Anna-Kapelle entsteht 1874 ein «Schulverein» mit dem Ziel der Gründung einer freien evangelischen Volksschule im Sinne einer «auf Gottes Wort gegründeten Erziehung». Auch hier motiviert eine geistlich wache Sensibilität und Verantwortung gegenüber Gefahren des Säkularismus für die christliche Jugend zum Handeln.

Zu den Initianten gehören Verantwortliche aus dem Umfeld der Evangelischen Gesellschaft wie die beiden Bankiers Rudolf Heinrich Mousson-von May und Gustav Anton von Schulthess-Rechberg, ferner der Buchhändler Christian Höhr-Hirzel sowie Pfarrer Edmund Fröhlich (St. Anna) und Seminar-Direktor Heinrich Bachofner. Die Freie Schule startet 1874 im «Augustinerhof» und kann bereits im folgenden Jahr ein eigenes Schulhaus an der Oetenbachgasse beziehen. Schon nach sechs Jahren besuchen 280 Kinder die neue christliche Volksschule. 1882 wird eine Sekundarschule für Mädchen angegliedert. Im neuen Schulhaus (1898) an der Waldmannstrasse besuchen bald einmal vierhundert Kinder die Freie Schule.[420]

Auch aus der pioniermässigen Missionsarbeit von Prediger Heinrich Knecht in Aussersihl entwickelt sich eine aufblühende Freie Schule neben der Lukas-Kapelle in enger Anlehnung an die Evangelische Gesellschaft. Aus einer Zweigschule in Oerlikon geht 1979 die «Evangelische Schule Baumacker» hervor.

Schliesslich entsteht aus praktischer Notwendigkeit das «Freie Gymnasium». Als 1888 den Söhnen des Buchhändlers Christian Höhr-Hirzel und des Seminardirektors Heinrich Bachofner der Übertritt von der

---
419 Konrad Zeller, in: ZS Reformierte Schweiz (1944), 4.
420 F. Blum, Freie Schule Zürich 1 (1924) 5ff; M. Greiner, Hundert Jahre Freie Schule Zürich 1 (1974), 9ff.

Gustav Anton von Schulthess-Rechberg

Gustav Anton von Schulthess-Rechberg (1815–1891), Bankier und Börsenmakler, ist während 15 Jahren Mitglied im Zentralkomitee der Evangelischen Gesellschaft. Auch sein Sohn Gustav, Theologieprofessor in Zürich und Kirchenrat, arbeitet eng mit der Gesellschaft zusammen. Sein Schwiegersohn, der Basler Alttestamentler Conrad von Orelli (1846–1912), ist langjähriger Präsident des SEKV. Sein Enkel Konrad von Orelli (*1882) ist 1917 Prof. für Systematische Theologie in Zürich, 1923–1949 Pfarrer in Zürich-Neumünster. Während 42 Jahren ist er Mitglied des Zentralkomitees der Evangelische Gesellschaft.

Freien Schule ins säkulare Gymnasium bevorsteht, eröffnen die beiden Väter kurzerhand ein privates Gymnasium mit sechs Schülern im Wohnhaus von Christian Höhr an der Peterhofstatt. Schon zwei Jahre später steht ein neues Schulhaus an der Gerechtigkeitsgasse, das bald danach Freies Gymnasium genannt wird. Auch hier bestehen enge Beziehungen zur Evangelischen Gesellschaft. Im Vorstand des christlichen Gymnasiums sitzen Theologieprofessor Gustav von Schulthess-Rechberg, Heinrich Bachofner, Rudolf Spöndlin-Escher sowie der CVJM-Mann Hermann Eidenbenz. Zu den Gründungsvätern des Freien Gymnasiums gehört auch der Zürcher Textil-Industrielle und Financier Adolf Guyer-Zeller, der spätere Pionier der Jungfraubahn.

Zentralkomitee der Evangelischen Gesellschaft anno 1872
Präsident: Johann Jakob Hess, Diakon am Grossmünster, Kirchenrat, bis 1876
Vizepräsident: Dekan G. R. Zimmermann (Fraumünster); Präsident 1876–1893
Quästor: Oberforstmeister F. K. Finsler
Pfarrer Konrad Aeberli (1823–1905) Hütten, ab 1876 Dekan
Hans Konrad Bleuler-Zeller (1808–1886) Landwirt, a. Gde.-Präsident, Zch-Riesbach
Heinrich Bosshard, a. Bezirkskommandant, Gde.-Präs., ab der Rüti, Fehraltorf
Jakob Goldschmid-von Waldkirch, Strassenbau-Ingenieur, Winterthur
Pfr. Emile Francois Jaccard (1834–1904), Zürich-Fluntern
Notar Franz Meyer-Usteri, Zürich
Ludwig Pestalozzi (1842–1909), 2. Pfarrer am Grossmünster
Dr. Rudolf Spöndlin-Escher, Fürsprech, Zürich
Pfarrer Joh. Kaspar Georg Usteri-Zwingli (1813–1892) Rüschlikon (Gessners Enkel)
Prof. Dr. jur. Friedrich von Wyss (1818–1907) Wipkingen
Diethelm Hofmeister (Sekretär) (1814–1893), Zürich

Die Evangelische Gesellschaft hat offensichtlich keine Mühe, für das Komitee Männer mit Weitsicht und öffentlichem Format zu finden. Die Innere Mission wächst. Wenn auch der Säkularismus im öffentlichen Raum um sich greift, so bleibt doch «Gottes Stadt auf dem Berge» sichtbar und «fein lustig» (Ps 46,5, nach der Übersetzung von M. Luther). Noch immer läuft die Arbeit erwecklich und «leicht», weil sie durch eine geistliche Fülle der Gnade und der Hingabe getragen und geprägt ist (Joh 1,16; Röm 5,17).

10.5 Der eingebildete Fortschritt wird einen Weltbrand entzünden

In den Jahrzehnten nach 1847, als der politische Liberalismus und die Liberale Theologie ihren Siegeslauf antreten, gibt sich die Evangelische Gesellschaft entschlossen eine feste Organisation. Angesichts des säkularliberalen Mainstreams in Kirche, Theologie, Politik und Kultur finden sich im Gefäss der Evangelischen Gesellschaft Pfarrer und engagierte Persönlichkeiten der Stadt zusammen, um sich gemeinsam gegen die um sich greifende Entchristlichung zu wehren. Der Seidenindustrielle und Altregierungsrat Hans Conrad Pestalozzi gibt 1858 als Vizepräsident der Gesellschaft Einblick in die veränderte Stimmungslage. Die kirchlichen Verhältnisse, führt er aus, böten einen «traurigen Anblick». In der Synode sei «das Wachsen der ungläubigen Elemente unter den jüngeren Geistlichen sichtbar. Selbst in diesem Kreis darf öffentlich über die Tatsache der Auferstehung und der Göttlichkeit Christi die Verneinung ausgesprochen werden und das Ganze als ein Sieg des Fortschrittes und der Kultur bezeichnet werden.»[421] Mit erstaunlicher Klarheit erkennen und benennen die bibelgläubigen Christen der Zeit die Folgen eines übermütigen Fortschritts ohne Gott. Aus der Saat «unserer sich so gebildet und weise dünkenden Neuzeit wächst nach und nach ein Geschlecht heran, welches weder von Gott noch von Christus, weder von Glauben noch von Sitte etwas weiss».[422] An der Limmat gedeihe eine Gesellschaft, die den neuen Göttern «wie am Ufer des Ganges» ihre Opfer darbringe.[423] Diese Männer empfinden die ganze Macht des beschwingten Säkularismus «wie ein unabsehbares Heer», das «die Menschen Gott und seinen Ordnungen entfremdet». Und sie fragen: «Wo ist denn das Heer, welches wider die Mächte der Finsternis ziehen will?»[424]

Heute wissen wir, dass schreckliche Gräuel des 20. Jahrhunderts ihren Ursprung im 18. und 19. Jahrhundert hatten: in pseudochristlichem Idealismus, in atheistischem Materialismus, in rauschendem Nationalismus und bezaubernder Romantik. Einen Tag nach dem Waffenstillstand, am Auffahrtstag 1945, predigt Emil Brunner im Fraumünster aufgrund von Offenbarung 11,9–10 über den «Höllensturz der Diktatoren» Hitler und Mussolini. Nun müsse Europa auf der Hut sein vor dem marxistischen Totalitarismus, um nicht vom Regen in die Traufe zu geraten. Die

---

421 R. Baumgartner, Hundert Jahre Kranken- und Diakonissenanstalt Neumünster (1958), 17.
422 Jahrbuch Ev. Ges. 1879/80, 32.
423 Jahrbuch Ev. Ges. 1861/2, 32.35; 1879/80, 32f.
424 Jahrbuch Ev. Ges. 1887/88, 54.

«Abschaffung Gottes» verortet Brunner weder bei Hitler noch bei Mussolini. Diese sei «seit zweihundert Jahren in Europa im Gang», nämlich seit der Aufklärung.[425] Ganz ähnlich argumentiert der Erlanger Systematiker und Widerständler Walter Künneth: «Die Väter der Deutschen Christen sind die liberalen Denker der Moderne, die ein dogmenloses Christentum propagierten.»[426]

Diese Zusammenhänge zeigen das Format der Zürcher Pietisten, die prophetisch über den Horizont des Augenblicks hinausblicken. Die Väter der Evangelischen Gesellschaft sehen die kommende Entwicklung schon siebzig Jahre zuvor in kritischer Schärfe voraus. In Bezug auf die Säkularisierer schreiben sie: «Sie meinen wohl noch, für den Fortschritt gekämpft zu haben, wenn sie den Einfluss der christlichen Kirche untergraben [...] Sie ahnen gar nicht, dass sie damit den Weltbrand entzünden, der auch sie verzehrt [...]»[427] England und die USA, die im 18. und 19. Jahrhundert grosse christliche Erweckungen sehen, bleiben immun gegen die kontinentalen Totalitarismen roter und brauner Couleur.[428]

10.6 Geist der Morgenröte

Die Männer und Frauen der Evangelischen Gesellschaft leben aus dem Evangelium. Durch das Lesen der Bibel steht ihnen vor Augen: «Die bei uns sind, sind zahlreicher als die bei ihnen» (2Kön 6,16). Aus dieser Gewissheit erwächst ihre progressive Tatkraft. In der Hoffnung des Glaubens folgen sie Jesus nach und packen an, wo es für den Verstand nichts zu hoffen gibt.

Auch Antistes Füssli, Pfarrer am Neumünster, der sich 1839 gegen die Wahl von Strauss stellte, macht ab 1847 mit Freude mit. In der Synode stellt er als Leiter der Bibel- und Missionsgesellschaft fest, «der Prediger als alleiniger Träger der Sache Christi» sei «viel zu schwach, viel zu arm, den Schaden der Zeit zu heilen [...] Aber es geht ein Geist durch unsere

---

425 Fraumünster-Predigt vom 10. Mai 1945. Auffallend ist, dass in Brunners Auslegung des Offenbarungswortes alles Historisch-Kritische fehlt; in der Schwere der Zeitstunde fällt es ab wie dürres Laub; das prophetische Wort spricht direkt zu den Menschen. Ganz ähnlich äussert sich Brunner schon in einem Brief an Eduard Thurneysen vom 15. September 1939. Vgl. die einschlägigen Zitate und Belegstellen bei F. Jehle, Emil Brunner (2006), 392 und 453–457.
426 Vgl. W. Künneth, Der grosse Abfall (1947,2. Aufl. 1948), 202.
427 Jahrbuch Ev. Ges. (1871/72), 6.
428 Emil Brunner erkennt diesen Sumpf im «liberalen kapitalistischen Säkularismus», aus dem die totalitären Revolutionen herauswachsen (Brief an Ed. Thurneysen, a.a.O.).

Zeit, der eine Morgenröthe verkündet, einem allgemeinen Priestertum ruft, und nicht nur ruft, sondern es in der Kirche herstellt und verwirklicht.»[429] Durch Verkündigung, Seelsorge und Innere Mission soll die geistlich verwahrloste Bevölkerung, insbesondere die kirchenkritische Arbeiterschaft, in einen erneuerten Kraft- und Segensraum des Glaubens hineingeführt werden.

Hätten doch die Zürcher Pfarrer für die geistliche Not der Zeit Sinn und Verstand gezeigt! Im Jahr 1860 startet die Evangelische Gesellschaft, angeregt durch eine grosse Erweckung in Amerika und einen Aufruf einer Missionsstation in Indien, mit Freude auch in Zürich eine Gebetsversammlung. Doch Pfarrer Heinrich Hirzel (St. Peter) und seine Kreise befürchten eine Erweckung und beschwören das Gespenst des Separatismus.[430] Eine staatsnahe kirchlich-liberale Mehrheitsmacht schlägt jede Erneuerung nieder, die den Status quo gefährden könnte.

In den Gründungen und Opfern der Evangelischen Gesellschaft von 1850–1890 liegt ein ungemein wacher und fortschrittlicher Zug als Folge lebendiger Glaubenszuversicht. Ein Heer von Frauen leistet unentgeltliche Hilfe zum Beispiel als Diakonissen für Arme und Kranke oder als Helferinnen für die Unterweisung von Kindern im christlichen Glauben. Die umfassende Sicht dieser Pionierinnen und Pioniere wird ersichtlich in den Lesesälen und Leihbibliotheken bis hin zur Gründung von «auf Gottes Wort gegründeten» Privatschulen[431], einem christlichen Gymnasium sowie einem evangelischen Lehrerseminar. Getragen werden all diese Helferinnen und Helfer und ihre grossen Opfer durch den Glauben an das lebendige Wort Christi. Seine Segensspuren werden sichtbar in der hingebungsvollen Arbeit der Stadtmission, in Hospizen und Herbergen sowie im Diakoniewerk Neumünster. Wichtige Zweige der Evangelisation und der Inneren Mission im Raum der Zürcher Kirche bleiben später bis über die Mitte des 20. Jahrhunderts hinaus mit der Evangelischen Gesellschaft verbunden. Eine besonders starke Phase des Aufstiegs dieser Glaubensarbeit liegt in den 1850–1880er-Jahren. Man spürt den Geist der Zeuginnen und Zeugen in den Jahresberichten dieser Zeit. Die Jahresfeste der Zürcher Missionsgesellschaft, während langer Zeit geleitet von Dekan Georg Rudolf Zimmermann, Pfarrer am Fraumünster und Präsident der Evangelischen Gesellschaft, erleben in den 1870/80er-Jahren den Höhepunkt eines evangelisch-missionarischen Aufbruchs. Mis-

---

429 G. Finsler, Johann Jakob Füssli, Pfarrer am Neumünster und alt Antistes (1860), 46.
430 G. Finsler, Geschichte der theologisch-kirchlichen Entwicklung in der deutsch-reformierten Schweiz seit den dreissiger Jahren (1881), 70 f.
431 Statuten für die Freie Schule Aussersihl, Beil. Jb. Aussersihl 1890.

sionsfreunde von Stadt und Kanton und darüber hinaus treffen sich zum jährlichen Stelldichein. Die Missionsfeste müssen ins Grossmünster gelegt werden. Die Evangelische Gesellschaft zählt sechshundert Mitglieder.[432] Parallel zum Missionsgeist in Kirchgemeinden wächst die Bereitschaft zu Opfer und Dienst.

10.7 Das Apostolikum als DNA der Evangelischen Gesellschaft

Im Herbst 1844 folgt der Erlanger August Ebrard, ein Spross aus hugenottischem Geschlecht, einem Ruf als ausserordentlicher Professor für alt- und neutestamentliche Exegese an die Zürcher Universität.[433] Durch Wort und Schrift bekämpft er philosophische Kritik am Evangelium mit feurigem Temperament, entschlossenem Denken und unbändiger Lust zu Angriff, Kampf und Witz. Mit spitzer Feder nimmt er die abstrakte Theologie des Hegelianers Biedermann auf die Schippe:

> Komm, Geist, kehr bei dir selber ein / Und lass uns deine Erscheinung sein / Du des Begriffes Sonne / Ideenlicht lass jeden Schein / Der Vorstellung vernichtet sein / Zu unserer Schule Wonne / in sich / Für sich / An und für sich / Muss man denken, sich versenken / Herzlos in das reine Denken.[434]

Ebrards frischer Geist vermag die Studenten zu faszinieren. Die Bibel ist für den reformierten Gelehrten ein lebendiger Organismus.[435] Jeder Satz und Abschnitt der Heiligen Schrift sind von ihrer besonderen Stellung im Kanon her zu verstehen. Im Kampf gegen die spekulative Philosophie der Reform betont Professor Ebrard für die Kirche die hohe Bedeutung des Apostolischen Bekenntnisses als Glaubensgrundlage. Dem Zentralkomitee der Evangelischen Gesellschaft angehörend, legt Ebrard grossen Wert auf den Einbau des Bekenntnisses in die Statuten zur Abwehr philosophischer und spekulativer Ränke seitens der neuen Theologie.[436] Demgemäss heisst es in den Statuten:

---

432 Jahrbuch Ev. Ges. 1882/83, 16.
433 Alexander Schweizer widersetzt sich im Kirchenrat gegen die Berufung von Ebrard aus Furcht vor einer Verschärfung der Gegensätze. Der Schleiermacher-Schüler wird zwar oft als «Vermittler» dargestellt, er tendiert aber im Grundsatz eher zu den Spekulativen. Vgl. E. Campi u. a., Hg., Alexander Schweizer (1808–1888) und seine Zeit (2008), 69.
434 Zit. bei G. Finsler, Geschichte der theologisch-kirchlichen Entwicklung in der deutschreformierten Schweiz seit den dreissiger Jahren (1881), 18; ebenso «Kirchenfreund» Nr. 20 (1921), 9.
435 Gemäss Prof. J. Hofmann (1810–1877) in Erlangen.
436 Das Apostolikum verdankt seine Entstehung dem Kampf der römischen Gemeinde gegen die Gnosis im 2. Jahrhundert. Demgemäss zählt es die positiven *fundamentals*

10. Die Evangelische Gesellschaft

> Die Evangelische Gesellschaft versteht sich als [...] Verein von Männern, welche in Kraft des Evangeliums Jesu Christi und aufgrund des Apostolischen Glaubensbekenntnisses, zu dem sie sich nach seinem ganzen Umfang und Inhalt in lebendiger Überzeugung bekennen, sich um Ziele setzen, evangelischen Glauben und evangelisches Leben [...] zu fördern und zu befestigen.[437]

Dabei wird betont, die ganze Arbeit habe «im Einklang mit der Kirche» zu geschehen. Als Ebrard nach kurzem Intermezzo von drei Jahren nach Erlangen zurückgeht, atmen seine spekulativen Kollegen auf, im Kreis der Evangelischen Gesellschaft und unter den bibelgläubigen Studenten bedauert man seinen Weggang ausserordentlich. Einige Studenten folgen ihm nach Erlangen.

In den Grundlagen der Evangelischen Gesellschaft übersteht das Apostolische Bekenntnis während mehr als hundert Jahren alle Statutenrevisionen. Erst in den 1970ern – unter dem Einfluss des starken Säkularisierungsschubs nach 1968 – wird es abgeschwächt. Der Stiftungsvorstand der Evangelischen Gesellschaft unter Irene Gysel diskutiert das Bekenntnis, weil es «polarisiert».[438]

Das dreigliedrige Apostolikum ist etwas Besonderes, da es ein erweitertes Taufbekenntnis der frühesten Kirche (Mt 28,19) ist. Seine Wurzeln gehen zurück bis zur römischen Gemeinde im 2. Jahrhundert.[439]

> Ich glaube an Gott,
> den Vater, den Allmächtigen,
> den Schöpfer des Himmels und der Erde,
> und an Jesus Christus,
> seinen eingeborenen Sohn, unseren Herrn,
> empfangen durch den Heiligen Geist,
> geboren von der Jungfrau Maria,
> gelitten unter Pontius Pilatus,
> gekreuzigt, gestorben und begraben,
> hinabgestiegen in das Reich des Todes,
> am dritten Tage auferstanden von den Toten,
> aufgefahren in den Himmel;

---

des Glaubens sozusagen «antignostisch» der Reihe nach auf. Die Liberale Theologie mit ihrer Vergeistigung des Evangeliums steht der Lehre der Gnosis nahe; darum steht sie dem Apostolikum fern. Vgl. Adolf von Harnack, Marcion, das Evangelium vom fremden Gott (1921, ND 2019),

437 Vgl. D. Hofmeister, Geschichte der evangelischen Gesellschaft des Kantons Zürich (1882), 4; Jahrbuch Evangelische Gesellschaft 1846/47, 2.
438 Meier/Schneider, Mission und Diakonie (2011), 173. Inhalt und Form des Bekenntnisses gehören seit 1800 Jahren zur christlichen Kirche.
439 Vgl. A. Sierszyn, 2000 Jahre Kirchengeschichte (6. Aufl. 2022) 73–75.

er sitzt zur Rechten Gottes, des allmächtigen Vaters;
von dort wird er kommen,
zu richten die Lebenden und die Toten.
Ich glaube an den Heiligen Geist,
die heilige, allgemeine, christliche Kirche,
Gemeinschaft der Heiligen,
Vergebung der Sünden,
Auferstehung der Toten (des Fleisches)[440]
und das ewige Leben. Amen

Dieses Bekenntnis zählt die wichtigsten biblischen Inhalte des Heils auf, die Gott für die Menschen bereitet hat, und wird damit zur Bastion gegen jede spirituelle Verdünnung des Evangeliums. In der römischen Gemeinde im 2. Jahrhundert gegen die Irrlehren der spekulativen Gnosis entstanden, erreicht das Apostolische Bekenntnis via Südfrankreich bald nach 700 die Reichenau und bleibt bis heute Bestandteil der katholischen Messe. Karl der Grosse befiehlt um 800 allen Untertanen seines grossen europäischen Kaiserreichs, das Unservater und das Apostolikum (Credo) auswendig zu lernen. Auch in der Kirche von England ist das Bekenntnis hochgeachtet. Mit Zwinglis Abendmahlsliturgie behält das Apostolikum auch im reformierten Zürich seinen «festen Platz im Hauptgottesdienst».[441] Bis ins 19. Jahrhundert bleibt es Bestandteil der Liturgie von Abendmahl, Taufe und schliesslich auch der Konfirmation. Im Katechismus-Unterricht gilt das Bekenntnis als «Hauptstück».[442]

---

440 «Auferstehung des Fleisches» ist die ursprüngliche Form von den Anfängen bis ca. 1960. Jesus sagt zu seinen Jüngern: «Fasst mich an und seht! Ein Geist hat kein Fleisch und keine Knochen, wie ihr es an mir seht» (Lk 24,39). Das Kirchenbuch für die Evangelisch-Reformierten Landeskirchen der Kantone Aargau und Zürich (2. Aufl. 1969) formuliert (gemäss Paulus) «Auferstehung des Leibes». Erst das Kirchenbuch der Evangelisch-Reformierten Landeskirche des Kantons Zürich von 1969 kennt die moderne Formulierung «Auferstehung der Toten». Damit ist die neutestamentliche «Auferstehung des Leibes» zumindest aufgeweicht.
441 R. Gebhard, Umstrittene Bekenntnisfreiheit (2003) 28; vgl. auch Zwinglis «Erklärung (Expositio) des christlichen Glaubens» (1531), in: Huldrych Zwingli. Werke IV, Hg. Brunnschweiler/Lutz (1995), 318. Luther, Zwingli und Calvin schätzen das Bekenntnis vor allem wegen seines (christozentrischen) Inhalts. In seiner Berner Credo-Predigt (1528) will sich Zwingli «mit allen rechtgläubigen verstendigen» (CR 93/1,450,6f).
442 G. Schmid, Die evangelisch-reformierte Landeskirche des Kantons Zürich (1954), 248.

11. Der Kampf um Bibel und Glaube im Aufstieg des Säkularismus

11.1 Spekulative Theologie

Schon im Jahr 1844 veröffentlicht der Münchensteiner Pfarrer Alois Emanuel Biedermann (1819–1885) sein Buch «Die freie Theologie oder Philosophie und Christentum in Streit und Frieden». Georg Finsler bezeichnet dieses Werk später als «eine aufsteigende Rakete, die den Aufmarsch einer neuen Streitmacht, der spekulativen Theologie, ankündigte».[443] Während seines Studiums in Berlin hat sich Biedermann mit den trendigen deutschen Geistesgrössen Kant, Schleiermacher und Hegel beschäftigt. Bereits Immanuel Kant betonte die zentrale Bedeutung des autonomen Subjekts für die Erkenntnis. Wir können, sagt er, die Dinge nicht erkennen, wie sie an sich sind. Vielmehr können wir von den Dingen immer nur das wahrnehmen, «was wir selbst in sie hineinlegen».[444] Seit Descartes (*cogito, ergo sum*) befasst sich das neuzeitliche Denken mit der Wirklichkeit (auch der Wirklichkeit Gottes) nur noch, soweit diese auch Inhalt des menschlichen Bewusstseins ist. Schon bei Semler und Lessing, vor allem aber beim berühmten Berliner Theologen Friedrich Schleiermacher (1767–1834), verdünnt die evangelische Theologie der biblischen Heilsgeschichte zu einer modernen Bewusstseins-Religion. Schleiermacher formuliert die neue Lage so: «Nicht der hat Religion, der an eine Heilige Schrift glaubt, sondern, welcher keiner bedarf und wohl selbst eine machen könnte.»[445] Ein gewöhnlicher Mensch unserer Tage muss diesen Satz vermutlich zweimal lesen. Die Bibel ist hier nicht mehr Gottes Wort und Grundlage des Glaubens. Sie ist nur noch ein Schrift-Denkmal vergangener kirchlicher Glaubensvorstellungen. Der neuzeitliche Mensch trägt Gott in sich selbst.

Bei diesem Fokus auf den selbstbestimmten Menschen setzt auch der Zürcher Reformer Alois Emanuel Biedermann ein. Religion ist für ihn nicht etwas Äusserliches und Lehrbares, sondern etwas Innerliches. Sie ist

---

443 G. Finsler, Geschichte der theologisch-kirchlichen Entwicklung in der deutsch-reformierten Schweiz seit den dreissiger Jahren (1881), 7.
444 I. Kant, Kritik der reinen Vernunft, Vorrede (1781, Reclam 1966), 25.
445 F. Schleiermacher, Über die Religion, Hg. R. Otto (6. Aufl. 1967), 92 f.

die «nach innen gekehrte Beziehung auf das eigene göttliche Wesen»[446]! Jedes äussere Bekenntnis bedeutet für den freien Geist Zwang und Hindernis. Buchstaben-Bekenntnisse sind nichts weiter als «ein Prokrustesbett». Daher soll eine Kirche der Freiheit auf sie verzichten.[447] Schon für Semler und Schleiermacher sind Bekenntnisse nur noch historische Grössen. Sie sind Zeichen dafür, dass früher einmal ein grosser Geist da war, der diese Symbole hervorbrachte. Für die Menschen heute aber sind sie ohne Verpflichtung, da wir darüber hinausgewachsen sind. Demgemäss bezeichnet Biedermann kirchliche Bekenntnisse als «Denkmäler von Geistesschlachten» ohne Bedeutung für die Gegenwart.[448] Jeder Versuch, eine einheitliche Kirchenlehre zu statuieren, ist für Biedermann eine Geistestyrannei. Deshalb kämpft er entschlossen für völlige Freiheit des Geistes auch in der Theologie. Nur diese Art von Theologie sei in der Lage, die freie Entfaltung von Strömungen, Tendenzen und Richtungen laufend in sich aufnehmen und so à jour zu bleiben. Damit ist für eine «Selbstsäkularisierung» der Zürcher Theologie und Kirche eine breite und systematische Bresche geschlagen.

Seit 1845 redigiert A. E. Biedermann zusammen mit David Fries (Diakon zu St. Peter) die Zeitung «Die Kirche der Gegenwart». Diese Zeitschrift soll die Gedanken einer freien Theologie und frei gesinnten Kirche einer breiten Öffentlichkeit bekanntmachen. Die genannten Ideen begeistern einen beachtlichen Teil der Zürcher Eliten. Was David Friedrich Strauss 1839 verwehrt blieb, das lehrt Biedermann elf Jahre später seine Gymnasiasten und Studenten. Ab 1850 ist Biedermann Theologieprofessor für Dogmatik und Religionslehrer am oberen Gymnasium in Zürich und damit für mehr als dreissig Jahre die bestimmende Gestalt der theologisch-liberalen Richtung. Biedermanns freigesinnte Theologie verleiht dem Zürcher Liberalismus die diesem bis dahin noch fehlende theologische Weihe. Demgemäss werden die Reformer von den regierenden Radikalen, «die ihnen zum Teil als Studiengenossen befreundet waren»,[449] auch stark gefördert. In kurzer Zeit sind die Pfarrstellen zu St. Peter und Predigern, in Winterthur, Uster und anderer bedeutender Gemeinden durch sogenannte Reformer oder Freisinnige besetzt.

---

446 A. E. Biedermann, Die freie Theologie oder Philosophie und Christentum in Streit und Frieden (1844), 226.
447 A. E. Biedermann, a. a. O., 235.
448 A. E. Biedermann, a. a. O., 243.
449 G. Finsler, Geschichte der theologisch-kirchlichen Entwicklung in der deutsch-reformierten Schweiz seit den dreissiger Jahren (1881), 31.

11. Der Kampf um Bibel und Glaube 179

In der Synode treten die «Spekulativen» oder Reformer bald als geschlossene Partei auf. «Mehr als einmal drohten sie mit dem grossen Rathe, wenn die Synode sich ungefügig zeigte, [...] auch ausserhalb derselben hiess es: ‹Wir› – wir berufen den und den Professor; ihr könnt froh sein, wenn wir euch das und das koncedieren.»[450] Damit offenbaren die spekulativen Reformer ihre Sympathien für staatskirchliche Ideen. Immer wieder sind sie bereit, die evangelische Kirche den radikal-liberalen staatlichen Instanzen zu unterwerfen.

Das Wort «Reform» weckt in verschiedener Hinsicht falsche Vorstellungen und ist nicht angemessen. Im Vergleich zur atemberaubenden, Sünde und Tod überwindenden Nachricht von Kreuz und Auferstehung Christi handelt es sich beim theologischen Freisinn um eine verbürgerlichte Banalisierung des biblischen Evangeliums. Das moderne Reformevangelium soll der liberalen Politkultur die ihr noch fehlende religiöse Krönung vermitteln. Demgemäss wird diese Theologie von der liberalen Regierung nach Kräften gefördert. Nicht die Synode, aber der Grosse Rat wählt ausschliesslich Reformer in bedeutende theologische und kirchliche Stellungen.[451] «Seit den 40er-Jahren ist kein positiver, sogenannt ‹Orthodoxer› mehr von einer Kantonalbehörde an irgendeine Lehr- oder andere Stätte zugelassen worden.»[452] Anders als das befreiende Wort der Bibel zwängt der philosophische Säkulargeist die Theologie und ihre Studierenden auf das Prokrustesbett der herrschenden Zivilreligion. Friedrich von Bodelschwingh, der Gründer des Diakoniewerks «Bethel», bezeichnet die Liberale Theologie als «in höchstem Grade herrschsüchtig». Sie erziehe zur «geistigen Unfreiheit und zur Menschenknechtschaft». Denn sie sei «eine überaus grausame Lehre, die unserem teuren Evangelium das Mark aus den Knochen saugt und den armen Sünder in Not und Tod im Stich lässt.»[453] Studierende, die dieser abstrakten Philosophen-Theologie ausgesetzt sind, finden nur noch schwer den Weg zum unmittelbaren Zeugnis des lebendigen Gottes in der Bibel. So gesehen hat dieser säkular-religiöse Geist für das Leben der Kirche gravierende Folgen. Die Träume eines spirituellen Kultur-Christentums sind ein wichtiger Grund dafür, dass die evangelische Kirche im 19. Jahrhundert die Arbeiterfrage verschläft.

---

450 G. Finsler, Geschichte der theologisch-kirchlichen Entwicklung, 32.
451 G. Finsler, Geschichte der theologisch-kirchlichen Entwicklung, 31.
452 J. Hirzel, Rückblicke auf die religiösen Erfahrungen und Zustände im Kanton Zürich in der ersten Hälfte dieses Jahrhunderts = Zürcher Taschenbuch (1886), 51.
453 F. v. Bodelschwingh, Ausgewählte Schriften, Hg. A. Adam, II (1964), 204 ff.

11.2 Der Kampf um Wahrheit und Glaube: das Apostolikum

Die kirchlichen Kämpfe der Jahre 1845 bis 1868 drehen sich vor allem um das Geheimnis von Jesus Christus, konkret um die Frage, ob das Apostolische Glaubensbekenntnis bei den Tauf- und Konfirmationsgottesdiensten freigegeben werden soll.[454] Dahinter steht wesentlich die Frage, ob Jesus Gott sei und ob man zu ihm beten könne und solle. Während 1800 Jahren war dies für die ganze Christenheit selbstverständlich. Nun wird genau diese Mitte des christlichen Glaubens von den modernen Reformern infrage gestellt. Damit treiben sie einen Spaltkeil in die evangelische Kirche. Für die evangelisch «Gläubigen» oder «Positiven»[455] gehört das Apostolikum seit jeher zu den selbstverständlichen Grundlagen der Kirche. Wort Gottes, Kirche, Bekenntnis und Glauben gehören schon in der Bibel aufs Engste zusammen.[456] Denn die Kirche ist weder eine staatliche Anstalt noch ein Glaubensverein, sondern «eine Gemeinschaft des Glaubens»[457] aufgrund von Gottes Ruf und Offenbarung. Das Apostolikum gehört wie die ökumenischen Bekenntnisse der Alten Kirche zum lehrmässigen und verbindenden Grundbestand aller Kirchen des Westens. Wenn Reformer die Kirche in neue Sphären des spekulativen Geistes und des Fortschritts heben wollen, so berufen sie sich mit der Freiheit ihres subjektiven Gewissens zu Unrecht auf Zwingli, denn sie entziehen sich «dem Gehorsam gegen das Wort Gottes».[458]

Zu den Verfechtern der biblischen Gottessohnschaft Jesu gehören zunächst vor allem Antistes Johann Jakob Füssli (Neumünster), zugleich

---

454 Aus dem Formular des Abendmahlsgottesdienstes fiel es bereits 1838 zur Zeit der radikalen Herrschaft.
455 Die «Positiven»: In der Frühzeit bezeichnet man sich gegenüber den Spekulativen, Reformern, Liberalen oder Rationalisten als «gläubig», «biblisch» oder «evangelischkirchlich», später auch als «positiv». Die «Positiven» grenzen sich nicht etwa ab von irgendwelchen «Negativen». Im Unterschied zu den «Freisinnigen» oder «Liberalen» geht «positives» Christentum davon aus, dass der christliche Glaube von «positiv» gegebenen Heilstatsachen lebt, die der offenbarende Gott in der biblischen Heilsgeschichte ein für alle Mal gesetzt hat. Vgl. T. Kuratle, Die positive Richtung in der Zürcher Kirche (Masterarbeit Uni Zürich 2017) 14f; P. Schweizer, Freisinnig-positivreligiössozial (1972), 31 f.
456 5. Mose 6,4; Mt 16,13–20.
457 E. Güder, Die Bekenntnisfrage, in: Der Kirchenfreund (1868), 249 ff. Albert Schädelin formuliert es im Zeiten Weltkrieg (als das Bekenntnis in seiner Bedeutung neu erkannt wird) so: Indem «der Glaube zum Bekenntnis wird, stiftet er die Gemeinschaft der Kirche. Das Bekenntnis ist darum konstitutiv für die Kirche», vgl. A. Schädelin, Bekenntnis und Volkskirche (1943), 6.
458 J. Hirzel, Das Verhältnis von Einheit und Freiheit in der evangelischen Kirche (Referat vor der Synode am 20.10.1866), in: Prot. Monatsblätter (1867), 101.

Präsident der Bibel- und Missionsgesellschaft, sowie die Professoren Johann Peter Lange und August Ebrard. Nach Füsslis Tod (1860) ist der Fraumünster-Pfarrer und Dekan Georg Rudolf Zimmermann[459] das unbestrittene Haupt der «Positiven». Zu seinen engsten Mitarbeitern gehören die gleichaltrigen Pfarrer Konrad Aeberli (Hütten), Rudolf Schinz (Affoltern) und Friedrich Hirzel (Regensdorf). Führer der Reformer sind Alois Emanuel Biedermann, ab 1850 Professor an der Universität Zürich, Heinrich Hirzel (St. Peter), der Gründer des schweizerischen Vereins für freies Christentum, sowie der Württemberger Pfarrer Heinrich Lang (Meilen, später St. Peter), der erste Präsident des Schweizer Vereins für freies Christentum. Unter den Vermittlern fallen Georg Finsler (ein Enkel von Antistes Gessner) sowie Johannes Hirzel (Bauma) auf. Hirzel steht indes den «Positiven» nahe. Auch Prof. Alexander Schweizer zählt sich zu den Vermittlern. Der Schleiermacher-Schüler wird von der biblischen Richtung aber zu den spekulativen Theologen gerechnet.

Schon im Sommer 1854, als der Geistlichkeits-Synode ein revidierter Liturgie-Entwurf zur Beratung vorliegt, versuchen Professor Biedermann und seine Freunde, die Freigabe des Apostolikums durch die Synode zu erlangen. Ein Entgegenkommen der Synode wäre ein «hochherzige Tat», da es für viele Pfarrer und Gemeindeglieder nicht mehr den adäquaten Ausdruck des Glaubens darzustellen vermöge.[460] Aussagen wie «geboren von der Jungfrau Maria [...] Auferstehung des Fleisches [...] sitzend zu Rechten Gottes» sind den freisinnigen Reformern besonders anstössig, da sie nicht mehr mit dem modernen Bewusstsein und den Ergebnissen der historisch-kritischen Forschung vereinbar seien. Ein anonymer Referent ermahnt indes im Kirchenblatt die Reformtheologen, «ihre Subjektivität dem kirchlichen Interesse unterzuordnen», das Bekenntnis sei gerade in dieser Zeit «ein Zeugnis gegen Materialismus und falschen Idealismus».[461] Es helfe, die kirchliche Einheit zu bewahren und dem Sektierertum zu wehren. Schliesslich zieht Biedermann seinen Antrag zurück, und das Apostolikum bleibt verbindlich.

---

459 Georg Rudolf Zimmermann (1825–1900) stammt aus einer Pfarrfamilie und wächst in Wipkingen auf. 1848 Vikar in Fischenthal, 1849 Vikar und von 1852–1898 Pfarrer am Fraumünster. 1866–1897 Dekan des Pfarrkapitels Zürich. Mitglied des Zentralkomitees der Evangelische Gesellschaft von 1854–1899, von 1876–1893 dessen Präsident. Zimmermann ist auch langjähriger und begeisterter Präsident der Zürcher Missionsgesellschaft. Das Diakoniewerk Neumünster geht auf seine Anregung zurück. Dekan Zimmermann ist die führende Persönlichkeit der Positiven im Bekenntniskampf um das Apostolikum. Lit.: T. und A. Zimmermann, G.R. Zimmermann (1903).
460 Vgl. Kirchenblatt 10 (1854), 98.
461 Kirchenblatt 10 (1854), 82.

Doch es dauert nicht lange, bis sich die Geistlichkeits-Synode erneut mit der Liturgie befassen muss. Diesmal geht die Initiative vom Grossen Rat aus. Dessen Mitglied, Pfarrer Wolf aus Weiningen, lädt Kirchenrat und Synode ein, zu beraten, ob die geltende Liturgie zu einem Kirchenbuch erweitert werden könnte; ein Kirchenbuch würde mehrere Formulare zur Auswahl darbieten.[462] «So unverfänglich die Anregung schien, so wenig war sie es», kommentiert später Georg Finsler.[463] Erneut wird das geliebte oder verachtete Apostolikum zum Zankapfel. Der Kirchenrat reagiert zurückhaltend, befürwortet aber schliesslich doch eine breitere Auswahl liturgischer Formulare. Von links bis rechts wird nun aus allen Rohren geschossen. Von linker Seite her meldet sich eine Haltung geistiger und wissenschaftlicher Überlegenheit. Glaubensbekenntnisse seien vielleicht noch etwas für einfach gestrickte Seelen, nicht aber für Menschen mit moderner Bildung und höherem wissenschaftlichem Bewusstsein. Ein Artikel in der Kirchenzeitung,[464] vermutlich vom erkrankten Stäfner Pfarrer Hans Kaspar Grob-Gessner, empfiehlt den Reformern, doch mit allen denen eine eigene Kirche zu gründen, die meinen, über die christliche Wahrheit hinauszuwachsen. Eine Preisgabe des Credos würde bedeuten, die Gemeinden der modischen Willkür ihrer Pfarrer auszuliefern.

Um die Aufregung komplett zu machen, publiziert der Ustermer Pfarrer Vögelin 1864 ein Predigtbüchlein. Darin fühlt er sich aus intellektueller Redlichkeit verpflichtet, allen mitzuteilen, «dass es keine Wunder geben kann […] dass Christus ein Mensch war […] dass Christi Werk, sein Leben und sein Tod, auf uns keinen anderen Einfluss habe, als die Wirksamkeit bedeutender Menschen überhaupt […]».[465] 78 Pfarrer erlassen eine «offene Erklärung». Vögelin entsagt später dem Pfarramt und wird Professor für Kunstgeschichte, Seminarlehrer in Küsnacht und Nationalrat.

Auf der Synode im Oktober 1868 spricht sich schliesslich eine eher knappe Mehrheit von 68 zu 55 Mitgliedern für Doppelformulare in der Liturgie aus. Das Ziel der Bibeltreuen, die ganze Kirche auf der Grundlage des Apostolischen Bekenntnisses zu erhalten, bleibt unerreicht. Die Liturgie von 1869 gibt die Verwendung des Apostolikums frei. Damit wird der Individualisierungsschub der Zeit auch in der reformierten Kirche spürbar. Doch die Evangelische Gesellschaft und ihre Freunde denken nicht daran, diesen Kampf aufzugeben: «Es kommt in der Kirche und in

---

462 Vgl. R. Gebhard, Umstrittene Bekenntnisfreiheit (2003), 64ff (mit Belegen).
463 G. Finsler, Geschichte der theologischen Entwicklung (1881), 87.
464 Vgl. Kirchliche und theologische Literatur, in: Kirchenblatt 21 (1865).
465 F.S. Vögelin, Gott ist nicht ein Gott der Todten … (1864) VIII.

Glaubenssachen nicht auf Majorität und Minorität, überhaupt nicht auf menschliche Abstimmung an, sondern auf Wahrheit, und zwar auf die Wahrheit der heiligen Schrift.»[466]

Ob die Zürcher Kirche unter Beibehaltung des Bekenntnisses – wie in Holland – auseinandergebrochen wäre, ist ungewiss. Vielleicht hat die Preisgabe des Bekenntnisses auch den äusseren Zusammenhalt ermöglicht. Auf jeden Fall verliert die «bekenntnisfreie» Zürcher Kirche – weltweit beinah ein Unikum – eines ihrer Erkennungszeichen und damit einen Teil ihrer bisherigen christlichen Identität und den inneren Zusammenhang mit der weltweiten Kirche. Die Unterscheidung zwischen «Freiheit vom Bekenntnis» und «Freiheit im Bekenntnis» bleibt für viele ein intellektueller Papiertiger.[467] Eine bekenntnisfreie Kirche mag sich vermehrter Vielfalt rühmen, auf die Dauer besteht aber eine erhöhte Gefahr für religiösen Wildwuchs. Nicht umsonst bezeichnet schon die Alte Kirche ihre Bekenntnisse als Symbole, d.h. als Erkennungszeichen. Die Not der Konservativen äussert sich denn auch in einer Reihe von Konversionen zum Katholizismus.[468]

Nachdem der Traum des Kulturchristentums im Ersten Weltkrieg geplatzt ist, nähert sich auch die Zürcher Kirche vorübergehend wieder der Bibel und der Reformation an. Dies geschieht durch Impulse einer profilierten Wort-Gottes-Theologie (K. Barth, E. Brunner). Doch neue Wogen säkularer Kultur, die auch die protestantische Theologie und Kirche überschwemmen, lassen diese ab den 1960er-Jahren wieder mehr und mehr von freier Spiritualität, Moral und Zivilreligion statt vom biblischen Evangelium leben. Womöglich gibt es im 21. Jahrhundert sogar Entwicklungen, die den Säkularismus auch für die Kirche als alternativlose Position verstehen.

11.3 Die Evangelische Gesellschaft – Antwort auf den Säkularismus

Die Aktualität und geistige Nähe von Biedermanns freier Theologie zum Megatrend des politischen Radikalismus führt den bibeltreuen Männern mit Schrecken vor Augen, dass ihnen über kurz oder lang der Gang in eine

---

466 Ev. Wochenblatt vom 24.12.1868, 205.
467 G. Schmid, Die evangelisch-reformierte Landeskirche des Kantons Zürich (1954), 249.
468 Je ein Sohn von Hans Kaspar Usteri-Oeri sowie von Georg Rudolf Zimmermann (dem 1. und 4. Präsidenten der Evangelische Gesellschaft) gehen zu den Jesuiten bzw. Karmelitern. Auch zwei nahe Verwandte des 5. Präsidenten Eduard Usteri-Pestalozzi konvertieren zur katholischen Kirche, ebenso ein Bruder des konservativen Professors Konrad von Orelli.

harte Opposition bevorstehen könnte. Denn Biedermanns Theologie des freien Bewusstseins trifft im geistigen Zürich den Nerv der Zeit, indem er Strauss und Hegel zu einem philosophisch geprägten Christentum verbindet. Kein «hehres christliches Volk» stürmt nun mehr nach Zürich. Dies zeigt den starken Bewusstseinswandel in der zürcherischen Bevölkerung in den elf Jahren seit dem Züriputsch (1839). Anders als bei den Radikalen der 1830er-Jahre sind indes die Überzeugungen der Spekulativen für das Kirchenvolk nicht sofort ersichtlich. Seinen Münchensteiner Bauern predigt Biedermann das Evangelium auf der niederen Stufe der Vorstellung (scheinbar orthodox) und sehr zugänglich, während er für sich selbst das Christentum auf der höheren, geistigen Stufe komplex und ohne einen persönlichen Gott und ein persönliches ewiges Leben denkt. Dies entspricht der zeitgenössischen Philosophie von Hegel. Der einfachen Bevölkerung bleibt so der Abstand zur altevangelisch-reformatorischen Botschaft unsichtbar. Doch der Graben zwischen Theologie und Glaube ist für das Profil der reformierten Kirche eine schwere Hypothek.

Bereits im August des Jahres 1845 erscheint von den Zürcher Professoren August Ebrard und Johann Peter Lange eine alternative Zeitschrift mit dem Titel «Die Zukunft der Kirche». Gegen den drohenden Zerriss der Zürcher Kirche durch ein Heer von subjektiven Auffassungen verorten die beiden konservativen Professoren die Einheit der Kirche nicht mehr in der Gegenwart, sondern in der Zukunft, «von der wir als Christen glauben, dass sie einst werden soll». Auch wenn eine künftige Kirche der Union noch nicht sichtbar sei, so gebe es doch jetzt schon eine «innere Einheit des gleichen Lebensprinzipes [...] und eine Einheit des Geistes der brüderlichen Liebe» und gewiss auch eine innere «Einheit der gleichen Wissenschaft». Bekenntnisse seien indes um der Wahrheit des Evangeliums willen auch für die künftige Kirche der Einheit unentbehrlich.[469]

Die Neugründung der Evangelischen Gesellschaft ist die Antwort auf den anschwellenden Säkularismus der 1840er-Jahre, der nun in neuer Stärke auch die Zürcher Kirche erfasst. Demgemäss gehört ab 1847 – auf Ebrards Rat – das Apostolikum zur DNA der Evangelischen Gesellschaft.[470] Auf dieser Basis sind die Zürcher Gläubigen entschlossen, im Rahmen der Landeskirche «evangelischen Glauben und evangelisches Leben im Kanton Zürich zu fördern».[471] Was sie schon bei Antistes Gessner lernten und was alle erweckten Kreise auch in Deutschland heilighal-

---

469 J.H. A. Ebrard, Die Zukunft der Kirche (1845), 1–4.
470 G. Finsler, Geschichte der theologisch-kirchlichen Entwicklung, a.a.O., 32.
471 D. Hofmeister, Geschichte der Evangelischen Gesellschaft des Kantons Zürich (1882), 3. Vgl. Jahrbuch der Ev. Ges. (1847), 2 (Statuten § 2).

ten, gilt auch für die Zürcher «Positiven» als Christi Ruf und Auftrag: Die Treue zum Wort Gottes, die Evangelisation und die Innere Mission (Diakonie) gehören zusammen. Diese Dreiheit kann nicht auseinanderdividiert werden. Ausgehend vom biblisch-theologischen Fundament will man Menschen in weitem Horizont zum Glauben führen und ihnen auch praktisch helfen.

11.4 Rettungshäuser – Beginn der Inneren Mission

Vom 16. Jahrhundert bis zur Französischen Revolution war die Sorge um die Mitmenschen im Wesentlichen von der staatskirchlichen Armenpflege getragen. 1810 entstehen in Zürich, angeregt durch die 1799 gegründete «Hülfsgesellschaft», die Blinden- und Taubstummenanstalt. Im Anschluss an die napoleonischen Kriege, mitten in Not und massenhafter Armut, fassen sich da und dort erweckte Pioniere ein Herz und gründen die verschiedensten «Rettungshäuser». 1813 verlässt Johannes Falk in Weimar die gehobenen Kreise und gründet den «Lutherhof» für verwahrloste Knaben. Rund um Basel wird Christian Friedrich Spittler (1782–1867), der Sekretär der Christentumsgesellschaft, zum initiativen Gründer von etwa zwanzig pietistischen Sozial- und Glaubenswerken. In Beuggen bei Rheinfelden veranlasst er schon 1820 mit Christian Heinrich Zeller (1779–1860) in einem zerfallenden Klostergebäude, das zuletzt Armeen als Pferdestall diente, ein Rettungshaus für verwahrloste und verwaiste Kinder samt einer Armenschule und einem christlichen Lehrer-Seminar. Zeller verbindet dabei die Einsichten von Pestalozzi und August Hermann Francke zu einer christlichen Pädagogik, von der alle Rettungshäuser durchdrungen werden. In diesen Erziehungsanstalten wird «der Typus des christlichen Schulmannes herangebildet, der sich im 19. Jahrhundert neben dem liberalen Lehrer zur Geltung gebracht hat»[472]. In Buch (SH) gründet der erweckte Pfarrer David Spleiss schon 1826 eine erste «Rettungsherberge» für verwahrloste Kinder. Im Kanton Zürich sehen 1838 Rorbas-Freienstein und 1847 Bubikon je ein Rettungshaus.

Zum eigentlichen Pionier für die Innere Mission wird der norddeutsche Theologe, Menschenretter und Sozialpädagoge Johann Hinrich Wichern (1808–1881). Angeregt durch die Pionierin der Diakonie Amalie Sieveking und ausgestattet mit guten Kontakten zur Hamburger Börse

---

472 E. Beyreuther, Geschichte der Diakonie und der Inneren Mission in der Neuzeit (1962), 54.

gründet Wichern 1833 das «Rauhe Haus» (plattdt. Ruges Hus) für gestrandete Jungen im Dorf Horn bei Hamburg. Wichern erkennt mit klarem Auge den Aufstieg des Proletariats und versucht mit allen Mitteln, die evangelische Kirche wachzurütteln. In seiner berühmten Stegreif-Rede auf dem Wittenberger Kirchentag 1848 ruft er über Luthers Grab den versammelten Würdenträgern zu: «Es ist uns not, dass die evangelische Kirche anerkenne: die Arbeit der Inneren Mission ist mein. Die Liebe gehört mir wie der Glaube!»[473] Zur selben Zeit schreibt Karl Marx in London sein kommunistisches Manifest.

Die beeindruckte Wittenberger Versammlung gründet zwar den «Zentralausschuss für die Innere Mission», doch es fehlt an praktischen Konsequenzen. Bis 1868 entstehen auf privater Initiative über 350 Rettungshäuser im Dienst von Armen, Kindern, Kranken, Gefangenen und sozial Gestrandeten.[474] Diese Gründungen sind ein Ehrentitel für die Frommen der Erweckungszeit. Der Name «Rettungshaus» besagt, dass die Pioniere und Pionierinnen der Erweckung den verwahrlosten Kindern biblisch-ganzheitlich – Geist, Seele und Leib im Sinn von 1. Timotheus 5,23 – helfen wollen.

Ein Gedicht von Meta Heusser zu einem Jahresfest des Rettungshauses in «Freienstein» veranschaulicht den Geist der Inneren Mission aufs Beste:

> Herr, der Du nie verschmähtest/Der Deinigen Gebet/Der du das Senfkorn sä'test/Das heut, ein Bäumlein, steht/Dich laden froh wir ein:/O komm zu deinem Feste/Und labe du die Gäste/Auf deinem Freienstein.
> Du hast dies Haus gegründet/Du trägst das Werk, nicht wir/Drum sei es laut verkündet/Die Hand des Herrn ist hier!/Tragt Schäflein da hinein/Von irren, bösen Wegen/Schafft Hände, die sie pflegen/Und bau'n sein Freienstein.
> Du willst die Welt erlösen/Aus ihres Jammers Nacht/Da bricht der Bann des Bösen/Wo deine Liebe wacht/Oh geh denn aus und ein/Mit deiner kleinen Heerde/Dass keins verloren werde/Auf deinem Freienstein.
> Und lass uns freudig schauen/Auf jenes Fest hinaus/Wenn rings auf Höh'n und Auen/Sich wölbt Ein Rettungshaus/Das Reich, der Sieg ist dein/Dass die erlöste Erde/Mit ihren Kindern werde/Dein ew'ges Freienstein.[475]

---

473 E. Beyreuther, a.a.O., 107; A. Sierszyn, Vom Mushafen zur Diakonie. Reformation und Erweckungsbewegung – Impulsgeber für Diakonie. Kleine Schriften 6 (2. Aufl. 2018).
474 RGG (4. Aufl. 1999) II, 1538.
475 R. Schindler, Memorabilia der Meta Heusser-Schweizer (2007), 256.

Meta Heussers Gedicht zeugt von der urevangelischen Macht der freien Gnade und der Kraft der Erweckung durch den Heiligen Geist. Sein Wort und sein Geist schaffen, was Menschen nicht vermögen. Ginge diese Kraft der segnenden Gegenwart verloren, so würden die Werke der Inneren Mission zur unmöglichen Last und müssten zerfallen. Einen lediglich sozial integrierten Menschen betrachten die Erweckten noch nicht als «gerettet».

Die evangelische Kirche indes verschläft weithin die Arbeiterfrage. Ihre herrschenden Kreise suchen den Anschluss bei der spekulativen Wissenschaft im Interesse eines gediegenen Kulturchristentums. Es sind die Bekehrungspietisten, welche die Not der «geringsten Brüder» ernster nehmen als ihre eigene Seelenpflege. Johannes Falk von Weimar, der Gründer des «Lutherhofs» für verwahrloste Knaben, schreibt: «Ich war ein Lump mit tausend anderen Lumpen in der deutschen Literatur, die dachten, wenn sie am Schreibtisch sässen, so sei der Welt geholfen.»[476] Es ist wohl eher eine billige Schutzbehauptung, Wichern und den Pietisten später vorzuwerfen, ihr Ansatz sei zu schmal. Um die Mitte des 19. Jahrhundert ist die Kirche noch immer eine starke und breite gesellschaftliche Kraft. Bis in die 70er-Jahre geniesst die Kirche als Helferin bei der Arbeiterschaft grundsätzlich ein besseres Vertrauen als der klassenkämpferische und atheistische Sozialismus.[477]

Was den Pionieren der Erweckung – im Unterschied zu Englands Grosser Erweckung – verborgen bleibt, ist die Sicht für die Korruptionsanfälligkeit des materialistisch-ökonomisierten Menschen. Der Kapitalist ist als solcher nicht primär Wohltäter. Erst die demokratische Gesellschaft, zu der Unternehmer wie Gewerkschaften gehören, kanalisiert den Kapitalismus und führt zur sozialen Marktwirtschaft und zum Wohl der Gesellschaft.

11.5 An die Hecken und Zäune – liberaler Widerstand

Offenbar angeregt durch die Ereignisse in Deutschland, beantragt Antistes Füssli 1849 in der Synode eine spezielle Kommission zum Thema der Inneren Mission. Auch in Zürich wird das Anliegen im Grundsatz nicht bestritten. Dennoch legt die Kommission 1854 ihr Mandat ergebnislos

---

476 F. Hauss, Väter der Christenheit (1991), 431.
477 E. Beyreuther, Geschichte der Diakonie und der Inneren Mission in der Neuzeit (1962) 109. Zum Ganzen: A. Sierszyn, Vom Mushafen zur Diakonie. Kl. Schriften 6 (2. Aufl. 2018); ders., 2000 Jahre Kirchengeschichte (6. Aufl. 2022), 785–90 (Lit.).

zur Seite. Der Widerspruch ist, wenn auch verhalten, so doch zu stark. Liberale Pfarrer fürchten, die Innere Mission könnte sich im Raum der Kirche verselbstständigen und ihrer Kontrolle entgleiten. Dazu kommt der ideologische Widerstand. Heinrich Hirzel, Pfarrer am St. Peter und Führer der Liberalen, erklärt schon 1848 vor der Schweizerischen Predigergesellschaft frei und offen: «Das Werk der Inneren Mission ist das Werk des Pietismus, darum will ich nicht in dem Ding sein. Der Pietismus nimmt die Zukunft für sich in Anspruch, aber sie gehört ihm nicht. Wir – die freisinnigen Theologen – nehmen sie für uns in Anspruch.»[478] Aufgrund dieser Milieu-Gefangenschaft wird die Verantwortung der Kirche gegenüber dem steigenden Proletariat auf dem Altar ideologischer Richtungskämpfe geopfert. Die Arbeit der Inneren Mission wird definitiv zur Aufgabe der Frommen in der Evangelischen Gesellschaft.[479] Wie in Deutschland verschläft auch in Zürich das elitäre Kulturchristentum ab 1850 die Probleme und Nöte des wachsenden Industrie-Proletariats. Demgemäss wird das 19. Jahrhundert, das sonst als Epoche weltweiter Mission gilt, auch im Kanton Zürich zum Jahrhundert der Entchristlichung.[480] Das säkulare Phänomen der Masse setzt sich durch.[481] Wie das Beispiel von England zeigt, wäre eine tiefgreifende Erweckung und umfassende Durchdringung der Massen mit dem biblischen Evangelium im 19. Jahrhundert eine Chance gewesen, den Kontinent vor säkularen Heilsideologien mit ihren furchtbaren Folgen zu bewahren.

---

478 R. Barth, Protestantismus, soziale Frage und Sozialismus im Kanton Zürich 1830–1914 (1952), 111; vgl. in der Publikation im TVZ von 1981, 104ff; Heinrich Hirzel (1818–1871), ein Schüler von Ferdinand Christian Baur, dem klassischen Begründer der historisch-kritischen Tübinger Schule, vertritt an sich ein soziales und liberales Christentum nicht ohne Sinn für gemeinnützige Tätigkeit. Am St. Peter begründet er einen weiblichen Arbeiterverein; in Schlieren fördert er die Pestalozzi-Stiftung, aus der ein Heim für schwererziehbare Knaben hervorgeht. Im Blick auf die Arbeiterfrage befürwortet er als Freisinniger einen mässigenden Einfluss der Kirche auf die Fabrikherren. Dem Pietismus aber will er – entgegen seinem liberalen Credo – jede Zukunftsmacht verwehren.

479 In der Gemeinde Zürich-Neumünster existiert seit 1831 noch eine Gemeinnützige Gesellschaft, die sich auf den Gebieten der Waisen- und Altenpflege, aber auch durch die Gründung einer Sparkasse einen Namen macht.

480 In der weltweiten Mission lässt man den Anstrengungen der pietistischen Missionare freien Lauf, während die Mission der eigenen Bevölkerung durch die staatsnahe Zivilreligion der Kirchen oft behindert wird.

481 Die anonyme Massengesellschaft ist im Unterschied zur christlichen Gemeinschaft ein neuzeitlich-säkulares Phänomen.

11.6 Antistes Füssli wird abgewählt – ein Signal

1849 wird der amtierende Antistes Johann Jakob Füssli – aus Rache für sein Verhalten am Züriputsch – durch den Grossen Rat[482] abgewählt. Für die bibelgläubigen Christen in Zürich ist diese Abwahl das Signal zum Kampf, der die ganze reformierte Schweiz bis tief in die 1860er-Jahre hinein schmerzlich beschäftigen wird. Die Evangelische Gesellschaft erreicht wenigstens ab und zu die Berufung eines Privatdozenten, zum Beispiel von Karl Friedrich Wilhelm Held[483]. Dem glänzenden Redner aus Preussen gelingt es, «die ganze Kraft seiner Persönlichkeit in bestem Deutsch der Reformbewegung entgegenzuwerfen». Wo immer er auftritt, sind die Räume überfüllt. Auch Held lehrt seine Zuhörer, antithetisch zu denken. Er spielt freilich nicht auf die Person, sondern auf die Ausrichtung. Damit fördert er «ein energisches Parteibewusstsein» auch bei den Konservativen.[484] Doch wird auch Held bereits nach vier Jahren (1864) nach Breslau berufen. Den Konservativen gelingt es nicht, Professoren mit nachhaltiger Wirkung nach Zürich zu holen. Ihre Dozenten bleiben oft kluge und scharfzüngige Vertreter der Opposition, werden aber an der liberal geprägten Fakultät nicht heimisch und ziehen bald wieder weiter.

11.7 Abwehr allein genügt nicht

Den Bibelgläubigen ist von Anfang an klar, «dass mit der Abwehr der Reform nicht einmal die Hälfte der Arbeit getan sei»[485]. Deshalb betreibt die Evangelische Gesellschaft eine kaum überschaubare Palette von Werken der Inneren Mission, allen voran das weithin sichtbare Zweigwerk der «Kranken- und Diakonissen-Anstalt Neumünster». Auf Initiative von alt Antistes Füssli (Neumünster) und des jungen Fraumünster-Pfarrers Georg Rudolf Zimmermann wird 1857/58 das Diakoniewerk beim Hegibachplatz nach dem Vorbild des Diakoniewerks Kaiserswerth von Theo-

---

482 Der Antistes wird damals noch durch die politische Instanz des Grossen Rats gewählt, nicht durch die Kirchen-Synode. Seit der Wahl von 1845 haben die Liberalen im Grossen Rat wieder die Mehrheit.
483 Karl Friedrich Wilhelm Held, geb.1830, lehrt in Zürich von 1860–1864 und wird dann nach Breslau berufen. Vgl. G. von Schulthess-Rechberg, Die zürcherische Theologenschule im 19. Jahrhundert (1914), 108–111.
484 G. von Schulthess-Rechberg, Die zürcherische Theologenschule im 19. Jahrhundert (1914), 109 f.
485 A. Zimmermann, Fünfzig Jahre Arbeit im Dienste des Evangeliums für das reformierte Schweizervolk (1921), 9.

dor Fliedner gebaut und vollendet.[486] Zunächst können bis zu dreissig Kranke von Oberschwester Nanny Sieber und vier Schwestern gepflegt und seelsorgerisch betreut werden. Anders als das Kantonsspital, das seit 1842 mit angelernten Wärterinnen und Wärtern arbeitet, dienen im Diakoniewerk Neumünster eigens ausgebildete Diakonissen. Im ersten Rechnungsjahr kostet eine Person pro Tag – Gesunde und Kranke zusammengerechnet – weniger als einen Franken.[487]

Nach dem Ende des Zweiten Weltkriegs zählt das Diakoniewerk 575 Diakonissen.[488] Viele von ihnen sind delegiert an andere Spitäler und Heime. Nach dem Modell von Theodor Fliedner arbeiten Diakonissen auch in den Dörfern im Dienst von Kirchgemeinden und christlichen Vereinen als «Mütter der Armen und Kranken». Diese «personifizierte Gemeinde-Diakonie» verbindet sich bis in die 1960er-Jahre wie von selbst mit Seelsorge, sittlicher Erziehung und Armenpflege. Diese aus Glauben erbrachte «Arbeit um Gotteslohn» leistet damals einen nicht geringen Beitrag zur Senkung der Kosten für Krankheit und Pflege in Spitälern, Heimen und Gemeinden.

1929/30 wird das Diakoniewerk auf den Zollikerberg verlegt und in eine Stiftung umgewandelt. Grossherzige Schenkungen, Legate und Vergabungen an die Evangelische Gesellschaft zeigen, dass die Bevölkerung deren Sprache versteht. Das ganze Werk der Evangelischen Gesell-

---

486 Pfr. *Theodor Fliedner* (1800–1864) ist der Gründer des ersten Diakonissen-Mutterhauses in Kaiserswerth bei Düsseldorf. Fliedner entdeckt sein Konzept der weiblichen Diakonie beim Lesen in der Bibel. In Röm 16,1 schreibt Paulus: «Ich empfehle euch unsere Schwester Phöbe, die Diakonin der Gemeinde von Kenchreä.» Angeregt durch Elizabeth Fry und die katholischen Barmherzigen Schwestern, wird ihm diese Bibelstelle 1836 wegweisend. Damit wird er, zusammen mit seinen Ehefrauen Friederike Münster und Caroline Bertheau, zum Erneuerer des apostolischen Diakonissen-Amtes. Den schlecht beleumundeten männlichen Krankenwärtern stellt Pfarrer Fliedner ausgebildete Krankenpflegerinnen gegenüber. Jungen Frauen eröffnet er eine sinnvolle Alternative zur Heirat. Die Diakonissen oder Krankenschwestern sollen dreifache Dienerinnen sein: «Dienerinnen des Herrn Jesu, Dienerinnen der Kranken um Jesu willen, Dienerinnen untereinander». Bei der Einsegnung gibt Flieder jeder Diakonisse die Anweisung, «unseren Christengemeinden zu dienen, und zwar durch Pflege ihrer Kranken, Armen, Gefangenen und hilfsbedürftigen Kinder». Damit verbindet Fliedner christlichen Glauben und Professionalität. Der Zürcher Fraumünster-Pfarrer Georg Rudolf Zimmermann besucht schon auf seiner Hochzeitsreise 1850 und erneut 1856 Theodor Fliedner und das Kaiserswerther Diakoniewerk; Lit.: M. Gerhardt, Theodor Fliedner. Ein Lebensbild, I-II (1933/37); T. und A. Zimmermann, G. R. Zimmermann (1903), 38–40, 76 129f; ELThG I (2. Aufl. 2017) 1432f; U. Knellwolf, Lebenshäuser. Vom Krankenasyl zum Sozialunternehmen – 150 Jahre Diakoniewerk Neumünster (2007), 14 ff.
487 U. Knellwolf, Lebenshäuser (2007), 19.
488 U. Knellwolf, Lebenshäuser (2007), 132.

Johann Jakob Füssli – Antistes mit Profil

Johann Jakob Füssli (1792–1860), Sohn des Johannes Füssli, Glockengiesser und Oberrichters, ist von 1828 bis zu seinem Tod Pfarrer an der Kreuzgemeinde, die unter ihm von einer Filiale des Grossmünsters zur selbstständigen Kirchgemeinde Neumünster aufsteigt. Pfarrer Füssli ist von 1830–1849 Mitglied des Kirchenrates, ab 1837 als Nachfolger von Georg Gessner Antistes der Zürcher Kirche. 1849 wird er vom liberal dominierten Kantonsrat als Antistes abgewählt als späte Rache für sein führendes Engagement für die Konservativen beim Züriputsch. Füsslis Abwahl ist für Zürichs Fromme und Konservative ein Fanal zum Kampf für die biblische Wahrheit. Als milder Pietist und mutiger Bekenner engagiert sich Füssli in der Evangelischen Gesellschaft. Er ist ein Vorläufer der späteren «Positiven». Ausserdem ist er Erziehungsrat, Kantonsrat, Präsident der Bibel- und Missionsgesellschaft sowie erster Leiter des von ihm mitgegründeten Protestantischkirchlichen Hülfsvereins. Zusammen mit dem Fraumünster-Pfarrer Georg Rudolf Zimmermann ist Füssli die treibende Kraft für die biblische Wahrheit in den 1850er-Jahren. Er ist Gründungsdirektor des Diakoniewerks Neumünster am Hegibachplatz.

Georg Rudolf Zimmermann, Pfarrer am Fraumünster und Dekan
Während beinah eines halben Jahrhunderts ist Georg Rudolf Zimmermann (1825–1900) Pfarrer am Fraumünster und Dekan des Kapitels Zürich. Als 14-Jähriger erlebt er 1839 den Züriputsch. Mit den Pfäffikern schreitet er über die Rathausbrücke und hört die begeisterte Rede von Hürlimann-Landis auf dem Paradeplatz. In den prägenden Vorlesungen der bibeltreuen Professoren J. H. August Ebrard und Joh. Peter Lange gewinnt er sein theologisches Profil. Als junger Pfarrer ist Zimmermann Kampfgenosse von Altantistes Johann Jakob Füssli von der Neumünster-Kirche. Nach dessen Tod (1860) wird er die bestimmende Gestalt des Zürcher Pietismus und der positiven Richtung. Er ist begeisterter Präsident des Zürcher Missionskomitees und gefeierter Prediger der gut besuchten Jahresfeste im Grossmünster. Zimmermann ist 1871 Gründungsmitglied des SEKV in Olten, 1876–1893 Präsident der Evangelischen Gesellschaft.
Im Auf und Ab seines Lebens erfährt der Fraumünsterpfarrer zwar Niederlagen im Kampf mit den theologisch Liberalen, aber auch ein erfreuliches Wachstum geistlichen Lebens und evangelischer Glaubenswerke. Die Gründung des Diakoniewerks Neumünster wird von ihm mitangestossen, nachdem er Fliedners Diakonissenhaus in Kaiserswerth zweimal besucht hat. Als sich Zimmermann 1898 73-jährig nach 46 Jahren Pfarrdienst – entgegen dem Rat seiner Freunde – erneut zur Wahl stellt, will ihn die Gemeinde nicht mehr bestätigen. Er stirbt 1900. 25 Jahre später, anlässlich seines 100. Geburtstags, feiern weite Kreise der Stadt den Gedenktag ihres unvergessenen Pfarrers und Dekans.

Krankenasyl Neumünster.

Ein Herz für die Not der Kranken und Geringen

Das erste Diakonissen-Mutterhaus und «Kranken-Asyl» steht 1858 in der Kirchgemeinde Neumünster am Hegibachplatz. In dieses Haus zieht Oberschwester Nanny Sieber mit vier Diakonissen ein, um das neue Spital zu führen und dreissig Patienten zu pflegen. Die fünf Schwestern arbeiten rund um die Uhr im Pflegebereich. Als «Allrounderinnen» sind sie auch zuständig für Küche, Wäscherei und Haushalt.

Im Direktionskomitee engagieren sich Antistes Füssli (Neumünster), Pfarrer Zimmermann (Fraumünster), Hans Konrad Bleuler (Gemeindepräsident von Riesbach), Bezirksrat und Schulpräsident Diethelm Hofmeister (Aktuar der Evangelische Gesellschaft), Stadtrat Meyer-Rahn, Bürgermeister Heinrich Mousson, Notar Franz Meyer-Usteri und Direktor Pestalozzi-Hofmeister.

Ausserdem bestellt die Evangelische Gesellschaft eine Kommission von «Frauen-Vorsteherinnen» zur Beratung und Unterstützung der Oberschwester. Ihr gehören an: Frau Direktor Pestalozzi-Hofmeister, Frau Notar Meyer-Usteri und Frau Rahn-Irminger. Als Arzt des Hauses waltet Dr. Arnold Cloetta-Locher, Professor für Arzneimittellehre.

Oberschwester Nanny Sieber

Oberschwester Nanny (Anna) Sieber (1827–1860) stammt aus einer angesehenen Fabrikantenfamilie in Hirslanden. Elfjährig verliert sie ihren Vater. Nach der Schule verbringt sie ein Jahr im Institut der Brüdergemeinde in Montmirail. Zurück im elterlichen Haus wird sie zur Pionierin einer frühen Sonntagsschule und engagiert sich für Arme und Kranke. 1855 versieht sie übergangsweise die Stelle der Hausmutter in der Kinderbewahrungsanstalt Freienstein. Im Frühling 1857 wird die Dreissigjährige Probeschwester in der Diakonissenanstalt Riehen. Bereits am 16.6.1858 wird sie als Diakonisse eingesegnet. Nach einer Bildungsreise in verschiedene Diakonissenhäuser Deutschlands und der Schweiz nimmt sie am 30. November 1858 mit vier Schwestern im neuen «Asyl» am Hegibach ihre Arbeit auf. Kaum zwei Jahre später stirbt Nanny Sieber an Typhus.

Aus Dankbarkeit und Liebe – das Diakoniewerk Neumünster 1933

Von Jahr zu Jahr vergrössert sich das Diakoniewerk Neumünster. Junge Frauen, die sich aus christlichem Glauben in den Dienst der Diakonie stellen, können sich hausintern zur Krankenpflegerin ausbilden lassen. 1933 zieht die Schwesternschaft von der Stadt auf den Zollikerberg. Die Kosten von über neun Millionen Franken sprengen das Budget der Evangelischen Gesellschaft. «Neumünster» entfaltet sich zum staatlich mitfinanzierten Sozialunternehmen, bleibt aber innerlich mit der Evangelischen Gesellschaft verbunden. 1946 zählt das Diakoniewerk 575 Schwestern, die in verschiedenen Berufen auf dem Zollikerberg oder in Spitälern und in der Gemeindekrankenpflege tätig sind.

Epileptische Klink – ein Kind des Zürcher Pietismus

Auch die Epileptische Klinik, gegründet 1886, ist ein Kind des Zürcher Pietismus. Ihr eigentlicher Gründer ist Sekundarlehrer Heinrich Bachofner, seit 1869 Direktor des Evangelischen Seminars Zürich-Unterstrass. Im Schoss des Christlichen Vereins, dem das Seminar seine Existenz und Förderung verdankt, finden 1883/84 in der St. Anna-Kapelle erste Besprechungen statt. Bachofner entwirft grosszügige Pläne und findet geeignetes Land in der Gemeinde Riesbach. 1884 konstituiert er mit angesehenen Männern den «Verein der Schweizerischen Anstalt für Epileptische». Als Präsident gewinnt er den Neumünster-Pfarrer Adolf Ritter, als Quästor Hirzel-Sulzer. Noch wichtiger als Geldfragen ist für Bachofner das Gebet. Geeignete Hauseltern findet er im württembergischen Lehrer Friedrich Kölle und dessen Frau Emma, geb. Landenberger, einer Familie mit sieben Kindern. Gottes Wort soll Grundlage und Richtschnur für die Führung des Hauses in evangelischem Geiste sein.

Um die Jahrhundertwende kann die Anstalt unter dem kompetenten Direktor und Pädagogen Kölle bereits 300 Patienten beherbergen. Der erste Anstaltsarzt ist Dr. Anton von Schulthess-Rechberg (junior). Als langjähriger Präsident waltet Oberst Eduard Usteri-Pestalozzi, der lange Zeit auch Vorsteher der Evangelischen Gesellschaft sowie des Diakoniewerks Neumünster ist.

Das Sanatorium Kilchberg hat pietistische Wurzeln

In den 1860er-Jahren arbeitet Johannes Hedinger im Bibelheim Männedorf. 1867 gründet er mit seiner Frau Maria nach dem Vorbild von Männedorf die Pflegeanstalt Mönchhof-Kilchberg, eine der ersten psychiatrischen Einrichtungen im Kanton Zürich. Die «Irrenanstalt» Burghölzli folgt im Jahr 1870. Den Alltag prägen Bibelstunden und Andachten. Neben Wasserkuren und Handauflegen etabliert sich in den Anfangsjahren eine Vorform der modernen Arbeitstherapie: Die Patienten werden im landwirtschaftlichen Betrieb der Pflegeanstalt beschäftigt. Das «Sanatorium Kilchberg» (seit 1904) ist heute die älteste und traditionsreichste Einrichtung im Kanton Zürich für die stationäre Behandlung psychisch Erkrankter. Mit seinen ca. 500 Mitarbeitenden ist das Sanatorium Kilchberg eine der grössten psychiatrischen Privatkliniken der Schweiz.

schaft mit seinen vielen Zweigen ist auf Glauben und Liebe gebaut und damit ein sprechendes Zeugnis für die Kraft des Evangeliums. Der steigende Wohlstand und eine zunehmend emanzipative Ich-Kultur ab den 1950/60er-Jahren, lassen den christlichen Gedanken des Dienens und damit die Zahl junger Diakonissen rasch dahinschmelzen. Hinzu kommt ein inneres Dilemma für Diakonissen aus Berufung. Das zunehmend technokratische Denken und das mechanistische Weltbild der modernen Medizin machen kranke Menschen mehr und mehr zu blossen «Fällen».[489] Das Geheimnis christlicher Pflege aber ist die Liebe.

In der Krankenpflege zürcherischer Kirchgemeinden arbeiten neben den Neumünster-Schwestern auch Diakonissen aus Riehen und von Chrischona. Erst ab den 1970er-Jahren, als die Zahl der Diakonissen stark zurückgeht, aber auch neue Pflegekonzepte und Ansprüche diskutiert werden, können vielerorts die Kirchgemeinden und deren Stiftungen die Gemeinde-Krankenpflege nicht mehr allein stemmen. Die Krankenpflege wird (erneut) «professionalisiert» und wechselt in die Obhut säkular ausgerichteter Vereine wie der Spitex im Kontext der Politischen Gemeinden und privater Vereine. Dadurch endet eine über hundertjährige sichtbare Verbindung der Krankenpflege mit christlicher Liebe und Seelsorge. Die Kirche verliert damit ein bedeutendes Stück ihrer Identität.

11.8 Minoritätsgemeinden, Kinder-, Jugend- und Arbeitermission

11.8.1 Die Minoritätsgemeinde St. Anna

Je stärker sich die verbürgerlichte Zivilreligion ausbreitet, desto grösser wird für bibelorientierte Christinnen und Christen die geistliche Not. Schon 1847 beginnt die Evangelische Gesellschaft unter gewaltigem Aufsehen in der alten St. Anna-Kirche auf dem Areal des Glockenhofs mit Bibelstunden und Missionsvorträgen. Ab 1860 vermag die Kapelle die Besuchenden der Gebetsversammlungen und der Vorträge des Privatdozenten Friedrich Held nicht mehr zu fassen, sodass man in die Waisenhauskirche ausweichen muss. Zu den Besucherinnen gehört auch Mathilde Escher (1808–1875), die Tochter und Erbin von Hans Kaspar Escher, dem Gründer der Maschinenfabrik Escher-Wyss. Die junge Frau hat in England Kreise der Quäker und Elizabeth Fry (1780–1845), den «Engel der Gefangenen», kennengelernt. Nun veranlasst sie 1863/64 den Bau einer neuen St. Anna-Kapelle samt dem Einbau eines Heims für in-

---

489 Heute zugespitzt in der sogenannten Fallkostenpauschale.

Die St. Anna-Kapelle in Zürich

Schon 1385 wird Johannes Keller, Kaplan «ze St. Annen» erwähnt. 1566 bis 1881 betreibt die Stadt bei der Kapelle einen Friedhof. 1847 beginnt die Evangelische Gesellschaft in der Kapelle mit Bibel- und Missionsstunden, was grosses Aufsehen erregt. 1860 platzt die alte Kapelle durch den grossen Besucherandrang aus allen Nähten. 1863/64 finanziert Mathilde Escher aus der Gründerfamilie der Maschinenfabrik «Escher-Wyss» durch eine Stiftung den Bau einer neuen Kapelle samt einem Heim für invalide Mädchen. 1873 etabliert die Evangelische Gesellschaft eine territorial nicht begrenzte Minoritätsgemeinde mit dem aargauischen Pfarrer Edmund Fröhlich (1832–1898). Die St. Anna-Gemeinde wird zu einem wichtigen Quellort und Sammelpunkt für den Stadtzürcher Pietismus. Mit dem Baukomplex Freies Gymnasium/St. Anna-Kirche und dem CVJM-Vereinshaus Glockenhof entsteht 1911 die dritte (und heutige) Kapelle. Als im 20. Jh. die Zürcher Innenstadt expandiert, wird 1930 die Minoritätsgemeinde aufgehoben. Die St. Anna-Kapelle bleibt bis heute eine Predigtstätte. Besitzerin ist die Stiftung Evangelische Gesellschaft.

valide Mädchen. Frau Escher finanziert den ganzen Neubau von 250 000 Franken und spendiert oben drein weitere 170 000 Franken in eine Betriebsstiftung für das ganze Felsenhofareal. Für die damalige Zeit sind dies schwindelerregende Summen!

Die St. Anna-Kirche soll der Evangelischen Gesellschaft als Gottesdienstraum zur Verfügung stehen. Die Einweihungspredigten halten der Fraumünster-Pfarrer Georg Rudolf Zimmermann sowie der erwähnte Privatdozent Dr. K. F. Held. Als wenige Jahre später das Waisenhaus-Pfarramt eingeht und dessen Einzugsgebiet zur liberalen Hochburg von St. Peter geschlagen wird, eröffnet die Evangelische Gesellschaft 1873 in St. Anna eine (territorial nicht begrenzte) Minoritätsgemeinde. Unter dem begabten aargauischen Pfarrer Edmund Fröhlich (1832–1898) entfaltet sich ein blühendes Leben mit Gottesdiensten, Taufen, Konfirmationen sowie Bibelabenden, Jugendarbeit und Missionsvorträgen. Die ganze St. Anna-Arbeit wird indes von liberaler Seite heftig beargwöhnt. Als zum Beispiel der nachmalige Professor Adolf Schlatter, 1875–1876 Pfarrgehilfe in Zürich-Neumünster, seinem Freund Edmund Fröhlich einmal mit einer Predigt zu St. Anna aushilft, wird er von einem Kirchenpfleger «mit besorgtem Ton vor solchen Torheiten gewarnt», denn er «verderbe dadurch seine Karriere».[490]

11.8.2 Erste Sonntagsschulen

Die Sonntagsschule ist ursprünglich ein angelsächsisches Projekt. 1780 hat der Zeitungsverleger und Sozialreformer Robert Raikes (1735–1811) begonnen, in den Elendsvierteln von Glouchester, am Sonntagvormittag verwahrloste Kinder anhand von biblischen Geschichten im Lesen und Schreiben zu unterrichten. 1803 wird in London die «Interdenominationelle Sonntagsschul-Union» gegründet. Bereits 1820 sammelt in der Genfer Erweckung (Réveil) der im Amt suspendierte, aber musisch und pädagogisch hochbegabte Pfarrer César Malan 250 Kinder in seiner «Eglise du Témoignage».[491] In Zürich versammeln zwar schon die Herrnhuter 1771 Kinder um das Evangelium. Die eigentliche Sonntagsschule ist aber auch in der in der Zürcher Kirche des 19. Jahrhunderts ein Kind der Erweckung. Sie wird gefördert durch Pietistinnen und Pietisten, die der Evangelischen Gesellschaft nahestehen.

---

490 A. Schlatter, Erlebtes (1924), 26.
491 Vgl. A. Sierszyn, 2000 Jahre Kirchengeschichte (6. Aufl. 2022), 765. Von César Malan stammt die Melodie des Liedes «Harre meine Seele», KGB 694.

1848 eröffnen die beiden Frauen Marie und Auguste Werdmüller, zwei vom Genfer Réveil berührte Töchter des Dekans Otto Werdmüller, im Ustermer Pfarrhaus ein erstes «Kinderkirchli», das der Erziehungsrat kritisch beäugt. Zur selben Zeit organisiert auch Nanny Sieber, die spätere Oberin des Diakoniewerks Neumünster, im elterlichen Haus zu Hirslanden eine Sonntagsschule. Ende der 1850er-Jahre ergreifen die Methodisten die Initiative und gründen eine ganze Reihe von Sonntagsschulen. 1863 starten zwei Töchter des Walder Textilfabrikanten Jakob Oberholzer in den väterlichen Räumlichkeiten mit einer Sonntagsschule.[492] 1865 eröffnet Jakob Reiner, Hausvater der Anstalt für behinderte Kinder im Obergeschoss der St. Anna-Kapelle, für die ihm anvertrauten Kinder eine Sonntagsschule. Bald stossen auch viele Kinder der Umgebung dazu. Da Vater Reiner mit seinen Kindern ausgiebig und gerne singt, veröffentlicht er 1880 den auflagenstarken «Liederkranz» mit 225 Liedern «für die Jugend, namentlich für Sonntagsschulen». Darin sind biblisch-herzandringende Lieder wie «Gott ist die Liebe» oder «Weil ich Jesu Schäflein bin» zu finden. Eine weitere Sonntagsschule eröffnet zur selben Zeit auch Cécile Meyer, die Tochter des Stadtrats Meyer-Rahn, an der Trittligasse.

Jakob Reiner, Notar Franz Meyer-Usteri, Ludwig Pestalozzi (Diakon am Grossmünster) sowie der Bankier Gustav Anton von Schulthess-Rechberg von der Evangelischen Gesellschaft sind die ersten Förderer der Sonntagsschule. 1869 schreibt Ludwig Pestalozzi im Evangelischen Wochenblatt:

> Unser Volk muss die Bibel wieder lieber gewinnen als die Zeitung, denn was man nicht kennt, liebt man nicht. Die Hauptaufgabe der Sonntagsschule kann darum keine andere sein, als die, in den reichen Inhalt der Heiligen Schrift einzuführen. [...] Noch muss ich eines anderen Mittels gedenken, um den Kindern die Sonntagsschule lieb und wert zu machen und ihnen einen bleibenden Segen zuzuwenden, nämlich die Übung und Pflege des Gesangs [...] Darum singe man mit den Kindern viel.[493]

Eine Stärke des 19. Jahrhunderts ist die verbreitete Kultur des Gesangs! In der Folge gründet die Evangelische Gesellschaft ein zürcherisches Sonntagsschul-Komitee unter dem Präsidium von Notar Franz Meyer-Usteri. Zu diesem Komitee gehören auch Sekundarlehrer Adolf Schuhmacher vom Evangelischen Verein Winterthur,[494] Julius Hauser vom

---

492 R. Barth, Protestantismus, soziale Frage und Sozialismus (1952), 100.
493 Ev. Wochenblatt vom 24. Juni 1869, Beilage «Über Sonntagsschulen», 103, zit. bei E. Jung, Unsere Kinder vor Gott. Geschichte der Sonntagsschule in der Schweiz (1986), 119.
494 Sekundarlehrer Adolf Schuhmacher ist Präsident des Komitees von 1879–1910.

Evangelischen Verein Wädenswil, Fabrikant Jakob Oberholzer (Wald) sowie Jakob Reiner (St. Anna). In der Landeskirche setzt sich die Sonntagsschule gegen anfängliche Widerstände nur allmählich durch. Blühende Sonntagsschulen gibt es aber bereits um 1885 in Aussersihl mit 600–1 000 Kindern (Prediger Heinrich Knecht mit 50 Helferinnen und Helfern) sowie um 1900 am Fraumünster mit 1 200 Kindern (Pfr. Adolf Ritter mit 100 Lehrkräften). Auch pietistisch geprägte Landgemeinden wie Bäretswil oder Bauma haben schon früh eigene Sonntagsschulen. Bereits 1875 sammeln die Kinder der Sonntagsschule Lipperschwendi-Bauma ihre Batzen für die Basler Mission. Das Sonntagsschulkomitee der Evangelischen Gesellschaft sorgt für die Schulung der Helferinnen und Helfer, vorab in den jährlichen Sonntagsschul-Konferenzen, die lange Zeit in der St. Anna Kapelle stattfinden.

In der Kirchenordnung der Zürcher Kirche von 1905 wird «die besondere Errichtung von Sonntagsschulen oder Kinderlehrstunden empfohlen». 1910 haben im Kanton Zürich die meisten Kirchgemeinden eine Sonntagsschule.[495] Bereits 1913 besuchen im Zürichbiet 29 000 Kinder eine Sonntagsschule, 1957 gehen kantonsweit 47 200 Kinder – das sind 65 % aller getauften 4–12-Jährigen – in die Sonntagsschule.[496] Seit 1915 veröffentlicht der Schweizer Sonntagsschulverband die Zeitschrift «Der Weg zum Kinde», der zu den biblischen Geschichten im Rahmen eines Fünfjahresplans wertvolle Erzählhilfen vermittelt.[497]

11.8.3 Gegen die «Höhlen des Verderbens» – Jünglingsbund und CVJM

Auch um die Jungmannschaft der Stadt kümmern sich die Erweckten aus dem Umfeld der Evangelischen Gesellschaft. Die alte Regel «Ohne Wanderschaft keine Meisterschaft» ist im 19. Jahrhundert für junge Hand-

---

495 C. Stuckert, Kirchenkunde der reformierten Schweiz (1910), 97.
496 Vgl. A. Sierszyn, Die Sonntagsschule – ihre Krise und ihren Chancen, in: S. Külling, Hg., Theologie unter dem Wort (1980), 175.181.
497 *Niedergang der Sonntagsschule*: Die Krise der Sonntagsschule ist nicht nur gesellschaftlich bedingt. In den 1970er-Jahren verändert sich auch die bewährte Zeitschrift «Der Weg zum Kinde». Unter dem neuen Titel «Wege zum Kind» werden vermehrt religiöse Lebens- und Erfahrungsthemen auf pädagogisch hohem Niveau angeboten. Alles wird nun im neuen Stil der Zeit «durchreflektiert». Mit dem unmittelbaren, schlicht-fröhlichen Erzählen biblischer Geschichten und den herzandringenden Liedern ist es vorbei. Mit vielen Sonntagsschulen geht es rasch bergab. – Vgl. A. Sierszyn, Wie erzählen wir biblische Geschichten? Kl. Schr. 21 (2019).

11. Der Kampf um Bibel und Glaube 203

werksburschen oft mit grossen Problemen verbunden. Johann Hinrich Wichern schreibt über die Not in deutschen Städten schon 1844:

> Wer seinen Sohn als Handwerksbursche in die Fremde ziehen lässt, entsendet ihn in eine Wüste, in welcher Hunderttausende ohne einen Haltpunkt des inneren, besseren Lebens umherwandeln, in der Hunderte von Höhlen des Verderbens offenstehen, in die der Jüngling einzugehen gezwungen ist.[498]

Junge Männer, Handwerker und Arbeiter, die allein dahinleben, gibt es in wachsender Zahl auch in Zürich. Sie sollen für Jesus gewonnen und in einem speziellen Verein gesammelt werden. 1850 lenkt der Kunstmaler David Kölliker (1807–1875) einen Jünglingsverein, den ein Jahr zuvor ein Theologiestudent gegründet hat, in festere Bahnen.[499] Unter dem Einfluss von David Spleiss und freikirchlicher Kreise ist er selbst den Weg aus dem Rationalismus zum Glauben an Jesus Christus gegangen. Während 25 Jahren leitet er den ersten Jünglingsverein der Stadt Zürich. Kölliker prägt das Motto seines Vereins in pietistisch-offenem Geist: «Wir, so viele unser durch Christi Blut gewaschen und geheiliget, sind die rechte Kirche, und wir sind alle Glieder und Brüder, wir seien zu Rom, zu Wittenberg oder Jerusalem.»[500] Auch Heinrich Bremi-Waser bewegt sich im Umfeld von Kölliker und lädt Gruppen von Vereinsmitgliedern zu sich nach Hause ein.[501] Ab 1858 gibt Kölliker sogar eine eigene Zeitung, «Der Schweizerische Jünglingsbote», heraus.

Es ist tragisch, dass kaum ein Pfarrer es schafft, diese Jugend organisatorisch zu sammeln und zu evangelisieren. Bei der praxisuntauglichen «Schief-Erkenntnis Christi», die ihnen in der Ausbildung beigebracht

---

498 J.H. Wichern, Nothstände der protestantischen Kirche und die innere Mission (1844), 68.
499 C.N. Klopfenstein, u.a., Hg., Verankert im Zentrum von Zürich (2011), 18.220.264; Ev. Monatsblatt vom 27.12.1850; R. Barth, Protestantismus, soziale Frage und Sozialismus im Kanton Zürich 1830–1914 (1981), 121.
500 C.N. Klopfenstein, a.a.O., 222; *David Kölliker* (1807–1875), Kunstmaler, 1850 Gründer des ersten Jünglingsvereins. Liberale oder Dialektische Theologen mögen Köllikers Sprache zu blumig finden. Viele Erweckte wie David Kölliker opfern in Zürich für ihre Nächsten ihr halbes Leben. Aus diesem Blickwinkel sind abschätzige Kommentare gegenüber dem Pietismus nicht nur fehl am Platz, sondern schlicht degoutant. Hätten sich zwischen 1850 und 1880 nur die Hälfte der Kritiker mit gleichem Herzblut wie Kölliker, Eidenbenz oder Ebinger für die proletarischen Massen eingesetzt, so wären diese nicht in die Arme des Atheismus getrieben worden. Den erweckten Methodisten in England, die nicht nach Rang und Namen fragten, ist diese Aufgabe weitgehend gelungen.
501 C.N. Klopfenstein, a.a.O., 105.

wurde, ist dies allerdings kein Wunder.[502] Ein Gymnasiallehrer, der seine Schüler zur Teilnahme im Jünglingsverein ermuntert, verliert 1855 sogar seine Stelle.[503] Beim Bau des Oerlikon-Tunnels missionieren und unterstützen Kölliker und seine Leute mit dem Segen der Bauleitung süddeutsche Bauarbeiter. Doch die misstrauischen Kirchenbehörden entsenden einen ordinierten Pfarrer und machen die geistliche Laienarbeit zunichte. Bereits am zweiten Sonntag erscheint kein Arbeiter mehr auf dem Platz. Derartige Störmanöver seitens der Landeskirche müssen Jünglingsvereine und später der CVJM leider noch oft erleben.[504]

Ein aktives Mitglied des Zürcher Jünglingsvereins ist auch der gebürtige Württemberger Hermann Eidenbenz (1834–1907), ein junger Kaufmann. Geboren im Pfarrhaus Ellwangen begegnete er im Lauf seiner geschäftlichen Lehrjahre Johann Hinrich Wichern und Johann Christoph Blumhardt. Im Genfer Jünglingsbund berührt ihn die Erweckungsluft des Réveil. 1860 in Zürich niedergelassen, avanciert er zum erfolgreichen Geschäftsmann. Durch Schulthess-Rechberg findet er den Zugang zur Evangelischen Gesellschaft und zur St. Anna-Gemeinde. Mit dem gläubigen Spielzeuggeschäftsmann Jakob Bremi-Uhlmann (1858–1940) sitzt Eidenbenz jahrelang in der Kirchenpflege des Grossmünsters. Dennoch gelingt es den beiden nicht, den Rest der Kirchenpflege für ihr Projekt einer Italiener-Seelsorge zu gewinnen. Durch den Bau des Tunnels und der Bahn auf der rechten Seeseite, aber auch infolge neuer Hochhäuser mehrt sich in Zürich-Aussersihl die Zahl von Arbeitern aus dem Tessin und Norditalien. So wird die Italiener-Mission in Zürich zunächst ein Kind des CVJM und gläubiger Männer aus dem Umkreis der Evangelischen Gesellschaft. 1890 gründen Professor von Schulthess-Rechberg, Hermann Eidenbenz, Jakob Bremi, Grossmünster-Diakon Ludwig Pestalozzi und andere ein «Comité» zur Evangelisation unter den Italienern. Sie engagieren Matteo Prochet vom Evangelisationskomitee der Waldenser. Prochet sucht die heimatlosen Italiener in ihren Bauhütten und Logierhäusern auf, verteilt ihnen Traktate und lädt sie ein zum Gottesdienst in der «Herberge zur Heimat» im Augustinerhof. Doch seine zupackend-missionarische Art stösst bei den liberalen Zürchern auf skeptische Ableh-

---

502 Antistes Gessner, der mit Wichern und anderen Pionieren der Inneren Mission in Verbindung steht, verwendet als erster den Ausdruck «Schief-Erkenntnis Christi», für das, was ihm an der Zürcher Hochschule beigebracht worden sei. Vgl. G. Finsler, Georg Gessner, weiland Pfarrer am Grossmünster und Antistes in Zürich (1862), 16.
503 G. Finsler, Geschichte der theologisch-kirchlichen Entwicklung (1881), 74.
504 Vgl. Eine Jugendbewegung. Zum 100. Jubiläum des Deutschschweizerischen CVJM-Bundes (1962).

Augen und Herzen für eine gefährdete Jugend
Grafiker David Kölliker (1807–1875), ab 1850 langjähriger Leiter des ersten Jünglingsbundes; Pfarrer Edmund Fröhlich (1832–1898) zu St. Anna (erster Vereinspräsident CVJM); Neumünster-Pfarrer Adolf Ritter (1850–1906), später am Fraumünster, Vater einer grossen Sonntagsschule mit 50 Männern und Frauen und mehr als 1000 Kindern ums Jahr 1900

Auch der Ellwanger Kaufmann Hermann Eidenbenz (1834–1907) gehört zu den Pionieren der Jugendarbeit, deren Notwendigkeit damals nur von wenigen erkannt wird. Im Genfer Réveil persönlich erweckt, ist Eidenbenz von 1874 bis zu seinem Tod Mitglied im Zentralkomitee der Evangelischen Gesellschaft in Zürich und Exponent des CVJM, den er im Weltkomitee (YMCA) vertritt. Schon 1866 ruft er mit David Kölliker am Augustinerhof die «Herberge zur Heimat» für wandernde Handwerker ins Leben. Auch die Italiener-Mission liegt ihm am Herzen, die er privat zu fördern versteht, nachdem er als Mitglied der Kirchenpflege die Verantwortlichen der Grossmünstergemeinde vergeblich zu motivieren versucht hat.

nung. Später rückt Pfarrer Revel den waldensischen Charakter der italienischen Gemeinde in den Vordergrund.[505]

1865–1875 ist Eidenbenz Aktuar des Jünglingsvereins. Mit David Kölliker und weiteren Freunden ruft er 1866 nach dem Muster von Johann Hinrich Wichern am Augustinerhof die «Herberge zur Heimat» für wandernde Handwerker ins Leben – die erste in der Schweiz. Von 1874 bis zu seinem Tod 1907 sitzt Eidenbenz im Zentralkomitee der Evangelischen Gesellschaft. Zudem gehört er zum Vorstand des Freien Gymnasiums. Ab 1878 ist Eidenbenz Vertreter der Schweiz im Weltkomitee der YMCA (Young Men's Christian Association).

1887 gründet Eidenbenz mit dem St. Anna-Pfarrer Edmund Fröhlich den zürcherischen CVJM. Der erste CVJM wurde schon 1844 in London ins Leben gerufen. Der internationale Weltbund der Christlichen Vereine Junger Männer formulierte 1855 in Paris seine Glaubensbasis: «Die christlichen Jünglingsvereine haben den Zweck, junge Männer miteinander zu verbinden, die Jesum Christum nach der Heiligen Schrift als ihren Gott und Heiland anerkennen, in ihrem Glauben und Leben seine Jünger sein und gemeinsam danach trachten wollen, das Reich ihres Meisters unter jungen Männern auszubreiten.»[506] An der Rämistrasse 14 sammelt der CVJM im «täglich geöffneten Lese- und Gesellschaftszimmer» junge Kaufleute, Handwerker und Fabrikarbeiter. Nebst einer Leihbibliothek liegen auch Zeitungen auf; wer Lust hat, findet Gelegenheit, Schach zu spielen. An schönen Sonntagen im Sommer lädt der Verein zu gemeinsamen Ausflügen.[507] Mehr noch, die jungen Männer sammeln sich in einer «kaufmännischen Sektion», einer «Gesangssektion» und in einer «Turn-Sektion». Gleichzeitig organisiert der Verein Kurse in Englisch, Französisch, Italienisch, Spanisch, Buchhaltung und Stenografie.[508] Während des Winters lädt der CVJM zu Vorträgen über christliche und allgemeinbildende Themen. Bereits im ersten Jahr bewerben sich 381 junge Männer «aus allen Ständen» um Mitgliedschaft beim jungen Verein, darunter 163 Kaufleute und 129 Handwerker.[509] Dabei unterscheidet man zwischen

---

505 1937 zieht die Gemeinde ins alte Schul- und Bethaus von Wiedikon an der Schlossstrasse. Fünf Jahre später wird die Zürcher Chiesa unter dem Patronat der Landeskirche offiziell zur Waldensergemeinde. Heute trifft sich die Chiesa im (turmlosen) Zwinglihaus in Wiedikon. Vgl. E.M. Rüsch, Conversation über das Eine, was nottut (2010); B. Hutzl-Ronge, Zürich (2019), 322–328.
506 RGG (1912) III, 448. Diese Glaubensbasis lebt heute (leicht modifiziert) in der Basisformel des ÖRK weiter.
507 Vgl. Erster Jahresbericht des christlichen Vereins Junger Männer in Zürich (1888), 5.
508 A.a.O., 7.
509 A.a.O., 3.

«ordentlichen» und «ausserordentlichen» Mitgliedern. «Ordentliches» Mitglied können nur Männer werden, die «selbst auf dem gesunden und festen Boden des Evangeliums stehen und sich bereit erklären, mitzuhelfen an der grossen und schwierigen Aufgabe, die wir uns gestellt haben.»[510] Der junge Verein folgt also dem bewährten Grundsatz, jedem Nachfolger Christi Arbeit und Verantwortung zu übertragen. Im ersten Jahr zählt der innere Kreis 37 ordentliche Mitglieder.[511] Der erste Jahresbericht meldet klar und offen, der «Hauptzweck unseres Vereins ist, junge Männer für unseren Herrn Jesus Christus zu gewinnen, sie vor den mannigfaltigen Gefahren, denen sie ausgesetzt sind, zu bewahren und ihre geistige und leibliche Entwicklung zu fördern»[512]. Dieses Programm ist ganzheitliche erweckliche Rettungsarbeit.

1889 zieht der Zürcher CVJM mit seinen 400 Mitgliedern in ein Haus an der Glärnischstrasse, elf Jahre später aus Platzgründen in den Augustinerhof. In den Jahren 1909–1911 entsteht hier ein dreiteiliger Baukomplex für das Freie Gymnasium, die dritte St. Anna-Kirche sowie das CVJM-Vereinshaus «Glockenhof» samt Hotel.[513] Als Bauherrschaften zeichnen gemeinsam das Freie Gymnasium, die Evangelische Gesellschaft und der CVJM.[514] In der Folge wird das Zentrumsgebiet mehr und mehr zur City. 1930 gibt die Evangelische Gesellschaft die Minoritätsgemeinde St. Anna auf. Die Kirche bleibt Predigtstätte.

11.8.4 Die Lukasgemeinde in Aussersihl: Pioniere für Gemeindebau

In der zweiten Hälfte des 19. Jahrhunderts entwickelt sich die Gemeinde Aussersihl von einem kleinen Dorf zu einem grossstädtischen Arbeiterquartier. Zählt man in der Gemeinde 1860 noch 2 400 Einwohner, so sind

---

510 A.a.O., 4.
511 Ebd.
512 Ebd.
513 Auf dem Areal des «Glockenhofs» stand 1496–1843 die Glockengiesserei der Familie Füssli. Noch früher trug der Platz die Stephans-Kapelle, die vielleicht bis in die römische Zeit zurückging. Auch Chur und Konstanz haben frühe Stephans-Kirchen «extra muros», die vermutlich in römische Zeit hinabreichen. Die Zürcher Stephanskirche lag auf der letzten Erhöhung der langgezogenen St. Peter-Kuppe, die erst im 13. Jh. durch den Bau der Stadtmauer und den Aushub des Fröschengrabens zerschnitten und später am äussersten Ende ausgeebnet wurde. Vgl. W. Baumann, Zürichs Kirchen, Klöster und Kapellen bis zur Reformation (1994), 120 f.
514 Vgl. Vgl. N. Klopfenstein u. a. (Hg.), Verankert im Zentrum vom Zürich. 100 Jahre Glockenhof Zürich (2011); H. Meyer/B. Schneider, Mission und Diakonie (2011), 95–100; Vgl. E. Eidenbenz, Zur Erinnerung an Hermann Eidenbenz. Ein Lebensbild (1910).

es zwanzig Jahre später 20 000, 1910 gar 50 000. Dass eine missionarische und dienende Kirche auch in Zürich noch über längere Zeit bei vielen Arbeiterfamilien offene Türen findet, zeigt die Entwicklung in Aussersihl. Als sich hier in den 1870ern die Entwicklung zum ein grossstädtischen Arbeiterquartier abzeichnet und mit den zuständigen Pfarrern die Differenzen zu gross sind, entschliesst sich die Evangelische Gesellschaft, das bereits begonnene Evangelisationswerk zu einer eigenen Minoritätsgemeinde auszubauen. 1882 baut die Gesellschaft für die mehrheitlich reformierte, aber kirchenferne Bevölkerung mitten im Quartier die Lukas-Kapelle mit 1000 Plätzen an der Brauerstrasse 82. Am 4. März 1883 wird die neue Kapelle eingeweiht und Prediger Heinrich Knecht, ein früherer Afrika-Missionar, ins Amt eingeführt. «Eindringlich verkündigt er das Wort der Gnade im Gottesdienst wie auch am Krankenbett.» Seine Predigten sonntags um 9 und 17 Uhr sowie donnerstags um 20 Uhr werden zunächst von 500–700, später von bis zu 1000 Zuhörerinnen und Zuhörern besucht.

Prediger Knecht und seine Leute verstehen nichts von zünftiger Theologie; doch diese Pioniere, Männer und Frauen, gehen an die Hecken und Zäune. Sie besuchen jede Strasse und jedes Haus. Sie schämen sich des Evangeliums nicht. Ihre Botschaft ist kein Inwiefern und Insofern, sondern das biblische «So spricht der Herr». Mit ihrer «kleinen Kraft (Offb 3,8) predigen sie das Wort und dienen den Menschen mit Rat und Tat. Ihre Sprache wird verstanden. Bald besuchen gegen 1000 Arbeiterkinder die Sonntagsschulen von fünfzig Helferinnen und Helfern. Gerettetsein schafft Rettersinn! Ohne teure Studien über Strukturen lassen Hingabe, Fantasie und persönliche Präsenz Vereine für Männer, Jünglinge, Jungfrauen und Frauen sowie einen Spielnachmittag für Mädchen entstehen. Erweckungszeit ist Erntezeit. Viele der distanzierten Familien fassen Vertrauen und besuchen auch die wöchentlichen Bibelstunden.[515] Die so verkündete christliche Liebe spricht viele Herzen tiefer an als die hohe Bildungsreligion der Theologen oder der beginnende Klassenkampf der Materialisten. Von 1903–1927 führt Pfarrer Johannes Schuhmacher von Affoltern die Arbeit weiter. Das positive Beispiel von Aussersihl zeigt, dass eine auf breiter Basis missionarisch aktive und diakonische Kirche in den Jahrzehnten 1850/80 eine beachtliche Zahl von Industriearbeitern für den Glauben hätte gewonnen werden können, statt dass sie zum atheistischen Proletariat wurden. Doch eine zivilreligiöse Kirche im Verbund mit

---

515 Vgl. H. Meyer/B. Schneider, Mission und Diakonie (2011), 101; ferner: Jahresberichte der Evangelischen Gesellschaft sowie des Evangelisch-kirchlichen Vereins der Jahre 1882 ff.

11. Der Kampf um Bibel und Glaube 209

idealistischer Theologie steht damals einem breiten evangelistisch-missionarischen Einsatz im Weg. Selbstbewusste Reformtheologie und die Politik jener Zeit sind offen für vieles, nur nicht für die Rettung von Menschen durch Evangelisation und Innere Mission. Eine Generation später – zu spät – schärft die religiös-soziale Bewegung der Kirche eindringlich den Weg eines christlichen Sozialismus ein.[516]

Ähnliche Erweckungen grossen Stils mit diakonischen Komponenten sah schon 100 Jahre früher ganz England mit John Wesley. Hier wurden in der Grossen Erweckung durch den Einsatz ungezählter Männer und Frauen für «das Reich Gottes» Kirchen und das ganze Land erneuert. Ohne diese tiefgreifende Veränderung wäre England im Elend versunken und niemals Pionier der Industrialisierung und der christlichen Gewerkschaftsbewegung geworden.[517] Wo immer das Evangelium Menschen bewegt, schafft es Glaube, Hoffnung, Liebe und neue Verhältnisse.

Auch in Unterstrass bildet sich 1905 eine Minoritätsgemeinde mit enger Beziehung zur Evangelischen Gesellschaft, weil alle Pfarrstellen in Oberstrass, Unterstrass und Wipkingen von freisinnigen Geistlichen besetzt sind. Diesmal sind es Pauline Luise Escher (1829–1913) und Sophie Wilhelmina Elisa Schindler-Escher (1833–1919) aus dem Haus von Martin Escher-Hess, dem Gründer der «Spanisch-Brötli-Bahn», die der neuen Gemeinde das Grundstück samt 100 000 Franken an die Baukosten schenken. In den 1960er-Jahren geht die Gemeinde ein. Die Evangelische Gesellschaft versilbert das verbleibende Grundstück für 630 000 Franken.[518]

---

516 *Die Religiös-Sozialen*: Hermann Kutter (1863–1931) ist langjähriger Pfarrer in Zürich-Neumünster. Sein viel beachtetes Buch «Sie müssen» (1903) ist eine theologisch-prophetische Interpretation der Sozialdemokratie, in der er Gott am Wirken sieht. Diese treibe Gottes Reich voran und vollziehe Gottes Gericht über die satte christlich-bürgerliche Gesellschaft. Kutters Buch ist eine Frucht am Baum von Christoph Blumhardt. Kutters Mitstreiter Leonhard Ragaz (1868–1945) ist 1908–1921 Professor für Systematische und Praktische Theologie in Zürich und wird selbst Mitglied der Sozialdemokratischen Partei. Er sieht «den tiefsten Sinn unserer Epoche» darin, «dass soziale Bewegung und Christentum sich finden.» Vgl. seinen Vortrag an der Aarauer Konferenz von 1908 «Der Christ im sozialen Kampf der Gegenwart», zit., in: F. Jehle, Die Aarauer Konferenz (1897–1914) (2020), 72.
517 Allerdings sind die gebildeten Eliten in England und Amerika im 18. Jahrhundert dem christlichen Glauben noch nicht ganz so entfremdet wie auf dem Kontinent.
518 Jahrbuch Evangelische Gesellschaft 1965, 15 ff.

12. Der Schweizerische evangelisch-kirchliche Verein (SEKV)[519]

12.1 Die Reform fasst auch Fuss in Basel

Im Zug des 18. Jahrhunderts schafft sich der Geist der Aufklärung gebieterisch eine neue Weltanschauung. Die Bibelkritik wird zur Türöffnerin für den Einstrom philosophischer Ideologie in die protestantische Theologie und Kirche. Bereits die erste Gründung der Evangelischen Gesellschaft 1833 und erst recht der Züriputsch 1839 sind Zeichen eines Kulturkampfs um die innersten Grundlagen des Glaubens, des Geistes und des Lebens. Die zweite Hälfte des 19. Jahrhunderts wird vollends zum Zeitalter religiöser, kirchlicher und politischer Richtungen und Kämpfe, weil sich auch Teile der Kirche dem Geist der Reform öffnen. In Zürich sind der Schleiermacherschüler Alexander Schweizer (1808–1888), zugleich Pfarrer am Grossmünster, und der Reformer Alois Emanuel Biedermann (1819–1885) bis in die 1880er-Jahre von prägender Bedeutung. Hier tobt in den 1860er-Jahren der Kampf um das apostolische Glaubensbekenntnis. Ab 1870 fasst das «freie Christentum» auch in Basel Fuss. Auf Anregung von Heinrich Hirzel, Pfarrer am St. Peter, kommt es am 12./13. Juni 1871 in Biel zur Gründung des Schweizerischen Vereins für freies Christentum.[520]

12.2 Das Komitee zu Olten: Aufruf zum Kampf des Glaubens

Ebenfalls am 13. Juni 1871 trifft sich in Olten eine Gruppe «positiver» Exponenten.[521] Dazu gehören: Aus Basel der stadtbekannte Rathsherr Adolf Christ, Professor Christoph Johannes Riggenbach und Pfarrer Ernst Stähelin; aus Zürich Dekan Georg Rudolf Zimmermann, der Gross-

---

[519] Der «Schweizerische evangelisch-kirchliche Verein» (SEKV) wird 1971 vom Vorstand umgetauft, in: «Evangelisch-kirchliche Vereinigung der Schweiz» (EKVS). Vgl. 100. Jahresbericht (1970/71), 10.
[520] Vgl. R. Pfister, Kirchengeschichte der Schweiz, III (1985), 260–268.
[521] Zur Definition der «Positiven» vgl. Kapitel XI,2.

münster-Pfarrer Ludwig Heinrich Pestalozzi und der Buchdruckerei-Besitzer Heinrich Ulrich-Gysi; von Bern Dekan Dr. Eduard Güder sowie Oberst Otto von Büren; aus Neuenburg die Pfarrer Henriod, de Perregaux, Jacottet und Robert-Sandoz.[522] Der Kreis betont die Notwendigkeit, «für das biblische Evangelium einzustehen».[523] In der Folge versendet das Basler Büro, bestehend aus Ratsherr Christ, Professor Riggenbach und Pfarrer Stähelin, eine «Vertrauliche Mitteilung an evangelisch gesinnte Glieder unserer reformirten Landeskirche».[524] Darin heisst es:

> Der Kampf gegen den Glauben an das Evangelium ist, wie in der übrigen Welt, so ganz besonders in unserem Vaterland entbrannt ... Die Zersetzung in der Lehre und in den Ordnungen der Kirche, das Anschwellen der offenen Angriffe, die wie eine Springflut das Land überschwemmen, das alles nimmt von Tag zu Tag zu. Fast täglich geht etwas derart durch die Zeitungen [...] Immer unverhüllter geht der Sturm gegen das Heiligtum des Glaubens. Die reformatorischen Bekenntnisschriften sind [...] der rechtlichen Gültigkeit entkleidet worden. Und jetzt wird von einem Kanton zum andern auf das uralte Bekenntnis der allgemeinen Kirche, auf das sogenannte apostolische Symbolum, Sturm gelaufen. Ja noch weiter zielt der Angriff (z.B. in St. Gallen): die Liturgie ausser Kraft zu setzen, den Katechismus zu beseitigen, die Biblische Geschichte durch ein neumodisches Lehrbuch höchstens mit einigen Stücken aus dem Neuen Testament zu ersetzen, somit immer deutlicher Kirche und Schule zu entchristlichen und damit den Ruin unseres Volkes herbeizuführen. Wo diese Tendenz noch nicht die völlige Herrschaft erzwingen kann, da sucht sie doch zu erreichen, dass beide Richtungen nebeneinander gleiches Recht in der Kirche haben. Wie lange wird das Gleichgewicht währen? Und selbst solange es besteht, ist es nicht eine Lähmung der Predigt des Evangeliums und ein freier Spielraum hauptsächlich nur für die Angreifenden? [...]
> In den verschiedenen Kantonen erscheint die Lage der Kirche noch als eine verschiedene, aber im Wesentlichen ist doch der Stand der Dinge überall: dass eine numerisch und geistig mehr oder weniger starke Partei mit Bewusstsein und Absicht darauf hinarbeitet, die Kirche ihres christlichen Bekenntnisses und Charakters zu entkleiden und zunächst in einen Sprechsaal und Tummelplatz für jede beliebige Meinung, die sich religiös nennt, zu verwandeln [...]
> Die Partei, die das beabsichtigt, hat so ziemlich die gesamte Tagespresse, den gesamten Einfluss der Regierungen, den gesamten Ruhm der Bildung und

---

522 A. Zimmermann, 50 Jahre Arbeit im Dienste des Evangeliums für das Schweizervolk (1921), 21.
523 Ebd.
524 Zum Fundort vgl. die nächstfolgende Anmerkung.

Wissenschaft zu Verbündeten [...] Und die ihres christlichen Charakters entkleidete Kirche wird dann nicht lange in der Indifferenz bleiben, sondern in der Hand der radikalen Regierungen bald genug zu einem bestimmten Werkzeug des Antichristenthums werden [...] Der gegenwärtige Radikalismus erkennt wohl, welch eine unvertilgbare Macht die Religion ist. Er versucht darum nicht mehr, sie zu unterdrücken, sondern er geht darauf aus, sie zu verfälschen und sie auf diesem Wege sich dienstbar zu machen. Eine im tiefsten Grund so gottlose und christusfeindliche Religion, die doch «Religion» sein will, wie die fortgeschrittensten gegenwärtigen Reformer, ist eine ganz neue Erscheinung, überaus unheimlich und furchtbar [...]

Wir fassen zusammen: ohne die Anmassung, als seien wir bei uns allein die rechten Christen, möchten wir die Freunde unserer evangelisch-reformierten Kirche zu sammeln suchen, das Bewusstsein um das hohe Gut, das bedroht ist, allgemeiner zu wecken trachten, und zwar in kantonaler und in allgemein schweizerischer Beziehung, geleitet von dem Bestreben: Festhalten an der Landeskirche, solange als möglich, zusammenhalten, wenn's nicht mehr möglich ist [...]

Wählt die Majorität einen ungläubigen Pfarrer, so erkennen denselben die Gläubigen nicht als den ihrigen an, sondern konstituiren sich, indem sie dabei in der Landeskirche bleiben, auf dem Boden des alten christlichen Glaubens als eine besondere religiöse Gemeinde. Das Recht einer solchen Constituirung der Minoritäten neben den Majoritäten ist von der Regierung zu erwirken, und zwar selbstverständlich für jede religiöse Richtung.[525]

12.3 Grundsätze des Schweizerisch-evangelisch kirchlichen Vereins (SEKV)

Auf Grund der regen Verbreitung dieser «Vertraulichen Mittheilung» versammeln sich am 26. September 1871 wiederum in Olten 61 Theologen und Laien aus den Kantonen Zürich, Bern, Basel-Stadt, Aargau, Graubünden sowie aus allen reformierten und paritätischen Kantonen, ausgenommen Glarus und Schaffhausen, zur Gründung des «Schweizerisch evangelisch-kirchlichen Verein SEKV». Auch das Welschland stellt Sektionen. Der bewährte Basler Ratsherr Adolf Christ (1807–1877) führt

---

525 Dokument im EKVS-Archiv bei Frau Pfr. Schuppli, Gladbachstr. 40, 8044 Zürich, aufgenommen, in: S. Schuppli, 500 Jahre Reformation. 146 Jahre EKVS (2017), 7–12; Verschiedene Exemplare des in schöner Handschrift verfassten Buchs liegen bei Frau Pfr. Susanne Schuppli, Gladbachstrasse 40, 8044 Zürich, ferner im Büro der EKVZ und demnächst auch im Zürcher Staatsarchiv bei den Akten des SEKV.

Adolf Christ

Ratsherr Adolf Christ (1807–1877) ist als konservativer Politiker mit grosser persönlicher Ausstrahlung der Erweckung verbunden. Geprägt durch Christian Friedrich Spittler ist er ab 1848 das Haupt des frommen Basels. Christ ist 1871 Gründungspräsident des Schweizerisch-Evangelisch-kirchlichen Vereins. Darüber hinaus ist er Präsident der deutschschweizerischen Allianz sowie Präsident der Basler Mission.

12. Der Schweizerische evangelisch-kirchliche Verein

den Vorsitz. Dekan Dr. Eduard Güder (Bern-Nydegg)[526] referiert über «das Recht und den Segen unserer Landeskirchen». Weil «schrankenlose Glaubens- und Lehrfreiheit unerträglich» seien, müsse «die Gleichberechtigung der modernen Reformtheologie mit dem evangelischen Glauben die beklagenswerteste Verwirrung in den Gemeinden hervorrufen»[527].

Der SEKV ist indes mehr als nur eine Reaktion auf freigesinntes Christentum. Dass ein Zusammenschluss der gläubigen Kreise nicht schon dreissig Jahre früher zustande kam, hat seine Ursache darin, dass die schweizerischen Kirchen kantonal geordnet sind und dass die geschichtliche Entwicklung in den verschiedenen Kantonen unterschiedlich verläuft. Der Verein hat zudem nicht nur eine apologetische Aufgabe, er will auch die positiven Kräfte innerhalb der Landeskirchen sammeln und sie im Glauben, in der Lehre und in der Liebesarbeit stärken. Die tiefe Sorge der «Positiven» kommt schon in § 1 der Vereinsstatuten zum Ausdruck:

> Im Blick auf die ernste Lage unserer schweizerisch-reformierten Landeskirchen, worin die Bekenntnisse der Reformationszeit kein gesetzliches Ansehen mehr geniessen, und der Gebrauch, welcher von der Lehrfreiheit gemacht wird, den christlichen Charakter unserer Kirchen bedroht; im Blick auf den Umstand, dass der Glaube an den lebendigen Gott, unsern himmlischen Vater, und an Jesum Christum als den alleinigen Mittler Gottes und der Menschen, das Bedürfnis einer Erlösung und Wiedergeburt und die Hoffnung des ewigen Lebens öffentlich von Dienern des göttlichen Wortes geleugnet wird: bildet sich ein evangelisch-kirchlicher Verein für die ganze Schweiz.[528]

---

526 *Ratsherr Adolf Christ* (1807–1877): Sohn des Basler Bandfabrikanten, Stadtrats und Grossrats Remigius Christ und Ehemann der Carolina, geb. Sarasin, lässt sich nach der Maturität zum Kaufmann und Bandfabrikanten ausbilden. 1835–1877 Grossrat, 1847–1875 Mitglied des Kleinen Rats. Geprägt durch Christian Friedrich Spittler, gilt Adolf Christ als das Haupt des «frommen Basel» von 1835–1877. Christ ist von 1854–1877 Präsident der Basler Mission und ab 1873 Präsident der Deutschschweizer Zweigs der Ev. Allianz; *Eduard Güder* (1817–1882) studiert Theologie in Bern und Berlin. Schon als junger Theologe bekommt er die Abneigung der radikalen Berner Regierung zu spüren, die ihn wegen seiner evangelischen Überzeugung lange warten lässt, bis er endlich Pfarrer in Biel werden kann. 1855–1882 Pfarrer an der Berner Nydeggkirche. Seine Predigten ziehen so viele Hörer an, dass die Nydeggkirche erweitert werden muss. Dekan, ab 1859 PD, später Honorarprofessor in Bern für NT und Dogmatik, 1862 Dr. h.c. der Universität Königsberg, ab 1867 Redaktor bei der neuen Zeitschrift «Der Kirchenfreund».
527 A. Zimmermann, a.a.O., 22.
528 Vgl. SEKV-Protokolle aus der Gründerzeit 1871–1876, vierseitiges Dokument «Grundsätze und Statuten» noch vor dem ersten Protokoll vom 26. September 1871; A. Zimmermann, a.a.O., 32.

Unter den Grundsätzen heisst es weiter:

> Als Grundlage unseres Christentums betrachten wir unsere Taufe auf den Namen des Vaters, des Sohnes und des Heiligen Geistes, und halten fest an dem Taufbekenntnis der alten Kirche, welches das apostolische genannt wird [...]
> Als den Kern des Evangeliums, den eine christliche Kirche nicht preisgeben darf, bekennen wir den Glauben an Jesum Christum, den eingeborenen Sohn Gottes, den Gekreuzigten und Auferstandenen, unsern Erlöser von Sünde und Tod, und gründen darauf die Hoffnung unserer Seligkeit in seinem ewigen Himmelreich.
> Wir wünschen von ganzer Seele, den wieder zu lieben, der uns zuerst geliebt hat, und durch die Kraft der Wiedergeburt aus dem heiligen Geist auch in allen irdischen Lebensaufgaben dem Herrn an den Brüdern zu dienen.

§ 2 bezeichnet einen doppelten Vereinszweck:

> 1. Thätige Mitwirkung zur Erhaltung des christlichen Glaubens in den evangelisch-reformirten Landeskirchen unseres Vaterlandes;
> 2. Weckung und Pflege des religiös-sittlichen und kirchlichen Lebens in den Gemeinden.[529]

An der Gründungsversammlung werden die Basler Freunde gebeten, unter dem Vorsitz von Ratsherr Adolf Christ die Leitung des Vereins zu übernehmen. Nach dem Hinschied des Gründungspräsidenten bleibt der Vorort des Vereins unter der Leitung des Alttestamentlers Professor Hans Konrad von Orelli bis 1913 in Basel.

Die Arbeit des SEKV wird von Anfang an begleitet und geistig fundiert durch die schon 1867 erscheinende Zeitschrift «Der Kirchenfreund. Blätter für evangelische Wahrheit und Leben», begründet durch die drei Freunde Pfarrer Prof. Dr. Güder (Nydeggkirche, Bern), Pfarrer Dr. Justus Heer (Erlenbach ZH) und Prof. Dr. Christoph Johannes Riggenbach (Basel).[530] Diese Zeitschrift übernimmt es, den evangelisch-nichtreformerischen Strandpunkt in die theologische Diskussion einzubringen.

---

529 A. Zimmermann, a.a.O., 32.
530 «Der Kirchenfreund» erscheint von 1867 bis 1951 als reichhaltige Quelle fundierter Artikel aus bibeltreuer Sicht und wird 1952 abgelöst durch die Zeitschrift «Reformatio».

12.4 Die Evangelische Gesellschaft als Zürcher Sektion des Evangelisch-kirchlichen Vereins

Der Schweizerische evangelisch-kirchliche Verein (SEKV) ist gedacht als Dachverband. Die Arbeit vor Ort wird geleistet durch die verschiedenen Sektionen. So machen sich die Delegierten nach der Gründungsversammlung des SEKV unverzüglich daran, kantonale Sektionen zu bilden. Die zürcherische Sektion konstituiert sich umgehend im Januar 1872. Zürcherischer Präsident und Berichterstatter an der ersten schweizerischen Hauptversammlung des SEKV ist Kirchenrat Pfarrer Johann Jakob Hess[531]. Die Zürcher Sektion zählt zunächst «gegen 300 Mitglieder», um bald auf mehr als das Doppelte anzuwachsen. Der zürcherische Verein engagiert sich in seinem ersten Jahr mit Fragen kirchlicher Präsenz in der Presse, der Sonntagsheiligung und durch öffentliche Vorträge.[532] Gegen das von der Regierung zur Abstimmung empfohlene neue Schulgesetz streut der Verein mit Erfolg 30 000 Flugschriften. Die Sektion erwägt die Herausgabe «eines eigenen politischen Blattes».[533] Die eigentlich naheliegende Verschmelzung der Zürcher Sektion mit der bereits bestehenden Evangelischen Gesellschaft kommt zunächst nicht zustande, «weil die Gesellschaft bei manchen Frommen auf dem Land als zu städtisch und zu landeskirchennah»[534] wahrgenommen wird. Dasselbe Problem trat bereits auch bei der Auseinandersetzung zwischen Lavater und den Stäfner Herrnhutern im Jahr 1794 auf. Die innere Distanz der Landschaft gegenüber der Stadt ist auch 1870 bei vielen Gläubigen noch immer vorhanden.[535] Von den Mitgliedern der zürcherischen Sektion gehören jedoch «fast 200 bereits der Evangelischen Gesellschaft» an.[536] Die leitenden Personen der beiden Organisationen sind weitgehend identisch. Uster und Winterthur kennen schon in den 1860er-Jahren eine lokale «Evangelische Gesellschaft». Nach einem zweijährigen Provisorium fusionieren die kantonalzürcherische Sektion des Evangelisch-kirchlichen Vereins und die

---

531 Johann Jakob Hess (1813–1876): 1842 Pfarrer in Herrliberg, 1849–1850 und 1852–1875 Kirchenrat, Mitarbeiter bei der Revision der Zürcher Bibel, 1855 Diakon (2. Pfarrer) am Grossmünster, 1873 Präsident der Evangelische Gesellschaft, seit 1871 des protestantisch-kirchlichen Hülfsvereins.
532 A. Zimmermann, Fünfzig Jahre Arbeit im Dienste des Evangeliums für das Schweizer Volk (1921), 25.
533 Berichterstattung des SEKV (1872), 4.
534 D. Hofmeister, Geschichte der Evangelischen Gesellschaft des Kantons Zürich (1882) 14
535 Die innere Distanz der Landschaft gegenüber der Stadt ist auch im 21. Jahrhundert noch da und dort als «kritische Solidarität» gegenüber «Zürich» spürbar.
536 Meyer/Schneider, Mission und Diakonie (2011), 55.

Evangelische Gesellschaft am 4. Februar 1874. Damit verwandelt sich die Evangelische Gesellschaft von einer städtischen zu einer kantonalen Organisation und nennt sich fortan «Evangelische Gesellschaft des Kantons Zürich» (statt «in Zürich»). Die Evangelische Gesellschaft mit allen ihren blühenden Werken ist nun zugleich auch die zürcherische Sektion des «Schweizerischen evangelisch-kirchlichen Vereins».

§ 1 der Statuten des Vereins der Evangelischen Gesellschaft des Kantons Zürich und der Zürcher Sektion des SEKV vom 4. Februar 1874 lautet:

> Der aus der früheren Evangelischen Gesellschaft und dem evangelisch-kirchlichen Verein des Kantons Zürich unterm 4. Februar 1874 gebildete Verein umfasst die Wirksamkeit dieser beiden Vereine. Demgemäss trachtet er, mit dem schweizerischen evangelisch-kirchlichen Verein auf dem Grund des apostolischen Glaubensbekenntnisses stehend, im Anschluss an die bestehende Kirche und, soweit dies nicht möglich ist, in evangelisch freier Weise das Reich Gottes, zunächst im Kanton Zürich, zu fördern.[537]

Die 1874 neu gebildete Vereinigung zwischen der Evangelischen Gesellschaft und der Zürcher Sektion des SEKV gleicht zwei Seiten einer Münze. Je nachdem, welche Seite man betrachtet, spricht man von der Evangelischen Gesellschaft oder von der Zürcher Sektion des Schweizerisch evangelisch-kirchlichen Vereins. Für die Werke der Inneren Mission bleibt die Evangelische Gesellschaft aber hauptverantwortlich.

12.5 Die Evangelische Gesellschaft des Kantons Zürich und der Aufbau der Landmission

Durch die Verbindung mit der Bewegung der Evangelisch-Kirchlichen erwächst für die Evangelische Gesellschaft eine ganze neue Vertrauensbasis für die Missionsarbeit auf der Landschaft. Durch Zuzug von der Landschaft erhöht sich die Mitgliederzahl der Evangelischen Gesellschaft bzw. der Zürcher Sektion des SEKV zunächst auf ca. 500 in zehn Bezirken mit sieben Bezirksvereinen: Zürich, Winterthur-Andelfingen, Meilen, Horgen, Bülach-Dielsdorf, Pfäffikon-Uster-Hinwil, Affoltern.[538] An den Versammlungen des Bezirks Pfäffikon-Uster-Hinwil nehmen ab 1881 auch Frauen und Töchter teil.[539] Die Bezirksvereine versammeln sich

---

537 Jahresbericht Ev. Ges. (1876), 46.
538 Berichterstattung des SEKV (1874), 8.
539 G. Kuhn, Geschichtlicher Rückblick auf die Tätigkeit des evangelisch-kirchlichen Bezirksvereins Pfäffikon-Uster-Hinwil (1913), 1 ff.

zwei- bis dreimal im Jahr zur Stärkung des Glaubens, wobei sich jeweils 40–60 Mitglieder treffen.[540] Dank der gelungenen Fusion kann die Evangelische Gesellschaft nun verstärkt auch in der Zürcher Landschaft missionarisch arbeiten und expandieren. Dazu bildet die Evangelische Gesellschaft neu die sogenannte «Siebner-Kommission», präsidiert von Prof. Dr. jur. Friedrich von Wyss, zur verstärkten Evangelisation der Landschaft. Über die neu gegründeten Bezirksvereine können zusätzlich auch Gemeindevereine gegründet werden. 1874 gibt es im Kanton rund vierzig Versammlungen, v. a. in den Bezirken Zürich, Meilen, Horgen, Pfäffikon, Uster und Hinwil, seltener im Raum Dielsdorf, Winterthur, Bülach und Andelfingen, gar nicht in Affoltern. Sie werden geprägt von den Stadt- und Landmissionaren der Evangelischen Gesellschaft, Prediger Gustav Fleischhauer in Uster sowie den Predigern Raillard und Lehmann aus der Brüdergemeinde, mit denen man sich in der Stadt zum Kennenlernen trifft.

Die Aufgabe der «Siebner-Kommission» besteht in der Sammlung der Gläubigen im Kanton. Sie engagiert zunächst zwei Evangelisten mit ähnlichem Status wie die Stadtmissionare. Evangelist Conrad Zwald wirkt von Uster aus. Er macht Krankenbesuche und hält öffentliche Versammlungen, teils auch im Freien, in Wallisellen, Embrach, Flaach und Ellikon, hier zum Beispiel am Auffahrtstag. Sein Kollege Wurst arbeitet im Raum Winterthur-Andelfingen. Auch von Männedorf gehen segnende Wirkungen aus. «Gemeindebildung» muss indes mit besonderer Weisheit und Umsicht gepflegt werden. Man arbeitet ja im Anschluss an die bestehende Kirche, «soweit dies nicht möglich ist, in evangelisch freier Weise, um das Reich Gottes, zunächst im Kanton Zürich, zu fördern»[541]. Zweimal jährlich treffen sich die Bezirksdelegierten mit den Evangelisten.[542] «Kein Werk der Evangelische Gesellschaft ist so vielen Anfechtungen und Angriffen ausgesetzt wie die Stadt- und Landmission. [...] Kein Werk greift so tief ins Leben hinaus und greift in die Häuser und Herzen hinein wie dieses. Schon der Name Mission bringt manche Gemüter in Erregung.»[543]

Das Jahrespensum eines Land-Evangelisten umfasst zum Beispiel im Jahr 1881 214 Predigten und 20 Gebetsstunden, dazu 1142 Besuche (davon 448 Krankenbesuche und 116 Familienbesuche). Dabei werden 100 000 Schriften und Traktate (z. B. Wie bringen wir unsere Kinder zur

---

540 Berichterstattung SEKV (1884), 18.
541 Jahrbuch Ev. Ges. (1876/77), 46.
542 Jahrbuch Ev. Ges. (1875/76), 43 f.
543 Jahrbuch Ev. Ges. (1879/80), 31 f.

Taufe?) und Bilder verbreitet. 3 000 Zürcher Bibeln, 2 585 Kirchenbücher und 5 700 Schriften aus dem eignen Verlag sowie Konfirmandenschriften finden ihre Abnehmer.[544] Kein Einsatz ist den Missionaren zu gross, kein Weg zu weit. Alle Welt soll sein Wort hören! Neu kommen auch Lipperschwendi-Bauma, Ringwil, Ebmatingen, Auslikon, Ehrikon, Weisslingen und Gossau als Predigtstationen hinzu. Den Evangelisten ist dieser heute beinah unvorstellbare Einsatz nur möglich, weil sie sich gesandt wissen vom König der Könige und deshalb ihre Stunden nicht zählen. Widerstände von Gegnern und Einwände von Bedenkenträgern berühren sie kaum.

1884 kommt es zu einer Vereinbarung zwischen der Evangelischen Gesellschaft und der «Brüderkonferenz Männedorf». Die Gesellschaft übernimmt das Evangelisationswerk von Samuel Zeller, d. h. die Bedienung der dreizehn Versammlungen in Gubel, Stäfa, Grüningen, Esslingen, Uetikon, Herrliberg, Küsnacht, Bachs, Oetwil, Wädenswil, Horgen, Egg-Schönenberg und auf dem Hirzel. Die «Siebner-Kommission» erweitert sich zur «Elfer-Kommission». Dabei wird festgehalten: Die Taufe von Kindern bleibt ordinierten Geistlichen vorbehalten. Der eigene Religionsunterricht ist gestattet, «wenn der Ortsgeistliche hierfür das Vertrauen nicht besitzt»[545]. Vom Glaubenswerk in Männedorf werden auch drei Prediger übernommen, die im Basler Missionshaus, auf Chrischona und in der Basler Predigerschule ausgebildet wurden. In Wädenswil und Horgen erwarten den Prediger jeden Sonntag 100–200 Besucherinnen und Besucher, an den kleineren Stationen 15–30 Zuhörende. Prediger Schall absolviert 1891 in Wädenswil, Horgen und Schönenberg sage und schreibe 2 000 Besuche! «Meine Hauptarbeit ist Seelenpflege, den Kranken, Gebrechlichen, Leidenden, Geprüften, Armen und Elenden nachzugehen [...]»[546]

Die Bezirkssektionen werden rege besucht. Im Mittelpunkt stehen Bibelauslegungen. Auch Ulrich Zwingli, Martin Luther, das Zweite Helvetische Bekenntnis oder Heinrich Bullinger werden thematisiert. Ebenso kommt das Thema «Sekten» vermehrt aufs Tapet. Ende der 1880er-Jahre ist für die Stadt- und Landmission der Evangelischen Gesellschaft der Zenit erreicht. Ab den 1890er-Jahren beginnt eine Konsolidierung der Arbeit in zunächst beachtlichem Ausmass. Da und dort kommt es auf dem Lande zu ersten Kollisionen mit Pilgermissionaren von Chrischona, die sich damals zwar auch noch wie einst die Herrnhuter als Gemein-

---

544 Jahrbuch Ev. Ges. (1881/82), 32.
545 Jahrbuch Ev. Ges. (1884/85), 82.
546 Jahrbuch Ev. Ges. (1890/91), 53.

schaft innerhalb der Landeskirche verstehen, aber doch für «Chrischona» arbeiten. Zu den Methodisten und der Heilsarmee geht man im 19. Jahrhundert noch auf Distanz.

12.6 «Die Tochter Zion in Zürich» – Pioniergeist und Expansion bis 1890

Ein gutes Stimmungsbild des Pioniergeistes vermittelt das Eingangswort von Präsident Christ an der 3. Hauptversammlung des schweizerischen Evangelisch-kirchlichen Vereins am 29. September 1874 in Olten. Er liest die Tageslosung von 4. Mose 14,9: «Fallt nur nicht ab vom Herrn und fürchtet euch nicht vor dem Volk dieses Landes, denn wir wollen sie fressen wie Brot. Ihr Schutz ist von ihnen gewichen, der Herr aber ist mit uns. Fürchtet euch nicht vor ihnen.» Christ aktualisiert dieses Bibelwort vor den 100 erschienenen Delegierten mit den Worten:

> Durch die Erzählung der Kundschafter von festen, mit Riesen zahlreich bevölkerten Städten im gelobten Lande war das Volk entmutigt. Josua und Kaleb richteten es auf mit dem Glaubenswort: «Fallet nicht ab von dem Herrn und fürchtet euch nicht! Denn der Herr ist mit uns!» Diese Mahnung brauchen auch wir. Feste Städte, Schutz und Unterstützung durch die Staatsgewalt finden die, welche vom Glauben an Christum sich abwenden, viele sind ihrer, wenn man sie zählt! – Riesen sind sie, Leute von Einfluss und Begabung. Aber fürchtet euch nicht, denn der Herr ist mit uns! Nur dass wir diese Worte nicht bloss im Munde führen, sondern im Glauben daran festhalten am bösen Tag wie am guten. In Zeiten der Scheidung wie der unsrigen gehen nicht alle christlichen Brüder in allem die ganz gleichen Wege. Wir können oft nur schrittweise vor uns sehen. Aber sorgen wir nicht für den andern Morgen, tun wir nur treu, was auf jeden Schritt uns klar als Pflicht vorgeschrieben ist. Den Fortgang zum Segen und Gelingen wird der Herr geben![547]

Mit dieser starken Botschaft der Hoffnung und der Zuversicht in scheinbar ausweisloser Lage schärft der Gründungspräsident das Profil der Delegierten aus den Sektionen. Nicht sich anpassen an die scheinbar Mächtigen der Zeit, sondern festhalten am gegebenen Wort der Treue, lautet die Devise. Darin liegen Kraft und Verheissung im Kampf. Nur so kann Gottes Volk gewinnen. Und es wird mit Christus gewinnen!

Im Bericht der Hauptversammlung der schweizerischen Vereinigung am 26./27. September 1876 in Genf meldet Diethelm Hofmeister zuver-

---

547 Berichterstattung SEKV (1874), 1 f.

sichtlich 630 Mitglieder von der wachsenden zürcherischen Sektion aus zehn Bezirken. «Die Tochter Zion ist in Zürich wie eine ‹Hütte im Weinberg›; und doch können die glaubenstreuen Zürcher auch mit dem Propheten sagen, dass der Herr Zebaoth ihnen einen Rest übriggelassen hat.»[548] Aufgrund der Fusion von 1874 gewinnt die Zürcher Sektion des SEKV einen beträchtlichen Anteil an den Werken der Inneren Mission. Die Evangelische Gesellschaft ihrerseits entfaltet ihre Missionskraft kantonsweit in den Gefässen der Bezirks- und Ortsvereine.[549] Die Evangelisationskommission («Siebner-Kommission») beschäftigt in der Stadt Zürich vier Missionare und auf der Landschaft zwei Evangelisten, die in Winterthur[550] und Uster stationiert sind. Sie verantwortet den Gottesdienst in der St. Anna-Kapelle mit Pfarrer Emanuel Fröhlich (1832–1898). Dazu engagiert sie drei Bibel- und Schriften-Kolporteure. In Zürich und Winterthur betreibt sie je einen Bücherladen. Zur Förderung von Landbibliotheken investiert sie jährlich 900 Franken, dazu ist sie Besitzerin des «Evangelischen Wochenblatts». Schliesslich bedient sie zwei Leihbibliotheken mit 5 300 Büchern bei einem jährlichen Abonnementspreis von 2 Franken. Die Evangelische Gesellschaft ist die Trägerin eines Diakonissen-Mutterhauses mit 56 (1891: 115) Diakonissen, einem Spital und einem Altersheim. 1886 betreuen 45 Schwestern 21 Krankenstationen an 13 Orten. Dazu ist sie verbunden mit dem Evangelischen Lehrerseminar in Unterstrass. Weiter beschäftigt sich die Gesellschaft mit der Sonntagsheiligung, der Unterstützung von Armen (Armenverein), den Lesesälen für Lehrlinge, der «Herberge zur Heimat» und einem Pensionat für Studierende. Schliesslich versucht sie, an der theologischen Fakultät durch einen ausserordentlichen Professor die wissenschaftliche Vertretung des Evangeliums in ihrem Sinne zu fördern.

Im selben Jahr 1878 stellt Dekan Georg Rudolf Zimmermann als Präsident der Evangelischen Gesellschaft fest, er sei nun beinahe dreissig Jahre Mitglied derselben. Während man sonst allenthalben über einen fortschreitenden Zerfall des christlichen Lebens klage, sei das Wachstum des zürcherischen Glaubenswerks doch «sehr bedeutend»![551] Der missionarische Expansionskurs dauert somit nach wie vor an. Bei der Verbindung der Evangelischen Gesellschaft mit dem Evangelisationswerk von

---

548 Berichterstattung SEKV (1876), 18.
549 Berichterstattung SEKV (1876), 17–19; auch die nachfolgenden Angaben sind Hofmeisters Bericht entnommen.
550 Die Winterthurer Minoritätsgemeinde besoldet Pfr. Zünd selbst. Die Beziehung zur Evangelische Gesellschaft ist eher formeller Natur. Jakob Goldschmid sitzt seit 1869 im Zentralkomitee der Gesellschaft.
551 Berichterstattung SEKV (1878), 18.

Diethelm Hofmeister – Stratege der Evangelische Gesellschaft

Diethelm Hofmeister (1814–1893) ist Theologe aus altem Zürcher Geschlecht, Bezirksrat, städtischer Schulpräsident, Direktionspräsident des Diakonissenhauses Neumünster. Als Gründungsaktuar der Evangelischen Gesellschaft zieht er jahrzehntelang in geschickter Strategie die Beziehungsfäden der Evangelischen Gesellschaft und ihrer Glaubenswerke. In den 1870er- Jahren ist er ein engagierter Vertreter der Evangelisch-kirchlichen Vereinigung, Sektion Zürich. Das Losungsbüchlein der Herrnhuter Brüdergemeinde begleitet ihn sein Leben lang – auch gegen rationalistische Anfechtungen. Sein Tod bedeutet das Ende einer Epoche.

Samuel Zeller in Männedorf (1884) bleibt dieses selbstständig.[552] Wegen eines neuen Medizinalgesetzes kann es aber ab der Jahrhundertwende ohne einen diplomierten Arzt keine Geisteskranke mehr aufnehmen; die Zeit um 1900 ist wissenschaftsgläubiger geworden. Auch die Versammlungen in Wädenswil und Horgen sind nun mit der Evangelischen Gesellschaft verbunden. Der initiative Landwirt Julius Hauser von Wädenswil wird bereits 1880 ins Zentralkomitee der Gesellschaft berufen.

12.7 Konsolidierung

1893 befördert die Eingemeindung von Aussersihl, Enge, Leimbach, Fluntern, Hirslanden, Hottingen, Oberstrass, Riesbach, Unterstrass, Wiedikon, Wipkingen und Wollishofen Zürich zur ersten Grossstadt der Schweiz mit 121 000 Einwohnern. Die Fläche der Stadt wächst um das Dreissigfache auf 45 Quadratkilometer, die Zahl der Bewohnerinnen und Bewohner um das Viereinhalbfache. Auslöser ist vor allem das finanzschwache, vom Bauerndorf zur Kleinstadt angewachsene Aussersihl. In den 1890er-Jahren verschärft sich die Ausgrenzung der Arbeiterschaft in Aussersihl; die Spannungen entladen sich 1896 im sogenannten Italienerkrawall.

Die zunehmende Vermassung bereitet der Evangelischen Gesellschaft schon vorher Sorgen. Der SEKV-Bericht von 1892 befürchtet, «die flottanten Elemente in Verbindung mit dem Freisinn» könnten «den Schwerpunkt in allen Dingen um ein Bedeutendes nach links» verschieben. Im Blick auf die Kirche herrsche bei nicht wenigen Frommen die Gefahr «einer gewissen Verbitterung». Denn «unten wirkt die social-demokratische Strömung, oben beherrscht die Religion des Nationalliberalismus die öffentliche Meinung»[553]. Liberaler Nationalismus und Sozialismus als Religionsersatz!

Natürlich, fährt der Bericht fort, sei die «Liebe zum Evangelium in kleineren Kreisen noch da, aber die positiv Gerichteten dürfen sich keiner Täuschung hingeben, dass sie eine kleine Minderheit sind». Reformerische Kreise, «sofern sie einen ernsten religiösen Sinn bekunden, haben einen viel grösseren Anhang hinter sich». Für die aufkommende Heilsarmee und die Methodisten sind indes «keine besonderen Sympathien» vorhanden, weil die EKVZ stramm zur Landeskirche hält. Mit dem Verlust weiter Arbeiterkreise an den Sozialismus und dem steigenden Materialismus

---
552 Berichterstattung SEKV (1885), 19.
553 Berichterstattung SEKV (1892), 14f.

werde die «Indifferenz» zum neuen «gemeinsamen Feind». Die «Positiven» selbst nähmen sich zunehmend als kleine bedrängte Herde wahr.[554] Die Liberalen, sofern sie «religiösen Sinn» haben, werden jetzt nicht mehr als ernsthafte Gegner eingestuft. Der gemeinsame Hauptfeind fasst sich nun zusammen in der «Indifferenz» des säkular gewordenen Menschen.

Religiöse Gleichgültigkeit, zunehmend zur Schau getragen, und geistliche Erschlaffung begleiten den 30-jährigen wirtschaftlichen Aufschwung der Belle Époque von etwa 1884 bis zum Ersten Weltkrieg. Der Zeitgeist gibt sich weltmännisch und wissenschaftsgläubig; er denkt empirisch, optimistisch und fortschrittlich. Von der «Tochter Zion zu Zürich» und dem «heiligen Rest, den der Herr übriggelassen» hat, ist im Bericht der Zürcher Sektion von 1892 so nicht mehr die Rede. Dieser denkt weniger von Gottes Ruf und Auftrag her, er ist eher durch erdrückende Erfahrung geprägt. In einer mehr als viermal grösseren Stadt verlieren die frommen Kreise aus den alten Stadtfamilien rund um die Evangelische Gesellschaft an Einfluss und Bedeutung. Aber auch der jahrzehntelange Missions- und Pioniergeist der 1850/1880er-Jahre beginnt im Zeitalter des reissenden Fortschritts und der zunehmenden Vermassung zu erschlaffen. Die «Adlersflügel» der Erweckung tragen nicht mehr mit der gleichen Kraft wie einst. Die 24. Hauptversammlung des SEKV in Winterthur 1895 wird noch von «etwa 70 Personen» besucht; man zerbricht sich den Kopf über die «Entfremdung so vieler ‹Gebildeter› vom Christentum».[555] Das ist nicht mehr der beherzte Geist von Ratsherr Christ! Markante und prägende Kämpfer treten im «Fin de Siècle» von der Bühne ab, so zum Beispiel der kluge und von der Erweckung geprägte Sekretär der Evangelische Gesellschaft Diethelm Hofmeister (gest. 1893)[556], der kampfprobte Fraumünster-Pfarrer Dekan Georg Rudolf Zimmermann (1900) sowie der gesegnete Pfarrer Edmund Fröhlich zu St. Anna (1898). Auch der Hinschied dieser Pioniere markiert für das fromme Zürich eine Zeitenwende.

Dank einer «reichen Schenkung» kann 1895 noch ein weiterer Missionar engagiert werden.[557] Die Missionsarbeit als solche wird treu und mit grosser Hingabe weitergeführt. Auch die Zahl der Diakonissen wächst von Jahr zu Jahr. Das Evangelische Lehrerseminar ist etabliert und ver-

---

554 Ebd.
555 Berichterstattung SEKV (1895), 6–20.
556 Diethelm Hofmeister (1814–1893), Sekretär der Evangelische Gesellschaft von 1847–1884.
557 Die meisten Missionare wurden auf St. Chrischona oder im Basler Missionsseminar ausgebildet.

sieht seinen gesegneten Dienst an Dutzenden von Seminaristen. Auch die Versammlungen bleiben insgesamt gut besucht. Die drei Sonntagslesesäle werden zur Winterzeit am frühen Abend im Schnitt von «200 Knaben von 12–16 Jahren zu guter Lektüre und namentlich zu einem ansprechenden Vortrag» aufgesucht.[558] Den Handwerksburschen stehen die Herbergen Geigerhaus und Seilerhof mit je neunzig Betten sowie die Herberge in Winterthur offen. Die Evangelischen Buchhandlungen in Zürich und Winterthur samt den angeschlossenen Volks- und Jugendbibliotheken «werfen den Samen gesunder Literatur ins Volk».[559] Das ausgedehnte Werk der Kranken- und Diakonissen-Anstalt Neumünster bedient mit ihren 300 Schwestern 31 Spitäler und Asyle, 53 Gemeindepflegen und 13 Altersheime.[560] «Nirgends in der Schweiz», heisst es in der Berichterstattung von 1903 an die Hauptversammlung des SEKV in Schaffhausen, «sind die positiv-christlichen Bestrebungen und Anstalten eines Kantons so trefflich zusammengeordnet [...] wie in der Evangelischen Gesellschaft von Zürich.» Dann werden nicht weniger als 15 Werke vom Bibelkomitee über das Diakonissenhaus bis zur Stadt- und Landmission aufgelistet. Der Armenverein blüht und kann «allen 456 Bittgesuchen entsprechen». Acht Evangelisten ziehen «als Friedensboten hin und her im Lande».[561] Das ist ein beachtlicher pietistischer Leistungsausweis um die Jahrhundertwende.

Dennoch ist der erste Schwung spürbar verlorengegangen. Der Zürcher Bericht von 1899 meldet, dass «etliche behaupten, die Evangelische Gesellschaft des Kantons Zürich schläft»[562]. Bei aller Heerschau frommer Werke trägt der Glaubenskampf nun erste Züge der Ermattung. Das Feuer des Geistes brennt nicht mehr in alter Kraft. Die Zürcher Sektion der Evangelisch-Kirchlichen – schweizweit die grösste – zählt zwar 750 Mitglieder, doch der Bericht des Jahres 1905 klagt: «Es fehlt uns an Soldaten.»[563] Einzelne Bezirksvereine beginnen zu serbeln.

In diesem Umfeld wird auch die theologische Arbeit merkwürdig «unbefangener», man hat «grössere Aufgaben als den Parteistreit».[564] Das ganze Klima der pietistischen Bewegung wird gemächlich und gemütlicher. Wilhelm Hadorn spricht auch vom «Odium der Stündelei».[565]

---

558 Berichterstattung (1896), 5.
559 Berichterstattung (1911), 9.
560 Ebd.
561 Berichterstattung SEKV (1903), 18f und (1904), 8f.
562 Berichterstattung SEKV (1899), 9.
563 Berichterstattung (1905), 9.
564 A. Zimmermann, Fünfzig Jahre Arbeit im Dienste des Evangeliums für das reformierte Schweizervolk (1921), 31.
565 Berichterstattung SEKV (1900), 6.

Zwar wird in der Stadt und auf dem Land nach wie vor fleissig an vielen Orten zu «Bibelkränzchen» eingeladen. Man ist dankbar, wenn da und dort auch ein «Nikodemus» den Weg zur abendlichen Veranstaltung findet.[566] Doch in den «Stunden» selbst fehlt die Kraft der ersten Zeugen. Man freut sich und ist beruhigt, dass auch eine Generation nach dem neuen Zivilstandsgesetz[567] von 1876 «die Zahl derer, die ihr Kinder nicht taufen lassen, ausserordentlich gering» geblieben ist. So erreicht gegen die Jahrhundertwende die Mitgliederzahl der einzelnen Vereine numerisch zwar einen Höhepunkt, doch die jahrzehntelange Expansion stagniert nun. Die 1890er-Jahre bringen die Wende von der Vollmacht der Expansion zur Konsolidierung. Stillstand aber bedeutet in der Regel, auch geistlich gesehen, dann doch Rückschritt. Glaubenswerke der Inneren und Äusseren Mission ähneln einer Eisenbahn: Durch kräftigen Schub und viel Energie gewinnt der Zug an Fahrt. Hat er einmal eine gewisse Geschwindigkeit erreicht, so fährt er auch mit deutlich weniger Antrieb noch prächtig durchs Land. Geht die Zugkraft dann jedoch weiter zurück, so rollt und rollt er zwar, verliert aber dann doch allmählich an Fahrt, bis er irgendwann in der Ferne zum Stillstand kommt. Diese Dynamik erleben auch die Evangelische Gesellschaft und die zürcherische Sektion des Evangelisch-kirchlichen Vereins.

1909 an der Hauptversammlung in Chur erregt die religiös-soziale Frage die Gemüter.[568] Ganz besonders die Zürcher Sektion betont, «wie unser Verein und seine Sektionen ihre eigentliche Bedeutung verlieren würden»,[569] wenn sie den evangelischen Standpunkt aufgäben und nur noch monothematisch eine gemeinnützige Institution sein wollten. Zwar sei die soziale Bewegung[570] kirchlicher Mainstream, «doch wir lehnen es entschieden ab, von dort Aufträge entgegenzunehmen». Jesus war und bleibt der «Heiland der Geringen». Die Armen waren «sein Lebensstoff, sein Sorgen und Sinnen». Doch Jesus kann «weder im sozialistischen

---

566 Berichterstattung SEKV (1899), 7.
567 Das *Schweizer Zivilstandsgesetz vom 1.1.1876* überträgt die Erfassung der Neugeborenen den Zivilstandsbüchern der politischen Gemeinden anstelle der Taufbücher in den Kirchgemeinden. In kirchlichen Kreisen bestand zum Teil die Angst, die Zahl der Kindertaufen könnte signifikant zurückgehen, was damals aber nicht geschehen ist.
568 1903 veröffentlicht Hermann Kutter ein Buch mit dem Titel «Sie müssen». Gemeint sind die Sozialdemokraten. Weil das offizielle Christentum und die Kirchen kalt und verständnislos geworden seien, darum müssen die Sozialdemokraten für eine bessere Welt kämpfen.
569 Berichterstattung SEKV (1909), 8.
570 Gemeint ist die religiös-soziale Bewegung

noch im kapitalistischen Lager sein».[571] Diese Zusammenhänge stehen besonders der Zürcher Sektion am Vorabend des Ersten Weltkriegs klar vor Augen. In den Jahrzehnten seit 1850 waren die Frommen der Evangelischen Gesellschaft beinah die Einzigen in der Kirche, die sich unter beachtlichen Opfern der Kranken, der Gefährdeten und der Elenden annahmen. An der Hauptversammlung des SEKV 1913 in Baden beschwört auch Pfarrer U. Gsell aus Lausanne «die Abwehr gegen die Auflösung der evangelisch-christlichen Kirche zu einer blossen Humanitätsgesellschaft. Der Kampf um die Behauptung des biblischen und Apostolischen Bekenntnisses» müsse gegen den Geist der Zeit erneut aufgenommen werden.[572]

12.8 Belle Époque: Man gibt sich tolerant und offen

Mit dem Tod des verdienten Basler Präsidenten Prof. Hans Konrad von Orelli wechselt 1913 der Sitz des SEKV nach 42 Jahren von Basel an die Limmat. Zudem geht der Vorsitz in die Hände einer neuen Generation. Unter dem Präsidium von Pfarrer Arnold Zimmermann (Zürich-Neumünster) ist der Kampf um das Apostolische Bekenntnis nicht mehr so bedeutsam, wie er für die Väter war. Der neue Zentralvorstand, zu dem auch der spätere Berner Professor Wilhelm Hadorn (1869–1929) und der Basler Professor Eduard Riggenbach (1861–1927) gehören, betont, die geistige und kirchliche Lage sei «gegenüber der Zeit der Vereinsgründung» eine völlig andere geworden»[573], weshalb sich eine Revision der Statuten geradezu «aufdränge». «Die prinzipiellen dogmatischen Kämpfe» haben für den neuen Vorstand «mit der Bekenntnisfreiheit ihre Schärfe eingebüsst». Damit wird die Bekenntnisfreiheit – anders als noch 1871 – in ihren Wirkungen positiv dargestellt. Selbstverständlich bedarf auch das neue Statut eines klaren Profils, doch auf eine zeitgemässe Art und Weise, damit man «niemandem die Tür zuschliesst».[574] Dieser bemerkenswerte

---

571 Berichterstattung SEKV (1909), 8.18. – In der Schweiz trifft sich 1906 erstmals eine Religiös-Soziale Konferenz. Mit der Zeitschrift «Neue Wege», mit Stellungnahmen und Denkschriften, Veranstaltungen und Ferienkursen versteht sich die Vereinigung als «offener Ort des Nachdenkens und der Inspiration für politisch und kirchlich Engagierte, die sich an der ‹Verheissung des Reiches Gottes und seiner Gerechtigkeit für die Erde› (Ragaz) orientieren». (Homepage der Religiös-Sozialistischen Vereinigung der Deutschschweiz).
572 Berichterstattung SEKV (1913), 22.
573 Berichterstattung SEKV (1913) 3, an Jahresversammlung in Baden.
574 Festbericht der 42. Hauptversammlung SEKV in Baden (1913), 4.

Wandel in Theologie und Glaube entspricht einer neuen Grosswetterlage. Während der Belle Époque, einer langen Friedenszeit und industriellen Revolution zwischen 1870 und 1914, denken die tonangebenden Eliten fortschrittlich, wissenschaftlich und universal. Da mag man auch in den Milieus des mittleren und gehobenen Bürgertums nicht mehr so eng und kleinlich sein. Schon an der SEKV-Hauptversammlung des Jahres 1905 wird vermerkt, «dass manche ‹Freisinnige› heute positiver auftreten als früher [...], zumal ja auch die positiven Theologen der berechtigten wissenschaftlichen Kritik sich nicht verschliessen wollen»[575].

Dieselbe Veränderung zeigt auch die vom Zentralkomitee des CVJM Genf und von «positiven» Kreisen gegründete, ursprünglich biblisch orientierte «Aarauer Studenten-Conferenz» (1897). Ab 1904 öffnet sich diese mehr und mehr auch für liberale Referenten. Damit wird sie – je nach Sichtweise – zu einem «Glauben zersetzenden Debattierclub» oder zu einer theologischen Plattform mit berühmten Koryphäen wie Ernst Troeltsch, Karl Barth oder Adolf von Harnack.[576] Durch die Verwässerung der ursprünglich klaren biblischen Linie ist eine Aufnahme der «Conferenz» in den Christlichen Studentenweltbund nicht mehr möglich (John R. Mott); sie wird von der Mehrheit der Studierenden auch nicht mehr gewünscht.

1914 bringt der habilitierte Hamburger Hauptpastor August Wilhelm Hunzinger die damals verbreitete Stimmung auf den Punkt:

> Darin liegt vielleicht das bedeutsamste Moment dieser neuesten Entwicklung, dass allmählich auch die gegenwärtige «positive», «kirchliche» Theologie, die Tochter der Neuorthodoxie, wenigstens in ihren einflussreichsten und fruchtbarsten Richtungen und Vertretern, sich immer entschlossener und freier dem universal-wissenschaftlichen Zuge der Zeit hingegeben hat [...] Eine ganz neue Kombination ist auf diese Weise im theologischen Leben der Gegenwart entstanden, die Verbindung «modern-wissenschaftlich» mit

---

575 Berichterstattung SEKV (1905), 3.
576 *Paul Gruner* (1869–1957): erster schweizerischer Professor für theoretische Physik an der Universität Bern, pflegt freundschaftliche Kontakte mit Albert Einstein, der in Gruners Haus Vorlesungen hält. Gruner ist jahrlanger Präsident der Naturforschenden Gesellschaft der Schweiz sowie der Physikalischen Gesellschaft der Schweiz. Bis 1904 hält er mehrere Vorträge auch an der Aarauer Konferenz. Als wacher Nichttheologe und missionarischer Christ steht er der Liberalen, aber auch der Dialektischen und der Religiös-Sozialen Theologie ablehnend gegenüber. Er wittert eine Gefahr verschwommener biblischer Profile für die Gemeinde. 1909 wendet sich Paul Gruner enttäuscht von der Aarauer Konferenz ab, «die ich seither nur ausnahmsweise noch zweimal besucht habe» (189). Vgl. P. Gruner, Menschenwege und Gotteswege im Studentenleben. Persönliche Erinnerungen aus der christlichen Studentenbewegung (1942), 190. Zur Aarauer Konferenz vgl. F. Jehle, Die Aarauer Konferenz (1897–1939) (2020).

«positiv-kirchlich». Die Frage, ob diese Kombination durchführbar, zukunftskräftig oder innerlich haltlos oder nur ein Übergangsstadium zum Radikalismus ist, gehört zu den allerentscheidendsten Gegenwarts- und Zukunftsfragen der evangelischen Kirche.[577]

12.9 Das Apostolikum wird überflüssig und hinderlich (1913)

Demgemäss lauten die neuen Statuten des SEKV von 1913 im entscheidenden § 1:

> Mit allen christlichen Kirchen, die auf dem Grunde der Apostel und Propheten stehen, bekennen wir uns zu Jesus Christus, dem eingeborenen Sohn Gottes, der durch sein Leben, Sterben und Auferstehen unser Heil und unsere Hoffnung ist, dessen Eigentum wir durch die Taufe auf den Namen Gottes des Vaters, des Sohnes und des heiligen Geistes geworden sind, und dessen Gedächtnis wir beim heiligen Abendmahl feiern.[578]

Dieser Paragraf klingt durchaus biblisch und gut. Doch im Vergleich zu den bisherigen Statuten fehlt – mit Absicht – das zuvor hochgeachtete Apostolische Glaubensbekenntnis! Natürlich sind mit der neuen Aufweichung der Bekenntnisgrundlage längst nicht alle einverstanden. Doch der universalwissenschaftliche Zug der Zeit sucht Fortschritt und Offenheit. Die biblische Glaubenstiefe und Weite der Väter hat sich in der neuen Generation transformiert. Den erweckten Pionieren der 1870er-Jahre stand prophetisch vor Augen, dass der Fortschritt der Gottlosigkeit «einen Weltbrand entzünden» müsse.[579] 1913 denkt kein Mensch an einen Weltkrieg.[580] Der Jahresbericht 1913/14 weiss von «zweierlei Strömungen in unserem Verein», ein Zustand, den man «ertragen» müsse.[581] Besonders die «älteren Mitglieder, die in dem geschlossenen Kreis der ersten Zeit mehr Befriedigung fanden», haben dem Frieden zuliebe, jedoch *contre coeur*, den neuen Statuten zugestimmt. «Allein», heisst es weiter, «die neuen Statuten entsprechen der Sachlage; sie sind Ausdruck

---

577 A. W. Hunzinger, Die evangelische Theologie, in: P. Zorn/H.v. Berger, Deutschland unter Kaiser Wilhelm II., Hg. S. Körte u. a. II (1914), 994.
578 A. Zimmermann, Fünfzig Jahre Arbeit im Dienste des Evangeliums für das reformierte Schweizervolk (1921), 34.
579 Jahrbuch Evangelische Gesellschaft (1871/72), 6.
580 Vgl. Florian Illies, 1913. Der Sommer des Jahrhunderts (2012). Dieses Buch beschreibt 1913 als ein Jahr höchster Blüte und zugleich als Auftakt des Zerfalls und unserer Gegenwart.
581 Jahresbericht SEKV (1013/14), 7.

der tatsächlichen Verhältnisse».[582] Diesen «tatsächlichen Verhältnissen» wird 1913 beinah offenbarungstheologische Qualität zuerkannt![583] Neu an den Verhältnissen im Jahr 1913 ist, dass das mittlere und höhere Bürgertum sich im «schönen Zeitalter» von 1884–1914 am Fortschritt erfreut. Mit der Zweiten Industriellen Revolution ist der Durchbruch in die Moderne endgültig geschafft. So werden die neuen Verhältnisse zur Geburtsstunde für neue und «friedlichere» Statuten. Denn die neue Zeit sucht ihre Befriedigung nicht mehr «im geschlossenen Kreis», sondern in der grösstmöglichen Öffnung. Nicht wenige Delegierte stimmen den neuen Statuten des schweizerischen Vereins freilich nur deshalb zu, weil sie das Schwergewicht der Arbeit in den kantonalen Sektionen sehen. Die «eingehende Kritik» der grossen Zürcher Sektion am neuen Statut des SEKV führt dazu, dass sich die Evangelische Gesellschaft des Kantons Zürich zwar mit dem Schweizerischen evangelischen Verein nach wie vor solidarisch erklärt, sich jedoch «veranlasst fühlt, ihre Berufung auf das Apostolikum zu erneuern».[584]

Die Hoffnung, durch die Abschaffung des Apostolikums neue Freunde zu gewinnen, entpuppt sich allerdings bald als Illusion.[585] Am meisten Beachtung und Freude erzeugt die Eliminierung des Bekenntnisses beim Verein für freies Christentum. Der Dissens schwächt hingegen die Schweizerische Vereinigung selbst in ihrer innersten Identität.[586] Präsident Pfarrer Arnold Zimmermann meint, seine Generation stehe «der theologischen Arbeit viel unbefangener gegenüber als unsere Väter». Und er freut sich, dass «unter kirchlichen Parteien mehr Friede herrscht als vor fünfzig Jahren. Unsere Zeit hat grössere Aufgaben als den Parteistreit.»[587] Dieses Urteil der zweiten Generation über die theologische Arbeit der Pionierinnen und Pioniere zeugt nicht von Bescheidenheit. Es ist ein hehres, um nicht zu sagen ein übermütiges Wort am grossbürgerlichen Vorabend des

---

582 Ebd.
583 Diese Art des Denkens von den Verhältnissen statt vom Wort Gottes her führt 1933 zur Stunde der Offenbarung und zur «Gottesstunde», als Hitler die Macht übernimmt (E. Hirsch). Erst das Barmer Bekenntnis widerspricht: «Wir verwerfen die falsche Lehre, als könne und müsse die Kirche neben diesem einen Worte Gottes auch noch andere Ereignisse und Mächte, Gestalten und Wahrheiten als Gottes Offenbarung anerkennen.» Vgl. H. Steubing, Bekenntnisse der Kirche (1985), 300.
584 Jahresbericht SEKV (1913/14), 7.
585 Die Kirche wächst nicht durch Verwässerung, sondern durch Schärfung ihrer biblischen Substanz durch klare Verkündigung, denn so wird sie deutlicher wahrgenommen.
586 «Wir verhehlen uns nicht, dass dieser Zustand eine taktische Schwächung unseres Vereins bedeutet». Vgl. Jahresbericht SEKV (1913/14), 7.
587 A. Zimmermann, Fünfzig Jahre Arbeit ... (1921), 31.

Ersten Weltkriegs. Natürlich ist der Friede ein hohes Gut, die Liebe gar das höchste. Doch die Frage steht je und dann im Raum, um welchen Preis ein Friede erkauft ist. In der Bibel gehören die Liebe und die Wahrheit zusammen (Joh 1,17; Eph 4,15). Das Apostolische Bekenntnis seinerseits ist keine zufällige und vorübergehende Sammlung von Glaubenssätzen, die eine neue Generation zugunsten scheinbarer Zugewinne nach Belieben zur Seite schieben kann, wenn sich in Kultur, Theologie und Kirche die Windrichtung ändert.[588] Weshalb sollte gegenseitige Achtung, Liebe und Wertschätzung auf der Grundlage des grossen und friedlichen westlichen Bekenntnisses nicht möglich sein? Das Festhalten der Zürcher Sektion am bewährten und schlichten Symbol der weltweiten Kirche ist kein Zeichen der Schwäche, sondern der Klarsicht und der Kraft. Aus heutiger Zeit ist das Jahr 1913 der vorübergehende Höhepunkt einer beschwingten, aber auch selbstherrlichen Epoche, die kurz darauf in eine weltweite Katastrophe stolpert.

Nachdem der Krieg auf europäischem Boden zu einem Ende gekommen ist, greift der Jahresbericht des SEKV von 1919/20 erneut auf die unglückliche Statutenrevision von 1913 zurück, die «nicht ohne schwere Bedenken vorgenommen werden musste». Der Bericht betont, dass nunmehr im Anschluss an die Zeit einer «erschlaffenden Gleichgültigkeit» nach «den Erschütterungen des Weltkrieges» die junge Generation wieder «nach einem festen Halt» suche, was grosse Teile der Zürcher Sektion ausdrücklich begrüssen.[589]

---

588 *Pfr. Arnold Zimmermann* (1872–1951): ist ein Sohn von Dekan Georg Rudolf Zimmermann. Anders als sein Vater kann Zimmermann junior auch in Halle und Berlin studieren. Hier sitzt er Adolf von Harnack, einem Vertreter des grossbürgerlichen Zeitalters und dem überragenden Doyen der Liberalen Theologie, zu Füssen. Arnold Zimmermann ist positiver Pfarrer in Weiach, Rorbas und Zürich-Neumünster, 1924–1947 Mitglied des Kirchenrates, 1939–1947 dessen Präsident. Zimmermann ist von 1913–1940 Präsident des SEKV, Redaktor des Kirchenfreunds, Präsident des Schweiz. ev. Missionsrates und Vorstandsmitglied des Schweizerischen Evangelischen Kirchenbundes. Wer so viele Mandate hat, dem dürfte es schwerfallen, der «Bekenntniskirche innerhalb der reformierten Volkskirche» (Prof. Ch. J. Riggenbach) vorzustehen und diese mit Nachdruck zu vertreten. Unter Zimmermanns Ägide wird 1913 das Apostolische Bekenntnis aus den Grundsätzen des SEKV gestrichen. (Zitat, in: Jahresbericht SEKV 1938/39, 1).

589 Jahresbericht EKVS (1919/1920), 2; Jahresbericht SEKV (1938/39), 2.

12.10 Eduard Usteri-Pestalozzi widersteht

Eduard Usteri-Pestalozzi (1851–1928) aus dem «Neuenhof» gehört zum Urgestein der Stadt Zürich wie auch der Evangelischen Gesellschaft. Die Familie Usteri ist seit 1401 in Zürich verbürgert. Paulus Usteri-Ziegler baut 1684 das Stammhaus «Neuenhof» am heutigen Paradeplatz.[590] Verheiratet mit Anna Maria, der stolzen Tochter des frommen und steinreichen Seidenkaufmanns Heinrich Pestalozzi-Bodmer zum Wolkenstein, wohnt Eduard Usteri in deren Sommervilla in Rüschlikon und fährt Tag für Tag mit Ross und Wagen zum Neuenhof. Von Beruf ist Usteri Notar, Bankier sowie Verwaltungsrat und Präsident der Bank Leu und führender Handels-, Industrie und Bankunternehmen. Dazu absolviert er eine ansehnliche Laufbahn vom Feuerwehrkommandanten bis zum Oberst des Infanterieregiments 23. Seine politische Karriere führt ihn von der Schulpflege zum Präsidenten des Grossen Stadtrats (heute Gemeinderat) sowie in den Kantonsrat, in die Kirchensynode und in den Kirchenrat. Fast dreissig Jahre leitet der gewichtige Oberst mit dem Schnurrbart das Diakoniewerk Neumünster, dazu während zwanzig Jahren die Epileptische Klinik. Als schnörkellos gläubiger Christ dient Eduard Usteri der Evangelischen Gesellschaft 44 Jahre in der Geschäftsleitung, davon 1893–1928 als umsichtiger Präsident mit Überzeugung und gradliniger Beharrlichkeit. Der stramme Usteri steht mit beiden Füssen noch in der Zeit vor der Belle Époque. Er kennt den immerwährenden Disput um Bibel und Bekenntnis und lässt sich nicht so schnell vom flüchtigen Wind der Zeit beeindrucken. Durch seine Beharrlichkeit und Weitsicht bleibt der Evangelischen Gesellschaft und damit der Zürcher Sektion der Evangelisch-Kirchlichen das Bekenntnis zum Apostolikum auch in der eher lockeren Zeit vor dem Ersten Weltkrieg erhalten. Mehr noch: Gegen den allgemeinen Trend wird es erst recht ausdrücklich erneuert.[591] «Dieser seltene Mann ist nicht nur die lebendige Tradition der Inneren Mission gewesen, sondern wirklich ihr geistiges Haupt, das aller Vertrauen genoss.»[592]

Im gesellschaftlichen Bereich ist Usteri während dreissig Jahren Zunftmeister der Gerber und Schuhmacher. Auch bei der Schweizerischen Anstalt für Epileptische führt er ab 1907 den Vorsitz. Seine berufliche Karriere entfaltet sich lebenslang im Dienst der Bank Leu. Während

---

590 Vgl. M. Usteri, Die Usteri von Zürich, in: Zürcher TB auf d. Jahr 2003, 337–357. Der kinderlose Eduard Usteri-Pestalozzi verschreibt das Anwesen 1920 auf den Zeitpunkt seines Todes (1928) dem Bankverein, heute UBS.
591 Jahresbericht SEKV (1913/14), 7.
592 Jahresbericht SEKV (1929), 4–5.

Eduard Usteri, geistiges Haupt der Inneren Mission

Eduard Usteri-Pestalozzi (1851–1928) aus dem Usteri-Stammsitz «Neuenhof» am heutigen Paradeplatz. Fast 30 Jahre lang leitet der gewichtige Banker (VR-Präs. Bank Leu), Politiker, Zunftmeister und Oberst das Diakoniewerk Neumünster. Während 44 Jahren dient er der Geschäftsleitung der Evangelischen Gesellschaft, von 1893 bis 1928 als deren Präsident. Während beinah 30 Jahren leitet Eduard Usteri die Epileptische Klinik. Der stramme Usteri ist lange Zeit «die lebendige Tradition der Inneren Mission und ihr geistiges Haupt» (vgl. Jahresbericht SEKV (1929), 5). Als Nachkomme von Lavater und Antistes Gessner kennt er den unaufhörlichen Kampf gegen Bibel und Bekenntnis. In der «offenen» Ära der Belle Époque lässt er die Evangelische Gesellschaft ausdrücklich am Apostolischen Bekenntnis festhalten.

49 Jahren, bis zu seinem Tod, sitzt er im Verwaltungsrat der Zürcher Bank, davon zwanzig Jahre als deren Präsident.

Eduard Usteris Einsatz für die Evangelische Gesellschaft geschieht nicht nur aus Glauben, sondern auch als Verpflichtung gegenüber einer langen Familien-Tradition. Antistes Georg Gessner ist sein Urgrossvater. Sein Grossvater Stadtrat Martin Usteri-Gessner vom «Neuenhof» gehörte zu den Gründern der Evangelischen Gesellschaft. In den 1880er-Jahren sitzen im Zentralkomitee neben Eduard Usteri auch sein Onkel Pfarrer Hans Kaspar Usteri-Zwingli (genannt «Bibel-Usteri») sowie sein Schwiegervater, der Seidenindustrielle Heinrich Pestalozzi-Bodmer. Ein weiterer Onkel, Notar Franz Meyer-Usteri, ebenfalls Komitee-Mitglied, hat 1862 die Stadtmission gegründet. Diese verwandtschaftlichen Beziehungen sind kein Zufall. Bis über den Ersten Weltkrieg hinaus dominieren unter den Laien im Zentralkomitee der Gesellschaft «die Vertreter des konservativen altzürcherischen Bürgertums, etwa der Usteri, Pestalozzi, Rahn, von Schulthess-Rechberg, Spöndlin, Hirzel und Mousson. Die verwandtschaftlichen Beziehungen bilden zu einem grossen Teil das gesellschaftliche Netzwerk der Gesellschaft bis zur Zwischenkriegszeit»[593]. Man kennt sich. Reiche Kaufleute und Bankiers regeln die finanziellen Fragen und geizen nicht mit persönlichen Zuwendungen. Politiker oder Wissenschaftler lassen ihre Beziehungen spielen und erleichtern etwa die Gründung privater Schulen. Witwen und unverheiratete Erbinnen reicher Zürcher ermöglichen als Gönnerinnen die Realisierung und den Betrieb der grösseren Glaubenswerke, zu deren Verwirklichung die vielen kleinen Gaben allein nicht ausreichen.

---

593 Meyer/Schneider, Mission und Diakonie (2011), 59f.

13. Vier Zürcher Sektionen der Evangelisch-kirchlichen Vereinigung

13.1 Gründung der «Positiv-evangelische Vereinigung der Stadt Zürich» (1902)

1902 schliessen sich in der Stadt Zürich die «positiven Vereine» aus mehreren Stadtkreisen zur «Positiv-evangelischen Vereinigung der Stadt Zürich» zusammen. Die Vereinigung bezweckt «die Erhaltung und Stärkung evangelischen Lebens» durch «Betätigung bei öffentlichen Wahlen und Abstimmungen, die das kirchliche, religiöse und sittliche Leben in besonderer Weise betreffen sowie durch Besprechung von Fragen, die für die Durchdringung der Schule und des Volkes mit christlichem Geiste von Wichtigkeit sind».[594] Das Mitgliederverzeichnis vom 15. November 1902 nennt die einzelnen Gruppen:[595] Bezirksverein der Evangelischen Gesellschaft, Christlicher Verein, Bibelkränzchen Grossmünster, Bibelkränzchen Fraumünster-Peter, Bibelkränzchen Predigern, Positiv-evangelischer Kreisverein Zürich III, Positiv-evangelischer Kreisverein Zürich IV, Verein positiver Kirchgenossen Neumünster, Christlicher Verein junger Männer Augustinerhof, Christlicher Männerverein Neumünster, Christlicher Jünglingsverein Neumünster, Verein vom Blauen Kreuz. 670 Reformierte in zwölf Gruppierungen auf dem Platz Zürich schliessen sich hier zusammen zur «Erhaltung und Stärkung des evangelischen Lebens». Das ist beachtlich. 1945 gehören zur Vereinigung allerdings nur noch sieben Sektionen mit 133 Mitgliedern.[596] Die neue imposante Vereinigung von 1902 verliert innert 43 Jahren 80 % ihrer Mitglieder. Die 670 Mitglieder waren eine Frucht erwecklichen Aufbaus im 19. Jahrhundert. Der frappante Rückgang entspricht offenbar dem geistlichen Zustand der genannten Kreise und Vereinigungen im frühen 20. Jahrhundert. Leider fehlen von der Zeit vor und nach 1902 Protokolle zur Feststellung der Mitglieder-

---

594 Ordner Pos. Ev. Vereinig. Stadt Zch. (1928–1974) Jahresvers. u. Vorstandssitzungen, Statuten § 1.
595 Gemäss U. Wegmüller, 100 Jahre EKVZ – Zur Geschichte der Evangelisch-kirchlichen Bewegung in der Schweiz (2002), 2. Leider fehlen uns aus der Zeit vor und nach 1902 Protokolle. Aus dem Zusammenhang gesehen lag die Zahl um 1890 vermutlich eher noch höher.
596 Ordner, a.a.O., Protokoll 21.6.1945.

kurve. Ziemlich sicher steht auch die stattliche Zahl von 670 Mitgliedern im Jahr 1902 aber bereits im Kontext eines inneren Niedergangs. Im Jahresbericht 1905 meldet die Zürcher Sektion des Evangelischen Vereins (d.h. die Evangelische Gesellschaft) jedenfalls eine gewisse geistliche Depression, denn man habe zwar 750 Mitglieder, «doch es fehlt an Soldaten»[597]. Vielleicht hat man ja gerade deshalb zur «Steigerung der Effizienz» den eindrücklichen Zusammenschluss herbeigeführt. Die «Positivevangelische Vereinigung der Stadt Zürich» von 1902 ist eine Urzelle der heutigen EKVZ.

13.2 Bekenntnismüdigkeit setzt zu

Seit der illustren Belle Époque entspricht ein klares christliches Bekenntnis nicht mehr dem Geist der Zeit. Man fühlt sich erhaben über die Generation der Väter, die noch heftig miteinander stritten.[598] Doch der Rückgang des Sinnes für kirchliche Richtungen korreliert mit einem Verlust des eigenen Profils. Es ist allemal bequemer zu behaupten, dass ja alle in ihrer je eigenen Sprache eigentlich dasselbe meinen und dass es nicht mehr opportun sei, sich für ein profiliertes Bekenntnis und eine Glaubensrichtung ein- und auszusetzen. Dies umso mehr, als scheinbar gar niemand mehr danach fragt. Demgemäss fehlt im trockenen Gründungsparagrafen der Zürcher Vereinigung von 1902 das Apostolische Bekenntnis. Man ist einfach «positiv». Die wirtschaftlich flotten drei Jahrzehnte zwischen 1884 bis 1914 mit der Öffnung des Weltverkehrs und der starken Zunahme der Mobilität lassen es die Menschen relativ gut gehen und begünstigen ein Klima der Offenheit, aber auch Gleichgültigkeit.

Dies alles ist schon der Bibel bekannt und wird in der Heiligen Schrift immer wieder thematisiert. Lauheit und Gleichgültigkeit – besonders, wenn die Menschen sich einbilden, es gehe ihnen gut – sind schon im Alten Testament auf weite Strecken der «Normalzustand» des Volkes Gottes. Bereits zur Richterzeit tut Gottes Volk, «was dem Herrn missfällt» und wird folgerichtig von den Midianitern bedrängt, weil Gottes Gegenwart und Kraft Israel verlassen hat. Nach geraumer Zeit erbarmt sich Gott aber seinem Volk und bestellt Gideon zum Retter. Mit einem Rest von dreihundert Mann erlöst er Israel aus der Hand der Midianiter (Ri 7). Kaum aber

---

597 Jahresbericht SEKV (1905), 9.
598 «Unsere Zeit hat grössere Aufgaben als den Parteistreit», schreibt der neue Vereinspräsident Arnold Zimmermann 1921. Vgl. A. Zimmermann, 50 Jahre Arbeit im Dienst des Evangeliums für das reformierte Schweizervolk (1921), 31.

ist Gideon gestorben und das Gottesvolk befreit, «hurten die Israeliten wieder hinter den Baalen her und machten sich den Baal-Berit zum Gott» (Ri 8,33). So geht es immer weiter. Bei der Berufung aller Propheten befindet sich das Gottesvolk – wie meistens – in einem jämmerlichen Zustand. Jeremia sagt: «Denn als dumm haben sich die Hirten erwiesen, und den HERRN haben sie nicht gesucht; darum hatten sie keinen Erfolg, und ihre ganze Herde hat sich zerstreut» (Jer 10,21). Die Zeiten des Aufbaus und der Erweckung – etwa unter den Königen David, Josaphat, Hiskia oder Josia – sind selten, kurz und zerbrechlich. Es ist allein die Treue Gottes, die Israels Geschick und Geschichte zum Ziel führt, wie er es Abraham verheissen hat.

Diese biblische Regel liegt auch über dem Aufbau und Niedergang des Glaubens und der Werke der Inneren Mission im Kanton Zürich. Die Konsolidierung der Evangelischen Gesellschaft ab den 1890er-Jahren hängt zweifellos zusammen mit der Neige vom jahrzehntelangen missionarischen Aufbau zu Stagnation und Stillstand. Schon der Verzicht des SEKV auf das Apostolische Bekenntnis auf dem Höhepunkt der Belle Époque (1913) lässt erkennen, dass bekennender Glaube zumindest in den Rängen der Theologen am Vorabend des Ersten Weltkriegs nicht mehr gefragt ist. Der Jahresbericht des SEKV von 1913/14 zeigt deutlich, wie der evangelische Kampfgeist erschlafft.[599] Seit der Jahrhundertwende unternimmt man den für die Zeit typischen Versuch, «das Unvereinbare zusammenzufügen» (Christoph Joh. Riggenbach).[600] Die schönen Zahlen der 40-jährigen Aufbruchszeit erscheinen zwar noch weiter in der Berichterstattung, doch diese Zahlen sind nun wacklig.

13.3 Der Wächterdienst gehört zum Auftrag

Nach dem Ersten Weltkrieg erwacht die neue «Wort-Gottes-Theologie» einer jungen Generation von Pfarrern. Diese Theologen haben inhaltlich Berührungspunkte mit den Evangelisch-Kirchlichen, indem sie die grundlegende Bedeutung von Gottes Offenbarungswort in Jesus Christus wieder markant betonen. Und man braucht einander auch, besonders in der schweren Zeit der 1930/40er-Jahre. Aber diese Theologie, so sehr sie das Wort Gottes und die Reformation ganz neu aufs Tapet bringt, ist doch eher orthodox als evangelisch-missionarisch und insgesamt dann auch

---
599 Jahresbericht SEKV (1913/14), 7.
600 Zitiert im Jahresbericht SEKV (1938/39), 4.

nicht sehr gemeindebildend. Der Evangelisch-kirchlichen Vereinigung ist von ihrem ganzen Wesen und Auftrag her eine Wächterfunktion aufgetragen. Diese Funktion können jedoch nur wache Christinnen und Christen übernehmen, die sich selbstlos für das Leben der Gemeinden engagieren.

13.4 Die Positiv-evangelische Vereinigung der Stadt Zürich (1902–1974)

Die folgenden Persönlichkeiten führen als Präsidenten die «Positiv-Evangelische Vereinigung der Stadt Zürich» mit Beharrlichkeit durch die Jahrzehnte im «Engeren Vorstand»[601]:

1902–1908: Gottlieb Wilhelm Jaenicke-Labhart (1851–1922), Kaufmann, Oberst
1908–1916: Dr. Christian Beyel-Schalch (1854–1941), Mathematiker
1917–1924: Rudolf Grob-Cechova (1890–1982), Direktor, Anstalt für Epileptische
1924–1937: John Bauer-Huber (1871–1948), Sekundarlehrer
1937–1943: Prof. Theophil Bernet (1868–1946), Rektor der kant. Handelsschule
1943–1946: Paul Vollenweider-Wehrli (1891–1954), Primarlehrer
1946–1960: Pfr. Dr. Alfred Knittel (1894–1971), Pfarrer in Zürich-Fluntern
1960–1974: Pfr. Ewald Walter (geb. 1918), Dekan in Zürich-Enge

Diese acht Männer stehen mit ihrem Einsatz für Menschen in den Gemeinden der Stadt, die für das biblische Evangelium eintreten. 1908 beginnt die Positiv-evangelische Vereinigung der Stadt Zürich mit der Organisation von Ostergottesdiensten auf dem Friedhof Sihlfeld. Später kommen die Friedhöfe Enzenbühl (1911), Nordheim (1914) und Manegg (1924) dazu. Diese Gottesdienste im Freien erreichen lange Zeit eine grosse Zahl von Angehörigen, die sonst den Weg in eine Kirche nicht mehr finden. Am Ostertag, abends um fünf, wird auf den genannten Friedhöfen das Wort des Lebens verkündet. 1988 überlässt die EKVZ den Brauch den zuständigen Gemeinden, da sie keinerlei Einfluss habe auf die theologische Haltung der betreffenden Pfarrer und die Feiern nur noch schwach besucht werden.[602]

---

601 Ordner Mitgliederlisten ab 1902.
602 Vgl. U. Wegmüller, a.a.O., 2; Protokoll Mitgliederversammlung EKVZ, 1988.

13.5 Die Positiv-evangelische Vereinigung des Kantons Zürich (1914–1974)

Am 16. Februar 1914 gründet der Synodalverein (die positive Fraktion in der Kirchensynode) im Augustinerhof die «Positiv-evangelische Vereinigung des Kantons Zürich». Die Statuten halten fest:

> Die Positiv-evangelische Vereinigung des Kantons Zürich bezweckt die Interessen der zürcherischen Landeskirche im allgemeinen und der positiv-evangelischen Richtung im Besonderen im öffentlichen Leben zu vertreten, namentlich durch die Vorbereitung der Wahlen und Abstimmungen, die für das kirchliche Leben bedeutungsvoll sind, durch Beratung über religiöse Angelegenheiten, durch Benützung der Presse und durch Vorträge und Versammlungen.[603]

Bei diesem Gefäss handelt es sich somit v. a. um die Vertretung kirchenpolitischer Interessen der positiven Richtung. Die «Positiv-evangelische Vereinigung des Kantons Zürich» gründet sich auf Vertrauenskomitees von je mindestens drei Mitgliedern. Eines dieser Komitees ist der Vorstand der «Positiv-evangelischen Vereinigung der Stadt Zürich». Die Vereinigung befasst sich vornehmlich mit den Wahlvorbereitungen der Synode und der Bezirkskirchenpflegen. Das Verdienst der kirchlichen Richtungen erkennt man darin, dass durch sie die kirchlichen Wahlen nicht mehr durch die politischen Parteien vollzogen werden. Besondere Beachtung finden bei den Evangelisch-Kirchlichen die Schulgesetzgebung sowie der Religionsunterricht an den Schulen. Als verbindendes Organ dient zunächst die Publikation der «Kirchenfreund», ab 1952 dann die «Reformatio».

1938 regen die Berner Freunde an, weitere Vereinigungen in den schweizerischen Verband aufzunehmen. Aus Zürich gehört der Synodalverein schon seit 1921 dazu. 1938 begeben sich die folgenden neuen Sektionen unter das Dach des SEKV:

– die Vereinigung positiver Kirchgenossen in Chur
– die Positiv-evangelische Vereinigung des Kantons Zürich
– die Positiv-evangelische Vereinigung der Stadt Zürich
– der «Verein christlicher Gemeinschaft» in Basel
– die Evangelische Gesellschaft der Kantone St. Gallen und Appenzell

---

603 Vgl. U. Wegmüller, a. a. O., 2.

Damit ist Zürich ab 1938 im schweizerischen Verein (SEKV) mit vier Sektionen vertreten, die unter sich alle zusammenstehen:[604]

1. Die Evangelische Gesellschaft als Zürcher Kantonalsektion seit 1874 (Präsident Dr. Wilhelm Spöndlin)
2. Der Synodalverein[605] (F. Kuhn, Oberst)
3. Die Positiv-evangelische Vereinigung des Kantons Zürich (Pfr. A. Zimmermann, Kirchenrat)
4. Die Positiv-evangelische Vereinigung der Stadt Zürich (Prof. Th. Bernet)

13.6 Fusion der Positiv-Evangelischen von Stadt und Kanton zur EKVZ (1974)

1974 fusionieren die beiden vorgenannten Positiv-evangelischen Vereinigungen zur «Evangelisch-kirchlichen Vereinigung von Stadt und Kanton Zürich, EKVZ». Die kantonale Vereinigung war von 1947–1966 Eigentümerin des Professorenhauses am Pilgerweg 8 auf dem Zürichberg für die Professoren Gottlob Schrenk und Eduard Schweizer. Ihr gehören als Kollektivmitglieder an: CVJM, Evangelische Gesellschaft, Ev. Schulverein der Schweiz, Schweizerischer Verband evangelischer Arbeitnehmer, Synodalverein. Die neue EKVZ hat folgende Präsidien:

1974–1982:	Dekan Ewald Walter (*1918), ab 1980 auch Präsident der Evangelische Gesellschaft
1982–1987:	Pfr. Karl Walder (*1924), ad interim
1987–1993:	Pfr. Hans-Peter Christen, Zürich-Im Gut
1993–1994:	Pfr. Martin Bihr, Bäretswil
1994–1998:	Pfr. Hans-Peter Christen (1929–2000)
1998–2004:	VDM Gaby Stampfli
2004–2008:	vakant
2009–2016:	Dr. jur. Karl Stengel, Synodaler, Meilen
2016–	Pfr. Christian Meier, Gossau

---

604 Erstmals sind alle aufgeführt im Jahresbericht des SEVK (1938/39), 11–13.
605 Der Synodalverein ist bereits 1923 dem schweizerischen Verein angegliedert. Er stellt in diesen Jahren gut die Hälfte aller Synodalen, 1927 zum Beispiel 97 von 189 Synodalmitgliedern (51 %). Vgl. Der Kirchenfreund 21/1923, 321 sowie 23/1927, 355.

14. Vom Ersten Weltkrieg bis zum Aufstieg der totalitären Säkularideologien

14.1 Lichte Zeit der 1920er-Jahre

Ab 1915 versendet die «Positiv-evangelische Vereinigung der Stadt Zürich» im Einvernehmen mit dem SEKV via Feldpost alle zwei Wochen ein Soldatenblatt unter dem Namen «Wehr und Waffen» in einer Auflage von 31 000 Exemplaren an die Soldaten im Dienst. Als Redaktor zeichnet Pfarrer Max Thomann in Embrach. Ebenso verkauft die Evangelische Gesellschaft über ihre Buchhandlung ein 64-seitiges Soldaten-Liederheft zum Selbstkostenpreis von 10 Rappen. In den Kirchen von Bülach, Oberembrach und Oberglatt veranstaltet sie mit befreundeten Pfarrern gut besuchte Evangelisationswochen. In den Vereinshäusern von Stäfa und Wetzikon evangelisieren Fritz Binde und Jakob Vetter. Ab dem 1. August 1914 werden die Herbergen in Zürich alkoholfrei geführt. Der Dienst der Evangelischen Gesellschaft an Armen, Kranken und Heimatlosen wird nun in der Bevölkerung vermehrt gewürdigt. Die Bettags-Kollekte des Jahres 1915 ergibt den schönen Betrag von 31 000 Franken für das «Diakonissenwerk». Die EKVZ sieht ihre Aufgabe nach wie vor in der «Sammlung und Stärkung der gläubigen Glieder unserer Landeskirche und der freien Mitarbeit an der Durchdringung unseres Volkes mit den Lebenskräften des Evangeliums durch Wort und Schrift wie durch Werke der christlichen Liebe»[606].

1921 wird in der Kirche Neumünster ausgiebig das Jubiläum des fünfzigjährigen Bestehens des «Schweizerischen Evangelisch-kirchlichen Vereins SEKV» gefeiert. Die Evangelische Gesellschaft baut nun mehr und mehr die «Volksmission» aus. Hin und her werden in Kirchen mit Fritz Binde Evangelisationswochen durchgeführt. In der Stadt Zürich entstehen ab 1922 die Strassen- und Mitternachtsmission mit Sprechstunden am Sonntag und Mittwoch nachts von 23.00 Uhr bis 01.00 Uhr sowie am Dienstag- und Freitagmorgen um 10.00–13.00 Uhr. Missionar Ignaz Heyn (1880–1936), ein ehemaliger Heilsarmeeoffizier, predigt ab 1922 mit polizeilicher Erlaubnis beim Bellevue und anderen Plätzen das Evan-

---

606 Jahresbericht des SEKV (1916/17), 6.

Kirche Zürich-Neumünster, erbaut 1839

Zum Züriputsch vom 6. September 1839, zwischen acht und neun, lässt auch Antistes Füssli die Glocken seiner frisch gebauten Neumünsterkirche Sturm läuten. Ein Signal für die Seegemeinden! Zehn Jahre später wird ihn dieses Sturmgeläut sein Amt kosten.

Zürich-Neumünster ist – fast wie das Fraumünster – bis ins 20. Jahrhundert ein Ort für sogenannt Bekennende und «Positive». In der Gemeinde wirken u.a.:
- Pfr. Johann Jakob Füssli (1828–1860)
- Pfr. Adolf Ritter (1878–1898)
- Pfr. Hans. Bachofner, Sohn von Heinrich Bachofner (1907–1939)
- Pfr. Arnold Zimmermann (1913–1940)
- Pfr. Konrad von Orelli (1923–1949)
- Pfr. Albert Lindenmeyer (1939–1969)

gelium. Dabei wird er unterstützt durch einen Chor, ein Bläserquartett oder ein Grammofon samt Verstärker. Zuletzt werden den jeweils 200–300 Versammelten evangelistische Schriften verteilt. Die Mitternachtsmission, ebenfalls ein Kind von Heyn, richtet unweit des Hauptbahnhofs ein offenes Sprechzimmer ein. Dazu patrouillieren Missionare des Nachts zu zweit und verteilen christliche Schriften in Gaststätten und an Strassen. Am Sonntagmorgen wird Obdachlosen eine Mahlzeit gereicht. 1927 sind sechs Missionare, drei Missionarinnen und viele Freiwillige unterwegs, in dieser sogenannten Randgruppenarbeit.[607] Die Stadtmissionare in Zürich und Winterthur hinterlassen mit ihren 13 000–15 000 jährlichen Besuchen Segensspuren, die in «Gross-Zürich» wahrgenommen werden. Durch Heyns Tod (1936) und die Finanzkrise der Evangelischen Gesellschaft leidet die Strassenmission ungemein. Mit ihren Strassengottesdiensten, Gesprächen und Flugblättern erreichen die Missionare Menschen, «die in keine Kirche zu bringen wären»[608]. Heyns Pioniermethoden erleben in den 50er-Jahren zum Teil ein Comeback.

Im Zug der 1920er-Jahre findet die Evangelische Gesellschaft «bei christlichen Kreisen der Bevölkerung immer mehr Anklang». Die Sonntagsschule, im 19. Jahrhundert als pietistisch beargwöhnt, gehört nun zum selbstverständlichen Leben der Kirchgemeinden. In der Kirche lernen die verschiedenen Richtungen, etwas achtungsvoller miteinander umzugehen.[609] Mitglieder der Evangelischen Gesellschaft lassen sich in Kirchenpflegen wählen. Wilhelm Spöndlin zum Beispiel ist 1925–1942 Kirchenpräsident in Oberstrass und 1936–1953 Präsident der Evangelischen Gesellschaft. Bezüglich Theologie kommt es zumindest äusserlich zu einer Art Modus Vivendi. Die Reform wird «milder, christozentrischer», und die Positiven anerkennen «die Freiheit der Forschung».[610] 1924 wird Pfarrer Arnold Zimmermann (Neumünster) Mitglied des Kirchenrats, 1939–1947 amtiert er als dessen Präsident.

---

607 Meyer/Schneider, Mission und Diakonie (2011), 80.
608 Jahresbericht SEKV (1925), 4.
609 T. Goldschmid, Aus dem Leben der Zürcher Landeskirche (1925), 56f.
610 Zum Beispiel Wilhelm Hadorn, in: Der Kirchenfreund (1/1923), 9. Im Kirchenfreund 4&5/1926 liefert Hadorn eine kritische Analyse zur formgeschichtlichen Betrachtung der Evangelien. Das Resultat ist freilich nur die konservative Feststellung, die Ergebnisse der Formgeschichte seien «dürftig», stimmig aber sei die Erkenntnis, dass die synoptischen Evangelien «vom Ostererlebnis, oder sagen wir besser von der Ostergeschichte, beherrscht» sind. Die «angeblich ältere Überlieferung [Redaktionskritik] hingegen bleibt eine imaginäre Grösse». Der ganze Ertrag der Formgeschichte werde überschätzt. Eine tiefere und grundsätzliche Hinterfragung, ob die historisch-kritische Methodenvielfalt überhaupt bibeladäquat sei, findet nicht statt.

Auch an der Theologischen Fakultät gibt es erste Zeichen des Ausgleichs. Schon 1889 hat Gustav von Schulthess-Rechberg, ein Vertreter der Evangelischen Gesellschaft, den Lehrstuhl für systematische Theologie übernommen. 1917 folgt ihm bis 1922 Konrad von Orelli. Trotz allem weht noch immer ein Wind der Reform. Emil Brunner schreibt 1915 seinem Freund Eduard Thurneysen, an der Theologischen Fakultät in Zürich herrsche «kein lieblicher Geist».[611] Als der dominierende, streng historisch-kritische Neutestamentler Prof. Schmiedel 1923 emeritiert wird, sammeln positive Pfarrer landauf, landab Unterschriften zugunsten eines «gläubigen» Professors für das Neue Testament. In einer Eingabe an die Erziehungsdirektion und den Kirchenrat beklagen sie die «Unbilligkeit», dass die zürcherische Theologische Fakultät seit ihrem Bestehen mehrheitlich, «zeitweise sogar ausschliesslich, freisinnig besetzt gewesen» sei. Alle, «die sich innerlich von der liberalen Theologie getrennt» wüssten, hätten «unter diesem Zustand gelitten» und nicht wenige Väter hätten sich gezwungen gesehen, «mit grossen Opfern ihre Söhne ihr ganzes Studium auswärts absolvieren zu lassen, während sie mit ihren Steuern die hiesige Fakultät unterstützten».[612] Desgleichen unterzeichnen achtzig Synodale – nahezu die Hälfte – eine Petition an den Regierungsrat für eine Kurskorrektur bei der Besetzung von Professorenstellen. Doch der abtretende Schmiedel wehrt sich vehement gegen den in Vorschlag gebrachten Nachfolger Gottlob Schrenk und bezichtigt diesen des Fundamentalismus. Schrenk indes beteuert, «dass er die historisch-kritische Arbeit ‹freudig› [das Wort ist unterstrichen] bejahe»[613]. Auch der Kirchenrat unterstützt eine positive Kandidatur. So kommt es, dass der Regierungsrat am 4. Juni 1923 Gottlob Schrenk (1879–1865), den Sohn des bekannten Evangelisten Elias Schrenk, als ordentlichen Professor für das Neue Testament an die Zürcher Universität beruft. «Damit ist ein seit Jahren von den Positiven ausgesprochener Wunsch, eine der beiden neutestamentlichen

---

611 E. Brunner an Thurneysen, Brief vom 13.12.1915, in: Univ. Bibliothek Basel, Nachlass Ed. Thurneysen, Sig. NL 290.
612 Zit. Nach: F. Jehle, Emil Brunner. Theologe im 20. Jahrhundert (2006), 182, ohne Beleg.
613 Zit. Nach F. Jehle, a.a.O., 182. Gottlob Schrenk ist seit 1912 Dozent für Neues Testament an der Kirchlichen Hochschule in Bethel. Hätte er dort vor seiner Anstellung sich ebenso «freudig» zur «historisch-kritischen Arbeit» bekannt, wäre er gar nicht angestellt worden. In Bethel arbeitete man damals nämlich nicht historisch-kritisch. Das sieht Schmiedel richtig, nur der inadäquate Vorwurf des Fundamentalismus trifft nicht zu. Vgl. auch K. Schmid, Die Theologische Fakultät der Universität Zürich. Ihre Geschichte von 1833–2015 (2015), 118.

Professuren im positiven Sinne besetzt zu sehen, erfüllt worden.»[614] Der Schlatter-Schüler hat von 1912–1923 Neues Testament an der Hochschule in Bethel bei Bielefeld doziert.

Der Ertrag für die Sache der Bibeltreuen hält sich allerdings in Grenzen. Prof. von Schulthess-Rechberg ist vor allem kirchengeschichtlich und kirchenpolitisch aktiv, seine Publikationsprofil ist schmal, der Systematischen Theologie vermag er keine neuen, die Studenten elektrisierenden Impulse zu verleihen. Auch Gottlob Schrenks Einfluss in Lehre und Forschung bleibt überschaubar.

Im Februar 1924 wird – nicht ohne liberalen Widerstand – der sich als «reformatorisch» outende Emil Brunner als Professor für Systematische Theologie an die Theologische Fakultät berufen.[615] Auch die «Positiv-evangelische Vereinigung des Kantons Zürich» stellt sich mit Brief vom 8. Dezember 1923 zuhanden der Fakultät überraschend hinter Brunner. Brunner gilt zwar offiziell nicht als «positiv», doch eine Kommission der Vereinigung gelangt zum Schluss, ihn «für einen positiven Theologen zu halten»[616]. Mit Freude stellt die Evangelische Gesellschaft fest, dass nun wieder eine neue Generation von Pfarrern mit positiver Haltung zur Bibel wie zur Gottessohnschaft Jesu die Pfarrämter übernehme.[617] Die neuen «positiven» Pfarrer sind nun vorwiegend Schüler von Barth und Brunner. Damit wird die nachrückende Pfarrergeneration im Sinne der Dialektischen Theologie zwar systematisch gut und zünftig gegründet, doch fehlt ihr – trotz Brunners Herkunft aus dem Pietismus – besonders in der Nachkriegszeit vermehrt eine biblisch-erweckliche Prägung und die uneingeschränkte Treue zur Bibel. Für Glaubenswerke wie die Evangelische Gesellschaft oder die Evangelisch-kirchliche Vereinigung, die beide aus biblisch-pietistischer Tradition hervorgegangen sind, muss sich dieser Zustand spätestens dann bemerkbar machen, wenn die Historisch-kritische Theologie ihr Haupt von Neuem erhebt.

---

614 Der Kirchenfreund, (12/1923), 181. Literatur von G. Schrenk: Gottesreich und Bund im älteren Protestantismus, vornehmlich bei J. Coccejus (1923, ND 1967 1985); Christusglaube (1925); Grundmotive des Glaubens (1928); Die Weissagung über Israel im Neuen Testament (1951, ND 1984); Der heutige Geisteskampf in der Frage um die Heilige Schrift (1952); Studien zu Paulus (1954).
615 Die Professoren Schmiedel und Köhler stimmen gegen Brunners Wahl wegen dessen «völliger Verkennung des Wesens der modernen Geschichtsforschung», vgl. K. Schmid, Die Theologische Fakultät der Universität Zürich: Ihre Geschichte von 1833 bis 2015 (2015), 54; F. Jehle, Emil Brunner. Theologe des 20. Jahrhunderts (2006), 184.
616 StAZ, TT 20.3. (1923), 727.
617 Jahrbuch Ev. Ges. (1927/28), 8 ff.

Am 25. Juni 1925 feiert man «mit weiten Kreisen der Stadt den hundertsten Geburtstag des verehrten Dekans Georg Rudolf Zimmermann», der von 1856 bis 1900 Mitglied des Vorstands und 17 Jahre Präsident der Evangelischen Gesellschaft gewesen ist. Im selben Jahr spricht der Rechtsanwalt und Schriftsteller Dr. Hans Berg aus Mecklenburg» (Mitbegründer von «Brot für die Welt») zu Arbeiterkreisen im Volkshaus, anschliessend in der St. Jakobskirche, aber auch in Landkirchen wie Bäretswil.

14.2 Adolf Mousson: Ein Zürcher Prophet in dunkler Zeit

Unter den Evangelisch-Kirchlichen gibt es um 1930 Persönlichkeiten mit besonderem Profil, die das Weltgeschehen in biblischem Horizont zu deuten verstehen. Ein solcher Mann ist der Zürcher Adolf Mousson, ein Bruder von Regierungsrat Heinrich Mousson, 1911–1930 Pfarrer an der St. Anna-Kapelle und bis 1934 Sekretär der Evangelischen Gesellschaft sowie Mitglied im Zentralkomitee des SEKV[618]. In Anbetracht des atheistischen Sozialismus in Russland und dessen Propaganda gegen die Bibel[619] erinnert Mousson die Evangelisch-Kirchlichen im ganzen Land an die «Schicksalsfrage der Christenheit: ihre Stellung zur Bibel, ihre geistige Verankerung in der Heiligen Schrift, ihre lebendige Verwurzelung im ewigen Wort Gottes. Sie kann die kommenden äusseren Stürme und inneren Umwälzungen nur dann bestehen, wenn sie mit unerschütterlichem Glauben auf dem Grund bleibt und steht, der nun einmal gelegt ist: Jesus Christus und sein Wort.» Wahrlich ein prophetisches Wort am Vorabend der dunklen 1930er-Jahre und all der Revolutionen, die im Lauf des 20. Jahrhunderts noch über den Kontinent rollen werden! «Und darum gerade», fährt Mousson fort, «ist der schweizerische Evangelisch-kirch-

---

618 *Adolf Mousson* (1869–1934) von Zürich ist ein Enkel von Regierungsrat und Stadtpräsident Heinrich Mousson (1803–1869); auch sein Bruder Heinrich ist von 1912–1929 Zürcher Regierungsrat. Adolf Mousson ist von 1911–1930 Pfarrer zu St. Anna, Mitglied der Evangelische Gesellschaft, Präsident des Missionskomitees, ab 1930 Sekretär der Evangelische Gesellschaft und Verfasser mehrerer Jahresberichte des SEKV. Besonders sein letzter Leitartikel im Jahresbericht 1933/34 zeigt seinen ungewöhnlich weiten Horizont und seine wache Wahrnehmung der aufsteigenden totalitären Ideologien und die sich abzeichnenden Konsequenzen für die bekennende Gemeinde.

619 In Russland werden damals gemäss Mousson im kommunistischen Kulturkampf atheistische Bibelstunden propagiert, um die Bibel «wissenschaftlich» zu widerlegen und den Menschen das Vertrauen in die Bibel zu nehmen. Unter Stalin wird in Russland auch als antichristliche Massnahme von 1929–1940 der Sonntag abgeschafft zwecks Optimierung der Wirtschaft. Vgl. Jahresbericht EKVS (1929), 1.

liche Verein trotz seinem Alter immer noch auf dem richtigen Weg, [...] wenn er sich auf allerlei Weise bemüht, Gottes Wort, das teure Erbe der Reformation, unter unser protestantisches Volk, in unsere evangelischen Landeskirchen, in die einzelnen Kirchgemeinden hinauszutragen.» Damit verrät Adolf Mousson sein Verständnis für das, «was die Stunde erfordert und was wirklich nottut: Nicht Bibelkritik auf und unter der Kanzel, sondern ein Stärken und Festmachen des Vertrauens zu dem Wort, das bleibt, wenn wir und unsere Menschenworte längst nicht mehr da sind; das Recht behält und zu Recht besteht, wenn aller moderne Wahnwitz zuschanden geworden ist.»[620] Dieses Wort könnte auch 1945, 1968 oder 2020 geschrieben sein. Adolf Mousson streut es 1929 unter die Sektionen und Gemeinden. Es ist das prophetische Wort eines Hirten, der seine Kirche liebt.

Mitte der 1930er-Jahre spricht der SEKV von einer «Wandlung, die sich in unseren Kantonalkirchen vollzogen hat. Wir wollen nicht sagen, dass die Richtungen verschwunden seien und die ganze reformierte Schweizerkirche ‹positiv› geworden sei. Das wäre nicht richtig. Aber es ist ein grösseres Verlangen nach der Verkündigung des biblischen Evangeliums da als früher, und es macht sich auch geltend, dass die jungen Pfarrer heute ganz anders auf ihren künftigen Beruf vorbereitet werden als vordem; es geht auch im theologischen Studium an der Universität viel mehr aufs Zentrum.»[621] Diese Beobachtung hängt zweifellos mit der neuen Wort-Gottes-Theologie von Karl Barth und Emil Brunner, aber auch mit dem Aufstieg aggressiver Säkularmächte unter dem sich spürbar eintrübenden Himmel Europas zusammen. 1933/34 spricht der inzwischen pensionierte Adolf Mousson im Leitartikel des SEKV-Jahresberichts erneut «Erschütterungen» an, die zum «unerschrockenen Bekenntnis» aufrufen.

> Wird doch jetzt uraltes, versunkenes Heidentum hervorgeholt und gegen das Christentum ausgespielt als das Artgemässe, des Menschen allein würdig. Führende Männer im Staat werden zu Halbgöttern erhoben, denen der Bürger Leib und Seele, seine eigene freie Überzeugung, sein freies Manneswort, sein Gewissen und sein Seelenheil und die Zukunft seiner Kinder auszuliefern und aufzuopfern hat.[622]

Damit wird auf die braune NS-Ideologie und – anders als bei Karl Barth – gleichermassen auch auf die rote Säkularmacht gezielt. «So tut ein frecher

---

620 A. Mousson, in: Jahresbericht EKVS (1929), Leitartikel, 1f.
621 Jahresbericht SEKV (1935/36), 2.
622 Jahresbericht SEKB (1933/34) Leitartikel.

Kulturbolschewismus, der unter allerlei Namen die sogenannten christlichen Völker unheimlich verseucht, dem Geist der Gottlosigkeit Heroldsdienst auch im alten Europa.» Auf die Kirchen kommt «ein neues (!) grosses Ringenmüssen um Sein oder Nichtsein» zu, «ein gewaltiger, furchtbarer Kampf mit dem Geist dieser Welt um die alleinige Ehre Gottes, eine Zeit ganzer, grosser Entscheidung für oder gegen Christus, ein völliges restloses Bekennen oder ein völliges restloses Verleugnen des Namens, in dem allein das Heil ist nach dem einstimmigen Zeugnis der Schrift.»[623] Nicht nur Karl Barth in der Barmer Theologischen Erklärung, auch Adolf Mousson in Zürich sieht – abseits des Rampenlichts – im SEKV-Jahresbericht 1933/34 in voller Klarheit die totalitären Säkularmächte über Europa aufsteigen. Damit stellt er als Mitglied der Führungsriege der Evangelische Gesellschaft und des SEKV die Evangelisch-Kirchlichen aller Sektionen der Schweiz schon früh dicht an die Seite des Barmer Bekenntnisses.[624] Mehr noch: Deutlicher als Karl Barth erkennt Adolf Mousson die Gefahr des Totalitarismus zur Rechten wie zur Linken. Und vor allem: Diese bedrohlichen Geistesmächte entsteigen nicht aus dem Nichts; sie sind eine Fortsetzung des Kampfes, der schon um die Mitte des 19. Jahrhunderts tobte. Demgemäss erkennt und benennt Mousson auch das Versagen von Theologie und Kirche im 19. Jahrhundert als den innersten Grund für die unheimliche Ausbreitung der säkularen Tyranneien im 20. Jahrhundert.

Denn die faszinierende Kraft dieser heidnischen Ideologien verstehen wir erst, wenn uns klar wird, dass sie ein tiefes Vakuum füllen, das der Prozess der Säkularisierung im 19. Jahrhundert in den europäischen Seelen geschaffen hat. Bibelkritik, Säkularisierung und Entchristlichung im 18. und 19. Jahrhundert sind die negative Voraussetzung für das Einströmen der neuen Geister im 19. und noch viel mehr im 20. Jahrhundert. Beide, der marxistische Sozialismus mit seinem Plädoyer für ein Paradies auf Erden, aber auch der starkes und gesundes Leben verheissende Nationalsozialismus, haben eine unübersehbar religiöse Komponente. Beide füllen das Vakuum, das der Abfall vom Christentum hinter-

---

623 Jahresbericht SEKV (1933/34), Leitartikel, 2; Vgl. auch die Barmer Theologische Erklärung: «Jesus Christus, wie er uns in der Heiligen Schrift bezeugt wird, ist das eine Wort Gottes, das wir zu hören, dem wir im Leben und im Sterben zu vertrauen und zu gehorchen haben. Wir verwerfen die falsche Lehre, als müsse die Kirche als Quelle ihrer Verkündigung ausser und neben diesem einen Wort Gottes auch noch andere Ereignisse und Mächte, Gestalten und Wahrheiten als Gottes Offenbarung anerkennen», in: H. Steubing, Bekenntnisse der Kirche (1985), 300.

624 Das Barmer Bekenntnis wird am 31.5.1934 verabschiedet, Moussons Jahresbericht umfasst die Zeit vom 1.7.1933 bis 30.6.1934.

lassen hat; deshalb werden beide säkulare Heilslehren auch so vehement verinnerlicht.[625]

Adolf Moussons Leitartikel in diesem unscheinbaren Jahresbericht ist ein leuchtendes Zeitdokument mit klarem Durchblick im Kontext dunkler säkular-revolutionärer Horizonte! Es ist ein Hinweis dafür, dass sich Zürichs Pietismus im Zentrum von St. Anna nicht in frommer Seelenpflege erschöpft. Demgemäss führt Mousson weiter aus, der SEKV sei 1871 gegründet worden, um:

> Laien wie Geistliche in den kantonalen Landeskirchen um das Bekenntnis zu Christus, dem für uns Gekreuzigten und Auferstandenen, zu sammeln. So könnten wir uns als Verein ja rühmen, wieder ganz modern zu sein mit unserem Ziel. Aber der Ernst der Zeit ist doch so furchtbar gross, dass ihm gegenüber jedes Rühmen erstirbt und alles Prahlerische «Seht, wie wir Recht behalten haben!» nicht aufkommen kann. Vielmehr werden wir uns ehrlich fragen müssen, wie es denn um unser Bekenntnis steht, ob wir denn tatsächlich treu darin waren oder ob es mehr nur eine ererbte Dekoration gewesen ist, die wir zur Schau tragen.[626]

---

625 Diese Zusammenhänge, die nicht überall gerne gehört werden, bespricht besonders der Erlanger Systematiker Walter Künneth in seinem Werk «Der grosse Abfall» (1947, 2. Aufl. 1948). Ganz ähnlich äussert sich auch Emil Brunner in seiner Predigt vom 10. Mai 1945 im Fraumünster und schon in einem Brief an Thurneysen am 15. September 1939. Auch Brunner sieht beide Totalitarismen des 20. Jh. verankert in der Abschaffung Gottes in der Aufklärung sowie «als Reaktion auf den liberalen kapitalistischen Säkularismus». Vgl. F. Jehle, Emil Brunner (2006), 453–457.
626 Jahresbericht SEKV (1933/34), Leitartikel, 2.

15. Die Evangelische Gesellschaft in der Zwischenkriegszeit

15.1 Das Diakoniewerk Neumünster – Erfolg als Belastung

Bereits 1929 fällt die Evangelische Gesellschaft den definitiven Entscheid, die Kranken- und Diakonissen-Anstalt ganz auf «die sonnigen Wiesen des Zollikerberges» zu verlegen. Der Neubau, 1933 eingeweiht, verschlingt samt einem Landerwerb von 7,4 Hektaren insgesamt 9,25 Millionen Franken. Das Projekt wird finanziert durch den Verkauf des bisherigen Areals, je 1 Million Franken Zuschuss von Stadt und Kanton sowie durch 750 000 Franken an Spenden und einer Hypothek von 3 Millionen. Da die Grösse des ganzen Werks die Möglichkeiten der Evangelischen Gesellschaft übersteigt, wird es in eine unabhängige Stiftung überführt, «aber durch Personalunion und Geistesverwandtschaft mit der Evangelischen Gesellschaft verbunden»[627].

15.2 Finanziell desolate Jahre 1935–1945

Auf Antrag des Synodalvereins wird 1933 Jugendanwalt Dr. jur. Wilhelm Spöndlin (1885–1965), Vizepräsident der Evangelischen Gesellschaft, in den Kirchenrat gewählt. Als Nachfolger von Pfarrer Theophil Zimmermann ist er von 1936–1953 auch Präsident der Gesellschaft. Als solcher muss er die durch die Wirtschaftskrise in einen schweren Abwärtsstrudel geratene Gesellschaft rigoros sanieren. Der «Jahresbericht 1935» beschreibt die finanziell desolate Lage ungeschminkt. Zwar nicht ein «Grabstein», aber ein «Trompetenstoss» müsse gesetzt werden! Stadtmissionsposten in Quartieren, wo die kirchliche Verkündigung sich gebessert habe, seien zu kassieren. Der schockierende Bericht schliesst mit zwei Sätzen von Hudson Taylor: «Welche Mühe gibt sich der Herr, uns zu zeigen, dass Er ohne uns fertig werden kann.» Und: «Die dunkelste Stunde ist dicht vor Tagesanbruch.»[628] Spöndlin zentralisiert die Verwaltung und reduziert die Ausgaben auf das strukturelle Minimum am Rand

---
627 Jahresbericht SEKV (1932/33), 3.
628 Jahresbericht Ev. Ges. (1935), 21; Jahresbericht SEKV (1935/36), 3.

des finanziellen Abgrunds. Ein Aufruf bringt eine einmalige Einnahme von 146 000 Franken. Dann aber brechen die Gelder drastisch ein. Ein Legat von 200 000 Franken anno 1945 erweist sich schliesslich als rettende Gottesgabe, bevor es auch finanziell wieder bergauf geht.

16. Sammlung und Bekenntnis in schwerer Zeit

16.1 Illusionen implodieren: Neue Wort-Gottes-Theologie

Schon an der Gründungsversammlung des SEKV 1871 bezeichnet der Basler Professor Christoph Johannes Riggenbach die positiv-evangelische Richtung als «die Bekenntniskirche innerhalb der reformierten Volkskirche»[629]. Und er fügt hinzu: «Viele möchten das innerlich Unvereinbare zur Einheit zusammenfügen; aber sie werden erfahren: das geht nicht.» Die Folgezeit gibt Riggenbach recht. «Das jahrzehntelange Bemühen vieler, die tiefgreifenden Unterschiede einfach nicht zu erwähnen oder als unwesentlich zu vernebensächlichen, konnte auf die Dauer nicht befriedigen. Erschlaffende Gleichgültigkeit in weitesten Kreisen war die Folge.»[630]

Nach dem Zusammenbruch des Ersten Weltkriegs begründen Karl Barth und Emil Brunner eine neue Wort-Gottes-Theologie, die sogenannte Dialektische Theologie. Barths «Römerbrief»[631] und Brunners «Die Mystik und das Wort» (1924) markieren eine geistige und theologische Wende. Der ganze Fortschrittsglaube samt der hohlen christlich-idealistischen Kultursynthese ist in den Schützengräben des Ersten Weltkriegs zerfetzt worden. Lange Zeit betrachtete die Religionswissenschaft das Christentum wie jede andere Religion und stellte Jesus Christus als einen vorbildlichen Menschen und Religionsstifter dar. Karl Barth und Emil Brunner entdecken nun wieder neu, dass Gott dem Menschen im Alten wie im Neuen Testament als der Heilige und der ganz Andere begegnet. Die tausendfachen Bindungen und Beziehungsfacetten, die das 19. Jahrhundert zwischen Religion, Christentum, Kirche, Menschentum und Kultur geknüpft hat, werden im Namen des neu entdeckten Wortes Gottes zerschnitten.

Schon der Genfer Reformator Johannes Calvin (1509–1564) hatte gelehrt, dass das Endliche (die Welt) das Unendliche (Gott) nicht zu fassen vermag. *Finitum non capax infiniti*! Demgemäss hämmert Karl Barth sei-

---

[629] Jahresbericht SEKV (1938/39), 4.
[630] Jahresbericht SEKV (1938/39), 4.
[631] 1. Auflage 1918, noch klarer die 2. Auflage 1919.

nen Lesern ein: «Gott ist im Himmel und du auf Erden!»[632] Das Wunder der Menschwerdung Gottes (die Inkarnation) ist der Anfang christlicher Theologie. Gottes Wort ist der erste Bestimmungsgrund der Theologie, «das Wort, das sie hört und auf das sie antwortet»[633]. Nicht minder deutlich stellt der junge Emil Brunner klar:

> Entweder wir wagen es wieder, den Logos Theou [das Wort Gottes] zum Principium der Theologie zu machen und zu glauben, dass aus dem Verständnis des Wortes als der Grundtatsache des Geistes erst das wahre Verständnis alles Lebens sich ergeben müsse, oder aber wir hören endlich auf, unter falscher Flagge zu segeln. Entweder ist es so: verbum est principium primum, principium aller Wahrheit, also auch der Wissenschaft, oder aber: «Name ist Schall und Rauch.» – Was hat es denn für einen Sinn, eine Wissenschaft, eine Logia, zu betreiben von dem, was seinem Wesen nach ein Alogon ist?[634]

Später bejaht Brunner – anders als Barth – auch eine natürliche Offenbarung in der Schöpfung (Röm 1). Die Wahrheit, die durch Jesus Christus geworden ist, ereignet sich in der Begegnung zwischen Gott und Mensch.[635] Brunner betont stärker als Barth, dass der Glaube ein persönliches Vertrauensverhältnis sei, das in der Umwandlung durch Jesus Christus möglich wird. Der kirchliche Pietismus tut gut daran, von beiden zu lernen, aber auch seine eigenen theologischen Väter und deren Kampf nicht aus den Augen zu verlieren.

16.2 Neue Bekenntnisgemeinschaft und geistige Landesverteidigung

Bereits 1934 veröffentlicht die Bekennende Kirche in Deutschland das berühmte – durch Karl Barth geprägte – «Barmer Bekenntnis» gegen die naturalistische Zeitgeist-Ideologie, die davon ausgeht, dass es neben dem Alten und Neuen Testament noch weitere Orte und Quellen der Offenbarung für die Kirche gebe. Auch der erwähnte Leitartikel im SEKV-Jahresbericht 1933/34 von Pfarrer Adolf Mousson ist ganz in diesem Sinne geprägt. Demgemäss solidarisieren sich die Evangelische Gesellschaft und

---

632 K. Barth, Der Römerbrief. Vorwort zur 2. Auflage (1919), XIII.
633 K. Barth, Einführung in die evangelische Theologie (1962), 25.
634 Alogon bedeutet ein Un(aus)sagbares; E. Brunner, Die Mystik und das Wort (1924), 12.
635 E. Brunner, Wahrheit als Begegnung (1938).

Hermann Grossmann

Pfr. Dr. Hermann Grossmann (1890–1972) ist von 1926–1956 Pfarrer am Fraumünster, lange Zeit Redaktor des Kirchenfreund, Präsident des Zürcher Komitees der Basler Mission und ab 1940 Präsident des SEKV. Unter seiner Leitung veröffentlicht der Zwingli-Verlag das viel beachtete «Evangelisch-kirchliche Glaubensbekenntnis» in mehreren tausend Exemplaren.

die Evangelisch-Kirchlichen 1934/35 mit der Bekennenden Kirche.[636] 1938 führt der SEKV Gespräche mit den Professoren Karl Barth und Emil Brunner. 1940 wird den Statuten des SEKV das Apostolische Glaubensbekenntnis, das man 1913 entfernte, wieder beigefügt: «in grundsätzlicher Zustimmung zum apostolischen Glaubensbekenntnis und zu den Grundlehren der Reformation».[637] Eine Heldentat ist dies nicht, denn damals «bilden ja die ‹bekennenden› Theologen die grosse Mehrzahl unter den Pfarrern, und das Kirchenvolk ist darob froh»[638].

Federführend für die Zürcher Sektion und den SEKV wird nun Dr. theol. Hermann Grossmann,[639] seit 1926 Pfarrer am Fraumünster, ab 1940 Präsident des SEKV.

Während viele «Positive» in besseren Zeiten das Apostolikum für entbehrlich hielten, ist das Glaubensbekenntnis am Vorabend des Zweiten Weltkriegs wieder beinah in aller Munde. 1938/39 sprechen im Fraumünster Pfr. Dr. Hans Martin Stückelberger (St. Gallen), Pfr. Georg Vischer (Oetwil a. S.), Prof. Gottlob Schrenk, Pfr. Zellweger (Basel) und Pfr. Walter Hoch (Zollikon) über verschiedene Artikel des Glaubensbekenntnisses. Am 6. September 1939, dem 100. Jahrestag der schweren Zürcher Staatskrise, hält der Fraumünster-Pfarrer Dr. Hermann Grossmann eine stark besuchte Gedenkrede zum «Straussenhandel und Zürichputsch». Die Hauptschuld, so der Referent, «tragen nicht die Akteure vom 6. September, sondern diejenigen, die dem christlichen Zürcher Volk

---

636 Jahresbericht SEKV 1933/34; Jahrbuch Ev. Ges. (1934/35). Der Jahresbericht trägt den Titel «Bekennende Kirche». Karl Barth beschwert sich zwar in einem Brief vom 9. April 1946 an den SEKV, dieser habe nicht den politisch radikalen Kreis rund um Pfr. Niemöller, sondern nur die gemässigteren Widerständler rund um Bischof Wurm unterstützt. Das Bekenntnis von Barmen wird aber von allem Anfang an klar geteilt; die NS-Ideologie wie auch der Bolschewismus werden schon 1934 als heidnische und bedrohliche Ideologien radikal abgewiesen.
637 Statuten des Schweizerischen evangelisch-kirchlichen Vereins, § 1 (unterzeichnet am 10. Januar 1940 von Präs. Prof. Th. Bernet sowie Pfr. O. Rytz). Auch die überarbeiteten Statuten von 1966 und 1987 enthalten den Passus «in grundsätzlicher Zustimmung zum Apostolischen Glaubensbekenntnis».
638 Jahresbericht SEKV (1938/39), 4.
639 Pfr. Dr. theol. *Hermann Grossmann* von Höllstein BL (1890–1972). 1914–1918 Pfarrer in Buch am Irchel, 1918–1926 in Goldach-Rorschach und Religionslehrer am St. Galler Lehrerseminar Mariaberg in Rorschach, 1926–1956 Pfarrer am Fraumünster Zürich, seit 1928 Redaktor des «Kirchenfreund», seit 1935 Präsident des Zürcher Komitees der Basler Mission, ab 1940 Zentralpräsident des SEKV. Grossmann ist der Vater des weit gespannten Evangelisch-kirchlichen Glaubensbekenntnisses von 1942, das vom Zwingli-Verlag in vielen tausend Exemplaren als sympathisches Büchlein vertrieben wird. Von Grossmann stammt auch die heute noch lesenswerte Broschüre «Ein Ja zur Kindertaufe» (1944).

an seinen Glauben gehen wollten»[640]. 1940 wird Grossmann zum Präsidenten des SEKV gewählt. Er weist darauf hin, dass schon im Neuen Testament an der Stelle, wo zum ersten Mal von der Kirche die Rede sei, ein Bekenntnis dazugehöre.[641] In Gesprächen mit Karl Barth, Emil Brunner, Wilhelm Michaelis (Bern) sowie den Basler Freunden von Orelli, Walter Eichroth und Erich Schick wächst eine Bekenntnis-Vorlage heran, die in Tagungen zu Zürich, Bern, St. Gallen und Schaffhausen diskutiert und vom Vorstand des SEKV am 1. September 1941 einmütig verabschiedet wird.[642] Man hofft, dass möglichst viele das Bekenntnis mittragen und sich innerhalb der Landeskirchen eine freiwillige Bekenntnisgemeinschaft bilden kann. Als Resultat der breiten Vernehmlassung lässt der Verein 1942 im Zwingli-Verlag in der Form eines handlichen Büchleins ein «Evangelisch-kirchliches Glaubensbekenntnis» drucken, das für 75 Rappen gekauft werden kann. In 12 Sätzen äussert sich das Dokument[643] zu:
1. Jesus Christus
2. zum Heil aus Gnade
3. zur Heiligen Schrift als Gottes Wort
4. zum dreieinigen Gott
5. zum Schöpfer und Erhalter
6. zum Heiligen Geist
7. zur heiligen christlichen Kirche
8. zur evangelisch-reformierten Kirche
9. zum Priestertum der Gläubigen
10. zum Herrschaftsanspruch Jesu Christi
11. zum Reich Gottes
12. zur Auferstehung der Toten und zum ewigen Leben

Ähnlich wie das Barmer Bekenntnis enthält auch das Glaubensbekenntnis des SEKV kurze Sätze der Verwerfung, zum Beispiel:

WIR VERWERFEN ...

Jede Lehre, nach welcher der Mensch keiner Erlösung bedürftig ist oder die ein anderes Heil als dasjenige in Jesus Christus allein verkündigt. Alle Versuche, die Heilige Schrift durch andere, ihr angeblich übergeordnete oder gleichwertige Offenbarungsquellen (wie autonome Vernunft, autonomes Gewissen, Geschichte, Natur, Tradition) zu ersetzen oder zu ergänzen.

---

640 H. Grossmann, Straussenhandel und Züriputsch (Zwingli-Verlag 1939), 28.
641 Mt 16,15–18, Petrusbekenntnis; Jahresbericht SEKV (1940/41), 1.
642 Der Kirchenfreund (17/1941).
643 Evangelisch-kirchliches Glaubensbekenntnis, Hg. Schweizer evangelisch-kirchlicher Verein (1942, 9. Aufl. 1946).

Jede Erlösungslehre, die irgendeinem Naturgut (wie dem eigenen Blut, dem Boden, dem Volkstum, einer bestimmten Nahrung oder einer natürlichen Entwicklung) Erlösungskraft zuschreibt.

Im Vorwort betont Hermann Grossmann, das Ja zu den zwölf Sätzen sei auch ein «Ja des Herzens zum Christus der Bibel als unserem Herrn und Heiland». Dieses Ja des Herzens mache das Bekenntnis auch «zu einem Liebes- und Lebensbekenntnis»[644]. Selbstverständlich sind im Zwingli-Verlag auch Bullingers «Zweites Helvetisches Bekenntnis» sowie der «Heidelberger Katechismus» zu haben. Diese Dokumente sind damals Bestandteil der geistigen Landesverteidigung. Bullinger, nicht Zwingli, wird 1939 an der Landesausstellung («Landi») in lebensgrosser Statue gezeigt.

Neben den diakonischen Diensten erneuert die Evangelische Gesellschaft während des Krieges auch ihren Auftrag zur Evangelisation. Dabei geht es ihr «nicht um die Erhöhung der Mitgliederzahl», sondern «um die Ehre des Namens Jesu und das Heil der Sünder». Pfr. Werner Meier aus Küsnacht von der «Positiv-evangelischen Vereinigung des Kantons Zürich» unterstreicht: «Evangelisation muss sein!» Allerdings fehlen ihm Evangelisten neuer Art «vom Format eines Elias Schrenk, eines Moody oder Spurgeon»[645]. Nur: Wo sollten denn neue Evangelisten aus einer Theologie und Kirche herkommen, deren Herzschlag für Evangelisation und Mission weitgehend erlahmt ist?

16.3 Konzentration der Kräfte

Der Zweite Weltkrieg bringt der Schweiz eine starke Konzentration der Kräfte in physischer und geistiger Hinsicht. Auch die Kirche und selbst die Universität sammeln ihre Kräfte. Emil Brunners Universitäts-Rektorat 1942/43 «scheint in der Kriegszeit eine Atmosphäre ‹positiver Christlichkeit› geschaffen zu haben»[646]. Das Glaubensbekenntnis von 1942 und seine Entstehung greifen über die engeren Kreise der Evangelisch-Kirchlichen hinaus. Eine nachhaltige Neuerweckung des Glaubens und der Kirche bringt die Zeit des Kriegs freilich nur begrenzt. Die Gottesdienste sind durchwegs wieder besser besucht. Noch gehört der aller-

---

644 A.a.O., 4.
645 Vgl. Jahresbericht SEKV (1944/45), 7–8.
646 K. Schmid, Die Theologische Fakultät der Universität Zürich: Ihre Geschichte von 1833 bis 2015 (2015), 124.

grösste Teil der Bevölkerung einer Kirche an. Doch die geistigen Grundlagen haben sich bereits spürbar gelockert. Um 1950 kennt ein Drittel der Zürcher Oberstufenschüler das Unservater «nicht mehr sicher».[647] Noch knapp 20 % der Pfarrer verwenden im Konfirmandenunterricht den Heidelberger Katechismus.[648] Anderseits werden durch die kirchliche Jugendbewegung der 1930/50er-Jahre – Junge Kirche, Zwingli-Bund – junge Leute im christlichen Sinn und Geist geprägt. 1948 gründet Hans Jakob Rinderknecht vorab für junge Leute die Heimstätte Boldern bei Männedorf als Ort der Evangelisation und der Einübung in den christlichen Glauben.[649] Auch die Zahl der Theologie-Studierenden bleibt bis in die frühen 50er-Jahre beachtlich. In der Stadt versucht man im Interesse der Gemeindebildung, Grossgemeinden zu vermeiden. 1949 entsteht zum Beispiel die Gemeinde Friesenberg, 1951 Sihlfeld, 1954 Hottingen und Witikon, 1955 Hirzenbach. Für eine tiefere Glaubenserweckung wie es Pfarrer Grossmann 1942 im Glaubensbekenntnis anspricht, ist die Dialektische Theologie indes nur begrenzt geeignet. Die Theologie von Karl Barth fördert zwar stark das biblische Offenbarungsdenken. Im Unterschied etwa zur Theologie des Tübingers Karl Heim (1874–1958) oder zu Emil Brunner (1889–1966)[650] ist sie aber nicht auffallend gemeindebildend. Dafür ist sie zu neo-orthodox. Zudem sind Barth und seine Schule gegenüber der «rechten Gefahr» zwar hochsensibel, gegenüber den linken Säkular-Ideologien aber bleiben ihre Flanken sonderbar offen und ungeschützt.[651] Dasselbe gilt für die historische Bibelkritik: Barth macht sich zwar über die Bibelkritiker lustig,[652] anerkennt aber doch im Grundsatz den historisch-kritischen Denkansatz der Reformtheologie, auch wenn er sich in seiner Dogmatik weitgehend davon dispensiert. Trotz seiner überragenden Hermeneutik[653] ist für

---

647 G. Schmid, Die evangelisch-reformierte Landeskirche des Kantons Zürich (1954), 288.
648 G. Schmid, a. a. O., 280.
649 Ende der 1960er-Jahre erfasst die Kulturrevolution auch Boldern. Man wendet sich vermehrt der Welt zu.
650 Im Blick auf seine eigene Zeit schreibt Brunner, «dass eine Erneuerung der Lehre nicht auch schon die Verleihung der Kräfte und Gaben des Geistes mit sich bringt», E. Brunner, Dogmatik III, (1960), 31.
651 Vgl. E. Brunner, Wie soll man das verstehen? Offener Brief an Karl Barth, in: Kirchenblatt f. d. ref. Schweiz (1948), 59–66 = K. Barth, Offene Briefe 1945–1968. GA 15 (1984), 149–158.
652 «Kritischer müssten mit die Historisch-Kritischen sein!», K. Barth, Römerbrief (1922, 6. Aufl. 1933), XII.
653 Hermeneutik = Lehre vom Verständnis und der Auslegung in diesem Fall der Bibel.

Barth die Bibel nicht selbst die Offenbarung, sondern menschliches Wort. Das Eigentliche liege *hinter* der Bibel.[654]

---

[654] K. Barth, KD I/2, 522 unterscheidet zwischen der Christus-Offenbarung und der Bibel als blossem «Zeugnis von Gottes Offenbarung». Die Bibel ist «nicht selbst die Offenbarung» (512). Sofern sie «nur» menschliches Wort ist, muss sie «historisch» untersucht und verstanden werden (512f). Das «Eigentliche» liegt hinter der Bibel «im Geist der Bibel, der der ewige Geist ist». Hier begegnet bei Barth ein idealistischer Rest. Emil Brunner kritisiert die der Naturwissenschaft entlehnten «Axiome und Methoden» in einem «ihr wesensfremden Wissensgebiet» tiefgründiger als Karl Barth, kommt aber bei der Schriftfrage auch nicht ganz vom Reform-Protestantismus los und bezeichnet «die Bibelkritik als Selbstverständlichkeit» (Wahrheit als Begegnung, 131). Seine Leugnung der Jungfrauengeburt verschafft ihm Probleme im Kontext einer Berufung nach Princeton. – Vgl. dazu die Kritik von F. Traub, G. Maier und anderen. G. Maier schreibt: «Dass es d i e s e s Wort ist und kein ‹dahinter› seiendes oder ‹eigentliches›, das macht die Knechtsgestalt der Schrift aus.»; G. Maier, Biblische Hermeneutik (14. Aufl. 2019) 104; F. Traub, Wort Gottes und pneumatische Schriftauslegung, ZThK, NF 8 (1927) 83–111; A. Sierszyn, Christologische Hermeneutik (2010), 89–91; ähnlich H.-G. Gadamer, Wahrheit und Methode (3. Aufl. 1975), bes. 401 f.

17. Die Nachkriegszeit bis zum Sturm der 68er-Kulturrevolution

17.1 Noch wird das Wort verkündet

In der Kapelle St. Anna, mitten in der Stadt, lauscht in den 1950er-Jahren noch eine aufmerksame Gemeinde den Predigten von Kirchenrat Pfarrer Karl Fueter, Rektor Georg Vischer, Prof. Eduard Schweizer, Prof. Hans Wildberger und Pfarrer Andreas Gantenbein.[655] Jahr für Jahr organisiert die Positiv-evangelische Vereinigung der Stadt Zürich die gefragten Ostergottesdienste auf dem Zentralfriedhof und auf dem Enzenbüel. 1953 vermachen Dr. Hirschi und seine Frau der Vereinigung ihr Haus «Quelle» in Braunwald zur Errichtung einer «christlichen Heimstätte» – auch für Leute mit bescheidenen Mitteln. Noch 1996 kann man hier für 45–50 Franken pro Tag (Vollpension mit Gottes Wort) den Braunwalder Winter oder Sommer geniessen. Mit grosser Hingabe und Sorgfalt wird dieses Kleinod durch den Vorstand der EKVZ während Jahrzehnten in schlichter Milizarbeit liebevoll gehegt.[656]

17.2 Gott oder das Nichts: Kirchliche Grossveranstaltungen in Zürich

In den 50er- und frühen 60er-Jahren liefern die beiden Pfarrer Albert Lindenmeyer (Hottingen) und Hans Rudolf von Grebel (Grossmünster) gute biblische Leitworte für den SEKV und alle Kantonalsektionen. Albert Lindenmeyer (gest. 1969) bleibt bis Mitte der 60er-Jahre Präsident, dann Ehrenpräsident des SEKV.[657] Gegenüber theologischen Zeitfragen wie der Entmythologisierung hält er freimütig fest: Ohne eine reale Auferstehung Christi gäbe es «keine Apostel, kein Neues Testament, keine Gemeinde und kein Gebet zu ihm».[658] Deshalb gelte die frohe und motivierende Botschaft: «Denn wo zwei oder drei in meinem Namen versammelt sind, da bin ich mitten unter ihnen» (Mt 18,20). Unter Lindenmeyers frischer

---

655 Jahresbericht SEKV (1951/52), 15–16.
656 2012 muss das Haus aus strukturellen Gründen veräussert werden.
657 Für die sensiblen Jahre 1967 und 1968 fehlen die Akten.
658 Jahresbericht SEKV (1962/63), 3–9.

Ägide blüht der SEKV noch einmal auf. 1955 organisiert die Vereinigung im Kurhaus «Rigiblick» eine schweizerische Evangelische Theologen-Tagung mit 306 Teilnehmern zum Thema «Die Autorität der Heiligen Schrift in der heutigen Kirche». Im November 1957 findet an der ETH Zürich eine schweizerische Evangelische Akademiker-Tagung mit 600 Teilnehmern zum Thema «Die Bedrohung des Menschen heute» statt. Noch vermag die biblisch-christliche Botschaft Hörer aller Fakultäten anzusprechen. Der Zoologe Prof. Ernst Hadorn spricht über «Das Raubtier Mensch», Prof. Werner Kägi über die bedrohte Freiheit, Rektor Prof. Hans Fischer plädiert für einen Zusammenschluss Europas; Prof. Emil Brunners Referat trägt den Titel «Gott oder das Nichts»; Bischof Otto Dibelius (Berlin), Präsident des Weltkirchenrates, spricht im Fraumünster über «Die Kirche Christi an den Fronten unserer Zeit». 1959 folgt eine zweite Akademikertagung zum Thema «Christ und Weltfriede». In der Themenwahl spiegelt sich der Kalte Krieg und die Entdeckung der Wasserstoffbombe. Zu einer letzten Akademikertagung kommt es 1966 zum Thema «Moderne Naturwissenschaft und christlicher Glaube» im neuen Physiksaal der ETH und im Kirchgemeindehaus Hottingen.

17.3 Nachkriegs-Protestantismus: Barth, Brunner und Bultmann

Der Nachkriegs-Protestantismus im deutschen Sprachraum ist auf längere Zeit bestimmt durch die beiden theologischen Schulen von Karl Barth und Rudolf Bultmann, wobei Barth zunächst überwiegt. Der zunehmende wirtschaftliche Aufschwung der 1960er-Jahre fördert Freiheit, Gleichheit und Konsum. Vergnügungs- und Kaufhäuser überbieten sich mit Angeboten. Das Klima einer wirtschaftsliberalen und fortschrittsgläubigen Epoche lässt die dunklen Tage Europas vergessen. In der neuen, optimistischen Ära dominieren im deutschsprachigen Protestantismus Rudolf Bultmann und seine gelehrigen Schüler Ernst Käsemann, Gerhard Ebeling, Ernst Fuchs.

Auch in Zürich bewegt sich das theologische Grundgeschehen, vereinfacht gesagt, im Spannungsfeld zwischen Brunner, Barth und Bultmann. Die bibelnahen und tragenden Dogmatiken von Barth und Brunner geben Theologie und Kirche dieser Generation einen starken systematischen Halt. Das neorationale Zeitempfinden macht indes Bultmanns kritische Analyse der Evangelien aufs Neue aktuell.[659] Damit

---

659 R. Bultmann, Die Geschichte der synoptischen Tradition (1921/1931, 10. Aufl. 1995).

ergibt sich im Protestantismus ein breiter Konsens für die historisch-kritische Interpretation des Neuen Testaments. Deutlich wird dies auch beim berühmten «positiven» Neutestamentler Eduard Schweizer (1913–2006), dem die Evangelisch-Kirchlichen hoch oben am Zürichberg ihr Professorenhaus zur Verfügung stellen.[660] Schweizer studiert, für die Vorkriegszeit klassisch, bei Rudolf Bultmann, Emil Brunner und Karl Barth. Persönlich fromm und in seinen Vorlesungen durchaus pastoral und kirchlich-reformatorisch, arbeitet er als Exeget in klassischer Weise historisch-kritisch und wird dafür gerühmt. Ähnliches gilt für den persönlich äusserst liebenswürdigen Hans Wildberger (1910–1986), Professor für Altes Testament. Aus pietistischem Elternhaus stammend und Mitarbeiter des Blauen Kreuzes, erlebt er die historisch-kritische Betrachtung der Bibel als «anfänglichen Schock»[661]. Als Schüler von Emil Brunner weiss er sich getragen durch dessen biblische Systematik, anderseits analysiert er das Alte Testament historisch-kritisch, wie er es bei seinem liberalen Doktorvater Ludwig Köhler gelernt hat.[662] Emil Brunner schreibt dem jungen Professor, es sei nun seine Aufgabe, die Studenten «von einer bloss historisch-kritischen zu einer theologischen Auslegung des Alten Testaments»[663] zu führen.

Durch die (damals auch von den «Positiven» unbestrittene) kritische Betrachtungsweise der Bibel wird die Theologie sozusagen zweispurig: «Zunächst» arbeitet man in der Schriftauslegung historisch-kritisch, dann kombiniert man das Ergebnis mit der Dogmatik von Brunner oder Barth. So bleibt man einerseits verankert bei den grossen theologischen Denkern der Zeit, anderseits ist man durch die kritische Bibel-Exegese auch versöhnt mit dem modernen Bewusstsein. Doch diese Versöhnung hat auch ihren Preis. Die zweispurige Theologie – einerseits gehalten in reformatorischer Systematik, anderseits durch die Bibelanalyse der historisch-kritischen Weltanschauung modernisiert – verliert ihren biblischen Schmelz. Dies ist auch der Grund, weshalb später die klassische Zeit der

---

660 Seit Beginn der Bibelkritik im 19. Jahrhundert sind die sogenannt «Positiven» in Zürich bestrebt, auch Professoren ihrer Glaubensrichtung für die theologische Fakultät zu gewinnen. Um wenigstens einem Professor die äusserliche Beheimatung im eher liberalen Zürich zu erleichtern, erwerben sie an schönster Lage hoch oben am Zürichberg ein «Professorenhaus», das sie Gottlob Schrenk und später Eduard Schweizer mietweise zur Verfügung stellen.
661 F. Jehle, Hans Wildberger (1910–1086) (2015), 25 f.
662 Hans Wildberger sagt selbst, er habe bei Emil Brunner gelernt, «trotz einer ehrlichen Bibelkritik» im Glauben an Jesus Christus zu bleiben. Vgl. F. Jehle, Emil Brunner (2006), 572.
663 F. Jehle, a.a.O., 82, Diese Zweispurigkeit zeigt ein Problem, das so nur scheinbar gelöst wird.

Historisch-kritischen Theologie kaum noch grosse Dogmatiken hervorbringt. Es stellt sich die Frage, ob der historisch-kritische Geist mit dem Offenbarungswort der Bibel überhaupt zu kombinieren ist oder ob beide sich zueinander wie Oel und Wasser verhalten und sich eben gerade nicht mischen lassen.[664]

Diese Zweispurigkeit hat schon 1898 kein Geringerer als Ernst Troeltsch, der liberale Klassiker und Systematiker des historisch-kritischen Denkens, als eine innere Unmöglichkeit aufzeigt.[665] Leider haben die «Positiven» in diesem Punkt den vorausschauenden Denker des Neuprotestantismus überhört. Oder sie haben seinen damals noch unzeitigen Durchblick nicht verstanden. Troeltsch vergleicht schon 1898 die historisch-kritische Denkweise und Methode mit einem «Sauerteig, der alles verwandelt und schliesslich die ganze bisherige Form theologischer Methoden zersprengt.» Wer ihr «den kleinen Finger gegeben hat, der muss ihr auch die ganze Hand geben [...] Sie bedeutet [...] eine völlige Revolutionierung unserer Denkweise.»[666] Der theologische Schriftsteller Heinz Zahrnt bringt es auf den Punkt: «Es handelt sich bei der historisch-kritischen Denkweise also nicht um eine neue fachwissenschaftliche Methode, sondern um eine neue Totalansicht des menschlichen Lebens.»[667] Diese neue Totalansicht hat sich seit den Tagen Semlers und Corrodis und dann bei Immanuel Kant, Friedrich Schleiermacher und Emanuel Biedermann entwickelt. Die bibeltreuen Kreise haben auch in Zürich diesen philosophischen Denkansatz in Bezug auf die Bibel von Anfang an abgelehnt. Hier zeigt sich der innerste Dissens zwischen den gläubigen Bibelchristen und der Reform. Denn die Historisch-kritische Methode deutet auch in milder Gestalt die Heilige Schrift ganz anders. Sie bringt Gottes lebendiges Wort zum Schweigen und lässt die evangelische Kirche, die nur von diesem Wort leben kann, langsam sterben.[668] Es waren die grossen,

---

664 Vgl. A. Sierszyn, Christologische Hermeneutik. Eine Studie über Historisch-kritische, Kanonische und Biblische Theologie mit besonderer Berücksichtigung der philosophischen Hermeneutik von Georg Gadamer (2010); G. Maier, Biblische Hermeneutik (16. Aufl. 2023).
665 E. Troeltsch, Über historische und dogmatische Methode in der Theologie (1898) = Ernst Troeltsch, Lesebuch (2003), insbes. 12.
666 E. Troeltsch, Lesebuch (2003), 4.7; ähnlich G. Ebeling, Die Bedeutung der historisch-kritischen Methode, in: ZThK (1950), 27.
667 H. Zahrnt, Die Sache mit Gott (1966), 266. Ähnlich R. Bultmann, Ist voraussetzungslose Exegese möglich? (1957), 410ff.
668 Diese zentrale und elementare Erkenntnis ist im Protestantismus zwar nicht neu, sie bricht aber in der kulturrevolutionären Krisis der 1970er-Jahre besonders in der evangelisch-missionarischen Theologie von Neuem auf. Vgl. H. Frey, Die Krise der Theologie (1971); G. Maier, Das Ende der historisch-kritischen Theologie (1974); A. Sierszyn, Die

am Gesamtzeugnis der Bibel orientierten dogmatischen Systeme von Barth und Brunner, die diese Problematik für einige Jahrzehnte verdeckten. Im Schatten dieser überragenden Bäume fühlten sich positiv-kritische Theologen noch lange Zeit geborgen.

Doch die neue Grosswetterlage nach 1968 bietet diesen «Schutz» nicht mehr. Evangelische Theologie und Kirche finden sich vielmehr wieder in einer durch und durch relativistischen, säkularisierten Kultur und Weltanschauung, die mit der historisch-kritischen Denkweise völlig kompatibel ist. Demgemäss wird ab den 1970er-Jahren von Vertretern reformatorisch-pietistischer Denktradition die Hegemonie einer Historisch-kritischen Theologie vermehrt hinterfragt und als Ursache für diese Entwicklung angesehen.

17.4 Trügerische Einschätzung der Lage

Ab der Jahrhundertwende, in der Aura der grossbürgerlichen Belle Époque, ist der erweckliche Bekennergeist des 19. Jahrhunderts aus der Mode geraten. In der Folge öffnen sich auch positive Theologen auf leisen Sohlen für die säkulare, «wissenschaftliche» Denkweise mit liberal-reformerischer Wurzel. Man strebt quasi eine Harmonisierung der Gegensätze auf höherer Ebene an. Je mehr aber dieser neue Geist über die Theologie in die Kreise des bekennenden Pietismus eindringt, desto mehr dämpft er auch hier das Offenbarungswort der Heiligen Schrift und damit den geistlichen Impetus zur Inneren und Äusseren Mission. Diese neue Art von «offener» Theologie ist durchaus schönwettertauglich. Vor den revolutionären Stürmen und ideologischen Strömungen, die im letzten Drittel des 20. Jahrhunderts mit Macht über Europa hereinbrechen, vermag sie aber den evangelischen Glauben und die Werke der Inneren Mission nicht mehr zu schützen. Es ist das Verhängnis der «positiven» Theologie, dass sie sich ihrer lähmenden Verstrickungen zu wenig bewusst ist. Wo immer evangelisch-missionarischer Glaube sich mit dem Geist historisch-kritischer Denkweise und Theologie verbindet, verliert er Gottes unmittelbares Wort und damit seine missionarische Sendung und Kraft. Die pietistisch-bekennenden Gründer im 19. Jahrhundert waren sich dieser Zusammenhänge noch unvergleichlich stärker bewusst. Darum blieb der geistliche Kampf ihr Lebenselement.

Bibel im Griff? – Historisch-kritische Denkweise und biblische Theologie (1978). Für eine bibelgemässe Schriftauslegung setzt sich auch Benedikt XVI. ein in seinem Werk Jesus von Nazareth, I-III (2007/12).

17.5 Entmythologisierung der Bibel – Remythologisierung der säkularen Gesellschaft

In den zunehmend lustigen Jahren der wirtschaftlichen Konjunktur der 1960er-Jahre – man träumt schon von der automatisierten Dreitagewoche – wird Jean-Paul Sartre zur Leitfigur der Neuen Linken. Mit Simone de Beauvoir lebt der europäische Vordenker eine offene Partnerschaft ohne Ehe und ohne Treue. Im heissen Mai 1968 wird er zur Kultfigur der Pariser Studentenrevolte. Was Sartre für Frankreich ist, ist Herbert Marcuse für die jungen Eliten zunächst in den USA. Mit der Frankfurter Schule befeuert dieser Taktgeber und Vater der Neuen Linken auch in Europa das Klima und die revolutionäre Atmosphäre an den Universitäten und Hochschulen. Mit seinem Plädoyer für eine erotisierte Spassgesellschaft erhebt er den Eros zum neuen Leitwort der Kultur.[669] Mit Anleihen aus Darwin, Rousseau, Freud und Marx verkündet Marcuse der europäischen Jugend seinen Traum der Befreiung auf der Grundlage eines unter den Gebildeten verbreiteten Mythos.

Gemäss dieser «wissenschaftlichen» Erzählung lebten die Menschen in ihrer Frühzeit glücklich und zufrieden. Es gab weder Ehe noch Familie. Die Menschen wohnten lebensfroh in offenen Horden, Früchte sammelnd und in sexueller Promiskuität. Alle hatten miteinander geschlechtlichen Verkehr. Nur die Mutter kannte ihre Kinder. Väter taten es mit ihren Töchtern, Mütter mit ihren Söhnen, Brüder mit ihren Schwestern, Knaben mit Knaben und Mädchen mit Mädchen. Da war noch niemand, der sagte «meine Frau» oder «mein Mann». Alle gehörten allen. Weil man weder Ehe noch Familie kannte, gab es auch kein Eigentum. Da nur die Mutter ihre Kinder kannte, fehlte jede Väterherrschaft. In diesen Zeiten war das ganze Leben vom Eros durchtränkt in Arbeit, Spiel, und Spass, in Musse und freier Sexualität. Der Sündenfall der Menschheit – vielleicht in der Jungsteinzeit – begann in dem Augenblick, da jemand sagte «meine Frau» und «meine Kinder».[670]

---

669 Herbert Marcuse, Eros and Civilization (1955), dt.: Triebstruktur und Gesellschaft (1965,17. Aufl. 1995, ND 2010), insbes. «Der Ursprung der unterdrückten Kultur» (59ff) und «Die Verwandlung der Sexualität in den Eros» (195–218).
670 Vgl. E. Bornemann, Das Patriarchat (1975). Diese an Rousseau und Darwin erinnernde Erzählung erinnert auch an Herbert Marcuses Kulturbegriff sowie an Sigmund Freuds Theorie zum Vaterhass, Vatermord und der Entstehung der monotheistischen Religion; vgl. Sigmund Freud, Der Mann Moses und die monotheistische Religion (1939, ND 2021), 153f; Vgl. dazu G. Huntemann, Die Zerstörung der Person (1981), 40.

Demgemäss gehören Ehe, Vaterschaft und Eigentum zusammen und bilden den Sündenfall der Menschheit. Statt der Anarchie kam die Autorität, statt der offenen Horde die Familie; an die Stelle der Mutter trat der Vater, das Symbol der Herrschaft und der Unterdrückung. Zur eigenen Legitimation schufen die Väter den absoluten Vatergott mit seinen Geboten und Ordnungen. Alles Weinen zarter Weiblichkeit nützte nichts. An die Stelle friedliebender und genügsamer Hirten, Jäger und Früchtesammler trat die gestrenge Leistungskultur mit den Herrschaftstugenden wie Fleiss, Pflichterfüllung, Ordnung, Reinlichkeit, Wille und Manneskraft.[671] Damit war die Allgegenwart des freien Eros gebrochen. Das Glück der Sexualität wurde auf das Prokrustes-Bett der Ehe und der Fortpflanzung reduziert. Das Leben verkümmerte im bürgerlichen Korsett. Durch harte und lustlose Arbeit wurden die Menschen sich selbst entfremdet. So verloren sie ihr Paradies und ihre panerotische Identität.

Dieser moderne Mythos bildet die ideologisch-revolutionäre Grundlage einer neuen Generation von Intellektuellen. Mehr noch, seit den 1970er-Jahren wird dieser säkular-religiöse Mythos der europäischen Jugend auf tausend Kanälen als emanzipative Alternative kommuniziert. Er ist das pure Gegenteil zur angeblich repressiven, christlich-abendländischen Kultur und zur Ethik des protestantischen weissen Mannes. Das neu entdeckte Paradies ist zum Greifen nah. Die Antibabypille ermöglicht den Frauen einen ersten grossen Schritt zu mehr Freiheit. Darum ist diese säkulare «Befreiungsbotschaft» einem Vulkanausbruch gleich. Der unter dem lauten Jubel einer entfesselten Generation losgetretene Sturm und dessen tausend Nachbeben prägen ab den 70er-Jahren Geist und Geschmack Westeuropas in Politik und Verwaltung, Pädagogik und Kultur, Rechtswissenschaft und Theologie bis in unsere Tage – auch in der Schweiz.[672] Da der Mythos, der als rationale Handlungsanleitung daherkommt, zugleich eine starke utopische und säkular-religiöse Komponente besitzt, wird er zum Religionsersatz breiter Kreise der westlichen Intelli-

---

671 Vgl. H. Marcuse, Triebstruktur und Gesellschaft (1965,17. Aufl. 1995), insbes. 59ff, 195ff. Ähnlich E. Bornemann, Das Patriarchat (1975); Sigmund Freuds Mythologie steht der AT-Professor Sellin mit seinen historisch-kritischen Theorien zu Gevatter. Zum Ganzen vgl. G. Huntemann, Die Zerstörung der Person (1981).
672 Der Verfasser hat die Wucht dieser Revolution im Sommer 1968 auf dem Marburger Campus hautnah erlebt. An ein Studium war nicht zu denken ob den vielen Sit-ins und Teach-ins in explosiver Atmosphäre. In der Schweiz verlief die Kulturrevolution verhaltener und in mehreren Schüben, jedoch nicht weniger effizient. Zum grossen Buhmann von Zürich wurde der Erziehungsdirektor Alfred Gilgen, der sich heimlich mit Schal und Perücke selbst unter die Demonstrierenden gegen das Establishment gemischt hatte.

genzia. Ohne diese mythengetränkte revolutionäre Bewegung, die laufend neue Facetten bildet und alle Bereiche des Lebens durchdringt, ist die jüngste Geschichte Westeuropas in Politik, Justiz, Pädagogik, Kultur, Theologie und Kirche nicht zu verstehen. Ihr Durchbruch bedeutet auch eine religiöse Zäsur, die tiefer greift als seinerzeit die Kluft zwischen Luther und dem Papst. Sie wäre im protestantischen Europa nicht möglich gewesen ohne die vorangehende historisch-kritische Entmythologisierung der Bibel. Denn erst diese beseitigt die Schranke gegen eine Remythologisierung der westlichen Gesellschaft.

17.6 Historisch-kritische Theologie als Türöffnerin für säkulare Ideologien

Das technisch-analytische Denken der historischen Kritik, schafft im Raum von Theologie und Kirche ein spirituelles Vakuum. Das Plädoyer von David Friedrich Strauss für eine «mythologische Überformung der Jesusüberlieferung», das 1839 noch den heftigen Züriputsch auslöste, ist heute dank dem Siegeszug der Historisch-kritischen Theologie «zum Allgemeingut der neutestamentlichen Wissenschaft geworden»[673] und ist an den staatlichen Fakultäten geltender theologischer Ansatz. Historische Kritik am Evangelium öffnet die Tür für philosophische Interpretationen und säkulare Ideologien in der protestantischen Theologie und Kirche. Zunächst begeistert der Existenzialismus von Martin Heidegger die protestantische Theologie. Dann dringen revolutionäre 68er-Kultur, Gott-ist-tot-Theologie, Befreiungstheologie, Feminismus, Multikulturalismus, Ökologismus und Genderideologie ins geschaffene Vakuum ein und prägen die Kirche und ihre Werke. Zumal im Feminismus kommt es mitunter auch zu harscher Kritik am Alten Testament.[674] Unter dem Zauber neuer Gesellschaftsentwürfe leeren sich allmählich die Kirchen und Vereinshäuser. Je mehr sich die Kirche an der Welt orientiert, desto mehr wendet sich

---

673 K. Schmid, Die Theologische Fakultät der Universität Zürich. Ihre Geschichte von 1833 bis 2015 (2015), 58.
674 Vgl. z. B. H. Schüngel-Straumann, Genesis 1–11 oder Ch. Maier/S. Schroer, Das Buch Ijob, beide, in: Kompendium Feministische Bibelauslegung, Hg. L. Schlottroff und M.-Th. Wacker (3. Aufl. 2007) 1f bzw. 192ff. Nur durch die historisch-kritische Methode, «geschärft mit einem spezifisch feministischen Blickwinkel» könne der biblische «Androzentrismus» überwunden werden (1). Dazu: G. Huntemann, Die Zerstörung der Person (1981), 66.104; H.J. Schoeps, Der moderne Mensch und die Verkündigung der Religionen (1950); A. Sierszyn, Verachtung des Alten Testaments – Verwüstung protestantischer Kirche und Kultur, Kl. Schr. 5 (2015), 38f.

die Welt von der Kirche ab. Es erfüllt sich das Wort von Paulus an Timotheus: «Davon sind einige abgewichen und leerem Geschwätz verfallen; sie wollen Lehrer des Gesetzes sein und haben doch keine Ahnung, wovon sie reden und worüber sie so selbstgewiss urteilen» (1Tim 1,6–7).

17.7 Drei Geschichtsphasen der Evangelischen Gesellschaft und der Evangelisch-Kirchlichen

Weiter oben wurde das Bild eines Schnellzugs verwendet, der zu Beginn mit grosser Schubkraft beschleunigt wird. Später rollt er mit verminderter Energie in beachtlichem Tempo weiter. Schliesslich verlässt ihn mehr und mehr die Kraft. Seine kinetische Energie verhilft ihm zwar noch zu einem längeren Ausrollen, das zwar manche noch freuen mag; in Tat und Wahrheit aber trägt der Zug nun den Keim des Endes in sich. Diese drei Phasen lassen sich auch an der Geschichte der Evangelischen Gesellschaft und der Evangelisch-kirchlichen Vereinigung erkennen. Die «Anschubphase» erstreckt sich von den Impulsen der Erweckungszeit um 1830/40 bis ca. 1890. Es ist die Zeit der Expansion mit der Gründung evangelischer Werke der Inneren Mission im Schoss der Evangelischen Gesellschaft, aber auch der vielen evangelisch-kirchlichen Vereinigungen. Das Langzeitphänomen der Erweckung im 19. Jahrhundert lässt auch in Zürich viele Menschen zum Glauben, Singen, Beten und Dienen erwachen. Es erfüllt sich das Wort von Jesaja: «Sie laufen und werden nicht müde, sie gehen und ermatten nicht» (Jes 40,31). Erweckungszeit ist Zeit der Gnade und der Busse, der Glut und der Freude, der Armut und der Fülle. Scheinbar wie von selbst folgen Ungezählte Jesus nach; sie legen ihre Hand an den Pflug und schauen nicht zurück. Wenn Gottes Geist weht, schafft er Wachstum ohne Mühe und Ernte im Segen. Das ist die Gnade der Erweckung, welche die Kirche belebt und die Welt segnet, sobald die Zeit dafür reif ist.

Die wirtschaftlich flotte Belle Époque mit ihrer neuen, grossbürgerlichen Aura läutet für die pietistischen Werke eine neue, die zweite, Phase ein. Es ist der Zeitabschnitt der Konsolidierung des Erreichten, der sich etwa bis zum Zweiten Weltkrieg erstreckt.

Die dritte Zeitspanne – man könnte sie auch Sterbephase nennen – dauert etwa von 1945 bis 1990. Im Umfeld des weltweiten evangelikalen Aufbruchs erleben die Evangelisch-Kirchlichen in Zürich im späten 20. Jahrhundert für kurze Zeit einen neuen missionarischen Schub. Die Evangelische Gesellschaft indes klinkt sich nun aus und rettet ihre noch beachtliche finanzielle Substanz in eine Stiftung. Im Folgenden soll die dritte Phase von 1945 bis 1990 anhand der Geschichte der Evangelischen Gesellschaft und der Evangelisch-kirchlichen Vereinigung dargestellt werden.

18. Geistliche Sterbephase (1945–1990) am Beispiel der Evangelischen Gesellschaft und der Evangelisch-kirchlichen Vereinigung

18.1 Evangelische Gesellschaft und Evangelisch-kirchliche Vereinigung auf dem Rückzug

Im September 1944 melden die Briefblätter der Evangelischen Gesellschaft ihren Mitgliedern und Freunden in erfrischender Offenheit:

> Die Evangelische Gesellschaft befindet sich seit Jahren auf dem Rückzug. Eine Stellung nach der andern wird aufgegeben, aber das Verhältnis zwischen den gestellten Aufgaben und den verfügbaren Kräften gestaltet sich nicht günstiger, sondern nur noch schlimmer. Die Front wurde verkürzt und zurückverlegt, aber die Zahl, der Mut und die Mittel der Gesellschaft schwanden noch mehr und noch rascher.[675]

In der Tat, 1929/30 musste die Gesellschaft das eigene Diakoniewerk auf dem Zollikerberg aus finanziellen Gründen abstossen, weil die Dimensionen einfach zu gross wurden. Dann kam die schwere finanzielle Depression der 1930/40er-Jahre, die das Werk zur Schrumpfung zwang. Doch der finanzielle Aspekt ist nur ein Teil des Problems und vermutlich nicht einmal der bedeutendste. Der innere, geistliche Niedergang ist für evangelische Glaubenswerke viel gravierender. Denn viele verstehen sich nur noch als die «Generation der Epigonen, der Lahmgewordenen, der Desinteressierten […] Es ist nicht mehr die Front der Bewegung, sondern die erstarrte Front, nicht mehr Eroberung, sondern Bewahrung, nicht mehr Offensive, sondern Defensive.»[676] Gottlob Schrenks Trost anlässlich der Rede am hundertjährigen Jubiläum von 1947, die einst jungen und gehegten Pflanzen seien nun eben zu eigenständigen Bäumen geworden, und damit habe sich eine historische Aufgabe erfüllt, vermag die wenigsten zu überzeugen.[677] Denn man kennt die eigene Geschichte. Die Evangelische Gesellschaft hat noch immer eine Reihe von karitativen Werken aus Zeiten, da der erweckte Glaube «ohne Mühe»[678] in der Liebe tätig war. Über-

---

675 Briefblätter, Nr. 17, September 1944, 6.
676 Jahrbuch Ev. Ges. (1948), 2.
677 Briefblätter Nr. 49 vom Dezember 1947, 1 ff.
678 «Der Segen des HERRN macht reich, und eigene Mühe fügt ihm nichts hinzu», Sprüche 10,22.

dies hält man eine Vereinigung von Christen innerhalb der Landeskirche, die klar zum Wort der Bibel stehen, für nötiger denn je.

> Es ist immer noch notwendig, dass die freie Verkündigung in Wort und Schrift ohne kirchlichen Auftrag aus Liebeseifer und Zeugengeist oder aus Gewissensdrang und Erbarmen mit der geistlichen Verwahrlosung und Unwissenheit unseres Volkes ihren Weg gehe [...] Halten wir darum nur zuversichtlich an unserem Auftrag fest, die rettende Botschaft von Jesus Christus in unser Volk hineinzutragen.[679]

Der klarsichtige und stramm calvinisch-pietistische Pfarrer Wilhelm Bernoulli (1904–1980), Schlossherr von Greifensee, Leiter des Diakonenhauses und Mitglied im Büro des Zentralkomitees der Evangelischen Gesellschaft, stellt 1943 nüchtern fest, der Freisinn sei «in der Kirche durchaus nicht überwunden, sondern steht als Gefahr immer noch am Horizont»[680]. Bernoullis Motto heisst: «Der Glaube wagt, aber er ist kein Wagnis, wenn er dem Herrn gilt.»[681] Darin liegt, wie die Kirchengeschichte zeigt, eine unvergleichliche Schubkraft, die stärker ist als alles Geld in der Welt. Doch nicht jede Zeit bekommt die Gnade, solch ein Wort zu fassen und beherzt umzusetzen.

18.2 «Reformatio» statt «Kirchenfreund»

Auch der «Kirchenfreund», die 80-jährige Zeitschrift des Schweizerischen evangelisch-kirchlichen Vereins (SEKV), schwächelt nach dem Zweiten Weltkrieg immer deutlicher. In der Redaktion arbeiten zwar verdienstvolle gläubige Männer wie Gottlob Schrenk, Fritz Blanke oder Kirchenrat Pfarrer Karl Fueter. Doch alle gutgemeinten Aktionen zur Wiederbelebung der einst so kämpferischen und segensreichen Zeitschrift bleiben ohne Wirkung. Der Schaden liegt tiefer. Nicht nur dem SEKV, sondern auch dem «Kirchenfreund» fehlt ein gesunder Schuss jenes kämpferischen Profils der Gründerzeit.

Zudem behandelt die Dialektische Theologie den pietistisch geprägten Glauben mehr und mehr als geringes Würmchen. Im Raum der Evangelisch-Kirchlichen Vereinigung fällt es zunehmend schwer, Männer und Pioniere mit geistlichem Durchblick zu finden, die mit Mut und Kante im

---

679 Jahrbuch Ev. Ges. (1948), 3.
680 Meyer/Schneider, Mission und Diakonie (2011), 52.
681 Jahresbericht 1947 des Schweizerischen Reformierten Diakonenhauses Greifensee, «25 Jahre männliche Diakonie», 6, www.diakoniegreifensee.ch/clubdesk/w_diakonenschaft/fileservlet?id=1000083

18. Geistliche Sterbephase (1945–1990)

«Geist der ersten Zeugen» den gläubigen Männern und Frauen an der Basis den Weg zum «guten Kampf» weisen (1Tim 6,12). Schon den Professoren Gustav von Schulthess-Rechberg (1852–1916) und Gottlob Schrenk (1879–1965), so positiv beide sind, fehlt die prägende Kraft, die pietistisch-bekennende Jugend und ihr Zeugnis in einer sich verändernden Zeit wissenschaftlich-weltbildmässig und biblisch-theologisch neu zu verankern, wie dies beispielsweise dem Tübinger Systematiker Karl Heim (1874–1958) so meisterhaft gelingt.[682] Heims Theologie ist für den deutschen Pietismus im 20. Jahrhundert von grösster Bedeutung! Leider fehlt dem Schweizer Pietismus und seinem Umfeld ein vergleichbarer Systematiker, der den bibelgläubigen Kreisen, Gemeinden, Werken und Verantwortungsträgern einen wissenschaftlich alternativen, originellen und evangelisch-missionarischen Weg in die Zukunft weisen könnte. Nicht umsonst wird Heim in der Schweiz von den herrschenden Kräften der Theologie weitgehend verschwiegen.[683]

Ab den 1920er-Jahren wird die gläubige Jugend durch die Dialektische Theologie von Barth und Brunner theologisch geformt. Auch die

---

[682] Vgl. K. Heim, Der christliche Glaube und das Denken der Gegenwart. Bde. 1–6, insbes. Bd. 4: Der christlich Glaube und die Naturwissenschaft (3. Aufl. 1976).

[683] *Karl Heim* (1874–1958), Professor für Systematische Theologie an den Universitäten Münster und Tübingen. In einer Evangelisation von Elias Schrenk kommt es zu einem «schöpferischen Neubeginn meines Lebens». Seine geistliche Heimat ist «der schwäbische Pietismus und die Christliche Studentenvereinigung». Karl Heim ist der einzige evangelische Systematiker des 20. Jahrhunderts, der ernsthaft und auf Augenhöhe ins Gespräch mit der modernen Atomphysik eintritt, etwa mit Max Planck, Pascal Jordan u. a. Namhafte deutsche Pfarrer und Evangelisten wie Gerhard Bergmann (1914–1981) oder Wilhelm Busch (1897–1966), aber auch Professoren wie Walter Künneth (1901–1997) zählen zu seinen Schülern. Durch seine umfangreiche Literatur, die durch die «Karl-Heim-Gesellschaft» bis ins 21. Jahrhundert neu herausgegeben wird, schafft Heim nicht nur führenden deutschen Pietisten eine gründliche Fundierung. Schon in seinem Frühwerk «Das Weltbild der Zukunft (1904, ND 2018) nimmt er spekulativ den grundstürzenden Neuansatz der modernen Atom- und Quantenphysik *vorweg*. Einsteins Relativitätstheorie, die Heisenberg'sche Unschärferelation und die Entdeckung der Komplementarität des Lichts sieht Heim in seinem sechsbändigen Hauptwerk «Der evangelische Glaube und das Denken der Gegenwart» (1931/1952, viele Neuauflagen) bestätigt: das Universum ist kein geschlossenes Gehäuse – die Offenheit im mikroskopischen Bereich zeigt vielmehr, dass über unsere Wirklichkeit in jedem Augenblick neu entschieden wird. Damit ist das Weltbild des 19. Jahrhunderts, das die Denkmöglichkeit Gottes geleugnet hat, durch die Naturwissenschaft selbst überwunden. Heim gelingt es, die Grundüberzeugungen des Pietismus und der Erweckungsbewegungen mit der modernen Wissenschaftsentwicklung zu verbinden. Im Zentrum seiner Theologie steht Jesus Christus. Zu den Deutschen Christen geht Karl Heim von Anfang an auf Distanz, tritt aber der Bekennenden Kirche nicht bei. Ein erster und empfehlenswerter Zugang zu Heims Theologie bietet der 2. Band seines Hauptwerks mit dem Titel «Jesus der Herr» (4. Aufl. 1955, ND 1977).

Evangelisch-Kirchlichen freuen sich an den neuen Sternen am theologischen Himmel, welche die Kirche wieder näher an den Ursprung des Wortes Gottes heranführen. Dass die Gemeinsamkeit mit der Dialektischen Theologie für die «Positiven» aber keine vollkommene, sondern lediglich eine partielle sein kann, wird zwar wohl erkannt, aber zu wenig thematisiert. Man fuhr ja schon seit der Belle Époque auf fremden Kutschen in partiellem Schmusekurs mit der Historisch-kritischen Theologie und distanzierte sich allzu leichtfertig vom geistlichen Kampf der Väter.

Dieser Kurswechsel schon um die Jahrhundertwende stellte eigentlich dringend die Frage nach der eigenen Identität: Wer ist und wo steht der SEKV mit seinen ungezählten Sektionen? Glaubt und denkt man (in den Führungsetagen) historisch-kritisch? Die Antwort lautet ab ca. 1900: Grundsätzlich schon – man will ja «wissenschaftlich» sein –, aber bitte nicht zu stark. Eine Generation später stellt sich die Frage: Gehört man zur Dialektischen Theologie? Antwort: Man ist dankbar für die Wende der Dialektischen Theologie. Man steht ihr in Vielem nahe, kann sich aber nicht mit allem identifizieren. Und wie hält man es mit den eigenen (pietistischen) Vätern der Gründerzeit? Antwort: Damals im 19. Jahrhundert war der Kampf sicher richtig. Heute aber mag man nicht mehr kämpfen wie die Väter. Deshalb kann und soll man auf das Apostolikum in den Statuten verzichten.[684] So fehlt dem SEKV und vielen seiner Sektionen beides: ein klares Profil und ein von Weitem erkennbares Fähnchen der Identität. Doch Vereinigungen mit schwammiger Identität, werden kaum noch wahrgenommen. Sie wirken langweilig und wenig attraktiv auf die nachfolgende Generation.

Demgemäss scheint 1946 zum 75-jährigen Jubiläum des SEKV ein prominenter Festredner in den eigenen Reihen zu fehlen. Jedenfalls schreibt der Verein am 4. April 1946 einen werbenden Brief, in dem ein «sehr geehrter, lieber Herr Professor Barth» für das Hauptreferat am grossen Jubeltag im Herbst angefragt wird. Zweifellos erhofft man sich mit Karl Barth ein Zugpferd für eine grosse Zuhörerschaft an der Zürcher Feier. In einem handgeschriebenen Brief aus Locarno vom 9. April 1946 antwortet Karl Barth postwendend dem «sehr geehrten Herr Pfarrer» vom SEKV in erfrischender Klarheit:

> Die Positiven im Sinn des S.E.K.V. auf der einen und ich auf der andern Seite sind nach den Eindrücken, die ich immer wieder hatte und habe, Leute, die

---

684 Vgl. Jahresbericht SEKV 1913.

18. Geistliche Sterbephase (1945–1990) 277

zu wenig Heu auf derselben Bühne haben, als dass wir in richtigem Frieden und mit richtiger Freude zusammen Jubiläum begehen könnten.[685] Karl Barths Auftritt am 75-Jahr-Fest in Zürich wäre, so der Basler Professor, «eine Vorspiegelung falscher Tatsachen». Man könne eben nicht «den Fünfer und das Weggli» haben. Nach Barths Meinung sind die «schweizerischen Positiven» während des deutschen Kirchenkampfs «aus ganzem Herzen bei [Bischof] Wurm [...] und eben nicht auf dem Boden von Barmen-Dahlem, nicht bei Niemöller gestanden»[686]. Diese erfrischend kalte Dusche aus Locarno offenbart eine Täuschung und Schwäche der SEKV-Verantwortlichen. Wohl besteht – im Unterschied zur Historisch-kritischen Theologie – durchaus eine Nachbarschaft zur Wort-Gottes-Theologie von Barth und Brunner. Aber für ein gemeinsames Jubel- und Erntefest fehlt offenbar doch ein ausreichender «gemeinsamer Heuboden». Ein Hauptreferent zum 75-jährigen Jubiläum der SEKV mit einer inneren Distanz zu ebendieser Organisation? Dies ist doch ein sonderbarer, widersprüchlicher Sachverhalt.

Auch Emil Brunner lässt sich zwar gern als Kandidat für seine Zürcher Professur durch die Evangelisch-Kirchlichen empfehlen und sitzt lange Jahre im Synodalverein der «Positiven», die EKVZ selbst aber hält er sich eher auf vornehme Distanz.[687]

Durch das Nein der Basler Koryphäe ernüchtert, versucht es der SEKV mit dem 78-jährigen alt Rektor der Zürcher Handelsschule, Professor Theophil Bernet (1868–1946), einem «Kämpfer» und «früheren Kassier, Präsident und Vizepräsident des Vereins». Bernet, kein Theologe und ein Vertreter einer verflossenen Generation, hätte zweifellos das Zeug für ein freudiges und zupackendes Jubelreferat. Da er aber kurz vor dem Jubiläum einem Herzversagen erliegt, sprechen Prof. Gottlob Schrenk, Pfarrer Dr. Hermann Grossmann und Pfarrer Dr. Hans Martin Stückelberger an den festlichen Jubiläumsveranstaltungen im Glockenhof über

---

685 Eine Kopie der Anfrage vom 4.4.1946 sowie des Briefs von Karl Barth vom 9.4.1946 befinden sich derzeit im Archiv des SEKV bei Pfrn. S. Schuppli, Gladbachstrasse 40 in Zürich, demnächst im Staatsarchiv Zürich.
686 Ebd.
687 F. Jehle, Emil Brunner. Theologe im 20. Jahrhundert (2006), 184. Eine Kommission des EKVZ gelangt zuhanden der Fakultät zum Schluss, Brunner «für einen positiven Theologen zu halten», was damals eher erstaunt, vgl. StAZ TT 20.3 (1923), 727. Emil Brunners Eltern sind in Winterthur aktive Mitglieder des «Evangelischen Vereins». Beim «Kirchenfreund» fehlt Brunners Name im Verzeichnis der Redaktoren, bei der «Reformatio» seines Schülers P. Vogelsanger dagegen figuriert er von Anfang an in der Herausgeberkommission.

die Gottheit Jesu und das unverkürzte Evangelium.[688] Karl Barth hat mit seiner distanzierten Absage dem Verein einen guten Dienst erwiesen. Auch der Schock von Bernets Hinschied, diesem «Kämpfer und Freund», war zugleich «ein Aufruf zur Treue»[689].

Pfarrer Peter Vogelsanger, seit 1943 im Vorstand des SEKV, behauptet nach dem Krieg, die Hauptfront für die Evangelisch-Kirchlichen liege «heute nicht mehr auf der Seite des theologischen Liberalismus»[690], sondern «gegen die Welt hin». Wenn sich im Protestantismus nichts ändere, werde «Rom mit seiner Klugheit [...] immer mehr das Feld erobern». Der Protestantismus müsse sich «aus seiner kirchlichen Verengung und Inzucht, aus seiner Zersplitterung und Sterilität» aufraffen, «um den Glauben an den Erlöser wieder in alle Lebensgebiete hinauszutragen». Diese Überlegungen liessen, so Vogelsanger, «den Gedanken an eine neue Zeitschrift wach werden [...] Die neue Zeitschrift tritt nicht einfach anstelle des Kirchenfreundes, sondern mit ihr übernimmt der Schweizerische evangelisch-kirchliche Verein eine völlig neue Aufgabe. [...] Sind wir ‹Totengräber›, wenn wir das alte Blatt dieser neuen Aufgabe zu opfern bereit sind? [...] Der Geist bleibt der gleiche.»[691]

---

688 Vgl. Jahresbericht SEKV (1946/47), 5; Karl Barth und der SEKV: Karl Barths Verhältnisbestimmung in seinem Brief vom 9. April 1946 an die SEKV trifft wohl weitgehend zu. Die Sympathien der schweizerischen «Positiven» zum württembergischen Bischof Wurm statt zum radikalen Pfarrer Niemöller ist – wie Barth richtig bemerkt – allerdings nichts Ehrenrühriges. Hingegen steht der SEKV klar zum Barmer Bekenntnis, da geht Barth in seiner Kritik zu weit (vgl. den Leitartikel schon im SEKV-Jahresbericht (1933/34) von Pfr. Adolf Mousson). Am 30. Oktober 1946 schreibt Zentralpräsident Pfr. Grossmann an Pfr. Wiesmann in Riehen: «Wir wollen nicht die Diktatur einer Theologie.» Auch das mag K. Barth nicht gern gehört haben. Am 3. März 1947 kommt es in Zürich zwischen dem SEKV sowie K. Barth und Ed. Thurneysen zu einer «Chropflèèrete». «Gefunden hat man sich nicht, aber man hat brüderlich miteinander geredet» (Jb. 6). Pfr. Dr. Grossmann bemüht sich gegenüber der Leserschaft des SEKV-Bulletins 1946/47 um eine ehrliche Standortbestimmung: «Wenn wir uns auch nicht gesamthaft auf die Linie Karl Barths festlegen können, sondern für jede Schrifttheologie offen sind, so sind wir doch alle auch Schüler Karl Barths und haben durch ihn Entscheidendes deutlicher sehen gelernt» (Jb. 6).

689 Jahresbericht SEKV (1946/47), 5. Man muss dem SEKV zugutehalten, dass nicht nur Pfarrer Hermann Grossmann (Fraumünster), der verdiente Präsident des Zentralvorstands, sondern auch andere Kollegen, sich im weiteren Sinne als «Schüler Karl Barths» verstehen, weil sie «durch ihn Entscheidendes deutlicher zu sehen gelernt» haben (Jahresbericht 1946/47, S. 6).

690 Diese Ansicht wird jedoch nicht von allen geteilt. Der nur wenig ältere, reformatorisch-pietistisch gerichtete Pfr. Dr. Wilhelm Bernoulli im Vorstandsbüro der Evangelische Gesellschaft sieht das 1943 zum Beispiel gar nicht so.

691 P. Vogelsanger in der letzten Ausgabe des Kirchenfreund, Jahresband 1951, 344, unter der Überschrift «Mein Dank an den ‹Kirchenfreund›.»

1951 erscheint der letzte Jahrgang des theologisch und kirchlich so lange Zeit profilierten und geliebten Blattes. In die Lücke springt ab 1952 die «Reformatio», eine zünftige «Zeitschrift für evangelische Kultur und Politik», herausgegeben von Peter Vogelsanger (1912–1995), der später ans Fraumünster berufen wird. Mit hochkarätigen Beiträgen will der prominente Vertreter der Dialektischen Theologie das Erbe der Reformation in der Auseinandersetzung mit Zeitfragen lebendig erhalten. Peter Vogelsanger gelingt zweifellos die Schaffung einer renommierten protestantischen Zeitschrift, allerdings um den Preis der ursprünglichen Stossrichtung der evangelisch-kirchlichen Bewegung. Demgemäss entfremdet sich «Reformatio» allmählich dem SEKV und ist für die Basis immer weniger dessen Sprachrohr, wie es der «Kirchenfreund» so lange gewesen ist. Dennoch hält der EKVS-Vorstand noch erstaunlich lange in zäher Treue an seinem «Kind» fest, «auch wenn es andere Wege geht»[692]. Noch einmal begegnet hier diese merkwürdige Überzeugung einer lauen Halbheit, wohl auch deshalb, weil sich der SEKV-Vorstand über den Kurs des eigenen Schiffs in sich selbst nicht einig ist[693] und dazu kaum noch eine ernsthafte Alternative für ein anderes Mediengefäss in Sicht ist.

1984 erscheint die Zeitschrift in der neuen Trägerschaft des «Vereins Reformatio». Mehr und mehr profiliert sich die Zeitschrift vor dem Hintergrund eines aufgeklärten Protestantismus. Autoren und Autorinnen wie Paul Tillich, Kurt Marti, Marga Bührig oder Adolf Muschg bestätigen diese Tendenz. Die Zahl der Abonnenten schmilzt dahin. Schliesslich wird die «Reformatio» zum Dokument eines Zeitstroms, der auch ohne sie fliesst. Vogelsangers beschworene Hinwendung «gegen die Welt hin» endet – in der Welt. Wer mit der Zeit geht, *geht* mit der Zeit. Ein wacher Theologe wie er hat diese Entwicklung vielleicht schon beizeiten geahnt.

Peter Vogelsanger ist damit einerseits der Totengräber des Kirchenfreunds, und andererseits aber auch nicht. Die letzte Präsidentin der EKVS lässt die Frage halbwegs offen, neigt aber doch zu einem Ja: «Wie kann man so selbstverständlich vom gleichen Geist reden? [...] Weiss er [Vogelsanger] denn nicht, dass dem wahren Christentum kein Zuspruch von weltlicher Seite beschieden ist? Dass Jesus Christus ein Zeichen ist, dem widersprochen wird (Luk 2,34)?»[694]

---

692 E. Altorfer, in: Jahresbericht EKVS (1982/83), 3.
693 Vgl. Jahresberichte EKVS 1978/79; 1980/81.
694 S. Schuppli, 500 Jahre Reformation, 146 Jahre EKVS (2017), 31. Dass der Geist der Dialektischen Theologie und des Pietismus nicht derselbe sein kann, weiss man spätestens seit Barths negativer Darstellung des Pietismus, insbesondere bei August Tholuck (1799–1877), in seiner «Geschichte der protestantischen Theologie des 19. Jahrhunderts» (1946). Dekan Georg Rudolf Zimmermann (1825–1900) besucht auf seiner

18.3 Grenzen der Dialektischen Theologie: Wo sind reformatorisch-pietistische Profile?

Pfarrerin Susanne Schuppli (Zürich), die letzte Präsidentin des EKVS, bezeichnet Dialektische Theologen, die ihr seit der Zeit des eigenen Religionsunterrichts bekannt sind, als «schillernd»: «Sie geben widersprüchliche Signale.» Auf der einen Seite beschwören sie Gottes Wort und den Geist der Reformation, auf der anderen Seite belächeln oder verhöhnen sie den Pietismus und die Evangelisch-Kirchlichen.[695] Peter Vogelsanger erhebt zu Unrecht den Vorwurf der Weltabgewandtheit, der konfessionalistischen Kleinlichkeit und der individualistischen Innerlichkeit an die Adresse des «Kirchenfreund» und seiner Leserschaft. Die Kritik, die er dem Protestantismus gegenüber äussert, liegt damals in der Luft.[696] Sie hat zwar im Grundsatz eine gewisse Berechtigung, insgesamt aber ist sie zu pauschal. Auch in Zürich gehören die Pietistinnen und Pietisten rund um die Evangelische Gesellschaft zu den wenigen, die ihr Licht leuchten lassen, indem sie sich seit dem 19. Jahrhundert um die Mühseligen und Beladenen kümmern und dabei meist ohne Lohn auch grosse persönliche Opfer bringen. Kritik in dieser Art von staatsbesoldeten Pfarrern und Theologen ist immer zwiespältig. Durch ihre Front gegen alles Mystische und Pietistische haben Dialektische Theologen die persönliche und spirituelle Dimension des evangelischen Glaubens stark zurückgedrängt.

Aus der Distanz gesehen bleibt die «Reformatio» zwar eine beachtliche und beachtete Zeitschrift. Sie nimmt indes dem SEKV den bewährten «Kirchenfreund» nicht ohne Spannung und Streit aus der Hand und endet selbst im weltlichen Mainstream. Ob der Kirchenfreund als solcher auf die Dauer hätte überleben können, ist allerdings fraglich. Zu lange haben sich die ehemaligen «Positiven» und Evangelisch-Kirchlichen auf Vertreter der Dialektischen Theologie verlassen und das kämpferisch-mis-

---

Reise in Halle Tholucks Vorlesung und Abendpredigt, Meta Heusser bezeichnet Tholuck im Gegensatz zu Alexander Schweizer als einen «Kirchenvater der Gläubigen». Vgl. T. & A. Zimmermann, Georg Rudolf Zimmermann (1903), 47; M. Heusser, Memorabilien, Hg. R. Schindler (2007), am 10. Mai 1839.
695 S. Schuppli, a.a.O., 29; vgl. auch K. Barth, Geschichte der protestantischen Theologie im 19. Jahrhundert (1946,3. Aufl. 1960) insbes. 459 ff.
696 Vgl. K. Barth, Die protestantische Theologie des 19. Jahrhunderts (1946,3. Aufl. 1960): Gerade die Erweckungstheologie habe «den Menschen dazu angeleitet, sich mit sich selbst zu beschäftigen, um sich selber zu rotieren, sich selber wichtig, ja tragisch zu nehmen» (465). Diese Art von Kritik überträgt Vogelsanger auf die Kreise um die EKVS.

sionarische Erbe der Väter verkümmern lassen.[697] Der religiös-soziale Theologe Leonhard Ragaz schreibt 1926 in einem Rundbrief an seine Freunde, «das Auftreten der Barth'schen Theologie hat unsere Sache vielfach gelähmt»[698]. Analoges dürfte für die «Positiven» im Blick auf ihre Kernthemen gelten. Schon seit der Zwischenkriegszeit und dann vor allem nach dem Zweiten Weltkrieg fehlen diesen geschwächten Kreisen eigene prominente Köpfe, Geister und Profile, die im Horizont der neuen Zeit sowohl dem Erbe des zupackenden Pietismus als auch der reformatorisch-bibeltreuen Theologie verbunden sind, wie dies bei den markanten Gründergestalten im 19. Jahrhundert der Fall war. Die kirchliche Atmosphäre steht dermassen stark unter dem Einfluss der Dialektischen Theologie, dass pietistisch-reformatorische Sprache eher als «Stimme von gestern» wahrgenommen wird. Auch deshalb passt der «Kirchenfreund» nicht mehr recht in die neue Zeit.

Mehr noch, das Schicksal der Zeitschrift steht für das Geschick der evangelisch-missionarischen Kreise, Gemeinden und Werke überhaupt, deren Bedeutung im Koordinatensystem der neuen Ära rasch dahinschmilzt. Die sanften Anpassungen an Wort und Geist der Zeit helfen wenig, sondern lassen das eigene Profil sogar zusätzlich verkümmern. Vom Aufstieg der Wort-Gottes-Theologie zu Recht erfreut, entgeht den «Positiven» die klare Erkenntnis, dass die Dialektische Theologie auch Defizite hat, die man mit eigenen Kräften und Profilen energisch korrigieren und ergänzen müsste, um das Anliegen der Evangelisation und der Inneren Mission auf dem Platz Zürich ausreichend zu fundieren und überzeugend zu vertreten.

Provokative Akzente und Stacheln sind nicht mehr Sache der «Positiven». Zu lange scheut man Klarsicht, Kampf und Opposition als inopportun und verkennt die neuen Zeichen der Zeit. Ansätze und Vorbilder gäbe es genug bei den eigenen Kämpfern des 19. Jahrhunderts oder bei unverwaschenen Profilen wie Adolf Mousson aus hugenottischem Geschlecht (gest. 1934). Nun aber verlässt man sich gerne auf kirchenliebe Theologen, die nur halbherzig die Anliegen und Bedürfnisse der Inneren Mission und der Evangelisation vertreten. Man übersieht, dass die gefährlichen Brände des 19. Jahrhunderts trotz der Überwindung zweier Weltkriege noch lange nicht gelöscht sind, sondern im Gegenteil wieder näher und näher rücken und auch das eigene Haus bedrohen.

---

697 Das Motiv des Kämpfens – in satten Kirchen längst vergessen – ist ein wesentlicher Bestandteil vor allem der Paulus-Briefe, vgl. z.B. Röm 15,30; Phil 1,27; Eph 6,12; 1Thess 2,2; 1Tim 6,12; 2Tim 4,7.
698 Ch. Ragaz, u.a. (Hg.), Leonhard Ragaz in seinen Briefen, II (1982), 334.

18. Geistliche Sterbephase (1945–1990)

Das 19. Jahrhundert strotzt auf vielen Gebieten vor menschlicher Selbstvergottung. Der ganze Strom protestantischer Theologie im Gefolge Friedrich Schleiermachers ist «Gefühls- und Bewusstseinstheologie [...] Das christlich fromme Selbstbewusstsein betrachtet und beschreibt sich selbst: das ist grundsätzlich das Ein und Alles dieser Theologie.»[699] Diese Entwicklung führte im Ersten Weltkrieg zum Bankrott neuprotestantischer Theologie und Kirche.[700] Der wache Zeitzeuge Friedrich Nietzsche (1844–1900) hielt seiner Epoche beizeiten den Spiegel vor und sprach vom Gottesmord und Modergeruch der Kirchen. Wie Blitz und Donner, sagte der Philosoph mit dem Hammer, so benötige auch der Gottesmord eine gewisse Zeit, bis er die Ohren der Menschen erreiche. Dann aber stehe allenthalben die Frage im Raum: Was sind denn diese Kirchen noch anderes als «Grüfte und Grabmäler Gottes»[701]? Es war für pietistische Kreise und Werke der Inneren Mission noch nie gut, sich etablierten Kirchen und Mehrheits-Theologien anzudienen. Für einen zukunftsfähigen und konstruktiv-kritischen Pietismus und dessen Werke gilt zeitlos das geflügelte Wort: «In der Kirche, so weit wie möglich mit der Kirche, aber nicht unter der Kirche», oder wie Hermann Grossmann es ausdrückt: «Die Landeskirche ist uns Dach, nicht Fundament.»[702]

1945 liegen die deutschen Städte in Schutt und Asche. Nur die kulturellen Säulen stehen scheinbar noch weitgehend intakt in der (auch geistlich) verwüsteten Landschaft. Doch wer sich auf diese Optik verlässt, erliegt einer Täuschung. Es sind die revolutionären Säkular-Ideologien aus den Sümpfen des 18. und 19. Jahrhunderts, die den Kontinent Europa im 20. Jahrhundert in den Übermut zweier Weltkriegs-Katarakte hineinziehen. In der Nachkriegszeit führen die gleichen alten Säkulargeister in neuen Farben und Gewändern den ganzen Kontinent in den Niedergang einer Glaubenslosigkeit und Ichkultur, welche die Menschen vereinsamen

---

699 K. Barth, Theologie des 19. Jahrhunderts (3. Aufl. 1960), 409.
700 Der Neuprotestantismus oder Kulturprotestantismus versucht seit dem 19. Jahrhundert, seine christliche (Bildungs-)Religion mit der offiziellen Kulturentwicklung in Einklang zu bringen. Dabei lässt er die biblische Heilsgeschichte fallen und erklärt die moderne Entwicklungsgeschichte zur Maxime theologischen Denkens. Dem Alten Testament eher abhold, setzt er auf kulturelle Entwicklungsprozesse im Rahmen neuzeitlicher Säkularität. Der Begriff «Neuprotestantismus» stammt von Ernst Troeltsch. Hans-Joachim Kraus spricht von einer «modernen Gnosis, die sich von der Autorität des Wortes Gottes löst, um sich allgemeineren Kategorien zu öffnen». Vgl. H.-J. Kraus, Geschichte der historisch-kritischen Erforschung des AT (1956, 5. Aufl. 1991), 99–101.
701 F. Nietzsche: Die Fröhliche Wissenschaft (1887, ND 2017) Buch III, Abschnitt 125.
702 Brief von H. Grossmann an G. Wieser in Riehen vom 30. Okt. 1946, in: Ordner EKVS im Büro der EKVZ.

lässt.⁷⁰³ Die freudmarxistische Kulturrevolution der Achtundsechziger und ihre ungezählten Nachbeben fegen über den europäischen Kontinent und fügen den Kirchen sowie der ganzen christlich-jüdischen geprägten Kultur nachhaltigen Schaden zu. Dieser Umsturz vermag zu bewirken, was selbst die zerstörerischen Mächte des Zweiten Weltkriegs nicht schafften: Kirchen und Christentum geraten in schwerste Bedrängnis. Auch die Zürcher «Positiven» vermögen nicht zu widerstehen.

18.4 Der Knick in den Statistiken ab 1970

Alle kirchlichen Statistiken zeigen ab 1970 einen signifikanten Knick und ab da einen schmerzhaften Mitgliederschwund der Kirchen. 1970 gehören noch 660 000 Personen (58,1 % der Bevölkerung) zur Reformierten Kirche des Kantons Zürich. Ganze 96,9 % der Bevölkerung sind damals christlicher Konfession. Nur 50 Jahre später (2020) zählen sich kantonsweit noch 406 800 Personen (26,2 %) zur Reformierten Kirche, 375 901 Personen (24,2 %) sind katholisch.⁷⁰⁴ Gerade noch 50,4 % der Zürcher Einwohnerschaft gehören Ende 2020 zu einer christlichen Landeskirche, Tendenz sinkend. In der Zwinglistadt selbst leben 2020 56 %, die zu keiner Landeskirche gehören, gefolgt von 25 % Katholiken und 19 % Protestanten. Diese gewiss multifaktorielle Entwicklung ist kein Zufall.

Im Zuge dieser tiefreichenden Veränderungen erfahren nicht nur die Evangelisch-reformierte Kirche, sondern auch die Evangelische Gesellschaft und die Evangelisch-kirchliche Vereinigung in einen empfindlichen Niedergang. Breite Kreise der herrschenden Theologie bleiben diesen Strömungen gegenüber auffallend gelassen, vielleicht auch blind.⁷⁰⁵ Mit dem Aufstieg einer säkularen Gesellschaft und dem Rückgang christlicher

---

703 W. Künneth, Der grosse Abfall (1947); N. Ferguson, Der Niedergang des Westens (2014). Auch Emil Brunner sieht schon in den dunklen 1930er-Jahren die «innere Säkularisierung der Kirche [...] seit der Aufklärung [...] als eine noch viel ernstere Gefahr [...] als die äussere.» Diese Zusammenhänge sind dem heutigen Protestantismus kaum noch bewusst oder sie werden tabuisiert. Vgl. E. Brunner, Um die Erneuerung der Kirche (1934), 26.
704 Jahrbuch 2020 des Statistischen Amtes des Kantons Zürich, 89.
705 Emil Brunners «grundsätzliche Ablehnung auch des roten Totalitarismus» setzt sich im ÖRK nicht durch. Anders Karl Barth. Noch an einer Tagung 1951(!) in der Casa Locarno vertritt Karl Barth «mit Nachdruck» die Meinung: «Hitler war ein Verbrecher, ein Narr, das wissen wir alle. Das kann man aber von Stalin nicht sagen. Ganz anders steht es mit Stalin! Stalin geht es um die soziale Frage.» Vgl. W. Künneth, Lebensführungen (1979) 130f; E. Brunner, Wie soll man das verstehen? Offener Brief an Karl Barth, in: K. Barth, Offene Briefe 1945.1968, GA 15 (1984), 149.

Spiritualität und Opferbereitschaft verteilen sich die Aufgaben diakonischen Dienens auf immer weniger Schultern.[706] Einst bewährte Werke der Inneren Mission werden mit Steuergeldern weitergeführt, da die Kraft des Geistes, der einst diese Glaubenswerke stets wundersam erneuerte[707], mehr und mehr entweicht. Geld ersetzt den Geist – ein Prinzip des materialistischen Gesellschaftsmodells. Damit hört der tägliche Gottesdienst der Liebe auf. Der geistliche Boden, auf dem die Kirche steht, wird unbedeutend und scheinbar entbehrlich.

18.5 Kampf der Kulturen: Sozialarbeit statt Innere Mission und Evangelisation

Im raschen Wechsel säkularer Luftzüge wird es zusehends schwieriger, die Flagge des biblischen Glaubens zu hissen. Zwar führt die Evangelische Gesellschaft in den 1950er-Jahren in alter Treue ihre Evangelisationen weiter, doch nur mit mässigem Erfolg. 1960 ist die Mehrheit der Landmissionen überaltert. In Zürich leisten die Werke der Stadtmission auch nach dem Krieg noch gute praktische Arbeit, wenn auch ihre innere Kraft nicht mehr an die Vorzeit einstiger Blüte heranreicht. Drei Stadtmissionare absolvieren 1949 immer noch 1 500 Hausbesuche. In den Briefblättern an die Mitglieder und Freunde meldet die Stadtmission 1953: «Der Hausbesuch ist unter vielen möglichen Wegen immer noch der beste.»[708] Doch die Lage ändert sich wie flüchtige Schatten: Sechs Jahre später ist «dieser einst wichtigste Zweig der Stadtmission» immer mehr «verwaist».[709] Die unterschiedliche Einschätzung hängt wesentlich zusammen mit den jeweils zuständigen Pfarrpersonen. 1954/55 lanciert Kurt Scheitlin neue Aktivitäten in der Strassen- und Mitternachtsmission, wobei er teilweise an die Methoden des legendären Stadtmissionars Ignaz Heyn in den 1930er-Jahren anknüpft.[710] Die Telefonseelsorge «Dargebotene Hand», gegründet nach englischem Vorbild am 11. Oktober 1957, ver-

---

706 Schon 1944 melden die «Briefblätter» der Evangelische Gesellschaft in Nr. 17, 6: «Eine Stellung nach der andern wird aufgegeben, aber das Verhältnis zwischen den gestellten Aufgaben und den verfügbaren Kräften gestaltete sich nicht günstiger, sondern nur noch schlimmer.» Sichtbar wird der Prozess auch im radikalen Rückgang der Diakonissen ab den 1950/60er-Jahren.
707 Jesaja 40,31
708 Briefblätter der Evangelische Gesellschaft an ihre Mitglieder und Freunde, Nr. 52 (Sept. 1952), 2.
709 Briefblätter, a.a.O., Nr. 77 (Sept. 59), 3.
710 Jahresbericht EKVS (1954/55), 16–17.

zeichnet bald einmal 3 000 Anrufe.[711] Schon bei Scheitlin vollzieht sich indes ein erster Wechsel vom biblisch Missionarischen zur modern verstandenen Diakonie.[712] Pfarrer Heck bringt durch das Foyer am Limmatquai neuen Schwung in die Stadtmission.[713] Unter seiner Leitung entwickelt sich die Telefonseelsorge zu einem blühenden Arbeitszweig.

Sein Nachfolger, Pfarrer Paul Gerhard Möller, sieht die Aufgabe der Stadtmission gut pietistisch darin, «anderen Mut zu machen, dass sie es auch mit Jesus wagen» (H. Bezzel).[714] Er sieht im Foyer «ein aufgerichtetes Zeichen mitten in der Altstadt in einem florierenden Geschäftsviertel am Tag, umbrandet von Laster und Schande, Jammer und Elend des Nachts».[715] Auf Möllers Kurs folgt eine kleine Erweckung. Eine Gruppe von Studenten «ringt in ernsten Gesprächen um die Wahrheit». Dazu kommen über 30 Mittagsgäste. Mitte der 1960er-Jahre führt Stadtmissionar Möller Monat für Monat 75 seelsorgerliche Gespräche mit Menschen aus dem Milieu von Prostitution und Trunksucht. In 37 aufgesuchten Lokalen kommt es im Lauf eines Jahres zu 1300 nächtlichen Begegnungen und 720 eingehenden Gesprächen. 1966 bekennt sich Pfarrer Möller erneut zur Evangelisation: «Je grösser die Verweltlichung, je schmerzlicher die Entkirchlichung an vielen Orten, je verschwommener oft die Predigt, desto notwendiger der Dienst der Evangelisation!»[716] Auch Pfarrer und Gemeinden fragen wieder vermehrt nach Evangelisation. 1969 schult Möller seine Mitarbeiter und Gäste in zwei Bibelwochen und einem Bibelseminar, das 25 Personen besuchen.[717] Lehrlinge treffen sich im Foyer zu Gesprächen über Lebensfragen, Bibelstunden und Basteln.[718] Der langjährige Präsident Walter Duppenthaler (1953–1975) und dessen Vize Pfarrer Dr. Wilhelm Bernoulli unterstützen diesen Kurs. Doch 1969 tritt der markante Bernoulli altershalber aus dem Vorstand zurück.

Der Jahresbericht 1975 des neuen Stadtmissionars Pfarrer Claude Fuchs atmet allerdings einen spürbar anderen Geist. «Solidarität statt Gönnerhaftigkeit» und «Predigen ist nicht genug» heissen seine neuen Schlagworte. Von Jahr zu Jahr kommt der Jahresbericht der Stadtmission

---

711 Jahresbericht EKVS (1959/60), 19. Gegründet in Zusammenarbeit mit Gottlieb Duttweiler. Heute mit Hunderten freiwilliger Mitarbeiter/-innen in verschiedenen Regionen und Vereinen ca. 180 000 Anrufe via Tel. 143.
712 Meyer/Schneider, Mission und Diakonie (2011), 156.
713 Jahresbericht EKVS (1960/61), 18.
714 Jahresbericht der Evangelischen Gesellschaft (1965), 10.
715 Ebd.
716 Jahresbericht EKVS (1965/66) 23; ebenso Jahresbericht der Ev. Ges. (1965), 12.
717 Jahresbericht der Evangelische Gesellschaft (1969).
718 Jahresbericht der Evangelische Gesellschaft (1967).

nun säkularer daher. Das Jugendcafé (JUCA, seit 1973) sei zu einer «kleinen Oase geworden, zu einem Ansatz dessen, was mit dem AJZ gemeint wäre»[719]. 1980 führt der neue Kurs zum Eclat. Präsident Walter Stotz tritt zurück und trennt sich von der Evangelische Gesellschaft; ein Jahr später verlässt auch Pfarrer Fuchs die Stadtmission und wechselt in ein Pfarramt. Für die Evangelische Gesellschaft markiert dieser Zusammenstoss zweier Welten den Beginn eines dramatischen geistlichen Niedergangs.

Auf den Predigtstationen verkünden die Prediger der Evangelischen Gesellschaft «das Wort» noch immer «mit grosser Freudigkeit». Die Relativierung der Heiligen Schrift durch die Historisch-kritische Theologie öffnet Tür und Tor für den revolutionären Geist der emanzipativen 68er-Kultur, die von vielen als grosse Befreiung und Inspiration zu neuen Wegen begrüsst wird. Die Kulturrevolution der Neuen Linken erreicht die Evangelische Gesellschaft und auch die Evangelisch-Kirchlichen ab den späten 1960er-Jahren.

Im Zug der neuen Trends rücken in der Stadtmission ab den 1960/70er-Jahren vermehrt Randgruppen wie Drogenabhängige, gefährdete Jugendliche, Alkoholsüchtige und Prostituierte in den Fokus.[720] Fortan steht auch nicht mehr die biblische Rettung aus Sünde und Elend durch den Erlöser Jesus Christus im Mittelpunkt. Man orientiert sich neu an den sozialen Verhältnissen im Koordinatensystem der aktuellen Säkularität. Die Randständigen haben nun nicht primär etwas falsch gemacht, sondern sie gelten als Opfer unglücklicher Umstände ihrer Jugend und sind dabei durch die Maschen der Leistungsgesellschaft gefallen. Dieser vulnerablen Klientel begegnet die neue Sozialtherapie nicht mehr mit «vereinnahmender Evangelisation»[721], sondern mit verständnisvoller Solidarität. Natürlich geschah der Dienst der Inneren Mission schon immer mit Gesprächsbereitschaft und Hingabe. Doch der politische Wandel zum Schlagwort der Solidarität vollzieht sich in einem ideologisch gefärbten Gefühl der Überlegenheit gegenüber dem christlichen Ansatz der Diakonie und Inneren Mission. Der Sozialarbeiter verdrängt den christlichen Seelsorger. Die neue Situationsanalyse, beruhend auf dem

---

719 Jahresbericht der Evangelische Gesellschaft (1975), 8.
720 Der kulturrevolutionäre Sturm von 1968 schafft sich in Europa selbst eine Drogenszene. Diese Phänomene sollen dann durch neue Konzepte der Sozialarbeit im Sinne säkularer Kultur therapiert werden. Vgl. H. Marcuse, «Triebstruktur und Gesellschaft» (1965, ND 2010). Die Wirkung von Marcuse und anderen Exponenten der Frankfurter Schule auf die intellektuelle und pseudointellektuelle Jugend ist explosiv und nachhaltig.
721 Meyer/Schneider, Mission und Diakonie (2011) 179.

18. Geistliche Sterbephase (1945–1990)

Menschenbild der Neuen Linken, entwickelt sich in Abgrenzung zum Geist biblischer Seelsorge. Das nun moralistisch verstandene Wort Sünde zum Beispiel wird zum absoluten No-Go. Diesbezüglich steht die Stadtmission der Evangelischen Gesellschaft an vorderster Front. Im Foyer am Limmatquai 112 treffen sich, getrieben von den Wellen der Zeit, die buntesten Leute zu Diskussionen, zum Ausruhen, zu Sitzungen und (wenige) zu Bibelarbeiten. Hans Rudolf Rüfenacht erinnert sich: «Wir haben mit den jungen Leuten diskutiert, gejasst, Kaffee getrunken.»[722] Dies alles gehört zweifellos auch zur Gassenarbeit. Wenn sich aber Diakonie in derlei Solidarität erschöpft, wenn es nicht mehr gelingt oder bewusst vermieden wird, über «das Eine, das nottut» zu sprechen (Lk 10,42), dann handelt es sich zwar um selbstbewusste moderne Sozialarbeit, doch ihr fehlt die innerste christliche Dimension.

Die Gesellschaftsanalyse der Neuen Linken beinhaltet durchaus diskutable Aspekte auch für die christliche Seelsorge, indem sie zum Beispiel die Gerechtigkeit stärker thematisiert oder da und dort falsche Enge und Gesetzlichkeit aufdeckt. Aber mit der Analyse, man habe nun den Wechsel vom «Vereinnahmend-Missionarischen zum Diakonischen» vollzogen, macht es sich die neue Generation etwas zu einfach. Die Schuldzuweisung der Vereinnahmung an die Adresse der Vätergeneration zeugt von wenig Sachverstand und Geschichtsbewusstsein.[723] Das Vorurteil gegenüber den pietistischen Vätern und Müttern – die gewiss nicht fehlerlos waren – mag auch die Folge eines durchzogenen Generationenverhältnisses sein, was für die Ära 68 geradezu typisch ist. Die viel gerühmten «neuen Wege» in der Seelsorge sind aber auf jeden Fall auch die Folge einer säkularen Erfahrungstheologie, die ab den späten 60er-Jahren immer dreister und selbstbewusster als befreiend und alternativlos daherkommt.[724] Nicht ein frommer Pietist, sondern der ehemalige Katholik Dr. Andreas Rose, langjähriger Heimarzt der «Herberge zur Heimat», kriti-

---

722 Meyer/Schneider, Mission und Diakonie (2011), 155.
723 Meyer/Schneider, Mission und Diakonie (2011), 151–154: «Diakonie statt Bekehrungsanspruch», «diakonisch statt vereinnahmend-missionarisch»; «Gesprächsbereitschaft statt Vereinnahmen oder Evangelisieren» (169), «vereinnahmende Evangelisation» (179).
724 So das Bekenntnis von Rüfenacht gemäss Meyer/Schneider, a.a.O., 169; Zur historisch-kritischen Denkweise vgl. A. Sierszyn, Die Bibel im Griff? (1978, 2. Aufl. 2001). Zum Meister der neuen, «nicht-direktiven» Seelsorgebewegung avanciert zunächst der Amerikaner Carl R. Rogers, Counceling and Psychotherapy (1942, ND 2007), ähnlich D. Stolberg, Therapeutische Seelsorge (1970). Dagegen: J.E. Adams, Befreiende Seelsorge (1972). Zum ganzen Spektrum vgl. D. Nauer, Seelsorgekonzepte im Widerstreit (2001).

siert später frei und offen, die Evangelische Gesellschaft komme «dem Stiftungszweck der Verkündigung zu wenig nach».[725]

Im Diakoniewerk auf dem Zollikerberg leitet in den 70er-Jahren Hans van der Geest Kurse für liberal orientierte CPT-Seelsorge. Sein Plädoyer für Homosexualität im Kirchenboten führt 1982 zur Trennung. Im Jahresbericht heisst es: «Das Diakoniewerk übt eine freie Toleranz und weiss sich zugleich dem Inhalt der Heiligen Schrift verpflichtet.»[726]

18.6 Vom Siegeslauf der Historisch-kritischen Theologie

Im Leitartikel des SEKV-Jahresberichts 1969/70 vernehmen die Leserinnen und Leser der evangelisch-kirchlichen Sektionen neue Töne. Unter dem Titel «Warum wir Gottesdienst halten» liefert Präsident Pfarrer Dr. Werner Schatz ganz im Stil der Zeit eine analytische Vorlesung: Der Gottesdienst mit Predigt, Singen und Beten sei fraglich geworden, vielen gehe es dabei nicht nur um Stil und Form, sondern auch um den Inhalt. Nicht wenige Pfarrer setzten darum nur noch auf die sozial-politische Arbeit. Einige halten überhaupt keinen Gottesdienst mehr, und die es noch tun, betonen immer wieder, dass das nicht unbedingt zur Führung des christlichen Lebens gehöre. Dem hält der SEKV-Präsident entgegen: Wenn auch «die Zwölf-Zahl spätere Gemeindebildung sein sollte», so war es immerhin eine Gemeinschaft von Menschen, die sich von Jesus das Evangelium sagen liessen und die eine Neuorientierung ihres Lebens erhielten. In Jesus von Nazaret, «welche Titel er auch getragen haben mag» (!), erfuhren diese Menschen die gnädige Zuwendung Gottes.[727]

Ein Jahr später schreibt Pfarrer Schatz erneut auf der Frontseite des EKVS-Jahresberichts einen Beitrag über das «Problem der Offenbarung als Bibelwort».[728] Die grosse Freude des Evangeliums wird hier zum Problem. Demgemäss heisst es dann: «Im Raum der Kirche gab es Menschen, deren Glaube und Leben in der Urkunde des Alten und Neuen Testamentes ihren schriftlichen Ausdruck geschaffen hat.» Die Bibel als eine Urkundensammlung von Lebens- und Glaubenserfahrungen frommer Men-

---

725 Meyer/Schneider, a.a.O., 171.
726 U. Knellwolf, Lebenshäuser (2007), 168.
727 Jahresbericht EKVS (1969/70), 3. Gemeint sind die Titel «Christus», «Messias», «Herr», «Gottes Sohn» oder «Menschensohn». Gemäss der historischen Kritik hat Jesus diese Titel nie zu Lebzeiten getragen und sich selbst auch nicht so bezeichnet. Diese Titel wurden erst später durch die Gemeinden an ihn herangetragen.
728 Jahresbericht EKVS (1970/71), 3.

schen? Paulus schreibt: «Was kein Auge gesehen und kein Ohr gehört hat und was in keines Menschen Herz aufgestiegen ist, was Gott denen bereitet hat, die ihn lieben» (1Kor 2,9). Auch im Alten Testament beginnt das Evangelium nicht mit Glaubenserfahrungen, sondern mit dem Satz «Der Herr sprach zu Abram» (Gen 12,1).

Ganz ähnlich äussert sich Professor H.J. Stoebe im Leitwort des EKVS- Jahresberichts 1971/72:

> Gottes Wort war in menschlicher, zeitlicher Weise in die Sprache eines Volkes und in die Gedanken einer Zeit gekleidet. Menschliche Gedanken und Vorstellungen sind wechselnde Gefässe der Wahrheit. Darum wird die Gnade, die das Wort gegeben hat, zur Aufgabe, die Wahrheit Gottes einer Welt jeden Tag neu zu sagen, die jeden Tag anders wird, die jeden Tag vorwärtsschreitet [...] Darum können wir die alten Worte nicht in ängstlicher Treue wiederholen.[729]

Stoebe richtet diese Botschaft an alle Evangelisch-Kirchlichen der Schweiz. So haben aber die Gläubigen seit 2000 Jahren ihre Bibel nicht gelesen. Diese neue Botschaft umweht ein Hauch von Moralin. Die Heilige Schrift ist nun plötzlich nicht mehr Gottes Wort, sie enthält es nur noch in wechselnden Gefässen menschlicher Gedankenvorstellungen, Situationen und fortschreitender Ideen. Und der Schlüssel dafür, dass sich Gotteswort ereignen kann, liegt in der Werkstatt moderner Theologie. In solche Abhängigkeit kluger Menschen soll sich Gottes Volk begeben?

Nachdem Karl Barth die Tür zur historischen Kritik nur noch einen Spalt breit offengelassen hat, stösst nun eine neue Generation, getrieben vom Geist der Zeit, diese Tür wieder weit auf. Es ist, als sprächen hier Semler oder Schleiermacher, die Väter der modernen Bibelkritik, vor deren Wort und Theologie die Gründer der Evangelische Gesellschaft und der Evangelisch-Kirchlichen einst erschauerten. Treffend schrieb einst Lavater:

> [Christus ist hier nur noch] unser Gesellschafter, nicht unser Herr, nicht unser Haupt. Wir nehmen von ihm an, was wir wollen, nicht was er will [...] So kann kein Minister für seinen König, kein Patriot für sein Vaterland arbeiten, kämpfen, handeln, leiden – wie sie für den Gott Israels – für den Messias arbeiteten, kämpften, handelten, litten. Sie standen in Gott – Christus stand vor ihnen. Der Unsichtbare war ihnen gegenwärtig, die Zukunft ihnen nahe. Sie lebten in der unsichtbaren Welt, in Gottes Reich; ihr Wandel war im Himmel.[730]

---

729 So im Jahresbericht EKVS (1971/72), 4, ganz im Jargon der 70er-Jahre.
730 Zit. bei Wernle III, 244.

18. Geistliche Sterbephase (1945–1990)

Nach dem Denkansatz der Reformtheologie ist die Bibel lediglich eine Urkundensammlung von menschlichen Glaubensvorstellungen. So dringt ab 1969/70 eine veräusserlichte Theologie über die offiziellen Kanäle auch in die Reihen der Evangelischen Gesellschaft und der Evangelisch-kirchlichen Vereinigungen ein. Damit wird den Gläubigen «das Schwert des Geistes» aus der Hand genommen. Denn eine relativierte Bibel mit tausend «Inwieferns» und «Insoferns» hält dem Ansturm einer umfassenden Kulturrevolution, die sich alle Gebiete des Lebens unterwirft, nicht stand. Nur mit der ganzen «Waffenrüstung Gottes» kann die glaubende Gemeinde «am bösen Tag Widerstand leisten und alles überwinden und das Feld behalten» (Eph 6,10–17).

Der Schreibende hat im Sommer 1968 auf dem Campus von Marburg die aggressive Wucht der anbrausenden Revolte erlebt. Er erinnert sich noch gut, wie hilf- und ratlos der berühmte Professor Werner Georg Kümmel (1905–1995) erschrak, als er von den Revolutionären mit ihren runden Brillen und speckigen Haaren als «alter Opa» unsanft neben das Katheder gestellt wurde. Dort stand er während zweier Stunden zitternd mit seinem dünnen Ledermäppchen, bis das revolutionäre «Teach-in» vorbei war. Nur eine kleine Handvoll der 400 Studierenden erschrak über das Geschehen und fühlte Mitleid mit dem liebenswerten Professor. Die meisten waren begeistert von den ungezogenen Protagonisten der stürmischen Revolte. Nach dem Spektakel fuhr der Schreibende dem Professor mit seinem Velo nach und bedankte sich im Namen der Gruppe für seine gute Paulus-Vorlesung, was ihn freute.[731]

Auch in Zürich, am Evangelischen Lehrerseminar Unterstrass, freuen sich in den frühen 1970er-Jahren nicht wenige Studierende, dass ihnen der mit dem Zeitgeist kompatible historisch-kritische Ansatz auch in Bezug auf die Bibel vermittelt wird. Daneben existiert aber «am Semi» auch noch eine fromme Studierenden-Bibelgruppe, die im Stil der pietistischen Väterzeit schmerzlich «dafür betete, der Direktor, immerhin ein Theologe, möge sich bekehren lassen».[732] Diese theologische Entwicklung am Seminar Unterstrass in den revolutionären 1960/70ern steht exemplarisch für andere Werke der Inneren Mission – z. B. der Stadtmission –, die ebenfalls in dieser säkularen Zeit den pietistischen Bibelglauben der beherzten Mütter und Väter im Glauben hinter sich lassen und zu neuen Ufern aufbrechen.

---

731 Professor Kümmel lehrte von 1932–1950 auch in Zürich. W.G. Kümmel arbeitete grundsätzlich historisch-kritisch, was aber in seiner Paulustheologie nur am Rande zum Ausdruck kommt. Vgl. M. Dibelius/W.G. Kümmel, Paulus (1956, 4. Aufl. 1970, ND 2020).

732 Meyer/Schneider, Mission und Diakonie (2011), 170.

18. Geistliche Sterbephase (1945–1990)

Die neue, mit der Bibelkritik kompatible Predigtmüdigkeit spürt in den 1970ern auch die «Positiv-evangelische Vereinigung der Stadt Zürich», die nun jammert, Prediger für die Auferstehungsbotschaft auf den österlichen Friedhofsfeiern seien «nicht immer leicht» zu finden. Auf der anderen Seite wird zugleich gemeldet, die Predigtgemeinde St. Anna, die Lukasgemeinde sowie die Evangelischen Vereine Herrliberg, Horgen Wädenswil, Wetzikon, Uster und die Stadtmissionen Winterthur und Zürich «stehen alle in der sich verändernden Umwelt fest auf dem Grund des Evangeliums».[733] Offenbar spürt man hier die Bedrohung und flieht zum «Grund, der ewig hält».

18.7 Götterdämmerung: technisch-analytisches Denken ist nicht biblisches Denken

Vor und während des Zweiten Weltkriegs tritt die Historisch-kritische Theologie hinter das bibelorientierte systematische Denken von Karl Barth, Emil Brunner, Karl Heim oder Helmut Thielicke zurück. Die schwere Zeit sucht Halt und Festigkeit.[734] Der neue Optimismus der 1960er-Jahre und das beflügelte Vertrauen in Fortschritt und Technik folgt indes erneut dem alten titanischen Geist, der sich über die Bibel erhebt. Der moderne Mensch will selbst bestimmen, wer sein Gott ist. Nach der Entmythologisierung der Bibel durch die Bultmann-Schule dringen durch die revolutionären Umwälzungen und Erschütterungen ab 1968 auf breiter Front säkulare Mythen und Erzählungen in die westlichen Kirchen und das abendländische Denken herein. Diese umstürzenden Prozesse öffnen Vertretern einer neuen Generation die Augen über die Unvereinbarkeit der historisch-kritischen, d. h. einer veräusserlicht-technisch-analytischen Denkweise mit dem biblischen Denken und dem Geist des Wortes Gottes.[735] Diese «rein sachliche» und technische Art von Den-

---

733 Jahresbericht SEKV (1969/70), 21.
734 Bultmanns Entmythologisierungsprogramm zum Beispiel, 1941 in Alpirsbach vorgetragen, bleibt zunächst wenig beachtet und entfaltet seine volle Wirksamkeit erst in den 1960er-Jahren.
735 Das Ende der historisch-kritischen Methode: Vgl. G. Maier, Das Ende der historisch-kritischen Methode (1974); A. Sierszyn, Die Bibel im Griff? (1978, 2. Aufl. 2001). Ähnlich H.-G. Gadamer, Wahrheit und Methode (1960,7. Aufl. 2010). Gadamers berühmte philosophische Hermeneutik nimmt ihr Mass gerade nicht an der subjektiven Spiritualität, die idealistisch zwischen Wort und Sache trennt wie zwischen Leib und Seele, sondern an der biblisch-reformatorischen Inkarnation und (ausdrücklich!) an Luthers Christologie. Wort und Geist gelangen zur Wirklichkeit erst in der Inkarnation (Johannes 1,14). Damit trifft er sich mit J. G. Hamann: Wort und Sache lassen sich

ken beschert zwar den Naturwissenschaften grosse Erfolge, sie vermag aber in Theologie und Kirche nicht zu den «offenen Pforten des Paradieses»[736] zu führen.

Für Martin Luther besteht Theologie aus Gebet, Hingabe an Gottes Wort und Anfechtung.[737] Johannes Calvin bekennt: «In der Heiligen Schrift sehen wir Gott selbst gegenwärtig vor uns stehen.»[738] In solcher Hingabe füllen sich dem Glauben die leeren Gefässe. Da ist dann kein «garstiger Graben» mehr. Friedrich Nietzsche gibt den bedenkenswerten Rat: «Lebe im Verborgenen, damit du dir leben kannst! Lebe unwissend über das, was dein Zeitalter das Wichtigste dünkt! Lege zwischen dich und heute wenigstens die Haut von drei Jahrhunderten! Und das Geschrei von heute, der Lärm der Kriege und Revolutionen soll dir ein Gemurmel sein!»[739]

Die Veräusserlichung des Denkens ab den 1960er-Jahren ist ein Hauptgrund des kirchlichen Zerfalls, denn die Schafe zerstreuen sich, wenn die Hirten ihr Amt vernachlässigen. Nicht umsonst lautet der Wahlspruch der Kartäuser: «Stat crux dum volvitur orbis – Es steht das Kreuz, während die Welt in Aufruhr ist.»

18.8 Evangelisch-kirchliche Vereinigung von Stadt und Kanton Zürich (EKVZ)

Auch in den schrillen 1970er-Jahren stellen die «Positiven» von Stadt und Kanton Zürich zusammen mit der Evangelischen Gesellschaft noch immer die grösste Sektion des SEKV. Doch viele Kreise sind überaltert und haben

---

nicht trennen. Sprache ist kein Erzeugnis der Subjektivität, kein idealistisches Spiel der Begriffe. «Texte wollen nicht als Lebensausdruck der Subjektivität des Verfassers verstanden werden» (Gadamer). So dachten die Aufklärung, Kant und Schleiermacher und mit ihnen der ganze Reigen der Historisch-Kritischen Theologie. Das Wort aber ist mehr als Geburt und Spiel der Subjektivität. Es ist Vollzug und Geburt der Erkenntnis selbst, es wird nicht erst als etwas Zweites im Nachhinein gebildet (Gadamer). Damit ist der «garstige Graben» zwischen Wort und Sache, Vernunft und Geschichte, Erkenntnis und Überlieferung überwunden. Vgl. H.-G. Gadamer, Wahrheit und Methode (zit. nach Aufl. 1975) bes. 370–372 und 395–410. Ähnlich schon D. Bonhoeffer, Historische und pneumatische Schriftauslegung, Werke, Bd. 9, Hg. Pfeifer u. a. (1986), 315f; H. Frey, Um den Ansatz theologischer Arbeit, in: Abraham, unser Vater, FS Otto Michel (1963); A. Sierszyn, Christologische Hermeneutik (2010). In ähnlichem Sinne auch J. Ratzinger/Benedikt XVI., Jesus von Nazareth I (2006), 17: «Wer die Schrift in dem Geist verstehen will, in dem sie geschrieben ist, muss auf Inhalt und Einheit der ganzen Schrift achten.»

736 M. Luther, Vorrede Bd. 1 zu den Opera latina (1545), WA 54 185.
737 M. Luther, WA 50, 659ff: ORATIO, MEDITATIO, TENTATIO.
738 J. Calvin, Institutio I,7.5.
739 F. Nietzsche, Die fröhliche Wissenschaft (2016), Aph. Nr. 338, 197.

18. Geistliche Sterbephase (1945–1990)

Mühe, als Richtungsvereine weiter zu bestehen, weil solches in der trendig «offenen» Säkularkultur – wie schon in der Belle Époque – verpönt ist. Die «Positiv-evangelische Vereinigung des Kantons Zürich» verharrt in Stagnation mit einem «Rumpfvorstand». Pfarrer Dr. Alfred Knittel gelingt es nur mit Mühe, seine Vereinigung vorübergehend aus dem «Dornröschenschlaf» zu wecken.

Am 24. Juni 1974 fusionieren die städtischen und kantonalen «Positiven» zur «Evangelisch-kirchlichen Vereinigung von Stadt und Kanton Zürich. EKVZ».[740] Es ist eine Fusion in der Not. In der Folge stagnieren, um nicht zu sagen versteinern die Evangelisch-Kirchlichen bis Mitte der 80er-Jahre. Die Zeitstunde gehört dem kulturellen Brausen und dem Marsch durch die Institutionen. Was Meta Heusser über die Französische Revolution berichtete, gilt auch jetzt: «Was ist das Urteil der Menge? [...] Nicht vorliegende Tatsachen bilden die Stimmung des Volkes, sondern vielmehr eine unsichtbare, unerklärliche Macht, die daherkommt wie der Sturm aus Süden oder Norden.»[741] Auch die Kulturrevolution ab 1968 erstürmt, gleich einer säkularen «Erweckung», die geistigen Fundamente des Zusammenlebens. Die Revolte, die primär von den Hochschulen ausgeht und vor allem die geisteswissenschaftliche Intelligenzia erfasst, verlagert sich in die Medien. Sie fordert unerbittlich alle Macht über die geistigen Fundamente des Zusammenlebens und eine neue Ausrichtung aller Institutionen – auch der evangelischen Theologie und Kirche. Nach den zwei Weltkriegen erweist sich diese permanente Kulturrevolution im letzten Drittel des Jahrhunderts als der nachhaltigste und prägendste Umbruch in Westeuropa.

Im Luftstrom des neuen Zeitgeists beschliesst die Landeskirche die Schaffung einer Kommission für Strukturfragen in der Meinung, die bewegten Menschen der 70er-Jahre kirchlich neu zu erreichen. Emil Brunner und Fritz Blanke erinnerten die Kirche noch in den 50er-Jahren an die tiefe Grundwahrheit, dass die Kirche lebt, indem sie missioniert, d.h. Gottes Wort beherzt verkündet.[742] Dies alles scheint nun vielen überholt.

---

740 Schachtel 4.
741 M. Heusser-Schweizer, Hauschronik, Hg. K. Fehr (1980), 39.
742 Emil Brunners Leidenschaft: Emil Brunner wird das träfe Wort zugeschrieben: «Eine Kirche, die nicht missioniert, hat demissioniert.» Er selbst lebt diesem Wort über seine Pensionierung hinaus nach. Bei der Schlussansprache anlässlich der Evangelisation «Zürich wohin?» (1956) ruft der Professor den Leuten in offener Rede auf dem Fraumünsterhof zu: «Was hülfe der Stadt Zürich aller Reichtum, alle Schulen, vom Kindergarten bis zur Universität, was hülfen ihre Wohlfahrtseinrichtungen und alle Sportstadien, wenn sie ihre Seele darüber verlöre? [...] Die Seele und Gott gehören

Die kirchliche Arbeit wird jetzt sehr komplex, weil die Kirche sich ihren Auftrag durch den wechselnden Geschmack der Zeit geben lässt. Damit beginnen die ungezählten Versuche und Erprobungen neuer Formen des Gottesdienstes und des Religionsunterrichts, bei denen man sich weniger an der Heiligen Schrift als an den «Problemen der Zeit» orientiert. Man vergisst das tiefe Wort von Kierkegaard:

> Das Böse in unserer Zeit ist nicht das Bestehende mit seinen vielen Mängeln; nein, das Böse in unserer Zeit ist die böse Lust, dieses Buhlen mit Reformationsgelüsten, diese falsche Reformierungssucht ohne Opferwilligkeit; diese leichtfertige Einbildung, als könne man reformieren, ohne auch nur eine Vorstellung, geschweige denn eine erhabene Vorstellung davon zu haben, wie ungewöhnlich gross der Gedanke einer Reformation ist.[743]

Der dem Schreibenden aus dem Militärdienst bekannte Erziehungsdirektor Dr. Alfred Gilgen erklärte 1978 in einem persönlichen Gespräch sinngemäss, er wäre an sich sehr für einen schulischen Religionsunterricht, der diesen Namen verdient. Alle seine Kinder hätten diesen Unterricht besucht, die Bibel sei jedoch nie verwendet worden. Daher halte sich sein Einsatz für einen Religionsunterricht ohne den Gebrauch der Bibel in engen Grenzen.[744] Die aufgeregte Kirche vertut seit den 60er-Jahren leichtfertig unwiederbringliche Chancen. Die Botschaft der Bibel wäre für sie Sendung, Kraft und Fundament. Eine säkularisierte Kirche aber gleicht einem Schiff, «auf dessen Deck immer noch Feste gefeiert werden und herrliche Musik ertönt, das aber tief unter dem Wasser ein Leck bekommen hat, durch das die Wassermassen hereinströmen, so dass das Schiff von Stunde zu Stunde immer tiefer einsinkt, obwohl die Pumpen Tag und Nacht arbeiten»[745].

18.9 Ohne Massstab leben

In die Konflikte der 1970er-Jahre werden auch die Evangelisch-Kirchlichen hineingezogen. Im Jahresbericht 1974 meldet der Zentralvorstand der EKVS ein «sanftes Seilziehen» von zwei unterschiedlichen Gruppen: hier die Kreise um die Evangelische Gesellschaft, dort die Leserschaft der

---

   zusammen. Ohne Gott muss die Seele sterben [...] das darf nicht sein!» Zit. bei F. Jehle, Emil Brunner (2006), 555 f. Ähnlich F. Blanke, Kirchen und Sekten (3. Aufl. 1959), 10.
743 Sören Kierkegaard, Angriff auf die Christenheit (1896), 590. .
744 Gespräch im Büro des Erziehungsdirektors im Jahr 1978.
745 Karl Heim, Der christliche Gottesglaube und die Naturwissenschaft (3. Aufl. 1976), 20. Vgl. hier die hervorragende Darstellung des Säkularismus als Herausforderung für die Kirche auf den Seiten 7–29.

«Reformatio». Zur Berichterstattung des sensiblen Themas schickt Präsident Schatz den Beisitzer Pfarrer Stefan Jäger vor. Dass das Gespräch in der EKVS-Etage zwischen «so verschiedenen Partnern möglich ist», empfindet Jäger ganz im Genre der Zeit als «verheissungsvoll». Denn ein Forum mit «diesem weitgespannten Bogen» könne für die Kirche «eine hilfreiche Funktion» haben.[746] Der Auftrag der EKVS erscheint hier als Forum für pluralistische Diskussionen. Doch 1979/80 wird der Dissens manifest. Vorstandsmitglied Dr. Walter Wolf vom kirchlichen Nachrichtenmagazin «epd» macht den Versuch einer «Standortbestimmung». Dabei grenzt er sich gegenüber der liberalen Christologie und noch viel deutlicher gegen die «Evangelikalen» ab. Es sei nötig, aus der Bibel «den göttlichen Kern aus der weltlichen Hülle herauszuschälen», meint Wolf ganz im Stil der liberalen Theologie. «Um die Bibel richtig in die Gegenwart zu übersetzen, bedarf es [...] der Bibelkritik.»[747] Mit diesem deutlichen Votum ist die «Reform» im Zentralvorstand der EKVS angekommen. Verschiedene Sektionen melden Widerstand gegen Wolfs Verurteilung der Evangelikalen. Auch Vorstandskollege Pfarrer Ernst Gysel (Gächlingen) kontert: «Die Evangelisch-Kirchlichen müssen auch Nein sagen können, wo von der Wahrheit des Evangeliums abgewichen wird. Die Stimme der Evangelikalen zeigt einen wirklichen Notstand in der Kirche an; darum muss sie gehört werden. Die Bibel bleibt Ausgangspunkt und Massstab kirchlichen Handelns.»[748] Ernst Gysel darf sein Votum freilich nur als persönliches Statement eines Vorstandsmitglieds, nicht aber als offiziellen Leitartikel wie Wolf platzieren.[749] Das «sanfte Seilziehen» von einst enthüllt sich als offene Konfrontation im Zentralvorstand. 1981 schreibt Klaus Bäumlin, Schriftleiter der Zeitschrift «Reformatio» und seit zwölf Jahren Beisitzer im Zentralvorstand, dem Präsidenten einen Brief. Darin steht der Satz: «Die Herausgeberkommission [die EKVS], die von ihrem Auftrag her für die Zeitschrift eine entscheidend wichtige Funktion hat, ist ohne Initiative und in ihrer heutigen Zusammensetzung auch nicht in der Lage, ihre verlegerischen und beratenden Aufgaben wahrzunehmen.»[750] Zuerst wird der «Kirchenfreund» eingestellt, dann fährt die «Reformatio» je länger, je mehr einen neuen Kurs und zuletzt wird der Vorstand beschuldigt, zu wenig initiativ zu sein. So blockieren sich die Kräfte. Der Zentralvorstand wirkt gelähmt. Bezeichnenderweise steht einmal auf der Traktan-

---

746 Jahresbericht EKVS (1973/74), 11.
747 Jahresbericht EKVS (1979/80), 3f (Leitartikel).
748 Jahresbericht EKVS (1980/81).
749 Jahresbericht EKVS (1980/81), 5.
750 S. Schuppli, 500 Jahre Reformation, 146 Jahre EKVS (2017), 40.

denliste des verunsicherten Vorstands das Thema «EKVS wohin?».[751] Pfarrer Ruedi Reich (Marthalen), der Schwiegersohn von Dekan Ewald Walter und spätere Zürcher Kirchenratspräsident, auf den man Hoffnungen gesetzt hat, gibt 1981 bereits nach einem Jahr den Austritt aus der Leitung des uneinigen Zentralvorstands. Schon 1978 mahnte der damalige Präsident Ewald Walter wohl in weiser Vorahnung:

> In der Kirche ist kein Platz für Bluffer, für Schönredner, sondern Christus braucht Zeugen, die von seiner Gnadenkraft erfüllt sind, die ihm selbst begegnet sind wie jene Samariterin am Jakobsbrunnen. [...] Die Stimme Gottes ist heute zu wenig hörbar im Worte der Kirche. Wir brauchen Massstäbe und Orientierung, die froh machen. Wer massstablos ist, wird schnell masslos und vermessen.[752]

Die Zerrissenheit im Zentralvorstand der EKVS ist ein Bild der Zeit. Doch der Streit geht weiter. Am 27. August 1983 kommt es zur Gründung des «Vereins Reformatio». Nur zwei Tage später übergibt der Zentralvorstand die Zeitschrift per 1.1.1984 in die Hände des neuen Vereins.[753]

18.10 Die EKVS – ein Generalstab ohne Truppen

Zunächst erkürt die EKVS die bestehende Halbmonatszeitschrift «Der Protestant» zu ihrem neuen Organ.[754] Als aber drei Jahre später das «Reformierte Forum» den «Protestant» übernimmt, wird es still und stiller um die EKVS, obwohl in den Statuten steht: «Die Vereinigung sieht ihre Verantwortung auch darin, sich in den heutigen geistigen Auseinandersetzungen zu äussern.» Doch solche Äusserungen bleiben aus. Seitdem man sich 1951 vom «Kirchenfreund» verabschiedete, hat man Zug um Zug ein Medium nach dem anderen verloren. Susanne Schuppli, die letzte Präsidentin der Vereinigung von 2009–2018, kommentiert: «Der Abend nahte herbei.»[755] Eine Sektion nach der anderen löst sich in der Folge auf, zuletzt auch die Bündner Sektion Chur.

Die heute noch bestehende EKVZ begibt sich in weiser Vorahnung schon 1990 in die Nähe der Evangelischen Allianz mit ihrer ausgebauten

---

751 S. Schuppli, 500 Jahre Reformation, 146 Jahre EKVS (2017), 40.
752 Jahresbericht EKVS (1977/78), 4.
753 S. Schuppli, 500 Jahre Reformation, 146 Jahre EKVS (2017), 41; Die EKVZ will die Unterstützung vorderhand noch nicht aufgeben. Vorstandsprotokoll EKVS vom 22. November 1984.
754 Jahresbericht EKVS (1983/84), 4.
755 S. Schuppli, 500 Jahre Reformation, 146 Jahre EKVS (2017), 42.

Infrastruktur und rät der EKVS (vergeblich) zum gleichen Schritt. Schliesslich wird die EKVS zum «Generalstab ohne Truppen». Am 11. November 2017, nach über 20-jähriger Stille, löst Pfarrerin Susanna Schuppli mit den letzten Getreuen in der ehrwürdigen St. Anna-Kapelle die 146-jährige EKVS per Ende 2018 auf. An ihrem ausführlichen und engagierten Vortrag zur «Abschiedsfeier» steht sie dunkel angezogen am Rednerpult. Dunkel nicht etwa wegen des Abschieds. Während Generationen ist die EKVS als Leuchtturm für biblisch verwurzeltes Christsein und für das Bekenntnis der Kirche gestanden. «Die EKVS wehrte sich lediglich beherzt dagegen, dass das unermesslich Grosse, was Gott zu unserer Rettung vorgekehrt hat, in der Reformationskirche verstummt.»[756] Während weit über hundert Jahren war die Evangelisch-kirchliche Vereinigung der Schweiz ein Gegenpol zum zeitgeistigen Protestantismus. Die «reformatorischen Anliegen, für welche die EKVS eingestanden ist im Angesicht der immer dreister sich aufführenden Reformer, leben ja weiter: Allein die Schrift. Allein der Glaube. Allein die Gnade. Allein Christus. Diese Anliegen sterben nicht; sie leben in denkenden, beherzten Menschen fort. So auch in mir.»[757]

18.11 Streit um die St. Anna-Kapelle

In Zürich bahnt sich 1977 ein wüster Streit um die St. Anna-Kapelle an. Auch dieser Streit ist ein Zeichen des Zusammenstosses zweier Kulturen. Dr. Wilhelm Meier aus Zollikon, langjähriges Mitglied der Evangelischen Gesellschaft und Besucher der Gottesdienste zu St. Anna, anerbietet sich, die nur noch am Sonntagmorgen genutzte Kapelle zu einem stolzen Preis zu kaufen, um sie vor dem Zugriff einer nahegelegenen Bank zu retten.[758] Dabei verpflichtet er sich, eine «St. Anna-Stiftung» zu gründen und für regelmässigen Gottesdienst zu sorgen. Der konservative Meier überwirft sich indes bald mit dem bisherigen Pfarrteam. Den nach seinem Empfinden «sozialistisch» angehauchten Pfarrern verweigert der Unternehmer fortan den Dienst in der Kapelle. Im Kontext der lauten 70er-Jahre mag in Meiers Sicht durchaus ein Körnchen Wahrheit liegen. Meier war besorgt um den Zustand der Landeskirche im Allgemeinen und der Kapelle im Besonderen. Auch wenn der neue Kapellenbesitzer zwischenzeitlich auch mit Vertretern einer Freikirche Kontakt aufnimmt, so tut er dies nicht ohne Bedenken, denn er ist persönlich durch und durch landes-

---

756 S. Schuppli, 500 Jahre Reformation, 146 Jahre EKVS (2017), 107.
757 S. Schuppli, 500 Jahre Reformation, 146 Jahre EKVS (2017), 43.
758 Gemäss Informationen von Dr. Meier in den frühen 1980er-Jahren.

kirchlich gestimmt und bedauert das «Versagen der landeskirchlichen Pfarrertruppe»[759]. Im Januar 1984 kann die Evangelische Gesellschaft unter Präsident Ewald Walter endlich die für sie so traditions- und segensreiche Kapelle wieder zurückkaufen.

Ansonsten gibt die Evangelische Gesellschaft in den 70er-Jahren durchzogene Signale. Das Foyer am Limmatquai wird in ein Jugend-Café umgewandelt. Im Kreis 4 eröffnet die Stadtmission einen neuen Zweig mit zwei «Chinderhüüser». Der Kreis des Armenvereins hingegen wird kleiner und kleiner. Statt 10 000 Franken oder mehr wie im 19. Jahrhundert, kann er den Predigern gerade noch ein jährliches Handgeld von 3 000 Franken überreichen. 1980 treten infolge einer heftigen Debatte für und wider das missionarische Element in der Stadtmission sowohl Pfarrer Fuchs, Leiter der Stadtmission, als auch Walter Stotz, Präsident der Evangelische Gesellschaft, von ihren Ämtern zurück.[760] Überall brechen die gleichen Konflikte zwischen biblischem Glauben und dem säkularen Glaubensgut der Neuen Linken auf. Neuer Präsident der Evangelischen Gesellschaft von 1980–1994 wird Dekan Ewald Walter (Zürich-Enge). Erst nach jahrelanger Vakanz und mühsamer Suche kann mit Pfarrer Hans Rudolf Rüfenacht im Frühling 1988 ein neuer Leiter für die verwaiste Stadtmission gefunden werden.

18.12 Zürcher Jugend-Evangelisation

Nicht ohne Nebengeräusche in den eigenen Reihen unterstützt der Vorstand der Evangelisch-kirchlichen Vereinigung EKVZ 1979 die geplante Jugend-Evangelisation mit dem deutschen Pfarrer Ulrich Parzany, dem «sicherheitshalber» noch Pfarrer Ernst Sieber zur Seite gestellt wird.[761] Eigentlich sucht der Vorstand Kontakte zu Theologiestudenten, doch für die jungen Leute der schrillen Zeit wirkt der Verein zu spröd. Erst im Lauf der 1980er-Jahre kommt es im Vorstand der EKVZ unerwartet zu einer spürbaren Verjüngung und theologischen Erneuerung.

---

759 Gemäss einer Äusserung Meiers dem Verfasser gegenüber, 1982.
760 Meyer/Schneider, Mission und Diakonie (2011), 82.
761 Ulrich Parzany ist der spätere Generalsekretär des CVJM Deutschland. Die Jugendgottesdienste besuchen rund 600 Personen. Das Echo im Zürcher CVJM: «Parzany wirkt unbeherrscht, nicht zu pastoral, wahr, zum Nachdenken anregend; Sieber: schlagfertig, originelle Art, echli vill Show, anregend für Gespräche»; vgl. Glocke 1/1982, 2; Anfang 1983 wird Pfr. H.-P. Christen nach einem Richtungsstreit Präsident des CVJM im Glockenhof.

19. Der EKVZ wachsen Flügel im Gegenwind (1982–1990)

19.1 Evangelisch-missionarisches Engagement

1982 treten Pfarrer Hans-Peter Christen[762] (Zürich-Im Gut), Pfarrer Ernst Irniger (Neumünster) sowie Hanspeter Nüesch (Campus für Christus) neu in den EKVZ-Vorstand ein.[763] Nüesch übernimmt das Protokoll-Aktuariat, Christen die Korrespondenz. Beide plädieren umgehend für ein «evangelisch-missionarisches» Engagement der Vereinigung bei der anstehenden Disputation 1984 wie auch bei der Schweizerischen Evangelischen Synode. In einem internen Arbeitspapier schlägt Nüesch vor, entsprechend den Richtlinien des Vereins vermehrt aktiv zu werden «und in der heutigen kirchlichen Situation ein klares Wort zu sprechen und insbesondere bei der Zürcher Disputation bescheiden, aber bestimmt auf die Mitte unseres Glaubens, Jesus Christus, hinzuweisen».[764]

19.2 Medienpräsenz und Gemeindewachstum – Bedenkenträger bremsen

Auch die Medienpräsenz sowie die Schulung kirchlicher Mitarbeiter im Sinne des Gemeindewachstums wollen Christen und Nüesch verstärken. Schliesslich soll die Verlinkung mit evangelischen Bewegungen ähnlicher Zielsetzung gefördert werden. Einzelne Vorstandsmitglieder unterstützen zwar den Vorschlag, doch das Gespräch zum Arbeitspapier kommt vorerst nur schleppend voran. Es gibt im Vorstand noch etliche Bedenken-

---

762 *Hans-Peter Christen* (1929–2000): Aufgewachsen im Kanton Glarus, früh christlich geprägt durch den CVJM Zürich-Glockenhof. Studium in Zürich, Basel und Göttingen. 1956 Pfarrer in Oberhelfenschwil, 1966 in Rüti ZH, in den 1970er-Jahren Dekan im Bezirk Hinwil; anschliessend Pfarrer in Zürich-Im Gut. 1983 in einer Kampfwahl Präsident des deutschschweizerischen CVJM-Bundes. Im EKVZ-Vorstand 1982–1998, dessen Präsident 1987–1993 und 1994–1998. Gestorben am 9. Mai 2000 in Rüti ZH.
763 Nüesch, Kirchenpfleger in Zürich-Neumünster, leitet seit 1983 den Schweizer Zweig von «Campus für Christus». Pfr. Irniger vertritt eine traditionell «positive» Linie.
764 EKVZ-Vorstandsprotokoll vom 15.2.1984; Papier vom 6.2.84 ebd.

träger alter Schule. Doch die diskutierten Themen werden nun breiter, die Protokolle wesentlicher und länger.

1984 wird im Vorstand die Kandidatur von Christoph Stückelberger als Chefredaktor des Kirchenboten überwiegend kritisch beurteilt. Der Kirchenbote als solcher lasse abweichende Meinungen nicht zu. Mit Stückelberger werde sich daran nichts ändern. Vielmehr sollte bei einer Ergänzungswahl in die Redaktion endlich «ein Vertreter unserer theologischen Richtung berücksichtigt werden».[765] Hans-Peter Christen bringt eine Mitarbeit im Vorstand von Vertretern nahestehender Werke wie die «Vereinigten Bibelgruppen» oder «Mut zur Gemeinde» ins Gespräch. Doch ein stadtbekannter Glaubenswächter, der zwar an den Vorstandssitzungen kaum teilnimmt, bringt brieflich sein Missfallen gegenüber evangelikalen Werken zum Ausdruck und lobt gleichzeitig Christoph Stückelbergers sozialethische Kompetenz. Auch die Position von Hanspeter Nüesch wird von ihm mehr oder weniger direkt angegriffen. Doch der Vorstand ist beinah einmütig der Meinung, dass «die ganze Breite des positiven Spektrums Platz haben soll».[766] Besonders der ehemalige Pfarrer Hans Ernst (1902–2002) hält auch der neuen Mannschaft im Vorstand mit seinem Fundus an Erfahrungen bis ins hohe Alter die Treue.[767] 1985 treten zwei weitere junge Mitglieder der «evangelisch-missionarischen» Richtung in den Vorstand ein.

19.3 Ein konservativer Eckstein an der Zürcher Theologischen Fakultät

Im Frühjahr 1985 signalisiert Kirchenratspräsident Ernst Meili gegenüber EKVZ-Vorstandsmitglied Pfarrer Hans-Peter Christen die Möglichkeit einer Stiftungsprofessur in Praktischer Theologie für den Schreibenden. Er ist damals als kantonaler Hilfsprediger und als Dozent für Historische und Praktische Theologie an der STH Basel tätig. Pfarrer Christen reagiert erfreut.[768] Er selbst glaubt eher nicht an die Realisierung des Projekts. Gespräche mit Kirchenratspräsident Ernst Meili und Kirchenrat Erich Brenk verlaufen positiv. Kirchenratsschreiber Johannes Westermann, der eigentliche Urheber der Idee, ist überzeugt, dass Prof. Werner Kramer sich

---

765 EKVZ-Vorstandsprotokoll vom 22.11.1984.
766 EKVZ-Vorstandsprotokoll vom 29.4.1985.
767 Hans Ernst, geb. 1902, war Pfarrer in Benken ZH, er bleibt im Vorstand bis 1990. Seine Ratschläge werden meist dankbar befolgt. 2002 gratuliert ihm der Vorstand zu seinem 100. Geburtstag.
768 EKVZ-Vorstandsprotokoll vom 29.4.1985.

dem Wunsch des Kirchenrates nicht verschliessen werde, da er ja selbst bis 1983 während Jahren Kollege im Kirchenrat gewesen sei. Im Gespräch am Theologischen Seminar beim Grossmünster kommt Werner Kramer allerdings bald einmal auf sein Buch «Die Bibel im Griff?» aus dem Jahr 1978 zu sprechen, in dem er sich gegen die Historisch-kritische Methode und stattdessen für eine historisch-biblische Erforschung der Bibel einsetze.[769] Er meint, der Schreibende müsste zwar dieses Werk nicht gerade widerrufen, wohl aber sich in zwei bis drei grösseren Aufsätzen in einschlägigen Zeitschriften sachlich vom Inhalt dieses Buchs distanzieren. Natürlich ist Kramer bewusst, dass es beim angesprochenen Thema um gewissensbasierte Fundamentalfragen geht, um glaubensmässige Voraussetzungen evangelischer Theologie. Im Übrigen, meint Kramer, gehe es auch um den «Stallgeruch» der Zürcher Fakultät, dem man sich möglichst anzunähern hätte. Das Gespräch verläuft eher harzig. Von den kirchenrätlichen Überlegungen scheint er nicht begeistert. Und dies, obwohl er, langjähriger Direktor des Evangelischen Lehrerseminars, als Vertreter der «Positiven» gilt.

Ziemlich anders verläuft das Rendezvous mit dem liberalen Professor Walter Bernet (1925–2000). Dieser Mann blickt den Schreibenden mit durchbohrenden Augen an und sagt mit unheimlicher Bestimmtheit nur einen Satz: «Herr Sierszyn, ich sage Ihnen, wenn Sie zu uns kommen, dann gibt es Krieg – und diesen Krieg werden Sie verlieren!» Der Schreibende selbst entgegnet ebenfalls kurz: «Herr Bernet, Sie haben recht, genau das glaube ich nämlich auch. Deshalb werde ich auch nicht an die Fakultät kommen. Ich danke Ihnen für Ihre offene Antwort!» Nach fünf Minuten ist die Atmosphäre entspannt und sie sprechen gewiss noch zwei Stunden beim Kaffee über Gott, die Welt und die Politik. In vielem sind sie sich erstaunlich einig. Nur nicht in der Theologie.

Diese Episode bestätigt die Vermutung: An der Fakultät ist man nicht bereit, ideologische Macht zu teilen. Die Historisch-kritische Theologie bleibt ein über Generationen tradierter, wohlgehüteter Eckstein auch der Theologischen Fakultät in Zürich, den nicht berühren darf, wer dort als Lehrer über die Schwelle tritt. Denn die historisch-kritische Forschung ist «mehr als eine fachwissenschaftliche Methode»; es handelt sich um eine exklusive «Totalansicht des menschlichen Lebens» – mit einem Wort: «um eine ganze Weltanschauung».[770] Nur durch ein klares Bekenntnis zur

---

769 A. Sierszyn, Die Bibel im Griff? (1978, 2. Aufl. 2001).
770 Vgl. H. Zahrnt, Die Sache mit Gott (1966), 266; So auch schon E. Troeltsch, Über historische und dogmatische Methode in der Theologie (1898), in: ders., Lesebuch (2003), 3 ff.

historischen Bibelkritik bleibt das Eindringen bibelfremder Ideologien und Interpretamente in den Raum der evangelischen Theologie und Kirche gewahrt. Eine ebenfalls wissenschaftliche, jedoch historisch-biblische Theologie erachtet man als Gefahr für den Pluralismus und die gängigen protestantischen Theologien der Zeit.

Die EKVZ hat auch später noch versucht, über einen Privatdozenten auf den Lehrbetrieb an der Fakultät Einfluss zu nehmen, was ihr meines Wissens nicht gelungen ist. Erst nach dem Millennium kommt es – vielleicht auch dank guten Kontakten von Kirchenratspräsident Ruedi Reich zur Fakultät – auf ordentlichem Weg zu einer gewissen Öffnung in der Fakultät.

19.4 Die EKVZ geht in die Offensive

Am 2. Dezember 1985 findet im Kirchgemeindehaus Im Gut in Zürich eine «Chropflèèrete» des Vorstands gegenüber Chefredaktor Christoph Stückelberger vom Kirchenboten statt. Kritisiert wird «eine Häufung von unkritischen Beiträgen zu Themenbereichen wie Astrologie und östlichem Mystizismus», während «grundlegende biblische Artikel oder zeugnishafte Erlebnisberichte» weitgehend fehlten. Auch sei die Redaktion des Kirchenboten ausgesprochen einseitig ausgerichtet. Stückelberger erwidert, er sehe das Anliegen durchaus, dem Kirchenboten gehe es aber vor allem darum, «dass Randsiedler wieder den Zugang zum christlichen Glauben» finden.[771] Diese hehre Absicht mag zutreffen, doch fehlt es der Redaktion des Kirchenboten auch an der Bereitschaft zur Teilung ideologischer Macht.

1986 beschliesst der Vorstand, zwei junge Theologen, Philipp Nanz und Paul Kleiner, die den Vereinigten Bibelgruppen «VBG» und «Campus für Christus» nahestehen, in ihrer Arbeit mit Theologiestudierenden finanziell zu unterstützen, was auch die Mitgliederversammlung genehmigt. Es wird erneut interveniert, da die kritische Haltung Nüeschs (und wohl auch der beiden jungen VDM) gegenüber der herrschenden Universitätstheologie nicht geteilt wird.[772] Einem engagierten Pietismus mit

---

771 EKVZ-Vorstandsprotokoll vom 2. Dezember 1985.
772 Auch an einer Sitzung der EKVS erklärt jemand zum Thema der Betreuung junger Theologen «dezidiert, wenn der EKVS-Vorstand den Pietismus oder gar Fundamentalismus toleriere oder für sie Verständnis zeige, so könne er in diesem Vorstand keinesfalls mitmachen». Vgl. Prot. des EKVS-Zentralvorstands vom 11. März 1985. Diese heftige Art gegenüber dem Pietismus hat mit dem Grundanliegen der Evangelisch-kirchlichen Vereinigung natürlich nichts mehr zu tun. Dass Anti-Pietisten in den 1970/80er-Jahren

Mitgestaltungswillen ist die Zürcher Kirche seit längerer Zeit nicht ausgesetzt gewesen. Nun aber werden die ersten Herren nervös.

1987 übernimmt Pfarrer Hans-Peter Christen von Interims-Präsident Karl Walder das Zepter der EKVZ. Mit Daniel Reuter im Aktuariat verfügt er über einen effizienten Vorstand. Der Verein hat noch einen Bestand von 105 Mitgliedern. Da der Vereinigung ein eigenes Publikationsmittel fehlt, will sie vermehrt IDEA berücksichtigen, zumal schon die Gründungsväter der Evangelisch-kirchlichen Bewegung in der Leitung der Allianz sassen und das missionarisch-evangelische Nachrichtenportal auch das Meinungsmonopol des «Reformierten Forum» bricht.[773] Ganz grundsätzlich werden nun die Kontakte zur Evangelischen Allianz verstärkt, nicht zuletzt, um dort den landeskirchlichen Flügel wieder zu stärken.[774]

19.5 Das Jahr 1988: Aufbruch in der EKVZ

Das Jahr 1988 wird für die EKVZ zum Jahr des Aufbruchs und der Neubesinnung. 150 meist jüngere Mitglieder aus der Zürcher Landschaft stossen zur Vereinigung hinzu. Pfarrer Hans-Peter Christen bemerkt dazu: «Wir sind dankbar, dass wir unseren Beitrag leisten können, damit der Exodus engagierter Christen aus der Landeskirche in Freikirchen gestoppt werden kann.»[775] Der Vorstand steigert nun deutlich seine Aktivitäten. Er veranstaltet Klausur- und Sommertagungen.

Am 1. Februar 1988 verabschiedet der Vorstand zuhanden der Mitglieder ein Grundsatzpapier der EKVZ mit zwölf Punkten zu den Themen «Wer sind wir?» und «Was wollen wir?».

Das Grundsatzpapier der EKVZ vom 1. Februar 1988[776]

I. WER SIND WIR?

1. Wir sind eine Vereinigung von Christen aus der evangelisch-reformierten Landeskirche des Kantons Zürich

---

überhaupt in Ränge der Evangelisch-Kirchlichen gewählt werden, zeigt den geistlichen Zustand der Vereinigung dieser Zeit.
773 EKVZ-Vorstandsprotokoll vom 19.7.1989; Ratsherr Christ und Professor Rickenbach präsidierten im 19. Jh. die Deutschschweizer bzw. die Internationale Allianz.
774 EKVZ-Vorstandsprotokoll vom 3. November 1988. Durch die jahrzehntelange Dominanz der Dialektischen Theologie wurde der kirchliche Pietismus geschwächt und der landeskirchliche Flügel in der SEA beinah ausgelöscht.
775 Präs. H.P. Christen, in: EKVZ-Rundbrief 1/89.
776 Vorstandsprotokoll EKVZ vom 1. Februar 1988. Das «Grundsatzpapier» wird vor der Mitgliederversammlung allen Mitgliedern zur Kenntnisnahme zugestellt, die es offenbar stillschweigend akzeptieren.

2. Wir sind der Überzeugung, dass Kirche überall ist, «wo Gottes Wort aufgrund der Heiligen Schrift Alten und Neuen Testaments verkündigt und gehört wird, wo Menschen durch den Heiligen Geist zum Glauben erweckt und zur lebendigen Gemeinschaft verbunden Jesus Christus als den Herrn und Erlöser der Welt anerkennen und durch ihr Leben die Hoffnung auf das Kommen des Reiches Gottes bezeugen» (Art. 1 der Zürcher Kirchenordnung von 1967).
3. Wir sind mit der Landeskirche «allein auf das Evangelium von Jesus Christus verpflichtet. Er ist einziger Ursprung und Herr ihres Glaubens, Lehrens und Lebens» (Art. 4 der Zürcher Kirchenordnung von 1967).
4. Wir sind tätig auf der Grundlage des Apostolischen Glaubensbekenntnisses und der Bekenntnisse der Reformation.
5. Wir sind kein neuer Verein. In der Stadt Zürich erfolgte die Gründung bereits im Jahre 1902 als Antwort auf den Glauben und Lehre bedrohenden theologischen Liberalismus und seine rationalistische Bibelkritik.

WAS WOLLEN WIR?
6. Wir wollen Bindeglied sein für Christen aus allen Kirchgemeinden, die eine evangelische und missionarische Grundhaltung vertreten.
7. Wir wollen Sammelbecken sein für alle, die in Liebe und Sorge zu unserer Landeskirche die Erlösung durch Jesus Christus in Wort und Tat bezeugen.
8. Wir wollen in der Öffentlichkeit Stellung nehmen, wo kirchliche Behörden von der Richtschnur der Bibel abweichend reden oder schweigen.
9. Wir wollen der einseitigen Berichterstattung in den kirchlichen Medien eine bibeltreue Alternative entgegenstellen.
10. Wir wollen uns an kirchlichen Wahlen beteiligen. Neben Gebet, Bibellese und Arbeit in Hauskreisen darf uns nicht gleichgültig sein, wer in Kirchenpflegen, Bezirkskirchenpflegen oder in der Kirchensynode Einsitz nimmt.
11. Wir wollen jene Kräfte fördern, denen eine zentral am Evangelium Jesu Christi orientierte Ausbildung von Theologen und Pfarrern am Herzen liegt.
12. Wir wollen das geistliche Leben unserer Kirche und unserer Gemeinden fördern.

Vom Vorstand unterzeichnet am 29. Mai 1989:

Pfr. Hans-Peter Christen	Pfr Marcel Ammann
Pfr. Markus Bayer	Sonja Beier-Maag
Pfr. Hans Ernst-Streiff	Hans Jenni
Pfr. Erwin Irniger	Max Leibundgut
Daniel Reuter	Kurt Rickenbach
Dr. Karl Stengel	Hans Jörg Tobler

Dieses Grundsatzpapier steht für einen neuen, umfassenden und konstruktiven Aufbaukurs der Vereinigung im Sinne der ursprünglichen Ziele des Evangelisch-kirchlichen Vereins im Jahr 1871. Demgemäss wird unter Punkt 4 auch das Apostolikum integriert. Der Vorstand will nicht ver-

Hans-Peter Christen

Hans-Peter Christen (1929–2000), aufgewachsen im Glarnerland, wird früh geprägt durch den CVJM Zürich-Glockenhof. Er studiert Theologie in Zürich, Basel und Göttingen und wird Pfarrer in Oberhelfenswil, Rüti ZH (Dekan im Bezirk Hinwil) und Zürich-Im Gut. Die Jahre seines Präsidiums in der EKVZ von 1987–1993 und 1994–1998 sind geprägt durch evangelisch-missionarisches Profil und starkes Wachstum der Vereinigung.

walten, sondern kämpfen, aufbauen und sich einmischen. Dafür ist eine Bekenntnisgrundlage nach innen und aussen hilfreich.

19.6 Weder «Fundamentalisten» noch «evangelikale Freikirchler»: Einsatz für bedrängte Pfarrer und Gemeinden

Im Einklang mit den Statuten und dem Grundsatzpapier engagiert sich der Verein auch für Kirchgemeinden, die wegen ihres bibeltreuen Bekenntnisses in Schwierigkeiten geraten. In der Folge bezieht der Vorstand mehrfach Stellung gegenüber der diskriminierenden Selbstbezeichnung des Eglisauer Vereins «Pro Landeskirche», aber auch in Bezug auf das betont einseitige Verhalten kirchlicher Behörden zugunsten der liberalen Minorität am Zürcher Rhein, die sich offensichtlich nicht mit den Vorgaben der geltenden Kirchenordnung begnügen will. In einer Pressemitteilung der Vereinigung vom 27. Februar 1989 heisst es:

> Mit zunehmender Sorge nimmt die EKVZ zur Kenntnis, dass Mitglieder und vor allem Pfarrer mit evangelisch-missionarischer Glaubensüberzeugung aus der Landeskirche ausgegrenzt werden sollen. Dabei sollte doch gerade dieses Anliegen Platz in einer offenen Volkskirche haben. [...] In der Landeskirche gibt es kein Lehramt analog dem Papst. Darum sind weder der Kirchenrat noch dessen juristischer Sekretär dazu legitimiert festzulegen, was «landeskirchlich offen» verbindlich heisst.[777]

Dazu unterstützt die Vereinigung direkt und indirekt die Eglisauer Kirchenpflege und Pfarrer Walter Gisin, der mit 62 % der Stimmen gewählt worden ist. Sie widersetzt sich (auch im Kirchenboten) der verbreiteten Auffassung, die in Eglisau von Pfarrer und Kirchenpflege vertretene evangelisch-missionarische Richtung sei anti-landeskirchlich. Als schliesslich der Verein «Pro Landeskirche» den Kirchenstreit in verschiedenen Zeitungen, im Regionaljournal DRS und durch ein Schreiben an alle Kirchenpflegen des Kantons offen ausbreitet, ermahnt die EVKZ den Verein, seine Verbitterung nicht auf die Spitze zu treiben. «Wir sind keine ‹Fundamentalisten› und keine evangelikale Freikirchler, sondern vertreten das evangelisch-missionarische Anliegen in unserer Landeskirche», heisst es im Brief nach Eglisau.[778]

Sich selbst bezeichnet die EKVZ immer als «evangelisch-missionarisch», jedoch ausdrücklich nicht als «evangelikal», da dieser Begriff (in

---

777 Im Vorstandsprotokoll sub 27. Februar 1989.
778 EKVZ-Rundbrief 2/1989

der Schweiz) mit «freikirchlich» konnotiert werde.[779] Weiter protestiert die Vereinigung gegen «die Wahrsagerei im Radio Z» sowie gegen das Breitschlagen des Feminismus im Kirchenboten. Auch die permanent übertriebene Heraustreichung der Randsiedler bei gleichzeitiger Verweigerung biblischer Themen sagt dem Verein nicht zu. Und nicht zuletzt: «Auch wir sind eine Art Randgruppe in der Kirche und wollen nicht einfach als Frömmler abgestempelt werden» (H. P. Christen).[780]

19.7 Dreifaches Bekenntnis: Apostolikum, Zweites Helvetisches Bekenntnis und Glaubensbasis der Schweizer Evangelischen Allianz SEA

In einer Pressemitteilung 1989 teilt die Vereinigung der Öffentlichkeit mit, dass sie neben dem «Apostolischen Glaubensbekenntnis und den Bekenntnissen der Reformation [das Zweite Helvetische Bekenntnis] auch die Glaubensbasis der Evangelischen Allianz» in ihre Tätigkeit einbeziehen will, obwohl intern vereinzelte Mitglieder deswegen mit Rücktritt drohen.[781] Diese Vorbehalte sind ein Stück weit verständlich, weil Allianz und IDEA damals zumindest in der Schweiz freikirchlich-evangelikal einsortiert werden. Offenbar entgeht aber den Opponenten, dass schon Ratsherr Adolf Christ, der Gründungspräsident des «Schweizerischen Evangelisch-kirchlichen Vereins», 1873 zugleich Gründungsvorsitzender des Deutschschweizer Zweigs der Evangelischen Allianz gewesen ist. Auch Prof. Christoph Johannes Riggenbach sass bei der siebten Hauptversammlung der Internationalen Evangelischen Allianz 1879 in Basel im Leitungsgremium. Diesen unter dem Einfluss der Dialektischen Theologie erlahmten pietistisch-landeskirchlichen Flügel innerhalb der Allianz will die EKVZ bewusst wieder stärken. 1990 unterschreibt die EKVZ auch den Ehrenkodex der SEA. Wie wichtig dem Vorstand die Allianz als Partnerin ist, zeigt sich daran, dass man 1990 auch die serbelnde Dachorganisation der EKVS (ohne Erfolg) zu motivieren versucht, ebenfalls die Glaubensbasis der SEA zu übernehmen, um verstärkt miteinander aktiv zu werden. Offenbar ist der Zürcher Sektion schon damals klar, dass die Evangelisch-kirchliche Vereinigung mit ihren traditionellen Gefässen und ohne eigenes Publikationsmittel nicht mehr zukunftstauglich ist. Insgesamt sind die Erfahrungen der EKVZ mit der

---

779 EKVZ-Mitgliederversammlungen, 13. März 1989.
780 Vgl. Vorstandsprotokoll EKVZ vom 2. Dezember 1985.
781 Vorstandsprotokoll EKVZ vom 27. September 1989.

Redaktion von IDEA gut. Die SEA ihrerseits zeigt sich offen, in ihrem Konzept den landeskirchlichen Flügel wieder stärker auszubauen.

19.8 Zürcher Kirchentag 1989

Auf Initiative der EKVZ wird am Zürcher Kirchentag 1989 ein «Ort der Stille und des Gebets» in der Wasserkirche durchgeführt. Mehr als zwanzig Gruppen und Gemeindedelegationen begleiten das besinnliche Angebot für Kirchentagsbesucherinnen und -besucher. Einige Gäste bemerken spontan, dieser Ort der Stille und des Gebets sei für sie das Herz des ganzen Kirchentags.

19.9 Strategie der Achtundsechziger

1986 beklagt Interims-Präsident Karl Walder an einer Vorstandssitzung der EKVZ einen Artikel von Hildegard Traitler in der religiös-sozialen Zeitschrift «Neue Wege». Sie hat darin die deutsche Terroristin Ulrike Meinhof in die Nähe der Jünger Jesu gerückt. Derlei Tabubrüche gehören damals zur Strategie der Neuen Linken. Eine öffentliche Reaktion seitens des Vereins ist damals ausgeblieben.[782] Das wird nun anders: Man tritt forscher auf und will gehört werden. In der als wichtig betrachteten «Kommission für Öffentlichkeitsarbeit» engagieren sich zunächst Pfarrer Hans-Peter Christen, Pfarrer Markus Bayer, Hanspeter Nüesch und Daniel Reuter, später auch Pfarrer Martin Bihr. «Wir müssen hie und da vom Glauben her Stellung beziehen, denn was uns da angeboten wird im Rahmen der Gott-ist-tot-Theologie und anderer Lehrmeinungen, ist oft fragwürdig.»[783] Mit seiner neuen Strategie erinnert der Vorstand durchaus ein wenig an die Achtundsechziger. Er mischt sich ein und bezieht offen Position vom Evangelium her. Präsident Christen formuliert es an der Generalversammlung 1988 so: «Wir bekämpfen nicht, wollen aber mutiger als bisher für unsere Grundsätze einstehen.» Dazu und für den Zusammenhalt der Vereinigung versendet der Vorstand ab 1989 wenn möglich vierteljährlich einen Rundbrief an alle Mitglieder.

---

782 Vorstandsprotokoll EKVZ, 3. November 1986.
783 Vorstandsprotokoll EKVZ, Beschluss 1. Februar 1988.

19.10 Georg Huntemann: Feminismus ist «antijüdisch» und «antichristlich»

Zur Generalversammlung vom 13. März 1989 lädt die EKVZ wie üblich in die Helferei des Zürcher Grossmünsters ein. Eher unüblich für die traditionelle Vorsicht der EKVZ ist, dass der zweifach promovierte Professors Georg Huntemann von der STH Basel engagiert wird.[784] Eine überaus grosse Zahl von Mitgliedern und Gästen folgt dem Referat zum Thema «Feminismus und feministische Theologie als Herausforderung der Kirche». Gemäss Huntemann lebt Westeuropa

> in einer Zeit der Entmannung des Mannes, in einer kastrativen Epoche, gekennzeichnet durch den härtesten Klassenkampf, den es je gegeben hat und der zerstörend und aufsprengend durch die Familien schleicht. Ich meine den Klassenkampf der Frau gegen den Mann [...] Der Feminismus betreibt die Geschäfte jener Muttergottheiten, gegen die die Propheten des Alten Testamentes kämpften [...] Der Feminismus treibt die Kirche in die undifferenzierte, spannungslose Wohlfühlgesellschaft, in der sich das entpersonalisierte Kollektiv verwirklicht. In der Kirche, wie sie der Feminismus will, verschlingt – wie ehedem – die Muttergottheit das Individuum und zerstört die Botschaft von Christus, so wie damals die Göttinnen Kleinasiens ihre Götter verschlungen haben. Himmel und Erde, Licht und Finsternis, Mann und Frau, Gott und Mensch werden durch sehnsüchtig erwartetes Kollektivmenschentum verschlungen.[785]

Auch die gefühlsreichen Massenevangelisationen der Evangelikalen bekommen in Huntemanns Vortrag ihr Fett ab. Der Feminismus sei «im Grunde genommen ein Matriarchalismus und gegen die patriarchalische Offenbarungsstruktur der Heiligen Schrift gerichtet. [...] Die feministische Theologie ist daher antijüdisch und antichristlich und sie setzt letztlich die Ideologie des Nationalsozialismus fort.» Als säkulare Strömung würde der Referent den Feminismus stehen lassen. Doch das Problem

---

784 Georg Huntemann (1929–2014) ist während 30 Jahren Pastor an der Bremer Martinikirche. Ursprünglich theologisch liberal ausgerichtet, promoviert er mit *summa cum laude* sowohl in Erlangen bei H.J. Schoeps (Dr. phil.) als auch in Bern beim liberalen Systematiker Martin Werner (Dr. theol.). In den 1960er-Jahren erfolgt seine grundlegende Wende zur reformiert-calvinistischen Denktradition. Von 1970 bis 2005 ist Huntemann Professor für Ethik und Fundamentaltheologie an der STH Basel. Huntemann, politisch liberal und begabt mit Humor, setzt sich in zahlreichen Büchern auseinander mit der 68er-Bewegung, darunter: Die Zerstörung der Person (1981); Biblisches Ethos im Zeitalter der Moralrevolution, I-II (1995,2. Aufl. 1999).
785 Vgl. G. Huntemann, Die Zerstörung der Person (1981), bes. 97-110.

liege darin, «dass der Feminismus auf die Kanzel will und das Christentum zu vereinnahmen trachtet».[786] Der sehr gut besuchte Anlass in der Helferei, einem Ort des Zürcher Feminismus, schlägt ein. Einzelne Feministinnen beanstanden den Ort des Anlasses. Doch die Helferei ist damals auch der übliche Ort für Mitgliederversammlungen der EKVZ. Huntemanns Gegner in Zürich bedienen sich schliesslich des einzigen Mittels, mit dem man einen Unbequemen besiegen kann – man verschweigt ihn. Ein offener Diskurs ist unerwünscht. Nur IDEA berichtet über den Vortrag des Querdenkers.

19.11 Klärung des Verhältnisses zum Synodalverein (1989/90)

Im Jahresbericht 1986/87 der EKVS stellt Pfarrer Diethelm Wachter, Fraktionspräsident des Synodalvereins, eloquent seine Truppe vor:

> Zu den Positiven zählten sich diejenigen Pfarrer und Gemeindeglieder, für die das Heilsgeschehen in Leben, Tod und Auferstehung Christi sich positiv, d. h. geschichtlich wirklich ereignet hat. Sie grenzten sich damit gegenüber dem damaligen theologischen Liberalismus ab.
> Die Positiven des 19. Jahrhunderts gründeten verschiedene Werke, in denen positiver Christusglaube und diakonisches Handeln gefördert werden sollten (Evangelische Gesellschaft, Evangelisches Lehrerseminar Zürich-Unterstrass, Schweizerische Epilepsieklinik, Diakoniewerk Neumünster, Evangelischkirchliche Vereinigung). Von diesem Erbe her ist für den Synodalverein auch heute die Verbindung von persönlichem Glauben und Einsatz für Kirche und Welt grundlegend.
> Die Aufgabe des Synodalvereins besteht heute nicht in der Repetition von Positionen des 19. Jahrhunderts. Theologische Umwälzungen, die mit den Namen von Karl Barth, Emil Brunner und Rudolf Bultmann verbunden sind, sowie tiefgreifende Veränderungen der Lebens- und Arbeitsverhältnisse im 20. Jahrhundert stellen uns neue Aufgaben. Geblieben aber ist die Grundüberzeugung, dass ein lebendiger persönlicher Glaube Motivation und Grundlage ist für aktive Mitarbeit in Kirche und Gesellschaft. Dabei ist unverkennbar, dass die Mitglieder des Synodalvereins im Einzelnen unterschiedliche Akzente setzen. Neben einer volkskirchlich geprägten reformierten Überzeugung finden wir unter uns einerseits einen mehr evangelistisch-missionarischen Glaubensstil, andererseits aber auch Synodale, für die unsere Kirche vorwiegend «Kirche für andere» sein soll. Die Vielfalt der persönlichen Überzeugungen innerhalb des Synodalvereins ist ein Reichtum,

---

786 Vgl. IDEA Schweiz, magazin 6/89. Ferner: G. Huntemann, Die Zerstörung der Person (1981, 2. Aufl. 1984), insbes. 66 und 98 ff.

dem wir Sorge tragen wollen. Sie zwingt uns, aufeinander zu hören und voneinander zu lernen, uns immer auf unsere gemeinsame Mitte auszurichten.[787]

Am 8. Juni 1988 lädt die EKVZ Pfarrer Thomas Wipf, den neuen Fraktionspräsidenten des Synodalvereins, zu einer Aussprache, denn «die Bande zwischen unseren beiden Vereinen sind in den letzten Jahren doch sehr lose geworden»[788]. Bereits an der Herbstversammlung 1988 der EKVZ sowie auch an der Delegiertenversammlung der EKVS wird deutlich, dass das Verhältnis zwischen der EKVZ und dem Synodalverein, der positiven Fraktion der Kirchensynode, einer Klärung bedarf. Am 23. November 1989 treffen sich Delegationen des Synodalvereins und der EKVZ zum gemeinsamen Mittagessen und zur gegenseitigen Aussprache im CVJM-Vereinshaus an der Sihlstrasse. Resultat: Die Vertreter des Synodalvereins betrachten die EKVZ als «verengt», die EKVZ vermisst beim Synodalverein eine «klare Linie». Der Synodalverein gedenkt daher, aus der EKVZ auszutreten.[789] Am 30. Juni 1990 beschliesst der Synodalverein den Austritt aus der EKVZ und der EKVS. Einzelne Mitglieder des Synodalvereins können weiterhin Mitglieder bei der EKVS oder der EKVZ bleiben und umgekehrt. Gemäss Schreiben vom Fraktionspräsidenten Thomas Wipf liegt der Grund der Trennung «in der neuerdings von der EKVZ vertretenen evangelisch-missionarischen oder evangelikalen Ausrichtung»[790].

19.12 Schmerzliche Trennung von der Evangelischen Gesellschaft (1990)

Ziemlich unerwartet trifft im November 1990 von Pfarrer Ewald Walter, dem Präsidenten der Evangelischen Gesellschaft, bei der EKVZ eine Zuschrift ein, wonach der Leitende Ausschuss («LA») den Austritt aus der 119-jährigen Verbindung mit der EKVS und dem 88-jährigen Zusammengehen mit der EKVZ beschlossen habe.[791] Durch dick und dünn standen die Evangelische Gesellschaft und die Evangelisch-Kirchlichen mehr als hundert Jahre im Glauben zusammen. In Zürich gehörten die Evangelische Gesellschaft und die Evangelisch-Kirchlichen seit 1874

---
787 Jahresbericht der EKVS (1989/90) 19 f.
788 Vorstandsprotokoll EKVZ vom 8. Juni 1988.
789 Vorstandsprotokoll EKVZ vom 23. Januar 1990.
790 Sep. Blatt im Anhang zum Protokoll der Sitzung vom 26./27. Juli 1990; Rundbrief 4/90.
791 Vorstandsprotokoll EKVZ vom 21. November 1990.

zusammen wie zwei Seiten einer Münze. Und nun dies. Der folgenreiche Beschluss ist ohne vorgängige Absprache und lediglich im engsten Kreis des Leitenden Ausschusses gefallen. Dieses ganze Vorgehen ist als Zeichen für die Nervosität im innersten Kreis der Evangelischen Gesellschaft zu deuten.[792] Schon Wochen zuvor sind vom genannten Ausschuss in aller Stille Anmeldungen zur Mitgliedschaft bei der Evangelischen Gesellschaft kommentarlos gestoppt worden, obwohl man an der vorangehenden Generalversammlung noch händeringend um neue Mitglieder geworben hat.[793]

Wohl nicht völlig unerwartet lehnt eine turbulente Mitgliederversammlung im Sommer 1992 den Antrag auf Umwandlung der Evangelischen Gesellschaft in eine Stiftung ab. In der Folge verschiebt der Ausschuss den Löwenanteil des Vermögens in eine zu bildende «Stiftung Evangelische Gesellschaft» und bestückt einen parallelen «Verein Evangelische Gesellschaft» mit symbolischen 50 000 Franken. Mit diesem Kniff gewinnt man Ende 1992 eine Mehrheit der Mitglieder für die Vorlage. Die Stiftung selbst wird 1993 offiziell gegründet. Inzwischen besteht die bescheidene Aufgabe der «Stiftung Evangelische Gesellschaft» noch darin, die Liegenschaften zu verwalten und deren Erträge für die Stadtmission und die Herberge zur Heimat zur Verfügung zu stellen, wobei die Stadtmission sich 2016 verselbstständigt und auch von anderen Institutionen Geld bezieht. In der Folge muss die Stadtmission «die schrittweise wegfallenden Gelder der Evangelischen Gesellschaft ersetzen»[794].

Pfarrer Harry Bertschinger, Stiftungspräsident von 1995 bis 2006, äussert sich im Nachhinein gegenüber Bernhard Schneider erfrischend offen über die Hintergründe der ganzen Vorgänge.[795] Nach einem Aufruf zur Mitgliedschaft in der Evangelischen Gesellschaft ersuchen im Verlauf des Jahres 1990 mehrere Personen aus dem Umfeld der stark

---

792 Ordner Protokolle EKVZ 1989–1995. Der Leitende Ausschuss (LA) der Evangelische Gesellschaft ist ein wesentlich kleineres Gremium als der Vorstand. Vgl. die Vorstandsprotokolle des EKVZ vom 21. November 1990 und vom 16. Januar 1991.
793 Vorstandsprotokoll EKVZ vom 16. Januar 1991.
794 2021 bezahlen die Kirchgemeinde Zürich und voraussichtlich auch die Katholische Kirche jährlich je ca. 500 000 Fr., was 60 % der Kosten ausmacht. Auch die Stadt steuert Fr. 165 000 (10 %) an das Gesamtbudget von ca. Fr 1,65 Mio. bei. Die Katholische Kirche stellt allerdings die Bedingung einer Namensänderung, da «Stadtmission» evangelisch konnotiert sei. Aus dem evangelischen Glaubenswerk ist damit ein steuerfinanziertes kirchliches Sozialunternehmen geworden. Vgl. reformiert. 14/2020, 2.
795 Vgl. Meyer/Schneider, Mission und Diakonie (2011), 62f und 169–171. Die folgende Darlegung bezieht sich auf diese Quelle.

gewachsenen EKVZ um Mitgliedschaft bei der Gesellschaft. Ein konzertiertes Vorgehen lässt sich jedoch aus den Akten des EKVZ nicht beobachten.[796] Die Evangelisch-kirchliche Vereinigung und die Evangelische Gesellschaft stehen seit beinah 120 Jahren Seite an für dieselbe Sache in und ausserhalb der Kirche ein. Nun sehen gläubige Kreise in der neu erstarkten Zürcher Vereinigung eine Aufgabe, die Evangelische Gesellschaft an der Basis wieder vermehrt im Sinne ihres ursprünglichen Kurses zu stärken, zumal ja auch im überalterten Mitgliederbestand viele noch ähnlich denken.

Eine Mehrheit junger missionarisch denkender Mitglieder will jedoch der Leitende Ausschuss unter allen Umständen verhindern. Durch das Abblocken neuer Mitglieder aus dem Umfeld der EKVZ will man unbedingt die neue, reformorientierte «strategische Ausrichtung der Gesellschaft erhalten». Mehr noch: Der Leitende Ausschuss sieht «das Schicksal der Gesellschaft auf Messers Schneide, da evangelikale Kreise sie gern übernommen hätten». Und weiter: «Ewald Walter und Hans Rudolf Rüfenacht, der Leiter der Stadtmission, haben das geschickt so gesteuert, dass die unfreundliche Übernahme verhindert werden konnte.»[797] Ein sich abzeichnender demokratischer Vorgang der Verjüngung in der Mitgliederstruktur wird von den zwei Männern im Leitenden Ausschuss als «unfreundliche» Übernahme eingestuft. An die Evangelisch-kirchliche Vereinigung EKVZ ergeht gar der Vorwurf, sie sei «primär am Vermögen der Evangelische Gesellschaft interessiert». Dieser Verdacht entbehrt jeder Grundlage. Es scheint vielmehr, als verschanze sich der Leitende Ausschuss hinter seiner Macht, die allerdings zu wackeln beginnt. Der unbegründete Vorwurf einer «unfreundlichen» Übernahme, der gleich zweimal aufscheint, ist Ausdruck der Angst vor einem möglichen Verlust von Macht, die man auf keinen Fall mit jüngeren Kreisen aus dem evangelisch-missionarischen Spektrum teilen will.

Altdekan Ewald Walter hat zwar lange verdienstvoll im Sinne der Evangelisch-Kirchlichen agiert. Nachdem er aber während acht langer Jahre einen neuen Stadtmissionar hat suchen müssen und vielleicht auch

---

796 Dieser Sachverhalt wird auf Anfrage am 13. Juni 2020 von einem Beteiligten auch klar bestätigt. Am Schluss des Sitzungsprotokolls von 27. Juli 1990 der EKVZ wird lediglich vermerkt, eine Neustrukturierung der Evangelische Gesellschaft sei nötig und man sei verpflichtet, sich zu interessieren. An der GV der Gesellschaft sollten auch einige Vorstandsmitglieder teilnehmen, im Übrigen habe Dr. Karl Stengel Beitrittserklärungen zum Weitergeben. Von einer Strategie zu Machtergreifung oder gar von finanziellen Aspekten ist bei dieser Randnotiz am Ende der Sitzung nicht die Rede.
797 A.a.O., 62.

vom neuen Kurs der EKVZ nicht mehr ganz überzeugt ist,[798] scheint er nun völlig die Argumentation «seines» neuen Stadtmissionars Hans-Rudolf Rüfenacht zu übernehmen. Rüfenacht, «in einem pietistischen Umfeld aufgewachsen» und angeblich von schäbigen Pietisten schwer enttäuscht, geht ganz auf Distanz. Er rühmt sich seiner theologischen Ausbildung im deutschen Mainstream der 1960er-Jahre, wo er sich «intensiv mit historisch-kritischer Theologie» auseinandergesetzt habe. Seither sei für ihn die Bibel kein «unfehlbares Buch, sondern eine Sammlung vielfältiger Quellen»[799]. Für Rüfenacht ist Pietismus scheinbar wie ein Stachel im Fleisch, den er nicht loswird. Wiederholt belastet er seine pietistischen Vorgänger mit Ausdrücken wie «Vereinnahmen oder Evangelisieren», «vereinnahmend missionarisch» und «Vereinnahmung statt Gespräch», die damals zur Phraseologie der Zeit gehören.[800]

Es ist schmerzlich, dass in diesem polarisierten Umfeld das 143-jährige Werk der Evangelischen Gesellschaft seine glaubende Basis verliert. Während fünf Generationen waren Mission und Diakonie eng verbundene Zwillingsschwestern in der Arbeit «im Reich Gottes». Durch ihren erwecklichen Geist in selbstloser Hingabe wurden der Gesellschaft immer wieder dienende Menschen geschenkt. Auch Geld und Vermögenswerte wurden dem Glaubenswerk anvertraut. Heute werden sie in einer Stiftung ohne grossen Basisbezug von Kreisen verwaltet, die zum Glauben der Väter und Mütter dieser Gesellschaft keinen inneren Bezug mehr haben. Auch die letzten pietistischen Vereine der Landmission trennen sich in dieser Zeit definitiv vom neuen, liberal-reformerischen Kurs der Gesellschaft. Folgerichtig wird denn auch bereits 1999 der «Verein Evangelische Gesellschaft» aufgelöst, denn das neue Konzept wirkt weder missionarisch noch vermag es Beter und Spender zu sammeln, die das Werk im Glauben tragen.

Die Übung von Ewald Walter und Hans-Rudolf Rüfenacht, ein Glaubenswerk wie die Evangelische Gesellschaft im Hauruckverfahren als Stif-

---

798 Ewald Walter, Präsident des EKVZ-Vorstands von 1974–82 und Mitglied des Vorstands bis 1989, tritt an der Mitgliederversammlung 1989 zurück mit der Aussage, er bleibe «der Sache der EKVZ aber treu».
799 A.a.O., 169. In den 1960er-Jahren habe er, Rüfenacht, bei christlichen Organisationen erlebt: «Wenn du jetzt niederkniest und betest, dein Leben Jesus übergibst, dann bekommst du einen Teller Suppe – sonst darfst du getrost hungern.» Solcherart pietistische Härte mag es vielleicht geben, doch die Kreise um EKVZ und Evangelischen Gesellschaft haben mit derlei Pietismus nichts zu schaffen.
800 Vgl. zum Beispiel das Buch «Das Paradies kann warten» (1992) vom Zürcher Pestalozzianum, das überall totalitäre Gruppen wittert und rücksichtslos urteilt. Zu Rüfenachts Gebrauch des genannten Begriffs vgl. Meyer/Schneider, a.a.O., 158, 169, 179.

tung zu etablieren, ist ein ungewöhnlich drastischer Schritt. Durch die radikale Kehrtwende bringen sie die Evangelische Gesellschaft auf den Weg der Reform. Damit zerstören sie ein immenses Vertrauenskapital für das Glaubenswerk der Evangelischen Gesellschaft wie auch für die Landeskirche. Sechzehn Jahre später blickt Gottfried Locher, der nachmalige Präsident des schweizerischen Evangelischen Kirchenbundes, auf Veränderungen durch die rationalen Reformer des 20. Jahrhunderts zurück: «Unsere Kirchen haben grosse diakonische Werke aufgebaut, heute ist dieses Wirken derart institutionalisiert und etabliert, dass wir es nicht mehr als Gottesdienst im Alltag wahrnehmen».[801] Die kalte Wende beim gesegneten Glaubenswerk der Evangelischen Gesellschaft bedeutet einen schmerzlichen Flurschaden auch für die Landschaft der Kirche. Sie ist auf dem Weg in die Unlesbarkeit.

Insgesamt bestätigt sich, dass die «Positiven», die sich lange zuvor dem Geist der historisch-kritischen Theologie geöffnet haben, im letzten Drittel des 20. Jahrhunderts zu schwach sind und weder Kraft noch Einsicht besitzen, den Wellen einer angeblich alternativlosen Kulturrevolution zu widerstehen.

Pfarrer Diethelm Wachter, der Fraktionspräsident des Synodalvereins, umschreibt die Lage treffend: «Theologische Umwälzungen, die mit den Namen Karl Barth, Emil Brunner und Rudolf Bultmann verbunden sind, sowie tiefgreifende Veränderungen der Lebens- und Arbeitsverhältnisse»[802] führten eine neue theologische und gesellschaftliche Kultur herauf. Nur: Sind denn für den christlichen Glauben solche Veränderungen ein Schicksal, vor dem man erstarren und kapitulieren müsste? Der Säkularismus verkaufte seinen Zauber schon immer als alternativlos. Anders als in den schweren geistigen Konfrontationen des 19. Jahrhunderts fehlen nun aber den positiven Kreisen in Zürich profilierte Persönlichkeiten, die das pietistisch-reformatorische Gedankengut beherzt in die veränderten Zeitumstände einzubringen in der Lage wären. Und es fehlt an kompetenten Stimmen, die im bibeltreuen Sinne den Glauben und die Werke der Inneren und Äusseren Mission theologisch und kulturkritisch neu fundieren und verteidigen könnten.

Die Wurzeln dieses Mangels liegen schon zwei Generationen zurück. In der Belle Époque begann man, «in erschlaffender Gleichgültigkeit» das biblisch-evangelisch-kirchliche und das moderne, wissenschaftlich-technische Bewusstsein zu verbinden. Man mochte nicht mehr Stachel und Gegenpol sein. Ganz im Geist der Zeit suchte man Harmonie und Kom-

---

801 G. Locher, in: Landeskirchen-Forum 1/2006, 10.
802 116. Jahresbericht der EKVS (1986/87), 25.

promiss – und fand das auch. Doch was für die Politik gut ist, kann für Theologie und Kirche schädlich sein. Die Wahrheit des christlichen Glaubens ist keine Sache von Mehrheitsentscheiden oder menschlicher Kompromisse. Gottes Wort ist unteilbar. Es ist «schärfer als jedes zweischneidige Schwert und dringt durch, bis es schneidet Seele und Geist, auch Mark und Bein, und ist ein Richter der Gedanken und Sinne des Herzens»[803]. Hier geschieht, wovor der Basler Prof. Christoph Johannes Riggenbach, einer der Gründerväter des SEKV, 1874 ausdrücklich warnte: «Viele möchten das Unvereinbare zur Einheit zusammenzwingen.»[804] Und bei diesem Tun schlug man sich erst noch an die Brust und fühlte sich erhaben über die kämpfenden Väter des 19. Jahrhunderts. Profile eines Christoph Johann Riggenbach oder Eduard Güder, die einst das Format des «Kirchenfreunds» prägten, fehlen den «Positiven», besonders nach dem Zweiten Weltkrieg.

Dass die theologischen Fakultäten und die Landeskirchen dem allseits mächtig befeuerten säkularen Strom ab den 1960ern mehrheitlich folgen, muss man zur Kenntnis nehmen. Dass aber auch Gefässe wie das Evangelische Lehrerseminar, die Stadtmission, ja sogar die Evangelische Gesellschaft selbst, vom Reformgeist der Zeit erfasst und umgeprägt werden, ist bitter für alle, die in der Glaubenskontinuität mit den Vätern und Müttern der Gründerzeit und ihrer Nachfahren stehen.

---

803 Vgl. Hebr. 4,12; Mt 16,24ff; Offb. 3,16.
804 Zitiert im Jahresbericht 1938/39, 4.

20. Die Evangelisch-kirchliche Vereinigung (EKVZ) nach 1990

20.1 Evangelisch-missionarisch statt evangelikal

1972 veröffentlicht der spätere Vorsitzende der Deutschen Evangelischen Allianz, Fritz Laubach, das wegweisende Buch «Aufbruch der Evangelikalen». Damit setzt sich im deutschen Sprachraum der Begriff evangelikal für jene evangelischen Christinnen und Christen durch, die aus der Tradition des Pietismus und der Erweckungsbewegungen kommen und die an der Verbindlichkeit der Heiligen Schrift festhalten.[805] In den 1970er-Jahren gründen die Evangelikalen aus Protest gegen die theologische Einseitigkeit kirchlicher und theologischer Institutionen zunehmend Parallelstrukturen. Es entstehen die Arbeitsgemeinschaft evangelikaler Missionen, theologische Studienhäuser, freie Hochschulen, neue theologische Literatur sowie die Zeitschrift IDEA. Damit will man sich möglichst unabhängig vom Pluralismus in Theologie und Kirchenpolitik aufstellen. Evangelikale Theologie versteht sich als Gegenentwurf zur Liberalen Theologie. Der Internationale Kongress für Weltevangelisation in Lausanne (1974) unter der inspirierenden Leitung von Billy Graham vereinigt 2300 Führungskräfte aus 150 Ländern. Die Lausanner Verpflichtung (Glaubensbekenntnis) gibt der evangelikalen Bewegung eine weltumspannende Identität.[806] Auf verschiedenen Kontinenten sind die Evangelikalen zusammen mit den Pfingstkirchen deutlich auf dem Vormarsch, besonders in Asien, Afrika und Südamerika.

Auch im deutschsprachigen Raum bezeichnet evangelikal nicht eine kirchliche Denomination, sondern eine Glaubensbewegung, die sich vor allem auf die evangelischen Kirchen und Freikirchen erstreckt. Freilich meiden nicht nur landeskirchliche Christen im deutschen Sprachraum zum Teil den medial malträtierten Begriff. Bischof Wolfgang Huber geht indes davon aus, dass sich Evangelikale in Deutschland zum grossen Teil in den Landeskirchen engagieren.[807] In der Württembergischen Kirche

---

805 Auch Einflüsse der angelsächsischen Erweckungsbewegungen fliessen ein.
806 Nachfolge-Konferenz Lausanne II in Manila (1989) mit 4300 Teilnehmenden.
807 W. Huber, Evangelikale in Deutschland sind keine Fundamentalisten, IDEA Spektrum, 2.5.2008.

zum Beispiel bildet die «Lebendige Gemeinde» seit Jahrzehnten die mit Abstand grösste Fraktion der Kirchensynode. In der Schweiz sind die Verhältnisse regional sehr unterschiedlich. Im Emmental, im Zürcher Oberland, in Aargau Süd oder in der Thurgauer Kirche sind evangelikale oder pietistische Kreise in der Landeskirche überdurchschnittlich häufig anzutreffen.

In den 1980/90er-Jahren bezeichnet sich die EKVZ unter dem Präsidium von Pfarrer Hans-Peter Christen beharrlich als «evangelisch-missionarisch» statt als «evangelikal», weil dieser Begriff zu stark mit «freikirchlich» in Verbindung gebracht werde. Diese Art von Selbstbezeichnung ist ein Signal, dass man sich klar als landeskirchliche Vereinigung verortet. Dennoch ist der unerwartete Aufbruch der EKVZ ab 1987 ein zürcherischer Spross jenes weltweiten evangelikalen Aufbruchs, der sich seit den 70er-Jahren dem als bedrohlich empfundenen Totalanspruch der Liberalen Theologie und dem um sich greifenden westlichen Säkularismus in den Weg stellt. Demgemäss sitzen Pfarrer Christen und seine Leute nicht im Vorstand der EKVZ, um diese Vereinigung sechs oder zehn Jahre weiter zu verwalten. Er und seine Mitstreiter der EKVZ haben eine Mission. Sie wissen sich von Christus als Teil einer weltweiten missionarischen Bewegung in ihre Aufgabe gerufen. Umgekehrt fühlen sich andere, die das Christentum eher als bürgerliche oder emanzipatorische Zivilreligion verstehen, durch die neue Bewegung herausgefordert.

Während rund zehn Jahren, von 1987–1998, rüstet Pfarrer Hans-Peter Christen die Mitglieder der EKVZ geistlich und geistig in ungezählten Retraiten und Bibelandachten immerzu aus. Dabei wird er nicht müde zu betonen, man wolle nicht einfach «anti» sein, man kämpfe auch nicht gegen irgendwelche Menschen oder Gruppen, sondern *für* die Öffnung von Strukturen und Gefässen zugunsten des Evangeliums im Raum der Zürcher Landeskirche und der Gesellschaft überhaupt.[808] Im Herbst 1990 unterbreitet auch Pfarrer Martin Bihr (Bäretswil) der EKVZ im Bibelheim Männedorf dasselbe Profil: «Wir wollen keine Restauration, sondern Aufbruch. Es geht um ein Ringen um den missionarischen Auftrag, um den Vorrang des Reiches Gottes vor der Kirchenfrage.»[809] Demgemäss schreibt Präsident Christen im Jahresbericht 1994:

> Durch den spürbaren Wertewandel der 90er-Jahre wird die religiöse Überzeugung zur Privatsache. Damit delegieren wir Aufgaben, die eigentlich uns selber zukommen, an die hauptamtlichen Mitarbeiter unserer Kirche. Die

---

808 So z.B. an der Vorstandssitzung vom 19. Juni 1991.
809 An der Herbsttagung vom 21.9.1990 in Männedorf gemäss EKVZ-Rundbrief 4/1990.

Kirche wird zum Dienstleistungsbetrieb. Es gilt, uns aus dieser Falle wieder zu befreien. Das Lehramt der Kirche darf nicht dem gebildeten Lehramt der Kirche übertragen werden, sondern der hörenden Gemeinde selbst. Das geht nur dort, wo der reformatorische Grundsatz Klarheit der Schrift durchgehalten wird, wonach Gott durch das Zeugnis der Schrift die Gemeinde erleuchtet.[810]

In diesem reformatorisch-pietistischen Basisprogramm wohnt eine ungeheure Sprengkraft. Max Weber hat in seiner berühmten Studie gezeigt, wie dieser «Geist des Protestantismus» den Westen zum Vorort der Welt gemacht hat.[811] Es ist der evangelisch-missionarischen Neuaufstellung der EKVZ durch Pfarrer Christen und seine Mitstreiter zu verdanken, dass die EKVZ heute in der Ostschweiz noch das einzige Gefäss der Evangelisch-kirchlichen Bewegung geblieben ist, das den scheinbar unaufhaltsamen Niedergang seit dem letzten Drittel des 20. Jahrhunderts überlebt hat. Hätten diese zürcherischen Männer und Frauen der achtziger und neunziger Jahre auf die Stimmen ihrer Kritiker und Bedenkenträger gehört, so wäre auch der EKVZ allmählich die Luft ausgegangen. In jeder konsequenten evangelischen Christusnachfolge liegt ein unvergleichliches Geheimnis, wie man dies auch auf den weltweiten Missionsfeldern beobachten kann (Mt 10,37ff; 2Petr 1,16–19). Diese Art von Pionierarbeit fordert die besten Kräfte. Sie kann in unserem Kulturkreis besonders bei nebenamtlicher Milizarbeit aber auch zum Problem werden, indem sich Einzelne zu stark verausgaben.

Pfarrer Christen möchte sich 1993 nach sechsjähriger Präsidialzeit aus der EKVZ zurückziehen. Sein Nachfolger muss jedoch schon im darauffolgenden Jahr aus gesundheitlichen Gründen wieder vom Amt zurücktreten. Mangels weiterer Kandidaten führt Christen mit reduzierter Kraft die Geschäfte noch bis 1998 weiter. Doch der Drive der Jahre 1987–1993 schwächt sich ab. Der neoliberale Wind der 90er-Jahre bläst der EKVZ ins Gesicht. Vor seinem definitiven Rücktritt 1998 muss Christen in seinem letzten Jahresbericht sogar feststellen:

---

810 Ordner «Mitgliederversammlungen 1974–2010». Verfasst und vorgelesen durch H.-P. Christen an der Mitgliederversammlung vom 20. März 1995 im Vereinshaus Glockenhof.
811 M. Weber, Die protestantische Ethik und der Geist des Kapitalismus (1920, ND 2015) insbes. 102–125. Neuerdings ebenso: N. Ferguson, Der Westen und der Rest der Welt (2013). Beide heben die reformatorische Berufsethik sowie die innerweltliche Askese im Calvinismus wie im Pietismus hervor.

Die Werbung für unsere Vereinigung 1997 hatte wenig Erfolg. Die Mitgliederzahl blieb mit etwas über 200 Mitgliedern ziemlich konstant.[812] Ein ähnlicher Aufruf zum Beitritt brachte vor ungefähr 10 Jahren über 100 neue Mitglieder zu uns. Der Schwerpunkt unserer Vereinigung verschob sich dabei von der Stadt in die Landschaft. Es ist offensichtlich, dass viele Kirchen-Mitglieder, die damals noch vom Evangelium her wirken und in der Kirche ausharren wollten, jetzt doch der Kirche den Rücken gekehrt haben. Gründe dafür sind der desolate Zustand der Kirchgemeinden, der Neuliberalismus und der damit zusammenhängende Zerfall der Landeskirche. An einer Zusammenkunft von pensionierten Pfarrern sprach der Kirchenratspräsident Ruedi Reich vom Substanzverlust unserer Landeskirche. Es ist die Aufgabe unserer Vereinigung, auf die Substanz, auf das Fundament unserer Kirche, auf den lebendigen Herrn Jesus Christus hinzuweisen, der allein unser Leben, aber auch die Kirche verändern kann. Wir beten um den Glauben, der in Liebe wirkt, auch für unsere Kirche. Auch die Spenden für unsere Sache gehen etwas zurück, was wohl auch mit den oben beschriebenen Phänomenen zu tun hat.[813]

Nach der Implosion der Sowjetunion 1989/90 erlebt der westliche Liberalismus und mit ihm der Säkularismus einen sagenhaften Siegestaumel. Fast unbemerkt strömt aber auch ein beachtliches Mass des alten Reformkommunismus aus den osteuropäischen Ländern in die mit Geld und Optimismus verwöhnten Institutionen der westlichen Kultur und Intelligenzia. Hand in Hand mit einer steigenden Säkularisierung lockert sich die landeskirchliche Verbindung von Volkszugehörigkeit und Kirchenmitgliedschaft zusehends weiter. Die konstantinische Form des Christentums bildet sich spürbar zurück. Vorab in der veröffentlichten Meinung nehmen Religionsdistanz und religiöse Indifferenz zu. Doch die Entwicklung in den USA zeigt, dass Modernisierungsprozesse keineswegs mit Distanzierungen zum christlichen Glauben einhergehen müssen. In der kontinentalen Entwicklung bleibt hingegen die Beeinflussung des liberalen Fortschritts durch säkulare Quellen aus dem 19. und 20. Jahrhundert spürbar.

In den Jahren nach dem Millennium ist die EKVZ infolge gesundheitlicher Probleme im Vorstand zeitweise gelähmt. Erst unter den Präsidien von Dr. jur. Karl Stengel (ab 2009) und Pfarrer Christian Meier (ab 2015) kommt das Gefährt wieder in Gang. Durch ihre eigene Homepage und die regelmässig erscheinenden EKVZ-Infos mit Inhalten, die man so sonst

---

812 Zu Beginn der 90er-Jahre verzeichnete die EKVZ über 300 mehrheitlich jüngere Mitglieder.
813 H.-P. Christen, Jahresbericht 1997, in: Ordner «Mitglieder-Versammlungen 1974–2010» als Anhang zum Protokoll vom 15. März 1998.

eher nicht bekommt, hat die EKVZ heute wieder eine Stimme, die in der kirchlichen Öffentlichkeit wahrgenommen wird. Die personelle und institutionelle Vernetzung mit der EKF-Fraktion und dem Landeskirchen-Forum, das 2500 engagierte Personen und öffentliche Verantwortungsträger erreicht, verleiht dieser Stimme eine spezielle Relevanz. Zur Identität der EKVZ seit 1990 gehört indes auch die biblische Weisheit, dass Gott sein Reich «mit zerbrochenen Stäben» baut.[814]

20.2 Die «Evangelisch-kirchliche Fraktion» (EKF) als Tochter der EKVZ

Schon am 3. November 1986 wird im EKVZ-Vorstand von einem Fraktions-Mitglied des Synodalvereins angeregt, «die Bildung einer vierten Fraktion in der Zürcher Kirchen-Synode zu prüfen». Der Synodalverein sei in sich «viel zu heterogen». Doch der Vorstand unter dem Vorsitz von Pfarrer Karl Walder beschliesst, dem Synodalverein seine guten Dienste zu den Wahlen erneut anzubieten.

Im Sommer 1990 wird in der EKVZ eine eigene Fraktion in der Synode ernsthaft diskutiert. Nach der Trennung des Synodalvereins und der Evangelischen Gesellschaft im Herbst 1990 wird die Planung einer eigenen Fraktion zielstrebig vorangetrieben. Der 25. Juni 1991 geht als Gründungstag der «Evangelisch-kirchlichen Fraktion» (EKF) in die Geschichte der EKVZ und der Zürcher Kirchensynode ein. Die Fraktion umfasst vorerst neun Synodale. Alle sind EKVZ-Mitglieder und haben bisher dem Synodalverein angehört.[815] Als erster Fraktionspräsident stellt sich Werner Schädler (1927–2011), Präsident der Kirchgemeinde Zürich-Im Gut, beherzt zur Verfügung. Gemäss Sonja Beier-Maag, Mitglied der Synode seit 1987, erfolgt die Gründung der EKF, «um an einer geistlichen Erneuerung der Landeskirche mitzuarbeiten».[816] Die neue Fraktion schafft es zunächst nicht, dass ihre Mitglieder in Kommissionen gewählt werden. Es ist aber ihre erklärte Absicht, konstruktiv mit den anderen Fraktionen zusammenzuarbeiten.

An der EKVZ-Herbsttagung vom 22. Oktober 1991 gibt Fraktionspräsident Werner Schädler einen kurzen Tour d'Horizon über die vierte Fraktion. Die Fraktionsgründung sei nötig geworden, weil «unsere Anlie-

---

814 Gemäss einem Liedvers von F. W. Krummacher im Sinne von. 2. Korinther 4,11. Das Jahr 1994 sowie die Zeit nach dem Millennium sind durch Krankheit im Vorstand geprägt.
815 Rundbrief EKVZ 3/1991.
816 Protokoll der Mitgliederversammlung vom 18.3.1992

gen im Synodalverein oft nicht genügend vertreten wurden». Natürlich habe es «vehemente Zustimmung und Ablehnung» gegeben. Die neue Fraktion nehme den Grundsatz «Ecclesia reformata et semper reformanda» ernst. Eine reformierte Kirche lasse sich «immer neu vom Wort und Geist Gottes her reformieren».[817] An einer EKVZ-Mitgliederversammlung vom 18. Februar 1992 wird berichtet, in der Synode gebe es gewisse Widerstände, vor allem seitens des Synodalvereins. Kirchenrat Daniel Reuter spricht im Rückblick von «aktiv betriebener Exklusion. Wir mussten acht lange Jahre warten, bis wir proportional in allen Kommissionen vertreten waren.»[818]

In einem kleinen ABC der EKF ums Jahr 2000 heisst es: «Die Fraktion weiss sich seit ihrer Entstehung verbunden mit der Evangelisch-kirchlichen Vereinigung des Kantons Zürich EKVZ.»[819] In ihren Grundsätzen aus dem Jahr 2007 betont die Fraktion, sie sei «dankbar für unsere evangelisch-reformierte Landeskirche, die uns den Reichtum Gottes und das Evangelium von Jesus Christus überliefert hat und in unserem Kanton Raum schafft für das Leben als christliche Gemeinde». Man glaube an «eine Kirche, die Gottes Wort hört [...] und damit zur Gemeinde von Jesus Christus wird [...] und in ihrer ganzen Farbigkeit und Vielfalt Kirche für das Volk und mit dem Volk ist.» Die Fraktion will eine «Kirche, die den Glauben an Jesus Christus in die Mitte der Gesellschaft legt»[820]. Der betonte Hinweis auf die Verbindung mit der Landeskirche, das zentrale Bekenntnis zu Christus sowie der biblisch-reformatorische Hinweis, die Kirche werde geboren aus dem Hören auf das Wort Gottes, erinnern stark an die Geschichte der «Positiven» des 19. Jahrhunderts und an die Verbundenheit mit der Tradition der EKVZ. Im Unterschied zu den übrigen Fraktionen fehlt bei der EKF jeder Hinweis auf Herkunft und geschichtliche Wurzeln. Zwar gibt es in den Grundsätzen den Hinweis, dass man «den respektvollen Umgang mit anderen Kirchen und Traditionen die ökumenische Zusammenarbeit [...] sucht», doch das verbindende und verbindliche Bekenntnis des Apostolikums scheint nicht auf.[821]

Da zwischen der EKVZ und der EKF seit Jahrzehnten ein gutes Einvernehmen besteht, erstaunt das Fehlen der kirchenverbindenden Bekenntnisgrundlage. Die Evangelisch-Kirchlichen haben im Lauf ihrer

---

817 Ordner EKVZ «Mitgliederversammlungen von 1974–2010», Jahresbericht 1992.
818 EKVZ info 4/2020.
819 Evangelisch-kirchliche Fraktion der evangelisch-reformierten Kirchensynode des Kantons Zürich. ABC (o. J.).
820 https://www.zhref.ch/organisation/landeskirche/kirchensynode/fraktionen-der-kirchensynode/evangelisch-kirchliche-fraktion; abgerufen am 27.3.2023.
821 Vgl. Grundsätze, a.a.O.

langen Geschichte mit und ohne Apostolikum einschlägige Erfahrungen gesammelt. Bekenntnisse sollte man besser nicht erst bei sich eintrübendem Himmel in die Statuten einfügen. Ganz besonders die EKVZ-Episode zurzeit von Pfarrer Hans-Peter Christen, aus der die EKF hervorgegangen ist, hat das Apostolikum stark betont.[822]

Mit ihren 21 Mitgliedern bestückt die EKF nach den Wahlen von 2019 gut 17 % der Synodalen in der Kirchensynode. Fraktionspräsident seit 2011 ist Pfarrer Willi Honegger (Bauma). 2007–2020 ist Daniel Reuter Mitglied des Kirchenrats. 2021 wird Bruno Kleeb (Bauma) als sein Nachfolger gewählt.

In den Kommissionen und im Plenum treten die EKF-Vertreter dafür ein, dass Taufen, Trauungen und Abdankungen auf die Gottesdienstgemeinde bezogen bleiben. Sie wehren sich gegen die Zwangsfinanzierung von «reformiert.» durch die Kirchgemeinden und votieren für angemessene Pfarrstellen in Dorfgemeinden. Sie begrüssen einen Finanzausgleich, der die Solidarität unter den Kirchgemeinden stärkt, und sie machen Vorstösse für die Förderung von Populärmusik und das Engagement von Jugendlichen. Im KirchGemeindePlus-Prozess, in dem viel über Strukturen gesprochen wird, weist die EKVZ immer wieder auf fehlende inhaltliche Debatten hin, denn es sei doch das Wort Gottes, das Kirche baut. Mehrfach beleuchten Synodale der EKF die akute Verfolgung von Christinnen und Christen in Asien und Afrika, da dieses Thema in den offiziellen kirchlichen Stellungnahmen zu kurz kommt.

Viele Forderungen der vierten Fraktion, etwa in der Beratung zur Teilrevision der Kirchenordnung, werden von der Synode abgeschmettert.

---

822 Alle Neumitglieder müssen ihren Beitritt schriftlich mit Unterschrift erklären und dabei ebenfalls ihr Einverständnis mit dem Apostolischen Glaubensbekenntnis, den Bekenntnissen der Reformation und den Grundsätzen der Allianz bekennen. Vgl. das Grundsatzpapier vom 1. Februar 1988 sowie das Memo von Martin Bihr zur Sitzung betr. Mitgliederpflege vom 19. November 1993, in: EKVZ-Vorstandssitzungen 1974–1997; In den Statutenrevisionen der EKVZ aus den Jahren 2003 und 2012 fehlt der Hinweis auf ein Glaubensbekenntnis. Zur Klarstellung muss man freilich festhalten, dass nur die Evangelisch-kirchliche Vereinigung der Schweiz (meistens) und die Zürcher Sektion der Evangelisch-Kirchlichen bzw. die Evangelische Gesellschaft sich konsequent an die Glaubensbasis des Apostolikums gehalten haben. Weder die Positiv-evangelischen Vereine der Stadt (1902) und des Kantons (1914) noch die (vereinigte) EKVZ (1974) fügten das Apostolikum in ihre Statuten ein. Die konsequente Haltung der EKVZ zu den Bekenntnissen in den 1980/90er-Jahren basierte auf Vorstandsbeschlüssen. Das Grundsatzpapier vom 1. Februar 1988 mit dem Apostolikum und den Bekenntnissen der Reformation wird den Mitgliedern mit einem Kommentar von Pfr. Christen rechtzeitig vor der Mitgliederversammlung zugeschickt und von diesen ohne Widerspruch akzeptiert. – Betr. die Statutenänderung von 2021 vgl. das Kapitel XX.10.

Mit 21 Sitzen in der Synode ist die EKF zwar eine «kleine Herde», zugleich aber eine nicht zu übersehende Truppe. Entscheidend für die Mission der EKF ist letztlich nicht, wie oft sie Abstimmungen gewinnt, sondern dass im Chor der Kirchensynode und in der Öffentlichkeit ihre Stimme gehört wird. Denn die «Worte von Weisen sind wie Ochsenstacheln, und wie eingeschlagene Nägel sind gesammelte Sprüche» (Koh 12,11). Einige Kernzitate aus EKF-Voten beleuchten auf ihre Weise den Einsatz der Fraktion:

> Die Menschen gehen dort in die Kirche, wo die Predigt relevant ist.
> Wenn über Kirche und Gesellschaft gesprochen wird, sollte man sich vermehrt den Familien zuwenden.
> Der glaubende Christ muss sich in keiner Weise vor dem Islam fürchten. Doch je säkularer, je glaubensdistanzierter die Zeitgenossen werden, desto mehr werden sie auf den Islam und seine Äusserungen mit Angst reagieren.
> Unsere Kirche muss ihr Verhältnis zur Bibel klären. Unsere Kirche kann ihre Identität und ihren Auftrag nur in der Neu-Aneignung der Heiligen Schrift finden.
> Der Wahrheit über den Zustand unserer Kirche in die Augen zu schauen, kann freilich nur wagen, wer auch die Verheissung des Evangeliums tief im Herzen trägt, die Verheissung, dass die Kirche nicht uns gehört, sondern dass Jesus Christus ihr Eigentümer ist.

20.3 Das Kreuz mit den (kirchlichen) Medien

Bereits 1984 und 1985 finden unbefriedigende Gespräche zwischen dem EKVZ-Vorstand und Christoph Stückelberger, dem Chefredaktor des Kirchenboten, statt. Die EKVZ ist sich bewusst, dass sie eine breitere Basis braucht, wenn sie bei den kirchlichen Gremien Gehör finden will. Bis 1990 vergrössert sich ihr Mitgliederbestand auf über 300 Personen. 1990 tritt Pfarrer Martin Bihr (Bäretswil) dem Vorstand bei. Ihm wird in der Folge das Dossier «Medien/Kirchenbote» übertragen. Unmittelbar vor Karfreitag 1991 ist in einem Aufsatz über Hiob im «Kirchenboten» zu lesen:

> Ein Gott, der Blut fordert, wäscht nicht rein, auch nicht unsere Sünden, Blut beschmiert. Oder sollte der Tote am Kreuz von Golgota als Lösegeld für viele den Preis für unsere Schuld entrichten, damit Vergebung möglich werde? Was wäre das für ein Gott, der sich als Vater anreden lässt?[823]

---

823 Vgl. Der Kirchenbote vom 28. März 1991.

Erstaunlicherweise folgt darauf keine Reaktion. Weder vom Kirchenrat noch von der Synode noch von der Theologischen Fakultät. Da wird in der Karwoche ein Kernstück des christlichen und reformierten Glaubens herausgebrochen, ja verhöhnt und niemand reagiert. Informationen wie diese und auch die unverhüllte, einseitige Reklame des Kirchenboten mit 320 000 Exemplaren im Vorfeld der Wahlen für den SP-Regierungsratskandidaten Moritz Leuenberger bringen das Fass zum Überlaufen.[824]

Die EKVZ startet darauf eine Umfrage bei den Kirchgemeinden. Von 171 Gemeinden antworten 105. Ganze fünfzig Gemeinden sind mit dem Kirchenboten nicht zufrieden. 21 der Antwortenden (20 %) wären bereit, anstelle des Kirchenboten einen alternativen und ausgewogeneren Zeitungsmantel zu prüfen, um ihre gemeindeeigenen Informationen dort einzufügen. Der publik gewordene Plan bringt einiges ins Rollen. Sonja Beier-Maag, Mitglied der Synode und des Vorstands der EKVZ, wird in die Herausgeberkommission gewählt. Darum legt man bei der EKVZ das bereits grob strukturierte und budgetierte Projekt aufs Eis. Dem Redaktionsstab von zwölf haupt- und nebenamtlichen Redaktorinnen und Redaktoren gehören Ingrid Rubli und der Synodale Pfarrer Ewald Rieser als nebenamtlich Mitarbeitende an. Zu denken gibt, dass die Redaktion des Kirchenboten erst bereit ist, ihre mediale Hegemonie anständig zu teilen, als ihre Machtbasis ernsthaft zu bröckeln beginnt. Ein EKVZ-Vorstandsmitglied weiss zu berichten, dass in einer Seegemeinde bereits ein Drittel der Kirchenmitglieder den Kirchenboten abbestellt hätten. Autoritäre Machtballungen medialer Art sind Gift für eine angeblich «offene» evangelische Kirche. Die EKVZ wird nicht müde zu betonen, die Usanz, dass ein Redaktionsstab sich über längere Zeit selbst ergänzt und erneuert, sei undemokratisch und führe zu geistiger Einseitigkeit.

Die EKF sieht es auch als Reaktion auf diese Unmutsäusserungen, dass Kirchenrat und Synode gegen den erklärten Willen der EKF die Kirchenzeitung «reformiert.» in der teilrevidierten Kirchenordnung von 2018 allen Kirchgemeinden zukommen lassen.[825] Offenbar fürchtet man sich vor erneuter Rebellion gewisser Kirchgemeinden, wenn auch künftig im steuerfinanzierten Monopolmedium «reformiert.» diese Gemeinden mit ihren Anliegen erneut brüskiert werden sollten. Eine effektive Hinterfragung des Meinungsmonopols im Sinne eines demokratischen Wettbe-

---

824 Vgl. Der Kirchenbote vom 28. März 1991. Leuenberger bringt es am 7. April auf 149 000, sein Kontrahent Ueli Maurer auf 136 000 Stimmen.
825 Artikel 91.2 der Kirchenordnung verordnet: «Die vom Trägerverein reformiert.zürich herausgegebene Zeitschrift ist die Zeitschrift für die Mitglieder der Landeskirche. Die Kirchgemeinden lassen diese ihren Mitgliedern unentgeltlich zukommen.»

werbs der Ideen bleibt damit gesetzlich ausgeschlossen. Offenheit, Toleranz und Zukunftskompetenz sehen anders aus. Das Elend des betont einseitig informierenden Kirchenboten findet seine Fortsetzung. Wer in anderen Bahnen denkt, bleibt in dieser Kirche geduldetes Mitglied zweiter Klasse wie einst die Minoritätsgemeinden.

1992 erscheint im Werd-Verlag von Jacques Vontobel und Hugo Stamm, im Auftrag des «Pestalozzianums», das tendenziöse Buch «Das Paradies kann warten». Mit beinah inquisitorischen Tönen und beachtlicher Fantasie beschreibt das Handbuch «Gruppierungen mit totalitärer Tendenz». Dazu gehört auch vieles, was irgendwie evangelikal daherkommt. Auf Intervention der EKVZ muss Kirchenratspräsident Ernst Meili seine Mitarbeit ohne das Wissen des Kirchenrats zugeben. Der reformierte «Sektenspezialist» Pfarrer Oswald Eggenberger findet die pauschale Anschwärzung von Evangelikalen unsachlich und schlecht recherchiert. Doch die Abschnitte werden nicht revidiert. Der Schaden – die Marginalisierung der Evangelikalen – ist angerichtet.

Ab den 1990ern verstärken sich im neuen linksliberalen Klima fanatische Kesseltreiben gewisser Medien gegen alles, was sich auf die Bibel beruft oder evangelikal daherkommt und den Mainstream in seiner Andacht stören könnte. Hugo Stamm zum Beispiel haut von 2006–2016 in 470 provokativen immer gleichen Blogbeiträgen Sekten, Freikirchen, Evangelikale, Konservative und SVP-ler in die Pfanne, die von der mächtigen Tamedia-Gruppe publiziert werden und im Schnitt 580 schriftliche Reaktionen provozieren. Innert zehn Jahren erntet Hugo Stamm 275 000 Leserkommentare; zählte man die von der Redaktion verweigerten Schreiben konservativer Provenienz dazu, so wäre die Zahl noch wesentlich höher.[826]

In der Weihnachtszeit 2012 schliesslich tadelt die EKF in einer Fraktionserklärung das journalistisch unausgewogene «Betlehem-Dossier» im «reformiert.», das Israel einseitig an den Pranger stellt und über die Folgen der islamischen Aggressivität bis hin zum Ziel der Vernichtung des Staates Israel schweigt.

20.4 Vom Wächteramt der Evangelisch-Kirchlichen

Zur christlichen Gemeinde gehört das Wächteramt. Jesus sagt: «Seid also wachsam, denn ihr wisst nicht, an welchem Tag euer Herr kommt» (Mt 24,42). «Wacht und betet, damit ihr nicht in Versuchung kommt!»

---

826 Vgl. «Der Religionsblog geht, die Fragen bleiben», in: Der Bund, 30. Januar 2016.

(Mk 14,38). Mehrere Paulusbriefe enden mit der Aufforderung zur Wachsamkeit (1Kor 16,13; Kol 4,2; 1Thes 5,6). Der Wächterdienst steht neben dem biblischen Prophetenamt. Dies besonders in den Büchern von Jesaja, Jeremia und Ezechiel. Im Buch Jesaja spricht der Herr von blinden Wächtern und stummen faulen Hunden, «sie können nicht bellen, sie hecheln, liegen da, sie lieben es, zu schlafen» (Jes 56,10). Der Wächter aber ist Gott selbst, der seine Gemeinde behütet, denn «wenn nicht der Herr die Stadt behütet, wacht der Hüter umsonst» (Ps 127,1).

Der Wächterdienst gehört zum Amt der ersten Stunde auch der Evangelisch-Kirchlichen Vereinigung von 1871. Ratsherr Christ und seine Freunde schreiben in ihrer vertraulichen Mitteilung an die Gemeinden unverblümt: «Der Kampf gegen den Glauben an das Evangelium ist in unserem Vaterland entbrannt.» Sie schreiben von der «Zersetzung in der Lehre» und von «offenen Angriffen», vom «Sturm gegen das Heiligtum des Glaubens [...] fast täglich durch die Zeitungen» usw. Die Evangelisch-kirchliche Vereinigung müsse diesen Kampf aufnehmen – nicht in der Meinung, dabei als bessere Christen dazustehen, sondern gerade im Bewusstsein «der eigenen Zerbrechlichkeit und Bussbedürftigkeit».[827] Die Evangelisch-Kirchlichen sind diesem Aufruf oft, aber nicht immer treu geblieben. Wer will schon in neuen Zeiten als Spielverderber wahrgenommen werden? Da ist Schlafen tausendmal süsser als Bellen.

1990 beschäftigt sich die EKVZ mit Fragen der Drogenpolitik aus christlicher Sicht in Verbindung mit dem Herisauer Diakoniewerk Best Hope. Bestrebungen zur (kontrollierten) Drogenfreigabe lehnt die EKVZ ab. Priorität soll die Motivierung der Süchtigen zur radikalen Veränderung seiner Lebensweise und zur Heilung der Sucht mit Unterstützung von Jesus Christus haben.

1992 nimmt die EKVZ Stellung zur Frage einer Trennung von Kirche und Staat. Sie unterstützt eine Entflechtung von Kirche und Staat. Eine Volkskirche ist Kirche für, nicht durch das Volk. Kirche nach dem Neuen Testament tut mehr als lediglich die religiösen Bedürfnisse der Gemeindeglieder zu befriedigen. Die EKVZ hält nichts von der Überlegung, die Landeskirche durch Entzug finanzieller Mittel stärker im Sinne ihrer Politik beeinflussen zu können. Hingegen ist die bisherige Oberaufsicht des Staates durch den Kantonsrat abzuschaffen. Die kirchlichen Gremien sollten konstruktiv zur Entflechtung beitragen, denn die Zeit ist reif. Auch hier äussert sich die EKVZ offensiv, nicht restaurativ.

---

827 Vgl. S. Schuppli, 500 Jahre Reformation und 146 Jahre EKVS (2017), 7–10.

Im Mai 1993 findet in Zürich ein fünftägiges schwul-lesbisches Chorspektakel mit 19 Chören und rund 500 Sängerinnen und Sängern statt. Auftritte im Volkshaus sowie auf Strassen und Plätzen finden statt. Seinen Abschluss findet der Anlass am Sonntag mit einer Morgenfeier um 11.30 Uhr im Grossmünster. Alle Medien sind auf dem Platz. Der intensive Wunsch jahrhundertelang Geächteter nach Anerkennung ist berechtigt und verdient Sympathie. Dieses Faktum allein ist es wert, in einem Gottesdienst gefeiert zu werden.

Nun protestiert die junge Evangelisch-Kirchliche Fraktion der Zürcher Synode (EKF) dagegen, dass Kirchenpflege und Pfarramt die Fortsetzung des Fests im Grossmünster erlaubt haben. Dieser Protest geht vor allem auch gegen die nach ihrer Ansicht opportunistische Haltung der Grossmünster-Verantwortlichen.

Das Chorspektakel als solches kann schon 1993 mit breiter Anerkennung fast aller Medien und Entscheidungsträgern rechnen. Homosexuelle Menschen wurden lange genug erniedrigt. Es ist christlich, sie im Leben als gleichwertige Brüder und Schwestern anzuerkennen. So gesehen ist der Protest der EKF heikel und auch Missverständnissen ausgesetzt. Besonders hart fällt die Schelte der übrigen drei Fraktionen in der Kirchensynode aus. Pfarrer Klaus Guggisberg stellt im selben Jahr unabhängig vom genannten Ereignis in einer Fraumünsterpredigt fest: «Die Gefahr in unserer Kirche droht, wenn jedes Nein und damit jede Abgrenzung als Intoleranz bezeichnet wird. Denn da, wo man einfach alles gewährt, wird jede Auseinandersetzung überflüssig [...] Die offene Auseinandersetzung über entscheidende Fragen in Kirche und Theologie findet nicht mehr statt. Der platte Pluralismus kennt keine gemeinsame Suche mehr nach Wahrheit.»[828] Biblische und vielleicht nicht so laute Seelsorge weiss sich mit homosexuellen Menschen in besonderer Weise solidarisch.

Nach dem Millennium machen sich in der kirchlichen Erwachsenenbildung immer mehr sehr verschiedene Einflüsse breit: Zen, Yoga, Heilen durch Berührungen in der Aura usw. Deshalb verliest die Fraktion dazu am 30. März 2004 eine biblische Klarstellung.

2013 werden durch die EKVZ diverse Ziele des «Lehrplans 21» kritisch gewürdigt; dabei stellt man in den Angaben zum geplanten Fach «Religion und Kultur» auf der Mittelstufe Fehler fest.

---

828 K. Guggisberg in einer Predigt im September 1993 im Zürcher Fraumünster (gemäss H.-P. Christen).

20.5 Die Arbeit unter Theologiestudierenden

Schon 1850 erkennt die Evangelische Gesellschaft die Begleitung von Theologiestudierenden als bedeutenden Zweig ihrer Arbeit im geistlich bedrohten Umfeld, indem sie ein Studentenpensionat einrichtet. Mit mehr oder weniger Glück gelingt es der Gesellschaft, ab und zu einen Privatdozenten ihrer Richtung auf das harte Pflaster in Zürich zu bringen. 1865–1875 fällt dem Privatdozenten Wörner die Arbeit schwer, weil die Mehrzahl der aus positiv gerichteten Familien stammenden Theologiestudenten der Zürcher Universität früh den Rücken kehren und auswärts studieren. 1923 werden Gottlob Schrenk und 1949 dessen Nachfolger Eduard Schweizer als ordentliche, der «positiven» Richtung angehörende Professoren an die Universität berufen. Auch Professor Hans Wildberger (Altes Testament) gehört derselben Richtung an. In den geistlich kühlen 1960/70er-Jahren ist an eine kontinuierliche Studentenbegleitung kaum zu denken. Die meisten Studierenden hätten sich für diese «Zumutung» bedankt.[829] Der EKVZ will es in den 70ern nicht gelingen, den Faden mit jungen Theologen aufzunehmen. Erst in den 1980/90er-Jahren können evangelisch-missionarisch geprägte Jungtheologen, die ihre exegetischen Grundlagen an der FETA Basel holten, für eine Aufbauarbeit unter Theologiestudenten gewonnen werden, die später mit anderen Studienbegleitern weitergeführt werden kann. Ab 2013 beteiligt sich die EKVZ am «Förderverein für theologische Lehre und Forschung» (FTLF), der teilzeitlich die Hittnauer Pfarrerin Christine Reibenschuh engagiert. Er begleitet auch das Habilitationsprojekt von Pfarrer Dr. Christian Stettler, das 2014 endlich gelingt. Seither ist Christian Stettler Honorar-

---

829 1968 ruft der Schreibende zusammen mit Studienfreunden jährlich wiederkehrende studentische Selbsthilfe-Seminare in den «Gott hilft»-Häusern in Pura/TI ins Leben. Während deutsche Studierende in beachtlicher Zahl regelmässig und aktiv teilnehmen, sind gläubige Schweizerinnen und Schweizer ihr schwer zu motivieren. Die Tiefe und Tragweite des theologischen und kulturellen Schocks werden ihnen – wenn überhaupt – erst später bewusst. In Deutschland hat der bekennende Pietismus im Umfeld bestimmter theologischer Fakultäten eine lange Tradition mit einflussreichen Lehrern (z.B. Karl Heim in Tübingen, Walter Künneth in Erlangen, Hellmuth Frey in Bethel sowie Studienhäuser in Tübingen, Marburg und Krelingen). Im Unterschied zur liberalen Schweiz wird der kirchliche Pietismus in Deutschland nicht im selben Mass ausgegrenzt. Darum ist der kritische Pietismus in deutschen Landeskirchen bis heute insgesamt stärker vertreten als hierzulande. Zusätzlich hat das politische System der Schweiz, das auf politischen Kompromissen beruht und stark vom Liberalismus getragen wird, auch auf die Theologie abgefärbt. Was in der Politik gut ist, kann für Theologie und Kirche tödlich sein, denn die Wahrheit des christlichen Glaubens ist keine demokratische Mehrheits-Angelegenheit.

professor für Neues Testament an der STH Basel (teilzeitlich) und Privatdozent an der Zürcher Fakultät. Auch damit ist ein genuines Anliegen der EKVZ erfüllt.

20.6 Dreissig Jahre Osthilfe

Schon in den 1970er-Jahren – wohl im Nachgang zum damals viel beachteten Buch «Gefoltert für Christus» des rumänischen Pastors Richard Wurmbrand[830] – hat der Pfarrkonvent des Bezirks Hinwil seinen Dekan Hans-Peter Christen beauftragt, mit bedrängten Pfarrern im kommunistischen Osten Kontakte aufzunehmen, damit man diese unterstützen könne. Für viele nicht systemkonforme reformierte Pfarrer in Ungarn und Rumänien wird diese Unterstützung zur Überlebenshilfe, da manche von ihnen durch die kommunistenfreundliche Kirchenhierarchie in möglichst abgelegene Gemeinden zwangsversetzt werden.

1989 wehrt sich die EKVZ zusammen mit der EKVS bei der Menschenrechts-Kommission des Reformierten Weltbundes und bei zwanzig weiteren Gremien gegen die Zerstörung der reformierten Kirche durch den kommunistischen Staat in Rumänien. Nach dem Fall des Eisernen Vorhangs stellt der Reformierte Weltbund anlässlich einer Tagung in Zürich die Lage der Reformierten in Rumänien, Ungarn und der Tschechoslowakei, die unter sozialistischer Diktatur litten, ziemlich rosig dar. Nun ergreift die EKVZ mit Pfarrer Hans-Peter Christen erst recht die Initiative und unterstützt den Aufbau einer Bibelschule in Ungarn (auch für Siebenbürgen) finanziell und personell.[831] Die Hilfe geht vor allem an Kreise, die unter dem kommunistischen Terror Widerstand leisteten.[832] Freunde der EKVZ transportieren 1990 eine ganze Ladung von Schreibmaschinen, Hellraumprojektoren und weiteres Büromaterial nach Siebenbürgen. Kirchenpflegen erhalten Material zur zweckmässigen Veranstaltung von Wahlen. 1991 können durch die EKVZ 60 000 Franken von

---

830 R. Wurmbrand, Gefoltert für Christus (1967), viele Auflagen in 65 Sprachen. Der deutsch-jüdische lutherische Pastor in Rumänien (1909–2001) wurde von einer norwegischen Missionsgesellschaft aus der rumänischen Untergrund-Haft freigekauft (er sah dort während 14 Jahren weder Sonne noch Sterne noch Blumen). Die liberalen Kirchen des Westens verschwiegen Wurmbrands «antikommunistischen» Referate und Bücher weitgehend. 2006 wird Wurmbrand in der Umfrage Mari Români zum fünften der grössten Rumänen erkoren.
831 Vorstandsprotokoll EKVZ vom 31. Januar 1990.
832 Vorstandsprotokoll EKVZ vom 11. Juli 1990.

Privaten an ein neues Bildungszentrum in Ungarn übermittelt werden.[833] Was die Hilfe oft erschwert, ist der Umstand, dass immer noch alte Seilschaften, die mit dem kommunistischen System von Ceaucescou kollaborierten, auf ihren Sesseln sitzen.

Später unterstützt die EKVZ die ihr nahestehende CE-Bewegung zugunsten einer sozialtherapeutischen Grossfamilie in der westrumänischen Stadt Oradea. Jahr für Jahr können durch die EKVZ 10000 bis 20000 Franken oder mehr – Gaben von Privaten und Kollekten von Kirchgemeinden – nach Rumänien überwiesen werden. Erst in den letzten Jahren, seitdem die Grossfamilie «ausgewachsen» ist, wird weniger gespendet. Nach dem Tod von Pfarrer Christen im Jahr 2000 betreut dessen Frau Sylvia Christen das Ostprogramm, später nimmt sich die Pfarrfamilie Wegmüller (Ramsen) dem Ost-Projekt an, das nach wie vor über die EKVZ läuft.

20.7 Die Heimstätte «Quelle» in Braunwald

1953 vermachen Dr. Hirschi und seine Frau der «Positiven Vereinigung der Stadt Zürich» ihr Haus «Quelle» im Strick, Braunwald, zur Errichtung einer «evangelischen Heimstätte» – auch für Leute mit bescheidenen Mitteln. Noch in den 1990er-Jahren kann hier für 45–50 Franken pro Tag (Vollpension) Ferien gemacht werden. Immer wieder gelingt es, gläubige Hauseltern – zuletzt Familie Schlegel – zu gewinnen, die das schlichte Haus an guter Aussichtslage liebevoll betreuen. Mit grosser Hingabe und Sorgfalt wird dieser Ort der Erholung und der Stille auch durch den Vorstand der EKVZ während Jahrzehnten in aufwändiger Milizarbeit treu gehegt. Ab dem Millennium wird indes immer klarer, dass sich die EKVZ aus verschiedenen strukturellen Gründen von der Liegenschaft trennen muss. Einerseits nehmen die Belegzahlen laufend ab, anderseits warten Investitionen, die zum Ertrag in keinem Verhältnis stehen. In Rücksicht auf die seinerzeitigen Donatoren wird das Haus 2012 in behutsamer Verantwortung in andere Hände übergeben.[834]

---

833 Vorstandsprotokoll EKVZ vom 16. Januar 1991.
834 Bis heute gehören der EKVZ vom Umland der «Quelle» noch knapp 2 ha Landwirtschaftsland, das verpachtet ist.

20.8 Hundert Jahre EKVZ (2002) – Tiefpunkt einer Krise

Schon die Mitgliederversammlungen der letzten Präsidialjahre von Hans-Peter Christen (1994–1998) zeigen leicht rückläufige Besucherzahlen; es kommen aber immer noch 30–40 Personen. Pfarrer Christen stimmt ohne Begeisterung dem Vorschlag zu, die Mitgliederversammlung künftig «effizienter» im Anschluss an einen Sonntagsgottesdienst abzuhalten. Ein profiliertes Schwerpunktreferat wie bis anhin üblich, ist an einem Sonntagmittag-Anlass undenkbar. Nur sechs Jahre später besuchen gerade noch elf Personen das Ritual der abgespeckten Mitgliederversammlung. Auch der Mitgliederbestand des Vereins bricht dramatisch ein. Der Vorstand besteht nur noch aus drei Personen. Immer wieder geben Mitglieder ihren Austritt mit der Begründung, man habe keine Kraft mehr für die EKVZ. Man ist müde, obwohl stets betont wird, wie wichtig die EKVZ zur Sammlung der landeskirchlichen Christen sei und dass eine Mitgliedschaft mit keinem (!) Engagement verbunden sei. Kein Mensch unter den nach wie vor deutlich über hundert Mitgliedern lässt sich – trotz erbaulichen Retraiten – für die Mitarbeit im Vorstand motivieren. Die Kirchgemeinden, klagt das Protokoll, hätten genügend Möglichkeiten zur geistlichen Erbauung, und die Leute organisierten sich eben selbst. Die EKVZ ist selbst im Begriff, zu einem Erbauungskränzchen zu verkommen. Auch die Zahl der Rundbriefe bricht ein, weil es nur noch wenig zu vermelden gibt.

Der Vorstand vermag gerade noch zwei spezifische Aufgaben der schrumpfenden EKVZ zu erkennen: Die Sammlung und Vernetzung landeskirchlicher Christen im Kanton Zürich sowie die Gebetsarbeit für die Fraktion.[835] Doch dazu sei die traditionelle Gesamtorganisation der EKVZ zu aufwändig. Im Übrigen hänge auch noch die Ostkommission, die Pension «Quelle» in Braunwald, die Theologiestudentenarbeit und eine Vertretung in der Herausgeberkommission des Kirchenboten an der EKVZ. Das kirchenpolitische Anliegen der EKVZ hat man völlig an die Fraktion in der Synode delegiert. Mit einem Wort: Es fehlt dem Vorstand der nötige Drive und eine Führung mit profilierender Sicht für die Zusammenhänge der einzelnen Aufgaben. Etliche Mitglieder treten aus, weil die EKVZ kein wahrnehmbares Profil mehr habe, andere fragen witzig: «*Gits eu eigetli no?*»

Immerhin verfasst Pfarrer Urs Wegmüller (Ramsen) im Auftrag des Vorstands auf die Mitgliederversammlung vom 17. März 2002 ein überzeugendes und klares Referat zum Thema «100 Jahre EKVZ – zur

---

835 Vorstandsprotokoll EKVZ vom 30. Januar 2002.

Geschichte der Evangelisch-kirchlichen Bewegung der Schweiz», das als vierseitiges Handblatt abgegeben wird. Die 100-Jahr-Mitgliederversammlung am 17. März 2002 nach dem Gottesdienst im Kirchgemeindehaus Altstetten besuchen fünfzehn Mitglieder und zwei Gäste.

20.9 Neustart und Vernetzung

Wie so oft, weckt auch die genannte Krise im Vorstand der EKVZ neue Kräfte und Überlegungen. Man erinnert sich, dass die Schweizer Evangelische Allianz (SEA) nicht nur freikirchlich aufgestellt ist. Unter ihrem Dach hat sich 2006 das Landeskirchen-Forum (LKF) etabliert.[836] Erste Ideen zu einer Sammlung und Vernetzung von bekenntnisorientierten, landeskirchlich beheimateten Christen gehen zurück in die 1990er-Jahre. Damals haben der SEA-Zentralsekretär und Zürcher Synodale Frank Probst (gest. 1997), SEA-Präsident Pfarrer Jürg Buchegger und Daniel Reuter das ins Auge gefasst. Hans Corrodi, der Vernetzer und spätere Sekretär, sieht das Forum als eine «Gesellschaft der guten Freunde».[837] Mit der Schaffung des Landeskirchen-Forums ist eine gute Basis zur gesamtschweizerischen Vernetzung von landeskirchlichen Christen geschaffen. Mit der neuen Arbeitsgemeinschaft der SEA wird ihr landeskirchlicher Flügel gestärkt und nach aussen signalisiert, dass sie nicht mit einem Dachverband allein von Freikirchen gleichzusetzen ist. Vom Kirchenrat, von der Synode und vom Schweizerischen Evangelischen Kirchenbund wird die SEA verstärkt wahrgenommen.

Der Vorstand unter der Präsidentin VDM Gaby Stampfli beantragt an der Mitgliederversammlung, die EKVZ in ihrer jetzigen Form aufzulösen und wie schon das Landeskirchen-Forum unter das Dach der SEA zu führen. Nach juristischen Abklärungen heisst die Mitgliederversammlung 2003 den Beitritt der EKVZ zur SEA gut. Die EKVZ ist nun landeskirchliches Kollektivmitglied bei der SEA und erklärt gleichzeitig den Austritt aus der EKVS, welcher sie ideell verbunden bleibt. Die SEA ihrerseits begrüsst den Entscheid, da dieser ihren landeskirchlichen Flügel weiter stärke: die SEA besteht aus den drei Kreisen Freikirchlich – Landeskirchlich – Christliche Werke.[838]

---

836 Gedankenaustausch des Vorstands über die Zukunft der EKVZ mit Daniel Reuter und Thomas Bucher von der SEA, in: EKVZ Aktuell, Ordner 1998–2013, Protokoll vom 21. November 2002. Das Landeskirchen-Forum ist zu diesem Zeitpunkt projektiert.
837 Nach Christian Friedrich Spittler. Vgl. Landeskirchen-Forum, Bulletin 1/2006, 2.
838 Gedankenaustausch, a.a.O.

Aus gesundheitlichen Gründen muss sich VDM Gaby Stampfli im Sommer 2004 aus dem Präsidium verabschieden, doch die Richtung für die Zukunft der Vereinigung ist jetzt eingeschlagen. Zwei Fälle von Krankheit, die 1994 und 2004 zu Rücktritten *contre coeur* vom Präsidium führen, hinterlassen in der Geschichte der EKVZ Spuren. Wäre die EKVZ eine staatliche oder staatsnahe Institution, so wären solche Abgänge jeweils rasch aufgefangen. Vorstandsmitglieder in diesen Jahren sind Rita Wegmüller (Sekretärin), Sonja Beier, Hansueli Neuhaus, Arved Meyer und der Jurist Karl Stengel, der bis 2009 den Vorsitz ad interim und dann förmlich gewählt innehat.

Auch diesem Vorstand ist klar, dass zur Grundaufgabe der EKVZ eine kritische Wächter- und Spurgruppenfunktion für die Fraktion, die Landeskirche und die Kirchgemeinden gehört. Eine Vereinigung wie die EKFZ darf mitunter «lauter bellen» als eine Fraktion der Synode (K. Stengel). Bei der EKVZ sollte die Führerschaft in kirchenpolitischen und gesellschaftlichen Themen liegen.

Dazu gibt sich der Vorstand Vierjahresziele, damit er bei der Sache bleibt. 2012 verfolgt man eine ganze Reihe von mittelfristigen Pendenzen:

Thematische Mittelfrist-Pendenzen der EKVZ 2012
- Christenverfolgungen
- Lockerung der Parochial-Strukturen
- Lockerungen der bestehenden Sonn- und Feiertagsregelung
- Religionspädagogik
- Konvergenz-Erklärung Mission
- Bekenntnisstimmrecht in der Kirche
- problematische Auskunftserteilung über Sekten durch Relinfo
- Reaktionen auf vernichtende Artikel in der Presse, z. B. Relinfo-Artikel gegen «Evangelikale»
- Konfrontationstheologie (Diskussionen über Kreuzestheologie)
- Glaube und Esoterik
- Migrationskirchen

Die Vereinigung macht sich wieder vernehmbar durch den Aufbau einer Homepage, dem Signet eines brüllenden Löwen und öffentliche Stellungnahmen und Informationen zu aktuellen, teils verschwiegenen Themen. Oft geht es auch um die Kunst, neue Worte für alte Anliegen zu finden. Durch die Mitgliedschaft verschiedener Synodaler im Vorstand bleibt die persönliche Verbindung zur Fraktion EKF gewährleistet. Der Synodale und INFO-Redaktor Peter Schmid (Bäretswil) besorgt die Vernetzung zwischen EKVZ, EKF und dem Landeskirchen-Forum. Dieses verfügt über 2 500 Personen, die sich in Landeskirchen engagieren und in Diensten und Behörden Verantwortung tragen. Damit leistet das Landeskirchen-Forum elementare Grundlagenarbeit für eine lebendige Landeskirche in der ganzen Schweiz[839] und nicht zuletzt auch für die EKVZ selbst. Die finanzielle Unterstützung des LKF durch die EKVZ über mehrere Jahre wird angesichts der starken Umbrüche in den reformierten Landeskirchen als sinnvoll erachtet.

Die EKVZ darf sich nicht allein an strukturellen und finanziellen Vorgaben orientieren; sie bedarf einer permanenten Beleuchtung aus dem Fundus der Bibel, der Reformation und geistlich-erwecklicher Perspektiven. Digitalisierung allein genügt nicht. Substanzielle Berichte wie etwa von Peter Schmid über die Tagung zum 50. Todestag von Emil Brunner (2016) oder die Dokumentation von Pfarrer Tobias Kuratle «1868 – Einheit oder Freiheit» (2018) über die Folgen der Bekenntnisfreiheit für die Zürcher Kirche geben der EKVZ ihr Profil. In Rückmeldungen wird die erfreuliche Breite der Leserschaft ersichtlich. Das EKVZ-INFO berichtet über die Versammlungen der Synode und KirchGemeindePlus, Mission und Fragen der Gemeindeleitung. Die Publikation[840] wird an Kirchenpflegen im Kanton versandt und weit über den eigenen Mitgliederkreis hinaus gelesen und diskutiert. Damit werden auch neue Bausteine für eine reformierte Sprache formuliert. So sucht und findet die EKVZ in einer veränderten Zeit den Zugang zu ihrem ureigentlichen Auftrag. Demgemäss beginnt sich auch die Mitgliederzahl allmählich wieder zu erholen.

20.10 Neuer Name, neue Statuten

Ab 1992 heisst der Name der EKVZ neu: «Evangelisch-kirchliche Vereinigung des Kantons Zürich» – statt wie bisher: von Stadt und Kanton Zürich.

Neue und revidierte Statuten werden 2003, 2012 und 2021 genehmigt. Mit der Revision vom 6. Juni 2021 kehrt die EKVZ zu den noch 1990 festgehaltenen Bekenntnissen zurück. Artikel 2 (Zweckartikel) besagt:

> Die Vereinigung bezweckt auf der Grundlage des Apostolikums und der anderen altkirchlichen Bekenntnisse, der Bekenntnisse der Reformation so-

---

839 Durch Vernetzung mit dem Rassemblement pour un renouveau réformé (R3), das auch Beiträge zum Bulletin beisteuert.
840 Das INFO erscheint in der Regel viermal jährlich. PDFs auf www.evangelisch-zuerich.ch/downloads/

wie der Glaubensbasis der Europäischen Evangelischen Allianz den Zusammenschluss von Gliedern der Evangelisch-reformierten Landeskirche des Kantons Zürich, die aufgrund der Bibel Jesus Christus als ihren Herrn und Retter bekennen. Sie will im Rahmen ihrer Möglichkeiten weltweit der Förderung des christlichen Glaubens dienen. Diesen Zweck sucht sie unter anderem zu erreichen:

a) «Durch Betätigung bei Wahlen und Abstimmungen, die das kirchliche und öffentliche Leben betreffen;

b) Durch Stellungnahme zu Fragen, deren Beantwortung im Sinne des Evangeliums durch Schule und Volk wichtig ist;

c) Durch Unterstützung von Personen, Einrichtungen und Werken, die im gleichen Sinne arbeiten, z. B. die Evangelisch-kirchliche Fraktion der Kirchensynode;

d) Durch Vernetzung und Sammlung landeskirchlicher Christen, vorwiegend im Kanton Zürich».[841]

---

841 EKVZ, Ordner «Aktuell ab 2014», Statuten usw.

21. Salz und Licht der Welt (Epilog)

Schon im 18. Jahrhundert tritt die Zürcher Theologie und Kirche, bezaubert durch das neue «geistige Zürich» und die aufgeklärte deutsche Theologie, den Marsch in die eigene Säkularisierung an. Die mehr oder weniger geduldeten Reste der Pietisten überwintern unter den Eiskappen des Rationalismus. Zu Stadt und Land sammelt sich eine herrnhutische Diaspora. Zurzeit der französischen Revolution tritt das Dreigestirn von Johann Caspar Lavater (St. Peter), Antistes Hess (Grossmünster) und Georg Gessner (Fraumünster) der zivilreligiösen Banalisierung des Evangeliums entgegen.

Im frühen 19. Jahrhundert unterstützt eine neu zum Glauben erwachte Generation die Förderung der Bibel und der Mission. 1833 und 1847 gründen erweckte Pioniere aus dem Umkreis von Antistes Gessner und der Brüdergemeinde die Evangelische Gesellschaft. Mit einem wachsenden Heer dienender Frauen und Männer stellen sie sich quer zum säkularen Mainstream. Mit Glaube, Hoffnung und Liebe, mit persönlichen Opfern und grosser Selbsthingabe versuchen sie durch die Kraft des Evangeliums, entwurzelte Menschen in ihrem Elend zu erreichen und auch gefährdete Jugendliche vor den «Höhlen des Verderbens» (Wichern) zu bewahren.

Zusammen mit der Evangelisch-kirchlichen Bewegung bezeugen sie beherzt das biblische Evangelium und versuchen, das christliche Profil der evangelischen Kirche zu stärken. Doch die «Zahl der Arbeiter» (Lk 10,2) reicht nicht aus, um die taumelnde Kirche mit neuem Leben zu erfüllen und das ihr entgleitende Proletariat aufzufangen. Der unerschrockene Einsatz der bekennenden Pietistinnen und Pietisten setzt hier immerhin einen positiven Kontrapunkt. Nicht wenige von denen, die sich für die Geringsten ins Zeug legen und beinah Übermenschliches leisten, stammen aus dem Württembergischen und sind durch die Schulen des Basler Pietismus gegangen.[842]

---

842 Zum Beispiel Prediger Georg Ebinger, der erste Zürcher Stadtmissionar, Prediger Gustav Fleischhauer (Winterthur), der CVJM-Mann Hermann Eidenbenz oder Missionar Aldinger in Winterthur. Auf der anderen Seite stammen auch Ignaz Thomas Scherr,

Zu Stadt und Land sammeln Männer und Frauen aus gläubigen Kreisen ihre Gaben für die Basler und die Herrnhuter Mission. Die Missionsnachrichten aus aller Welt spannen ihre Horizonte bis an die Enden der Erde. Vor allem Männer aus alten Stadtfamilien mit finanziellem, wirtschaftlichem, theologischem oder akademischem Hintergrund stellen sich während Generationen zur Verfügung zur Leitung von Werken der Inneren Mission und der Evangelisation. Erweckte Damen engagieren sich als grossherzige Gönnerinnen sozialer Glaubenswerke, und hunderte junger Frauen stellen sich als Diakonissen in den Dienst der christlichen Diakonie. Die Luftschlösser eines Kulturchristentums versinken nach der Jahrhundertwende in den Schützengräben des unerwarteten Ersten Weltkriegs. Die vernachlässigten Proletarier aber werfen sich dem weithin atheistischen Sozialismus in die Arme. So wird das 19. Jahrhundert auch in Zürich zum Zeitalter der Entchristlichung.

Die Epoche der Dialektischen Theologie führt nach dem Ersten Weltkrieg auch die Zürcher Kirche wieder näher an die Quelle des Wortes Gottes und an die Klarheit der Reformation heran, ohne freilich die unheilvolle Wurzel der Bibelkritik ernsthaft infrage zu stellen. Die schiere Omnipräsenz der Wort-Gottes-Theologie bewährt sich in schwerster Zeit im Widerstand der geistigen Landesverteidigung. Mit ihrem teils orthodoxen Touch und herrischen Auftreten beeinflusst sie indes das geistliche Leben vieler Gemeinden nicht nur positiv. In Kreisen des Pietismus und der Inneren Mission führt die Herrschaft dieser Richtung auch zur Schwächung der erwecklich-missionarischen Profile.

Im Zuge der kulturellen Revolutionen nach 1968 und dem erneuten Rückfall von Theologie und Kirche in Sphären neuprotestantischer Zivilreligion beginnt eine nachhaltige, bis dahin in der Schweiz noch nie dagewesene Säkularisierung der Gesellschaft und der öffentlichen Institutionen. Noch stärker als im 19. Jahrhundert öffnet die moderne Entmythologisierung der Bibel Tür und Tor für ein Einströmen säkularer Mythen und Befreiungsideologien in die Seelen der deutschsprachigen und europäischen Bevölkerung. Damit rutschen viele Gemeinden auch der Zürcher Kirche immer tiefer in die Agonie pluralistisch-relativistischer Ohnmacht hinab. Vor der Synode der EKD 1999 erklärt Professor Eberhard Jüngel: «Wenn die Kirche ein Herz hätte, das noch schlägt, dann würden Evangelisation und Mission den Rhythmus des Herzens der

---

aufgeklärter Pionier des Zürcher Schulwesens, sowie der Pfr. Heinrich Lang aus Württemberg.

Kirche in hohem Masse bestimmen.»[843] Dasselbe hätte er auch in der Zürcher Kirchensynode sagen können.[844]

Seit Jüngels Votum sind mehr als zwei Jahrzehnte vergangen. Der über hundertjährige volksmissionarische und karitative Dienst des zürcherischen Pietismus an der Bevölkerung ist weitgehend verstummt. Die reformatorischen Kirchen, durch die Wiederentdeckung des Wortes Gottes einst berufen, das Salz und Licht der Welt zu sein, kämpfen vor allem um ihr eigenes Überleben, obwohl – oder weil – sie finanziell noch zu den reichsten Kirchen der Welt gehören.

1993 geht die Evangelische Gesellschaft als Glaubenswerk fast unbemerkt für Zürich verloren. Auch der Evangelisch-kirchlichen Vereinigung der Schweiz (EKVS) und den allermeisten ihrer Sektionen geht im Zug der Zeit der Atem aus. Nur der EKVZ wachsen im steifen Gegenwind der 1980/90er-Jahre neue Flügel, indem sie sich im Zeichen der Bibel dem säkularen und kirchlichen Mainstream noch einmal entgegenstellt. Nach dem Rücktritt ihres Präsidenten Pfarrer Hans-Peter Christen (1998) sinkt indes auch diese Vereinigung rasch der Bedeutungslosigkeit entgegen.

Nach dem Untergang der kommunistischen Oststaaten und der Amalgamierung ihres «demokratisch-sozialistischen Aufbruchs» mit der elitären westlich-liberalen Kultur beschleunigen sich die Prozesse der Säkularisierung und der Zerfall christlicher Kirchen und Werke geradezu unheimlich. Nicht, dass die europäische Bevölkerung nicht mehr glaubte! Aber sie glaubt anders, und ihre «Gläubigkeit» enthält säkular-religiöse Mythen und Erzählungen.

Erst im Zeitraum der 2010er-Jahre gelingt es der EKVZ aufs Neue, mit begabten Mitarbeiterinnen und Mitarbeitern sowie mit verschiedenen medialen Gefässen den Weg zur kirchlichen und öffentlichen Wahrnehmung wieder zu finden. So kann erneut eine geistlich wache und betende Mitgliederbasis zum Leben erwachen. Auf dieser Grundlage braucht ein Glaubenswerk wie die EKVZ vor allem dreierlei:

---

843 E. Jüngel, Referat zur Einführung in das Schwerpunktthema der EKD-Synode 1999, in: epd (D) 49/1999. Auch Papst Johannes Paul II hat wiederholt mit wenig Echo eine «Neu-Evangelisierung Europas» gefordert. So schon im IV. Symposium der europäischen Bischöfe vom 11. Oktober 1985 oder in seiner Weihnachtspredigt des Jahres 2000.

844 Zu Recht stellt Kirchenratspräsident Michel Müller fest: «Inneres Engagement, bewegte Gemeinschaft und religiöse und soziale Dienstleistungen brauchen einander als wechselseitige Voraussetzung der spezifischen Zürcher Kirchengeschichte.» Sein «dritter Weg» als Kennzeichen der Zürcher Kirche, der nicht in Alternativen denkt – etwa Beteiligungskirche gegen Betreuungskirche – ist durchaus neutestamentlich und deshalb zu unterstützen. Vgl. Ekklesia semper reformanda, in: www.kirchgemeindeplus.ch/wp-content/uploads/2019/07/SKZ.

1. Beherzte Männer und Frauen, die sich weder vor Menschen fürchten noch sich selbst suchen, sondern ihre Ohren, Herzen und Hände entschlossen Jesus Christus für den Bau seines Reichs zur Verfügung stellen.
2. Kluge Berichterstatter/-innen mit Sachverstand und gesundem Sinn für die Vernetzung von Verantwortungs- und Entscheidungsträgern.
3. Finanzielle Mittel sowie zeitgemässe Gefässe, durch die zentrale und sensible biblische Inhalte in fairer und angemessener Weise an die richtigen Adressaten übermittelt werden.

Dies alles hat der erbarmende Gott im Lauf der 2010er-Jahre der EKVZ neu geschenkt. Darüber hinaus ist schon 1991 die neue Evangelischkirchliche Fraktion der Zürcher Kirchensynode (EKF) entstanden, die zusammen mit der EKVZ für eine lebendige Kirche eintritt, die sich stets neu bewegt, weil sie aus Gottes Wort geboren und erneuert wird.

Im komplexen Getriebe der modernen Gesellschaft hat die Evangelisch-kirchliche Vereinigung des Kantons Zürich (EKVZ) nur noch die «kleine Kraft» eines «glimmenden Dochtes» (Offb 3,8; Mt 12,20). Doch das ist gut so. Denn sie muss nicht Menschen gefallen. Wenn sie treu und bescheiden Christi «Wort bewahrt», seinen «Namen nicht verleugnet» und klar Position bezieht, so öffnet ihr Christus selbst Türen, «die niemand zuschliessen kann».[845]

---

845 Offb 3,8.

BILDNACHWEISE

Bild 1, Seite 20   200 Jahre Vorsteher der Zürcher Kirche von Ulrich Zwingli bis Ludwig Nüscheler, Bild: wikimedia

Bild 2, Seite 35   Ulinger, Johann Caspar: Herr Obmann Heinrich Bodmer. [Zürich], [zwischen 1740 und 1760]. Zentralbibliothek Zürich, Bodmer, Heinrich (a) I, 1 https://doi.org/10.7891/e-manuscripta-47288/ Public Domain Mark © Zentralbibliothek Zürich, Graphische Sammlung und Fotoarchiv

Bild 3, Seite 45   Titelblatt der «Ulrich-Bibel» (1755) Biblia, das ist, die ganze Heilige Schrift Alten und Neuen Testaments, aus den Grundsprachen treulich wol verteutschet. Zürich: bey Conrad Orell und Comp., 1755–1756. Zentralbibliothek Zürich, WY 3 | F, https://doi.org/10.3931/e-rara-65699/ Public Domain Mark © Zentralbibliothek Zürich, Graphische Sammlung und Fotoarchiv

Bild 4, Seite 58   Johann Kaspar Lavater (1741–1801). [Zürich?]: [Verlag nicht ermittelbar], [circa 1850]. Zentralbibliothek Zürich, Lavater, Joh. Casp. I, 46, https://doi.org/10.3931/e-rara-71519/ Public Domain Mark © Zentralbibliothek Zürich, Graphische Sammlung und Fotoarchiv

Bild 5, Seite 65   Barbara Schulthess-Wolf (1745–1818) © Zentralbibliothek Zürich, Graphische Sammlung und Fotoarchiv

Bild 6, Seite 72   Johann Jakob Hess (1741–1828), Bild: veiling.catawiki.nl

Bild 7, Seite 78   Das Zürcher Fraumünster, Bild: Aquarell von Franz Schmid, 1830, Wikimedia Commons

Bild 8, Seite 80   Anna Schlatter-Bernet (1773–1826) aus St. Gallen, Bild: W. Hadorn, Geschichte des Pietismus in den Schweizerischen Reformierten Kirchen (1901)

Bild 9, Seite 83   Pfarrer Dr. Friedrich Steinkopf (1773–1859) aus Ludwigsburg, Bild: Bayrische Akademie der Wissenschaften

Bild 10, Seite 86   Georg Gessner (1765–1843), Bild: G. Finsler, Georg Gessner, weiland Pfarrer am Grossmünster und Antistes in Zürich (1862)

Bild 11, Seite 91   Vereinfachter Familienbaum von Antistes Georg Gessner, Bild © Armin Sierszyn

Bild 12a, Seite 93   Irminger, Karl Friedrich: Johann Martin Usteri-Gessner: Geb. den 28. Juli 1782, gest. den 16. April 1851. Zürich: Druck v. C. Knüsli, [circa 1850]. Zentralbibliothek Zürich, Joh. Mart. (b) I, 1, https://doi.org/10.3931/e-rara-54398/ Public Domain

Mark © Zentralbibliothek Zürich, Graphische Sammlung und Fotoarchiv
Bild 12b, Seite 93 Irminger, Karl Friedrich: [Barbara Elisabeth Usteri-Gessner]. Zürich: gedr. bei Grimminger, [circa 1840]. Zentralbibliothek Zürich, Usteri, Barb. Elis. I, 1, https://doi.org/10.3931/e-rara-54385/ Public Domain Mark © Zentralbibliothek Zürich, Graphische Sammlung und Fotoarchiv
Bild 13, Seite 96 Billeter, Jakob: Hans Georg Nägeli. Rapperschwyl: Verlag bei Peter Wegelin, 1829. Zentralbibliothek Zürich, Nägeli, Hans Georg I, 1, https://doi.org/10.3931/e-rara-62136/ Public Domain Mark © Zentralbibliothek Zürich, Graphische Sammlung und Fotoarchiv
Bild 14, Seite 99 Heinrich Gujer (1801–1868), Bild: Chronikstube Bauma
Bild 15, Seite 102 Karikatur auf Züriputsch [Politische Karikatur]. [Zürich?]: [Verlag nicht ermittelbar], [1839?]. Zentralbibliothek Zürich, Karikaturen 1839, Strauss II, 2 a, https://doi.org/10.3931/e-rara-41817/ Public Domain Mark © Zentralbibliothek Zürich, Graphische Sammlung und Fotoarchiv
Bild 16, Seite 103 Balder, Georg: [Johann Jakob Hürlimann]: geb. den 30.ten October 1796. [Zürich?]: [Verlag nicht ermittelbar], [nach 1839]. Zentralbibliothek Zürich, Meyer, Camilla G 2, 39, https://doi.org/10.3931/e-rara-59453/ Public Domain Mark © Zentralbibliothek Zürich, Graphische Sammlung und Fotoarchiv
Bild 17, Seite 107 Meta Heusser-Schweizer (1797–1876), Bild: Johanna Spyri-Archiv: SIKJM
Bild 18, Seite 122 Joseph von Campagne (1731–1833), Bild: Sierszyn, Bauma im Tösstal
Bild 19, Seite 125 Adolf Guyer-Zeller (1839–1899), Bild: Chronikarchiv Bauma
Bild 20, Seite 128 Jakob Stutz (1801–1877), Bild: Chronikarchiv Bauma;
Bild 21, Seite 131 Julius Hauser (1834–1897) © Archiv Peter Ziegler, Wädenswil
Bild 22, Seite 133 Kinderheim Bühl-Wädenswil von 1870, heute heilpädagogische Stiftung © Archiv Peter Ziegler, Wädenswil
Bild 23, Seite 137 Die vier Pfarrerstöchter Magdalena, Maria, Augusta und Elisa Werdmüller, Bild: Stadtarchiv und Kläui Bibliothek Uster
Bild 24, Seite 142 Stadtmission Winterthur, Bild: Stadtmission Winterthur
Bild 25, Seite 146 Dorothea Trudel (1813–1862), Bild: Bibelheim Männedorf: https://acasa-maennedorf.ch/news/dorothea-trudel-was-aus-der-liebe-zu-jesus-wachsen-kann
Bild 26, Seite 161 Georg Ebinger, Bild: U. Knellwolf, Lebenshäuser. Vom Krankenasyl zum Sozialunternehmen – 150 Jahre Diakoniewerk Neumünster (2007)
Bild 27, Seite 165 Heinrich Bachofner (1828–1897), Bild: W. Hadorn, Geschichte des Pietismus in den Schweizerischen Reformierten Kirchen (1901)

Bildnachweise 343

Bild 28, Seite 166 Seminar zum weissen Kreuz Unterstrass. Zürich: Brunner & Hauser, [zwischen 1870 und 1904]. Zentralbibliothek Zürich, Zürich 6.1, Schaffhauserstrasse I, 3, https://doi.org/10.3931/e-rara-56305/ Public Domain Mark © Zentralbibliothek Zürich, Graphische Sammlung und Fotoarchiv

Bild 29, Seite 168 Gustav von Schulthess Rechberg-Thurneyssen: zum Rechberg am Hirschengraben 1815–1891. [Schweiz]: [Verlag nicht ermittelbar], [zwischen 1870 und 1890?]. Zentralbibliothek Zürich, Schulthess, Gustav I, 1 oben, https://doi.org/10.3931/e-rara-60892/ Public Domain Mark © Zentralbibliothek Zürich, Graphische Sammlung und Fotoarchiv

Bild 30, Seite 191 Irminger, Karl Friedrich: [Johann Jakob Füssli]. Zürich: Druck von C. Knüsli, [nicht vor 1854]. Zentralbibliothek Zürich, Füssli, Johann Jakob II, 1, https://doi.org/10.3931/e-rara-65974/ Public Domain Mark © Zentralbibliothek Zürich, Graphische Sammlung und Fotoarchiv

Bild 31, Seite 192 Georg Rudolf Zimmermann (1825–1900), Bild: U. Knellwolf, Lebenshäuser. Vom Krankenasyl zum Sozialunternehmen – 150 Jahre Diakoniewerk Neumünster (2007); Lit.: T. u. A. Zimmermann, Georg Rudolf Zimmermann, 1903

Bild 32, Seite 193 Krankenasyl Neumünster (1858) © Stiftung Diakoniewerk Neumünster – Schweizerische Pflegerinnenschule

Bild 33, Seite 194 Oberschwester Nanny Sieber (1827–1860), Bild: U. Knellwolf, Lebenshäuser. Vom Krankenasyl zum Sozialunternehmen – 150 Jahre Diakoniewerk Neumünster (2007)

Bild 34, Seite 195 Diakoniewerk Neumünster (1933), Bild: U. Knellwolf, Lebenshäuser. Vom Krankenasyl zum Sozialunternehmen – 150 Jahre Diakoniewerk Neumünster (2007)

Bild 35, Seite 196 Epileptische Klink (gegr. 1886), Bild: U. Knellwolf, Lebenshäuser. Vom Krankenasyl zum Sozialunternehmen – 150 Jahre Diakoniewerk Neumünster (2007)

Bild 36, Seite 197 Sanatorium Kilchberg (gegr. 1867), Bild: 150 Jahre Sanatorium Kilchberg

Bild 37, Seite 199 Brunner, Jakob: St. Anna Kapelle. Winterthur: J. Brunner, [zwischen 1880 und 1900?]. Zentralbibliothek Zürich, Zürich L1, St. Anna-Kapelle I, 1, https://doi.org/10.3931/e-rara-62164/ Public Domain Mark © Zentralbibliothek, Graphische Sammlung und Fotoarchiv

Bilder 38 a–d, Seite 205 Edmund Fröhlich, David Kölliker, Adolf Ritter, Hermann Eidenbenz, Bilder: © Archiv Cevi Zürich

Bild 39, Seite 214 Adolf Christ (1807–1877), Bild: Basler Mission / Mission 21

Bild 40, Seite 221 Diethelm Salomon Hofmeister: von Zürich. in Zürich: Verlag des Art. Institut Orell Füssli, 1893. Zentralbibliothek Zürich, GRA 1.122, https://doi.org/10.3931/e-rara-53168/ Public Domain Mark © Zentralbibliothek, Graphische Sammlung und Fotoarchiv

Bild 41, Seite 234 Eduard Usteri-Pestalozzi: Präsident des Grossen Stadtrates. Zürich: [Verlag nicht ermittelbar], [circa 1900]. Zentralbibliothek Zürich, Usteri, Eduard I, 1, https://doi.org/10.3931/e-rara-54388/ Public Domain Mark © Zentralbibliothek, Graphische Sammlung und Fotoarchiv

Bild 42, Seite 244 Ganz, Rudolf: Neumünsterkirche. Wien: Druck v. F. Kargl, [circa 1890?]. Zentralbibliothek Zürich, Zürich 8.1, Neumünsterkirche I, 9, https://doi.org/10.3931/e-rara-52918/ Public Domain © Zentralbibliothek, Graphische Sammlung und Fotoarchiv

Bild 43, Seite 257 Hermann Grossmann (1890–1972)

Bild 44, Seite 305 Hans-Peter Christen (1929–2000), Bild: privat